Gewalt zum Thema machen

3

Gewaltprävention mit Kindern und Jugendlichen

Landeszentrale für politische Bildung
Baden-Württemberg

Bundeszentrale für politische Bildung

Themen und Materialien

Dankeschön: Während der Redaktionsphase dieser Publikation haben Jugendliche aus dem Jugendzentrum „Auf der Höhe" in Kettwig und von den „Ruhrkanakern" aus Dortmund und Mülheim an der Ruhr die Inhalte kritisch durchgesehen, kommentiert und gleichzeitig mehrere Workshops mit Fotosessions zur Illustration der Inhalte veranstaltet. Dafür bedanken wir uns insbesondere bei: Daniel Lück, Feray Kalender, Sara-Lena Pöschel, Julia Volbert, Matthias Poerting, Robert Füsser, Marlin Valentin, Oliver Hertel, Max Broders, Janina Philippi, Anna Erzigkeit, Pia Kreimeier, Julia Rosada, Marie Sophie Lüders, Xenia Posselt, Ines Czuia und Maj-Leena Posselt.

Titelfotos: Hartmut Nörenberg (l., r.); Gewalt Akademie Villigst / SOS-Rassismus-NRW (m.);
Rückseite: Gewalt Akademie Villigst / SOS-Rassismus-NRW

1. Auflage 2008

Herausgeber: Heinz Ulrich Brinkmann / Siegfried Frech / Ralf-Erik Posselt
Diese Veröffentlichung stellt keine Meinungsäußerung der Bundeszentrale für politische Bildung oder der Landeszentrale für politische Bildung Baden-Württemberg dar. Für die inhaltlichen Aussagen tragen die Autoren die Verantwortung.
Redaktion: Verena Artz
Grafische Konzeption und Layout: space5® köln; bube concept gmbh, Pulheim
Druck: Media-Print Informationstechnologie GmbH, Paderborn
ISBN: 978-3-89331-869-8
www.bpb.de, www.lpb-bw.de

Heinz Ulrich Brinkmann/Siegfried Frech/Ralf-Erik Posselt (Hrsg.)

Gewalt zum Thema machen

Gewaltprävention mit Kindern und Jugendlichen

5

Landeszentrale für politische Bildung
Baden-Württemberg

Bundeszentrale für politische Bildung

Inhalt

Teil III

Gewaltprävention
Seminarmodelle und Trainings

Anhang

Begriffsklärung und Stand
der Forschung

(Jugend-)Gewalt

Teil (1)

Gewalt zum Thema machen

Heinz Ulrich Brinkmann/
Siegfried Frech/Ralf-Erik Posselt

1. Jugendgewalt hat Konjunktur!

Jugendgewalt sorgt stets für Schlagzeilen, macht uns bestürzt und weckt Ängste. Sensationsgierige Darstellungen in Fernsehen, Funk sowie Presse erschrecken viele und faszinieren manche. Letzteres deshalb, weil mediale Gewaltdarstellungen Machtphantasien reaktivieren können. Jugendgewalt sorgt auch deshalb für Aufmerksamkeit und löst Besorgnis aus, weil sie das Gewaltmonopol des Staates berührt oder gar infrage stellt.

Nur allzu gerne präsentieren uns die Medien Kinder, Jugendliche und junge Erwachsene, die respektlos sind, scheinbar keine moralischen Schranken kennen und kaum Werte internalisiert haben, ihr soziales Umfeld bedrohen und terrorisieren, öffentliche Einrichtungen beschädigen und augenscheinlich Spaß an der Gewalt haben. Durch die Dramatisierung von spektakulären Einzelfällen wird allerdings ein Bild gezeichnet, das der Klischeebildung Vorschub leistet – sowohl im Hinblick auf das Ausmaß von Gewalt als auch hinsichtlich ihrer Ursachen und möglicher Lösungswege. Symbolisiert wird durch diese Art der medialen Berichterstattung, dass Gewalt zum Schlüsselproblem moderner Gesellschaften schlechthin geworden sei. Hinzu kommt ein weiterer Effekt: Gewalt wird personalisiert – gewalttätige Kinder und Jugendliche werden zum „Sicherheitsrisiko" erklärt.[1]

Dabei ist Jugendgewalt kein Phänomen, das erstmalig im 20. Jahrhundert auftaucht. Ein Blick in die Sozialgeschichte der Jugend zeigt, dass Heranwachsende stets dann einen widerständigen „Eigensinn" an den Tag legen, wenn der Druck sozialer Disziplinierung, die Vereinnahmung sowie Formierung durch religiöse, sozialerzieherische und staatliche Instanzen als überaus stark oder als Zumutung empfunden werden.[2] Die Begrifflichkeiten des „angepassten" und des „abweichenden" Verhaltens entstanden historisch erst zu jenem Zeitpunkt, an dem die Mittelschichtnorm der „Jugendlichkeit" auf alle diejenigen Gruppen ausgedehnt wurde, die zunächst nicht dieser sozialerzieherischen Vorstellung entsprachen bzw. diese nicht teilen wollten.[3] Jugendliche Proteste, Abweichungen und Grenzüberschreitungen ziehen sich wie ein roter Faden durch die Geschichte der Jugendkulturen.[4]

Andererseits darf uns die „Normalität" jugendlicher Gewalt nicht über soziale und gesellschaftliche Problemlagen hinwegtäuschen. In der schulischen und der außerschulischen Bildung Tätige klagen über Familien, die ihrer Erziehungsverantwortung nicht mehr gerecht werden. Kinder und Jugendliche leiden unter einem Mangel an sozialer Wärme und klagen über unzureichende Geborgenheit. Die Auflösung sozialer Milieus und unterstützender Institutionen sowie eine zunehmende Individualisierung gehen einher mit Prozessen der „Ghettoisierung durch sozialen Wohnungsbau sowie Perspektivlosigkeit und Frustration einer Jugend, die ihren Platz in der Gesellschaft offenbar nur dann einigermaßen gesichert sieht, wenn sie eine höhere Schulbildung und wohlhabende Eltern hat".[5]

Karl-Heinz Hick/JOKER

Nur allzu gerne präsentieren uns die Medien Jugendliche, die respektlos sind, scheinbar keine moralischen Schranken kennen und kaum Werte internalisiert haben...

> (Jugend-)Gewalt ist in unserer Gesellschaft zum (beinahe) alltäglichen Phänomen geworden.

plus 49 / Polfoto

(Jugend-)Gewalt ist in unserer Gesellschaft zum (beinahe) alltäglichen Phänomen geworden, und ihre stete Zunahme ist seit Jahren zu beobachten. Die empirischen Daten sprechen eine deutliche Sprache: Seit den 1980er Jahren hat die polizeilich registrierte Gewalttätigkeit Jugendlicher – nicht zuletzt durch eine an Sensationen und Quoten orientierte Medienszene sowie durch eine erhöhte Anzeigebereitschaft – zugenommen. Jugendliche Gewaltkriminalität stieg in den letzten Jahren an. Die Dunkelziffer der nicht gemeldeten Gewalttaten wird als hoch eingeschätzt. Des Weiteren weisen Experten auf merkliche Veränderungen hin, die sich in einem Absinken von Hemmschwellen, einer Zunahme anscheinend „unmotivierter" Aggressivität und – wenn auch nur in Einzelfällen belegbar – in einer größeren Brutalität zeigen. Unstrittig sind die stärkere physische Gewaltbereitschaft von Jungen und jungen Männern sowie ein empirisch belegbarer Zusammenhang zwischen Gewalthandeln und sozialem Milieu wie auch Bildungsniveau.[6] Dies betrifft u.a. die kontrovers diskutierte Frage, wie es um das Ausmaß der Gewalttaten bei Jugendlichen mit Migrationshintergrund bestellt ist und welche Erklärungen für den zu beobachtenden Anstieg delinquenten Verhaltens herangezogen werden können.

2. Gewalt – ein viel- und uneindeutiger Begriff

Gewalt ist ein reichlich komplexer Begriff. Nüchtern betrachtet ist Gewalt so alt wie die Geschichte der Menschheit und ein sozialer Tatbestand, der zum menschlichen Handlungspotenzial gehört.[7] Erkenntnisse der Gewaltforschung legen nahe, dass „es eine durchgängig gewaltfreie Gesellschaft bislang nicht gegeben hat und auch künftig nicht geben wird".[8] Alle Erfahrungen im Umgang mit Gewalt zeigen, dass sie vor allem dort zerstörend wirkt, wo sie nicht als solche erkannt, unter „den Teppich gekehrt" oder gar als normal und gegeben hingenommen wird.

Der Begriff „Gewalt" impliziert verschiedene Bedeutungen. In öffentlichen und in medialen Debatten werden unterschiedliche Sachverhalte in einem Atemzug als Gewalt bezeichnet.[9] Die Uneindeutigkeit des Begriffs spiegelt sich in seinen vielfältigen Definitionen wider.[10] Umgangssprachlich wird Gewalt in der Regel negativ belegt, als verletzend und schädigend beschrieben. Dem stehen positive Konnotationen gegenüber, nämlich in den Fällen, in denen Gewalt selbst Gewalt beenden und der Wiederherstellung von Menschlichkeit dienen soll. Der Begriff „Gewalt" beinhaltet im deutschen Sprachgebrauch mehr als nur eine Bedeutung: Er deckt ein großes Bedeutungsfeld ab und ist eine Bezeichnung für „öffentliche Herrschaft, eine Beschreibung für Staatsgewalt und deren Träger, benennt Verfügungs- und Besitzverhältnis und stellt eine Kennzeichnung für Gewaltanwendung als physische Verletzung und Zwangseinwirkung auf Personen dar".[11]

Sprachlich geht Gewalt auf die indogermanische Wurzel „val" (lat.: valere) zurück mit den Bedeutungen: Kraft haben, Macht haben, Verfügungsfähigkeit besitzen, beherrschen. Das alte germanische Wort „walten" bezeichnete die Fähigkeit zur Durchführung einer Handlung und findet sich heute in keineswegs negativen Begriffen wie Verwaltung, Sorgfalt walten lassen, walten und schalten, sich selbst in der Gewalt haben. Wenn wir von „elterlicher Gewalt" oder „Gewaltenteilung" reden, so hat Gewalt im Deutschen auch die Bedeutung: „Macht".[12] Gewalt ist stets an Macht geknüpft – man muss die Macht haben, um Gewalt ausüben zu können. Jedoch muss Macht nicht immer eine negative Konnotation besitzen und mit destruktiver Gewalt verknüpft sein. Verantwortlich wahrgenommene und einvernehmlich anvertraute Macht hat mit verletzender sowie schädigender Gewalt nichts gemeinsam.

In romanischen und in angelsächsischen Sprachgebieten hat sich der Begriff „violence" für Gewalt in Abgrenzung zu „power" bzw. „force" deutlicher und eindeutig herausgebildet. Indem „violence" als Schädigung und Verletzung verstanden wird, grenzt sich dieses Wort für jene Gewalt, die verletzt und verletzen will, deutlicher gegen die Begriffe „power" oder „force" ab, die Kraft, Stärke und Energie bezeichnen. Diese Sprachen besitzen im Gegensatz zum Deutschen ein Wort für jene Gewalt, die verletzt, schädigt, schädigen will oder gar tötet.[13]

Gerade das Wissen darum, dass Menschen gewalttätig handeln können und Macht akkumulieren wollen, führte im

Moderne Staatlichkeit orientiert sich an der Würde des Menschen und an seinen Rechten.

Zuge der neuzeitlichen Staatenbildung zu Vereinbarungen über Formen und Formeln der Koexistenz, die den inneren Frieden moderner Gesellschaften gewährleisten. Eines der zentralen Begründungsprobleme moderner Demokratien war die Frage, wie mit der Pluralität der Interessen und Wertvorstellungen der Individuen umgegangen werden soll und wie in pluralistischen Gesellschaften Konflikte ohne Androhung oder Anwendung von Gewalt ausgetragen werden sollen.[14]

3. Das Gewaltmonopol zivilisiert menschliches Zusammenleben

Mit der Herausbildung moderner Staatlichkeit und der Entstehung ziviler Gesellschaften entwickelten sich Begriffe wie Staatsgewalt, Gewaltmonopol, Gewaltenteilung. Gleichzeitig entstanden Instrumente sowie Instanzen, die zur Schaffung öffentlicher Ordnung an Recht und Gesetz gebunden sind.[15] Das Gewaltmonopol des Staates bezeichnet die ausschließlich staatlichen Organen vorbehaltene Legitimation, physische Gewalt auszuüben oder zu legitimieren. Der Begriff für dieses Prinzip moderner Staatlichkeit wurde von Max Weber geprägt, war in seinen Grundzügen jedoch bereits

in Thomas Hobbes' politischer Philosophie angelegt.[16]

Das rechtsstaatlich kontrollierte Gewaltmonopol des Staates gilt als zivilisatorische Errungenschaft. Gemeinsames Kennzeichen aller Diktaturen ist es ja gerade, dass sie sich gegen den liberalen Verfassungsstaat wenden und dessen Errungenschaften negieren. Moderne Staatlichkeit orientiert sich an der Würde des Menschen und an seinen Rechten, will diese gewährleisten und durch Grundsätze wie die Teilung der Gewalten, durch die Unabhängigkeit der Rechtssprechung und Gesetzgebung, durch Konkurrenz um die Macht in Wahlen schützen.[17] Der Verfassungsstaat mit seinem Gewaltmonopol ist das Gegenmodell totalitärer bzw. diktatorischer Staaten.

Um innerhalb der Gesellschaft ein Mindestmaß an sozialem Frieden und somit den Fortbestand einer auf Gleichheit und Gleichwertigkeit bedachten Gesellschaft sichern und garantieren zu können, ist es die Aufgabe des modernen Staates, das „gewaltsame Handlungspotential den Gesellschaftsmitgliedern durch rechtliche Sanktionierung zu entziehen und den Einsatz physischer Gewalt allein sich selbst zu erlauben"[18]. Beim Gewaltmono-

pol des Staates geht es also zunächst um die Monopolisierung von Gewalt, die sozial reguliert werden muss. Diese legitime Gewalt rechtfertigt sich dadurch, dass sie illegitime, illegale Gewalt zu brechen und zu bändigen versucht. Resultat ist ein Staat, der sich selbst den Einsatz von Gewalt vorbehält und gesellschaftliche Konflikte so entschärft, dass miteinander konkurrierende Individuen und Gruppen auf physische Gewalt als Mittel der Konfliktregelung verzichten.

Soll das Gewaltmonopol als legitim akzeptiert werden, bedarf es „der Institutionalisierung rechtsstaatlicher Prinzipien und öffentlicher demokratischer Kontrolle, auf deren Grundlage sich Konflikte in einem institutionellen Rahmen fair austragen lassen"[19]. Dies funktioniert jedoch nur dann, wenn Bürgerinnen und Bürger dieses staatliche Gewaltmonopol wollen und mittragen. Gewaltmonopol und Rechtsstaatlichkeit müssen in der politischen Kultur einer Gesellschaft verankert sein, damit eine rationale und emotionale Akzeptanz gegeben ist. Die bloße Existenz des Gewaltmonopols besagt freilich nicht, dass es von allen Mitgliedern einer Gesellschaft akzeptiert wird. So kann eine Konfliktpartei durchaus der Ansicht sein, dass der Einsatz von

Gewalt aus ihrer Perspektive rechtens ist. Unter den Stichworten „Entstaatlichung und Kommerzialisierung" erleben wir – zumindest im internationalen Rahmen – gegenwärtig eine Privatisierung der Gewalt und damit eine Abkehr vom Gewaltmonopol des Staates zugunsten der gewaltsamen Durchsetzung von Partikularinteressen Einzelner oder gesellschaftlicher Gruppen.[20]

Die „Entprivatisierung" der Gewalt sowie die Akzeptanz des Gewaltmonopols konnten nur durch eine fortschreitende Affektkontrolle erfolgen.[21] Dabei ging und geht es darum, dass Menschen lernen mussten – und nachfolgende Generationen dies stets aufs Neue lernen müssen –, mit den Energiepotenzialen Kraft und Stärke, aber auch mit Wut, Zorn und Stress möglichst nicht schädigend umzugehen, Interessengegensätze sowie Konflikte konstruktiv zu lösen, um in Frieden miteinander leben zu können. Affektkontrolle meint somit Selbstkontrolle und Selbstbeherrschung. Sie ist eine der wesentlichen Grundlagen für Aggressionshemmung und Gewaltverzicht, für Toleranz, Respekt und Kompromissfähigkeit. Diese Einstellungen sind „wahrscheinlich überhaupt nicht denkbar ohne vorgängig eingeübte Selbstdisziplin"[22]. Dass dies möglich ist, zeigt sich in der einzigartigen Fähigkeit des Menschen zu denken und zu antizipieren. Letzteres meint die Fähigkeit, Gedanken zu sortieren, diese Gedankenkette zu verändern und je nach eigenem Belieben neu zu ordnen. Menschen besitzen die erstaunliche Fähigkeit, sich für einen Verzicht auf (vor-)bestimmte Handlungsweisen oder sogar Gewalttätigkeiten entscheiden zu können.

4. Grundlegende Begriffe: Aggression, Gewalt, Konflikt, Macht und Zwang

Eine kurze Skizzierung der grundlegenden Begrifflichkeiten ist deshalb notwendig, weil sich beim Gewaltbegriff aus der Perspektive der jeweils zugrunde gelegten Definition die Konnotationen relativie-

ren. Um Gewalt als Begriff einzugrenzen und für die (sozial-)pädagogische und gewaltpräventive Praxis handhabbar zu machen, ist es sinnvoll, Gewalt von verwandten Begriffe wie Aggression, Macht und Zwang abzugrenzen und damit begrifflich zu präzisieren.

Aggression (lat.: *aggredi* = herangehen) beschreibt in einer weit gefassten Definition jedes Verhalten, das im Wesentlichen das Gegenteil von Passivität, Zurückhaltung und Lethargie darstellt. Aggression ist gemäß diesem Verständnis eine dem Menschen innewohnende sowie lebensnotwendige Eigenschaft und Energie. Hierunter fallen Tätigkeiten wie „Wetteifern, selbstbewusstes Auftreten, kreatives Spielen, tätige Hilfeleistung und andere Formen des ‚In-Angriff-Nehmens'"[23] All diese Handlungen haben mit zielgerichtetem Schädigen und Verletzen wenig zu tun. Dieser weit gefasste Aggressionsbegriff ist für pädagogische Kontexte als analytisches Instrument relativ unbrauchbar, weil er begrifflich nicht exakt zwischen Tatkraft und Destruktivität trennt. Hans-Peter Nolting bringt diese begriffliche Unschärfe auf den Punkt: Man „kann sich verhalten, wie man will, man ist praktisch immer aggressiv"[24].

Der Begriff „Aggression" wird in seiner enger gefassten Definitionsvariante im Zusammenhang mit Begriffen wie Gewalt, Verletzung oder Zerstörung verwendet. Diese Definition geht davon aus, dass Aggression mit absichtsvoller Schädigung und Zufügung von Schmerzen zu tun hat. Der maßgebliche Unterschied zur weit gefassten Begriffsbestimmung ist das Kriterium der Absicht, d.h., aggressive Verhaltensweisen sind dadurch charakterisiert, dass sie Individuen oder Dinge aktiv und zielgerichtet verletzten und/oder schädigen wollen.[25] Wir sprechen in solchen Fällen von gewalttätiger, verletzender oder zerstörerischer Aggression. In der pädagogischen Praxis findet sich häufig auch die Begrifflichkeit „Aggressivität" als Kennzeichnung der Grenzüberschreitung von Aggression hin zur Gewalt.

Gewalt liegt immer dann vor, wenn Menschen gezielt oder fahrlässig physisch oder psychisch verletzt oder geschädigt werden. Gewalt ist immer an Macht geknüpft.[26] Dazu gehört auch der Bereich der strukturellen und kulturellen Gewalt, also Macht- oder Ordnungssysteme und ökonomische Prinzipien, die materielle, soziale und ideelle menschliche Entwicklungen beeinträchtigen oder verhindern.[27]

Peter Himsel/Intro:

Gewalt liegt vor, wenn Menschen gezielt oder fahrlässig physisch oder psychisch verletzt oder geschädigt werden.

„Nahaufnahmen" von Jugendszenen zeigen, dass es Cliquen, Gangs und Peergroups gibt, für die Gewalt Sinn macht und identitätsstiftend wirkt.

Klaphake/teamwork

M 1: WARUM IST GEWALT FÜR JUGENDLICHE SO FASZINIEREND?

Obwohl jugendliche Gewalttäter in der Regel ein hohes Risiko eingehen, nämlich öffentlich zur Rechenschaft gezogen zu werden, erliegen sie häufig der *Faszination der Gewalt* und entscheiden sich in konfliktträchtigen Situationen häufig für Gewalt als probates Mittel der Konfliktlösung. Dies hat mehrere Gründe:

> Gewalt schafft (scheinbare) Eindeutigkeit in unklaren, unübersichtlichen Situationen.

> Mit Gewalt können Interessen durchgesetzt und Ziele erreicht werden.

> Gewalt schafft Fakten, die bei späteren Verhandlungen als Ausgangspunkt genommen werden können.

> Gewalt sichert eigene Privilegien bzw. Vorteile (zumindest kurzfristig) und hält zudem berechtigte Ansprüche anderer (eine Zeit lang) ab.

> Die (scheinbare) Effektivität von Gewalt braucht nicht begründet zu werden.

> Gewalt wirkt bei Gruppen auch nach innen, indem sie potenzielle Kritiker einschüchtert.

> Gewalt schafft (vermeintliche) Klarheiten in einer komplizierten Welt.

> Mit Gewalt lässt sich zumindest für den Augenblick der Handlung die eigene Ohnmacht überwinden.

> Sie garantiert Aufmerksamkeit und Wahrnehmung durch Dritte, die mit anderen Mitteln so nicht zu erlangen sind.

> Gewalthandlungen werden von den Tätern oft als emotional erregend und stimulierend erlebt.

> Gewalthandlungen werden oft als Männlichkeitsbeweis oder „Ehre" (um-)gedeutet.

> Gewalt erreicht als körperliche Auseinandersetzung und Bedrohung einen in der Spannung oft rauschartigen Zustand.[29]

Gewalt sowie die Grenzen von Gewalt sind nicht immer eindeutig. Zwar gibt es ein breites Einverständnis darüber, dass Gewalt verletzt, schädigt und zerstört – aber wo eine Verletzung oder Schädigung beginnt, kann strittig sein. So wie sich häufig Täter- und Opferperspektiven zu ein und demselben Vorgang unterscheiden, so unsicher sind sich oft auch Beteiligte, Gutachter, Staatsanwälte und Richter. So kann schon ein „schiefer Blick" oder die „kalte Schulter" aus der Sicht Jugendlicher als Verletzung des Wohlbefindens gedeutet und mit Gewalt beantwortet werden. „Nahaufnahmen" von Jugendszenen zeigen, dass es Cliquen, Gangs und Peergroups gibt, für die Gewalt Sinn macht und identitätsstiftend wirkt (so irritierend diese Vorstellung für uns auch sein mag).[28]

Für die (sozial-)pädagogische Praxis und die konstruktive Bearbeitung von Gewalt hat sich die didaktische Reduktion eines weit gefassten Gewaltbegriffs durch zielgruppen- oder themenspezifische Eingrenzungen der Gewalt auf bestimmte Gewaltphänomene (z.B. Mobbing, Beleidigungen, sexualisierte Gewalt, seelische oder körperliche Verletzungen) bewährt.[30]

Konflikt (lat.: *confligere* = aneinandergeraten) ist ein sozialer Tatbestand sowie ein normales gesellschaftliches Phänomen, an dem mindestens zwei Personen oder Parteien beteiligt sind, die konträre Ziele mit unterschiedlichen Mitteln zu erreichen versuchen.[31] Unstrittig ist die Erkenntnis, dass nicht oder nur unzureichend bearbeitete Konflikte zu einer gewollten oder ungewollten Steigerung in Bezug auf ihr Ausmaß und die zur Durchsetzung verwendeten Mittel führen können. Nicht die Gewalt führt zum Konflikt, sondern Konflikte, die nicht rechtzeitig erkannt und bearbeitet werden, können zur Gewalt führen.

Das eigentliche Problem von Konflikten liegt in der Gefahr ihrer Eskalation. Der Konflikt wird so immer schwerer steuerbar, bis er schließlich außer Kontrolle ge-

Gewaltprävention bezeichnet personelle und institutionelle Maßnahmen, die der Entstehung von Gewalt vorbeugen bzw. schon existente Gewalt reduzieren.

argum/Falk Heller

rät, die Schwelle zur Gewalt überschreitet und somit Zerstörung sowie Leid verursacht. Institutionelle Verfahren und allgemein akzeptierte Modi der gewaltfreien und konstruktiven Konfliktaustragung sind daher eine Grundbedingung dafür, dass gesellschaftliches und menschliches Zusammenleben gelingt.[32] Die wohl entscheidende Frage ist, wie Konflikte wahrgenommen und bearbeitet werden. Nicht der „Konflikt an sich ist das Problem, sondern die Art und Weise, wie wir damit umgehen"[33]. Wird der Begriff positiv gewendet, so können Konflikte integrativ wirken, also den Wandel von Macht- und Ungleichheitsstrukturen sowie den Wandel des Umgangs mit Macht fördern.

Macht beschreibt die Fähigkeit und Möglichkeit, Interessen oder den eigenen Willen auch gegen Widerstände anderer durchzusetzen. Macht ist ein Phänomen, das in vielen Bereichen unseres sozialen Lebens präsent ist. Obwohl Macht auch positive Effekte haben kann, ist der Machtbegriff häufig negativ besetzt. Er wird definiert als Dominanz, Gewalt, Unterdrückung, Autorität oder Herrschaft und verweist auf Konzepte der (sozialen) Ausgrenzung und Unterdrückung, auf persönliche und kollektive Entfremdung. Dem stehen jedoch Ansätze gegenüber, welche die gestalterischen, schöpferischen und produktiven Merkmale von Macht betonen. Beispiele sind hier etwa Hannah Arendts Konzeption von Macht als „Macht zu", d.h. als Fähigkeit, sich mit anderen zusammenzuschließen und im Einvernehmen mit ihnen zu handeln.[34] Dabei muss es nicht unbedingt zur Verletzung oder Schädigung anderer kommen. Während Gewalt immer an Macht gekoppelt ist, kann Macht als zentraler Faktor zur Ausübung von Einfluss auch ohne Gewalt und im Interesse aller Beteiligten ausgeübt werden.[35]

Zwang bewegt sich im Grenzbereich zur Gewalt, weil er mit Gewalttätigkeit droht, um Kontrolle auszuüben und ein bestimmtes Verhalten bewirken oder erzwingen möchte. Bedrohungssituationen in Form von Nötigung oder zum Beispiel in Form von Unterdrückung sowie Diskriminierung zeigen sich in den Begrifflichkeiten der strukturellen und kulturellen Gewalt von Johan Galtung.[36] Der norwegische Friedensforscher Johan Galtung hat die Debatte über den Gewaltbegriff maßgeblich geprägt. Galtung hat die Begriffe „personale Gewalt" und „strukturelle Gewalt" in die sozialwissenschaftliche Diskussion eingeführt. Gewalt liegt nach Galtung dann vor, wenn „Menschen so beeinflusst werden, dass ihre aktuelle somatische und geistige Verwirklichung geringer ist als ihre potentielle Verwirklichung"[37].

Im Falle personaler Gewalt sind Täter und Opfer eindeutig identifizierbar. Strukturelle Gewalt hingegen ist die vermeidbare Beeinträchtigung grundlegender menschlicher (Lebens-)Bedürfnisse durch soziale und gesellschaftliche Strukturen, die dafür sorgen, dass der reale Grad der Bedürfnisbefriedigung nicht das Niveau erreicht, das potenziell möglich wäre.[38] Galtung hat seinen Gewaltbegriff Anfang der 1990er Jahre durch den Begriff der kulturellen Gewalt ergänzt.[39] Alles, was Menschen daran hindert, ihre Anlagen und Möglichkeiten voll zu entfalten, ist demzufolge eine Form von Gewalt. Hierunter fallen nicht nur alle Formen der Diskriminierung, sondern auch ungleiche Lebenschancen.

5. Ziele der Gewaltprävention und -intervention

Gewaltprävention bezeichnet personelle und institutionelle Maßnahmen, die der Entstehung von Gewalt vorbeugen bzw. schon existente Gewalt reduzieren. Diese präventiven Maßnahmen zielen auf Kinder, Jugendliche und junge Erwachsene und auf die ihre Lebenswelt berührenden sozialen Systeme (Kindergarten, Schule etc.) ab. Gemeinhin unterteilt man in die drei Ebenen der primären, sekundären und tertiären Prävention. *Primäre Prävention* strebt die Verhinderung von Gewalt bereits im Vorfeld an, indem sie Bedingungen, die Gewalt fördern oder verursachen, aufdeckt und verändert bzw. Kinder und Jugendliche zu einem kompetenten Umgang mit ihre eigenen Aggressions- bzw. Gewaltpotentialen befähigt. Maßnahmen der *sekundären Prävention* zielen auf bereits gewalttätig gewordene Kinder und Jugendliche sowie Situationen, in denen es bereits zu Gewalt gekommen ist, und betreiben Schadensminderung sowie Kompetenzförderung durch gezielte Programme. *Tertiäre Prävention* schließlich meint die Verhinderung eines Rückfalls durch resozialisierende Maßnahmen im Zuge der Rehabilitation jugendlicher Straftäter. Während Prävention das vorbeugende Eingreifen meint, zielt Intervention auf die Bearbeitung bereits vorhandener manifester Störungen ab.[40] Für die Ebene der sekundären und tertiären Prävention sowie die der Intervention ist die Frage der professionellen Handhabung zu bedenken, die bei Trainerinnen und Trainern besondere Kompetenzen und Kenntnisse erfordert.[41]

Grundlegende Aufgabe jeglicher Gewaltprävention ist es, sich mit Kindern, Jugendlichen und Erwachsenen zu verständigen, um möglichst mit allen Sinnen zu begreifen, zu erfahren und zu verstehen, wie Gewalt entsteht und wirkt, was

Sinn macht, Wert hat, als Regel taugt und deshalb für alle gelten soll und kann. Je nach theoretischer Anbindung beinhalten Aktivitäten der Gewaltprävention gezielte Veränderungen im personalen, kommunikativen und interaktiven Verhalten von Kindern und Jugendlichen.

Praktische Ziele der Präventions- und Interventionsprogramme sind in aller Regel
> das Selbstkonzept zu stärken,
> das eigene Selbst zu reflektieren,

> die Persönlichkeit zu stärken,
> soziale Wahrnehmung zu entwickeln,
> Konfliktfähigkeit zu schaffen,
> kontrolliertes Verhalten und Handeln zu trainieren,
> soziale Kompetenzen zu vermitteln.

Gewaltprävention im hier verstandenen Sinne meint aber noch mehr: Mögliche Ursachen und Auslöser von Gewalt – gerade in Kinder- und Jugendszenen – zu erkennen und zu benennen. Dazu gehören: Einsamkeit, Gefühle der Ohnmacht, Handlungsunsicherheit, Gleichgültigkeit, soziale Ungleichheiten, das Gefühl, ausgegrenzt zu sein, ebenso wie der ausgeprägte Mangel an Geborgenheit, Vertrauen und vertrauten Partner/innen, Zusammengehörigkeit, sozialer Wärme, Selbstwertgefühl, Teilhabe, erkennbaren Strukturen, Zukunftschancen, überprüfbaren Orientierungen und Werten sowie attraktiven Erlebnisfeldern (Körperlichkeit) und Streitkulturen.

Soziale Arbeit, insbesondere mit Kindern und Jugendlichen, kann hier Erhebliches leisten. Zu wissen, dass zum Beispiel Geborgenheit die Gewalt mindert, kann Trainerinnen und Trainer stark machen, auch renitente Kinder und Jugendliche auszuhalten, zu ertragen – zu tragen und manchmal einfach nur in den Arm zu nehmen. Es geht mithin darum, Kinder, Jugendliche und junge Erwachsene so zu stärken, dass sie Gewalt (auch als Reaktion auf eigene Gewalterlebnisse) erkennen und benennen können, auf Gewalt als Lösungsmittel nicht zurückzugreifen brauchen und die Gewalt anderer vermindern können.

Soziale Arbeit, insbesondere mit Kindern und Jugendlichen, kann Erhebliches leisten.

Ute Grabowsky/photothek.net

Unsere pädagogische Aufgabe ist es, durch Verständigung und vertrauensbildende Partnerschaften Alternativen zu gewalttätigem Verhalten sichtbar und begreifbar (am besten mit allen Sinnen) zu machen. Wir wirken dabei wie ein Spiegel für aggressive Kinder und Jugendliche. Oft ärgern und provozieren sie uns, um herauszufinden (anzutesten), ob wir es (in Bezug auf unser eigenes Verhalten)

M 2: TRAININGS ZUR GEWALTPRÄVENTION UND DEESKALATION

Ziel der in diesem Band vorgestellten Seminare und Trainings ist es:

> Konflikt-, Bedrohungs- und Gewaltsituationen zu erkennen, zu analysieren und zu benennen;

> Gewalt und Rassismus in allen Erscheinungsformen zu thematisieren;

> das Verhaltens- und Handlungsrepertoire von Kindern und Jugendlichen konstruktiv weiterzuentwickeln;

> Erfahrungsfelder zu eröffnen, in denen junge Menschen herausfinden und begreifen können, welche Ursachen, Wirkungen und Spuren Gewalt hat und hinterlässt;

> Interventions- und Methodenrepertoires zu entwickeln und anzuwenden, bei denen Mädchen und Jungen, Jugendliche und Erwachsene herausfinden können, was gut oder schlecht für sie ist, welche Regeln, Wege und Lösungen für sie und andere Sinn machen;

> eigene Positionen, Widersprüchlichkeiten und Gewaltpotenziale zu überprüfen und zu korrigieren.

mit der Gewaltlosigkeit so ernst nehmen, wie wir es behaupten und einfordern.

Glaubwürdigkeit und Authentizität sind nur zwei der Stichworte, die uns helfen können, unseren „Spiegel" sinnvoll – und für Kinder und Jugendliche als Orientierung – zu gestalten. Aktives gewaltfreies Handeln und Verhalten fallen nicht einfach vom Himmel – es will gelernt, erprobt und geübt sein. Anlass genug, um den Diskurs zu suchen: wo Gewalt denn anfängt, woran sie sich erkennen lässt, ob auf Gewalt verzichtet werden kann und ob gewaltfreies Verhalten überhaupt einen Sinn macht.

6. Bootcamp, Boxcamp oder Streichelzoo? Zur juristischen Ahndung der Gewaltdelinquenz

6.1 Bewertung der Gewaltdelinquenz von Jugendlichen und Heranwachsenden
Wann immer es in der Öffentlichkeit, in den Massenmedien oder in der Politik im Gefolge von Steigerungen der Gewaltdelinquenz oder nach besonders brutalen Vorfällen zu engagierten Diskussionen kam, wurde stets eine sehr viel schärfere Bestrafung der Täter gefordert. Im Übrigen darf Jugendgewalt als Thema in keinem Wahlkampf fehlen! In Zeiten des Wahlkampfs sorgen Politiker für eine Renaissance punitiver Strategien und üben sich in „symbolischer Politik", bei der für die in den Blick genommenen Kinder und Jugendlichen selbst wenig herauskommt. Hintergrund dieser ausbrechenden Diskussion ist, dass – parallel zu der seit Ende der 1980er Jahre zu beobachtenden Steigerung der Gewaltdelinquenz durch jüngere Täter – die Schere zwischen Straftaten einerseits und verurteilten Jugendlichen sowie Heranwachsenden andererseits immer weiter auseinanderklafft. Es werden letztlich nur noch diejenigen verurteilt, deren Gewalttaten als besonders ernsthaft zu beurteilen sind.[42] Inzwischen bilden die verurteilten Jugendlichen und Heranwachsenden offensichtlich nur die Spitze eines Eisberges;

das Gesamtausmaß der Jugenddelinquenz bzw. der Jugendgewalt stellt sich sehr viel drastischer dar.

Jedoch handelt es sich nur bei einem sehr kleinen Teil der Straftäter – ca. zehn Prozent der jugendlichen Täter – um Mehrfach- und Intensivtäter, die langfristig für einen Großteil der schwerwiegenden Straftaten junger Menschen – z.B. der Gewaltdelinquenz – verantwortlich sind.[43] Diese kleine Gruppe besteht überwiegend aus materiell, sozial und emotional benachteiligten jungen Menschen, weist also mehrere Risikofaktoren auf. Es ist deshalb wichtig zu beachten, wie der Schweregrad (Grad der Brutalität) und der Wiederholungsfaktor der Gewalttaten von Kindern, Jugendlichen und Heranwachsenden sind. Aber sogar von den Mehrfachtätern werden überwiegend nur kleinere Delikte begangen, und die meisten werden nach dieser „jugendtypischen" Phase nicht mehr delinquent.[44]

Unabhängig von Methodendiskussionen zur Erfassung der Jugendgewalt und der sich daraus ergebenden unterschiedlichen Beurteilung der Veränderungsraten muss

auf jeden Fall festgestellt werden: Wer als Erwachsener kriminell ist, hat in der Regel seine „kriminelle Karriere" als Jugendlicher begonnen. Wenn die Steigerung von allgemeiner Kriminalität wie von Gewaltkriminalität erfolgreich konterkariert werden soll, muss damit bei Jugendlichen begonnen werden – unabhängig von Diskussionen über die genaue Höhe und Entwicklung der Jugendkriminalität. Demnach können nirgendwo präventive Maßnahmen und finanzielle Mittel so langfristig „profitabel" eingesetzt werden wie bei der Bekämpfung von Jugendkriminalität und der Erforschung ihrer Ursachen.[45]

6.2 Maßnahmen in Camps und ähnlichen Einrichtungen

6.2.1 Bootcamps
„Boot" ist der englische Begriff für „Stiefel"; „to boot" heißt, jemandem einen Tritt zu geben. „Bootcamp" war ursprünglich die Bezeichnung für ein Trainingslager für Rekruten in der militärischen Grundausbildung, denn dort werden militärische, schwere Stiefel getragen. „Bootcamp" wurde ca. 1990 Name und damit

Bootcamps fördern nicht das erwünschte Verhalten, und angesichts ihres Stils von permanenter Erniedrigung, erbarmungslosem Drill und seelischer Grausamkeit können sie dies auch gar nicht.

Bernd Euler/VISUM

Programm auch für eine spezifische Kategorie von Erziehungslagern für Straffällige bzw. Jugendliche in den USA sowie für solche Erziehungslager ("Teen Help"-Programme), in die Jugendliche auf Veranlassung ihrer – mehrheitlich mit der Erziehung überforderten – Eltern eingeliefert wurden. Eine pädagogische oder therapeutische Ausbildung haben die meisten der "Instruktoren" nicht. Für jugendliche Straftäter stellen mehrmonatige Bootcamp-Aufenthalte die Alternative für einen Gefängnisaufenthalt von bis zu drei Jahren dar.

Maßnahmen wie die in den USA nicht nur populären, sondern inzwischen auch – aufgrund schwerer körperlicher Übergriffe und von Selbstmorden[46] – in die Diskussion geratenen Bootcamps verbieten sich in Deutschland fast von selbst; dem stehen allein schon die Grundsätze von Menschen- und Persönlichkeitsrechten gegenüber. Ein aus Fernsehberichten wie Filmen bekannter Prozess entwürdigenden Verhaltens in der militärischen Grundausbildung der "U.S. Marines" sowie in den Erziehungs-Bootcamps ist mit aufgeklärten, demokratischen Gesellschaften letztlich nicht vereinbar (auch nicht im militärischen Bereich). Schlimmer aber noch ist, dass sich das pädagogisch fragwürdige Ergebnis primär auf systematisch erlittene Demütigungen und/oder eintrainierte Aggressionen reduzieren lässt. Die hohe Rückfallquote von (durchschnittlich) ca. 70 Prozent bei den das Bootcamp "erfolgreich absolvierenden" jugendlichen Straftätern – allein im ersten Jahr nach der Entlassung![47] – spricht denn auch eine deutliche Sprache; die behaupteten Erfolge in den Bootcamps mit Einweisung durch die Eltern werden ebenfalls infrage gestellt. Psychisch gebrochene Kinder und Jugendliche – egal ob mit oder ohne nachfolgende kompensatorische Gewalteffekte – können niemals ein Erziehungsziel sein, das etwas Positives bewirken will.

Bootcamps fördern nicht das erwünschte Verhalten und angesichts ihres Stils von

Das als "Boxcamp" apostrophierte "Trainingscamp Lothar Kannenberg" besticht durch die Persönlichkeit seines Leiters, der seine Vergangenheit als Gewalttäter mit seiner Gegenwart als Boxer kombiniert.

Baden-Württemberg hat 2001 das "Projekt Chance" – statt Einsitzen in der Justizvollzugsanstalt – eingerichtet. Bei erfolgreichem Absolvieren winkt ein Ausbildungsplatz.

permanenter Erniedrigung, erbarmungs- losem Drill und seelischer Grausamkeit können sie dies auch gar nicht. Vielmehr beschränken sie sich auf den Versuch, nicht erwünschtes Verhalten mit men- schenverachtenden Praktiken „auszutrei- ben". Willkürliche Gewalt wird mit will- kürlicher Gewalt bekämpft. Die durch Gewalt bestimmte Erziehung der Kinder findet ihre Fortsetzung in der Gewaltan- wendung gegenüber Jugendlichen durch formal legitimierte „Instruktoren". Et- was anderes als Gewalt lernen Jugend- liche mit mehrfachen Problemlagen nicht kennen; sie lernen, diese als von oben kommend und wirksam zu akzeptieren. Kurzfristig, unter den von ihnen kon- trollierten Bedingungen, erreichen die Bootcamps ein Zwangsverhalten in ihrem Sinne, indem sie den Willen dieses Men- schen brechen und die „Vorteile" be- dingungsloser Unterwerfung aufzeigen. Mittel- und langfristig können sie aber nur scheitern.

6.2.2 „Boxcamp" und ähnliche Einrichtungen

Oft mit den Bootcamps verglichene Ein- richtungen gibt es inzwischen auch in Deutschland. Bekanntestes Beispiel ist das 1999 ins Leben gerufene, als „Box- camp" apostrophierte *Trainingscamp Lo- thar Kannenberg* (im hessischen Diemel- stadt-Rhoden). Dieses Trainingscamp be- sticht durch die Persönlichkeit seines Lei- ters, der seine Vergangenheit als Drogen- und Gewalttäter mit seiner Gegenwart als Boxer kombiniert. Er pflegt einen autoritativen Erziehungsstil, der sich von den Bootcamps der USA deutlich unter- scheidet. Es handelt sich um eine offene Jugendeinrichtung, mit dem Schwerpunkt auf den Boxsport. Um dieses Modell je- doch bewerten zu können, bedarf es der mehrjährigen Evaluation, also der Unter- suchung über das Verhalten der Box- camp-Insassen in den Jahren nach ihrer Entlassung, die bisher noch nicht er- folgt ist. Ähnliche Einrichtungen in der Schweiz haben nach bisheriger Schätzung eine Rückfallquote von 30 bis 40 Pro- zent.

6.2.3 Didaktisch aufbereitete Modelle: Pädagogische Arbeit mit jungen Straftätern

Im Rahmen der „Konfrontativen Päda- gogik" werden Anti-Aggressivitäts-Trai- nings in unterschiedlichen sozialen und juristischen Kontexten mit großem Erfolg durchgeführt.[48] Die konsequente Norm- und Regelsetzung dieses Ansatzes in Kombination mit der geförderten Selbst- verantwortung führt über ein durchdach- tes pädagogisches Konzept zu einem so- zialen Lernprozess bei Delinquenten, de- ren Defizite an familiarer Sozialisation eklatant sind, die in einer völligen gesell- schaftlichen Abseitsposition gesehen wur- den und als nicht mehr erreichbar galten. Norm- und Regelverletzungen werden nicht mehr verstehend nachgesehen, denn dies wird von den Jugendlichen und Heranwachsenden oft nur als Schwäche angesehen, die zu einem durch keine rele- vanten Sanktionen beeinträchtigten „Wei- termachen wie bisher" führt; vielmehr werden konsequent die individuellen Grenzen aufgezeigt, die das soziale Ge- meinwesen setzt.

Klassische soziale Kontrolle im Gewand der Peergroup-Erziehung und in einem autoritativen (nicht aber autoritären) Er- ziehungsrahmen münden in einen Grup- penprozess, der oft zu positiven Änderun- gen des Verhaltens – und nicht etwa zu Änderungen bzw. Degradierungen der Persönlichkeit – führt.[49] Das Grundprin- zip, straffälligen Jugendlichen und Heran- wachsenden Disziplin beizubringen und Konsequenzen aufzuzeigen, ist innerhalb eines bestimmten Rahmens notwendig; Sport und Konfrontation mit dem eigenen Fehlverhalten sind als ergänzenden Maß- nahmen sinnvoll. Baden-Württemberg hat hierzu 2001 das „Projekt Chance" – statt Einsitzen in der Justizvollzugsanstalt – eingerichtet. Hier werden sogar die so- zioökonomischen Problemlagen insofern berücksichtigt, als bei erfolgreichem Ab- solvieren ein Ausbildungsplatz winkt.

Dieses Modell beruht auf der von Fach- öffentlichkeit und Praktikern weitgehend geteilten Einsicht, dass kurz- und be- sonders langfristiges Wegsperren negative Folgen für Jugendliche haben kann. Das „Projekt Chance" versteht sich als rein- tegrierendes und rehabilitierendes Pro- gramm. In betreuten Jugendwohnge- meinschaften und mithilfe eines durchor- ganisierten Tagesprogramms sowie eines sozialen Beziehungssystems – sowohl untereinander in der Gruppe der Jugend- lichen als auch mit den Betreuern – soll den jugendlichen Straftätern ein Neube- ginn ermöglicht werden. Ein ausgewoge- nes Verhältnis von „Caritas und Strafe" sorgt für die (Wieder-)Anpassung an so- ziale Normen und unterstützt die Ju- gendlichen zugleich dabei, sich in ihre Biographie und Lebenswelt gestaltend einzubringen

6.3 Die Rolle von Justiz und Polizei

Spätestens im Jahr 2004 – mit den dama- ligen in die Medien gelangten, besonders brutalen Gewaltakten – hat die Diskus- sion über die Ahndung von Straf- bzw. Gewalttaten von Kindern, Jugendlichen und Heranwachsenden eingesetzt. Die bisher überwiegende Tendenz der Recht- sprechung war, jüngere Täter (dies galt generell auch für jüngere Gewalttäter) mit Ermahnungen und Verweisen, allen- falls geringfügigen Ahndungen, zu sank- tionieren. Gewaltakte gegen Personen durch Wiederholungstäter riefen oft eben- falls keine härteren Bestrafungen hervor. Inzwischen wird darüber diskutiert, ob solche Ahndungen nicht eher dazu füh- ren, dass die Täter eben auch deshalb wie bisher weitermachen, weil sie kaum här- tere Strafen zu befürchten haben.

Es besteht weitgehend Einigkeit, dass Ge- setze über Gewaltanwendung nicht unbe- dingt verschärft werden müssen, abgese- hen von der Strafanhebung z.B. bei Kör- perverletzungen in mittleren und schwe- ren Fällen (um die besondere Schutzwür- digkeit der körperlichen Unversehrtheit herauszustreichen). Zeichnet sich doch die Jugendstrafgesetzgebung gerade da- durch aus, dass sie das Alter und die Tat- umstände angemessen berücksichtigen

> *Es besteht weitgehend Einigkeit, dass Gesetze über Gewaltanwendung nicht unbedingt verschärft werden müssen.*

und milder als mit erwachsenen Straftätern verfahren soll. Wohl aber ist es unbedingt erforderlich, dass alle Gewalttäter entschieden – und so schnell wie möglich – abgeurteilt und die in den Gesetzen vorgesehenen rechtlichen Möglichkeiten ausgeschöpft werden.[50] Dafür muss die Polizei insbesondere bei Gewaltdelikten verstärkt und beschleunigt ermitteln.[51] Die sich daran anschließenden Gerichtsverfahren sind zu beschleunigen und zu straffen. Hierzu gibt es in einigen Bundesländern zumindest einzelne erfolgreiche Versuche.

Je nach Brutalitätsstufe der Gewalttat muss Inhaftierung die (Regel-)Bestrafung werden. Wiederholungstäter ebenso wie bereits deutliche Anzeichen einer Wiederholungsgefahr sind verstärkt durch Haftstrafen zu ahnden. Ausländische Gewalttäter müssen wissen, dass ihnen – nach der Haftstrafe in Deutschland – die Ausweisung und Abschiebung droht (in Abhängigkeit von internationalen Übereinkünften); dies betrifft (soweit zulässig) auch politisch motivierte Gewalttäter. Gegen das gesamte rechts- und linksextremistische gewaltbereite Spektrum müssen verstärkt Razzien und gezielte Kontrollen durchgeführt werden.

Das Elternhaus weist starke Defizite in den Sozialisationsleistungen aus, die sogar von Institutionen wie der Schule nicht kompensiert werden können.[52] Um so wichtiger ist, dass Gerichte den Jugendlichen und jungen Erwachsenen ihre Grenzen zeigen. Besorgniserregend ist deshalb, mit welcher Milde Gerichte selbst mittlere und schwere Gewalttaten von Jugendlichen ahnden. Zwar ist das Strafrecht (und vor allem das Jugendstrafrecht) bewusst sehr flexibel ausgestaltet, um auf die vielfältigen Ursachen und die Variationsbreite der Jugendkriminalität adäquat reagieren zu können; in der Realität aber neigen viele Gerichte zu allenfalls erzieherisch angelegten Maßnahmen – die für die spezielle Problemlage jedoch oft in einer zu späten Lebensphase ansetzen oder aus anderen Gründen ihre Wirkung verfehlen. Fehlgeschlagene erzieherische Maßnahmen oder sogar straflose polizeiliche bzw. gerichtliche Verfahren führen fast stets zu einer Steigerung der Gewaltbereitschaft. Eine entschiedene (nicht aber eine unnötig harte) Verurteilung schnellstmöglich nach der (schwerwiegenden) Tat zeigt den Tätern, mit welchen Konsequenzen ihr Verhalten verbunden ist – eine wichtige Etappe sozialen Lernens. Während und nach der Haft müssen sozialpädagogische sowie weiterführende Maßnahmen zum Einsatz kommen. Heutzutage jedoch finden sich unter den inhaftierten Jugendlichen und jungen Erwachsenen zum überwiegenden Teil Personen, bei denen aufgrund ihrer schweren (Vor-)Schädigung staatliche Maßnahmen jeder Art nichts mehr ausrichten können.[53]

Das zunehmende Auseinanderklaffen der Schere zwischen Straftaten einerseits und verurteilten Jugendlichen sowie Heranwachsenden andererseits hat folgende Auswirkungen: Auf der einen Seite werden Jugendliche nicht mehr rechtzeitig in ihre Schranken verwiesen – eine Aufgabe, die früher überwiegend von den Eltern übernommen worden war; die Sozialschädlichkeit ihres Handelns wird selbst Wiederholungstätern nur noch begrenzt vor Augen geführt. Auf der anderen Seite landen nur noch diejenigen Fälle in der Jugendstrafanstalt, deren Schweregrad so ist, dass korrigierende Eingriffe kaum noch mit Erfolg praktiziert werden können. Die erhoffte Verhaltens- und Einstellungskorrektur kann zudem durch die Viktimisierung jugendlicher Häftlinge durch Mitgefangene sowie durch andere „Nebenwirkungen" des Strafvollzugs (sexuelle Gewalt und Ausbeutung, Suizid, Drogenmissbrauch) konterkariert werden. Der Mittelweg – rechtzeitige Rahmensetzung durch schnellstmögliche gerichtliche Ahndung und adäquate Verurteilung – wird aus verschiedenen Gründen nicht mehr konsequent praktiziert; Schäden erleiden letztlich die Jugendlichen ebenso wie die gesamte Gesellschaft.

6.4 Komplexe Ursachen und komplexe Lösungswege

6.4.1 Die zentrale Rolle familiarer Sozialisation

Wie an anderer Stelle[54] aufgezeigt, ist eine erfolgreiche familiare Sozialisation die entscheidende Determinante eines späteren gewaltfreien Lebens im privaten wie öffentlichen Bereich. Materielle Engpässe spielen dann zwar nur noch eine Nebenrolle, andererseits aber korreliert eine erfolgreiche familiare Sozialisation sehr stark mit der Herkunftsschicht. Maßnahmen, die eine sinnvolle Ergänzung der familiaren Sozialisation darstellen, sind zwar ein sich über längere Zeiträume erstreckender – und daher kein kurzfristiger, öffentlichkeitswirksame Erfolge versprechender – Prozess, sie sind aber der entscheidende Ansatz am neuralgischsten (Defizit-)Punkt.

Die Defizite familiärer Sozialisation und die Bildungs- bzw. Lerndefizite sind so gravierend, dass staatliche sowie soziale Instanzen erst einmal versuchen müssen, diese Basis-Defizite (teilweise) zu kompensieren. Hinzu kommt, dass viele noch in den 1950er und 1960er Jahren existierende (öffentliche) Institutionen – die soziale, pädagogische, Ernährungsdefizite etc. „abfedern" konnten[55] – aus finanziellen Gründen abgebaut wurden; sie müssen jetzt erst wieder aufgebaut werden, was aufgrund finanzieller Engpässe und nicht mehr vorhandener kontinuierlicher Erfahrungen mit großen Schwierigkeiten für öffentliche Institutionen und für Freiwilligenorganisationen verbunden ist.

6.4.2 Werte- und Ethik-Unterricht

Der in letzter Zeit häufig diskutierte Werte- bzw. Ethikunterricht an allen Schultypen schlägt neben dem Religionsunterricht eine Brücke zum Thema Jugendgewalt, da das Auftreten von Gewalt oft mit fehlender Moralvorstellung und fehlendem Unrechtsbewusstsein einhergeht.

Im Fach Sozialkunde muss sich die verstärkte Wahrnehmung des schulischen Erziehungsauftrags durch eine Betonung der Wertorientierung und des sozialen Lernens niederschlagen. Schulen bzw. Lehrer können naturgemäß nicht das nachholen, was in der primären Sozialisation versäumt wurde bzw. nicht mehr möglich ist; die begrenzten Möglichkeiten der Vermittlung sozialer Lehr- und Lernformen muss aber systematisiert und in den schulischen Gesamtzusammenhang eingearbeitet werden. Sowohl im soziologischen Teil (Soziologie betrachtet den Menschen als Gruppenwesen) als auch im politologischen Teil (grundlegende Regeln des menschlichen Zusammenlebens von der lokalen Bürgerschaft bis zum Staat, z.B. „contrat social" von J.-J. Rousseau) bieten sich Ansatzpunkte, den Schülern die Regeln des Miteinanderumgehens – und die Vorteile der friedlichen Konfliktregelung – nahe zu bringen; das staatliche Gewaltmonopol ist in seiner Funktion für eine freiheitliche Gesellschaft und für ein friedliches Zusammenleben hervorzuheben. Ethischen Fragestellungen sollte über alle geeigneten Fächer hinweg eine größere Relevanz eingeräumt werden.

Das Zusammenleben unterschiedlicher soziodemografischer Gruppen und die friedliche Austragung von Konflikten innerhalb und zwischen diesen Gruppen muss in der Schule gelehrt werden, um so der Jugendgewalt entgegenzuwirken. Konkret kann dies u.a. über die verstärkte Unterrichtung grundlegender Werte und Normen der verfassungsmäßigen Ordnung (Menschenrechte, Menschenwürde etc.) als Voraussetzungen für ein friedliches Zusammenleben innerhalb von Staaten wie zwischen unterschiedlichen ethnischen Gruppen geschehen. Entscheidungen durch politische Kompromisse im Staat und soziale Gruppenkompromisse im täglichen Leben haben dieselbe Zielsetzung, denn beide dienen den Freiheitsrechten aller Gesellschaftsmitglieder und erkennen andere Positionen als legitim an. Leitziel ist eine Erziehung zu Toleranz, friedlicher Gesinnung, Achtung vor den Rechten anderer, Kompromiss- und Konsensbereitschaft.

Die schulische Vermittlung von Normen und Werten ist allerdings nur dann glaubwürdig, wenn sich dies in einer demokratischen Unterrichtskultur, die auf die Förderung sozialer Beziehungen Wert legt, vollzieht. Gerade die „Krisen- und Konsumkinder" benötigen einen pädagogischen Raum, der ihre Lebenswelten ernst nimmt und ihnen gleichzeitig eine Möglichkeit anbietet, andere Lebenswelten kennenzulernen, auszuprobieren und zu leben. Die Institution Schule muss sich als „pädagogisches Laboratorium" verstehen. Unter der Perspektive, das Leben, Lernen, Zusammenleben und Arbeiten in der Schule für alle Beteiligten (Lehrer, Schüler und Eltern) nachhaltig zu verbessern, müssen pädagogische Maßnahmen und präventive Programme implementiert werden.

6.4.3 An vielen Punkten ansetzen!

Sowohl aufgrund

> der sozialstrukturellen Verankerung der Delinquenz von Jugendlichen und Heranwachsenden,
> der derzeitigen sozialen Prozesse,
> von Entwicklungen auf dem Arbeitsmarkt und der Kürzungen im Sozialbereich,
> der Entwicklungen im Medienbereich

besteht die – begründete – Vermutung, dass der Höhepunkt bei Delinquenz allgemein wie auch bei Gewaltdelinquenz noch nicht erreicht ist.

picture-alliance/dpa-report

Der in letzter Zeit häufig diskutierte Ethikunterricht an allen Schultypen schlägt eine Brücke zum Thema Jugendgewalt.

Die Spanne sinnvoller Zukunftsinvestitionen reicht von Hilfe zur Erziehung über qualifizierte Sozialarbeit bis hin zu quantitativ und qualitativ ausreichenden Freizeitstätten.

fotofinder / Frank Rothe / VISUM

7. Absicht und Gliederung des Buches

Ziel des Buches ist es, fachwissenschaftliche Erkenntnisse sowie erprobte Seminar- und Trainingsmodelle aus dem Bereich der Gewaltprävention einer interessierten Leserschaft zugänglich zu machen. In der schulischen und außerschulischen Bildungsarbeit Tätige, Sozialarbeiterinnen und Sozialarbeiter, Erzieherinnen und Erzieher, Eltern sowie nicht zuletzt Multiplikatoren in der Jugend- und Erwachsenenbildung sollen mit diesem Buch fundierte Informationen und praxisnahe Anregungen für ihre Arbeit erhalten.

Der *erste Teil* enthält Analysen zum Gewaltbegriff, stellt die Ergebnisse empirischer Studien zur Gewalt und Gewaltdelinquenz von Kindern, Jugendlichen und jungen Erwachsenen dar und benennt sozioökonomische Ursachen und Risikofaktoren. Gerade weil die Erklärungsver-

Da das Problem der Jugendgewalt als gravierend angesehen wird und sich im Zentrum der öffentlichen Diskussion befindet, werden rasche Lösungen gefordert. Diese aber kann es nicht geben,[56] nicht zuletzt deshalb, weil viele Ursachen in der Familie liegen. Außerdem wird jedes Herangehen an dieses Problem dadurch erschwert, dass „Schwachstellen" in vielen Bereichen anzutreffen sind, also viele unterschiedliche Lösungswege parallel beschritten werden müssen.

So würde beispielsweise zwar ein rein polizeilicher und gerichtlicher Lösungsversuch teilweise und zeitlich befristet helfen, aber zu wirklichen und langfristigen Lösungen müssen die Problemfelder umfassend angegangen werden. Die sich seit den 1980er Jahren hinziehenden Versuche in allen westlichen Industriegesellschaften (auch in der Bundesrepublik Deutschland) verdeutlichen aber, wie schwierig dieser Weg ist.

Zu beachten ist dabei jedoch, dass die *soziodemographischen Merkmale der Gewalt von Jugendlichen/Heranwachsenden* und die einzelnen *Erklärungsfaktoren* alle zusammen zur derzeitigen Gewaltsituation beigetragen haben. Alle diese Faktoren können prinzipiell weitgehend unabhängig voneinander als jeweilige Verursacher auftreten, indem also ein Faktor alleine die Ursache ist. Zum Teil aber

weisen sie gewisse Interdependenzen auf in dem Sinne, dass ein Faktor einen anderen beeinflusst, sich die Faktoren gegenseitig verstärken oder ein Faktor als Katalysator für einen anderen wirkt; so lassen sich beispielsweise direkte Auswirkungen der Entwicklung der wirtschaftlichen und sozialen Lage auf die berufliche Position der Jugendlichen und ihrer Eltern aufzeigen – ein relevanter Faktor politischen wie gewaltbereiten Handelns. Es ist deshalb zu bezweifeln, dass das Ansetzen an einem Punkt ausreicht, um positive Wirkungen in relevantem Umfang zu erzielen; hierzu bedarf es intensiver Bemühungen auf mehreren Ursachenfeldern.[57]

Früher vollzogene ebenso wie beabsichtigte Einsparungen im präventiven bzw. sozialpädagogischen Bereich müssen deshalb darauf überprüft werden, ob sie etwa nicht intendierte Folgen haben, die wiederum höhere staatliche (z.B. Polizei, Gefängnis) und gesellschaftliche (Folgen von Kriminalität für den Bürger) Kosten zur Folge haben. Die Spanne sinnvoller Zukunftsinvestitionen reicht von Hilfe zur Erziehung über qualifizierte Sozialarbeiter und Sozialarbeiterinnen bis hin zu quantitativ und qualitativ ausreichenden Freizeitstätten. Profitieren würden insbesondere diejenigen Kinder und Jugendlichen, die am stärksten gefährdet sind, dieser Hilfe bzw. Förderung also besonders bedürfen.[58]

suche für die Entstehung von Gewalt in der fachwissenschaftlichen Debatte vielfältig und häufig auch gegensätzlich sind, ist eine Verständigung über die Ursachen von Gewalt und eine Erörterung der verschiedenen theoretischen Erklärungsansätze für Gewalt notwendig. Um die Gründe für Jugendgewalt aufzeigen zu können, ist eine quantitative und qualitative empirische Analyse unerlässlich. Will man verlässliche Informationen und Erklärungen anstatt generalisierender Beurteilungen gewinnen, ist eine sachliche Auseinandersetzung mit diesem komplexen Phänomen auf der Grundlage vorliegender Studien und Forschungsberichte geboten. Denn eine nachhaltige Jugend- und Sozialpolitik sowie eine gelingende präventive Arbeit setzen Kenntnisse über das Ausmaß der Jugendgewalt, über deren soziale, ökonomische und soziodemographische Ursachen und Risiken voraus.

Der *zweite Teil* stellt ausgewählte Handlungsfelder (z.B. Familie, Schule, Arbeitswelt, Jugendszenen, Sport und Freizeit) vor und vermittelt – bezogen auf die einzelnen Handlungsfelder – Erkenntnisse aus Wissenschaft und Praxis. Für jedes einzelne Handlungsfeld werden die besonderen Problemlagen dargestellt und gleichzeitig die Chancen und Bedingungen gewaltpräventiven Arbeitens aufgezeigt. Die einzelnen Beiträge präzisieren die im ersten Teil des Buches geschilderten empirischen Daten, indem sie Einblicke in die spezifische Struktur und Situation des jeweiligen Handlungsfelds gewähren, konkrete Ansätze der Prävention und Intervention aufzeigen und Bedingungen sowie Chancen gewaltpräventiven Handelns benennen.

Der *dritte Teil* stellt in der Praxis erprobte Trainings und Seminarmodelle aus dem Bereich der Gewaltprävention und Gewaltdeeskalation vor. Zielsetzung dieser Trainings sind der Erwerb von Kompetenzen und die Internalisierung von Verhaltensweisen, die einen konstruktiven Umgang mit Gewalt, mit verletzenden und schädigenden Aggressionen ermöglichen. Die vorgestellten Trainings erproben und vermitteln auf erlebnis- bzw. erfahrungsorientiertem Wege Handlungs- und Verhaltensmuster, um Gewalt und Konflikte zu thematisieren und zu bearbeiten. Sie sind mit didaktisch-methodischen Erläuterungen, mit detaillierten Methodenbeschreibungen und Hinweisen zum praktischen Vorgehen versehen.

Die Herausgeber möchten sich an dieser Stelle bei allen Autorinnen und Autoren für die gute Zusammenarbeit bedanken. Dank gebührt des Weiteren Ulrich Dovermann für Rat und Tat und insbesondere Verena Artz für das (nicht immer leichte) Lektorat.

verdächtige türkischer Abstammung und aus dem ehemaligen Jugoslawien sind hierbei überrepräsentiert.

Die höhere polizeilich registrierte Kriminalitäts- und Gewaltrate lässt sich zum Teil damit erklären, dass die Anzeigebereitschaft und die polizeiliche Kontrolle Migranten gegenüber höher sind (labeling approach). Die Anzeigebereitschaft und das Anzeigeverhalten unterscheiden sich in der Regel nach Art des Deliktes, nach der sozialen Milieuzugehörigkeit sowie nach dem Wohnumfeld von Tätern, Opfern und Anzeigenden. Obwohl die Mehrheit der Kinder und Jugendlichen mit Migrationshintergrund strafrechtlich nicht auffällig ist, kann nicht verschwiegen werden, dass die Anzahl nichtdeutscher jugendlicher Tatverdächtiger bei Gewaltdelikten merklich zugenommen hat.[61]

Diese Entwicklung, die hauptsächlich nichtdeutsche junge Männer betrifft, verweist auf soziale Probleme in Teilen der zweiten und dritten Einwanderergeneration sowie auf eine nur unzureichende Integration in die bundesdeutsche Gesellschaft. Ob Delinquenz und Kriminalität ein Ausdruck misslungener Integration sind, ist noch immer strittig. Eine konsensfähige Annahme dürfte aber sein, dass Jugendgewalt und delinquentes Verhalten von Kindern und Jugendlichen stets Symptome für soziale Problemlagen sind und insofern ein Seismograph für eine nicht hinreichende Integration sein können. Geringe Bildungschancen, soziale Benachteiligung und Sozialisationsdefizite korrelieren mit erhöhten Werten individueller Gewaltanwendung. Dies trifft im Übrigen auf Kinder und Jugendliche mit und ohne Migrationshintergrund gleichermaßen zu.

Allerdings sind die Problemlagen bei Kinder und Jugendlichen mit Migrationshintergrund ungleich stärker ausgeprägt. Sie sind verstärkt mit sich verschlechternden wirtschafts- und sozialpolitischen Bedingungen konfrontiert. Gerade die dritte Einwanderergeneration hat sich weitaus energischer als ihre Eltern um eine Integration in die bundesdeutsche Gesellschaft bemüht und steht dennoch der bestehenden bzw. immer wieder erfahrenen Ablehnung frustriert gegenüber. Mangelnde Teilhabe- und ökonomische Erfolgschancen und eine nur partielle Integration lassen die Empörung gerade in der dritten Einwanderergeneration wachsen.

Sinnvolle Förder- und Integrationsmaßnahmen müssen Lebensbedingungen schaffen, die Jugendlichen mit Migrationshintergrund ein gewalt- und straffreies Leben ermöglichen. Insofern kann eine effiziente Integrationsarbeit die beste Prävention darstellen. Eine deutliche Wende in der Integrationspolitik zeichnete sich mit der Reform des Staatsangehörigkeitsrechts im Jahr 2000 und mit dem neuen Zuwanderungsgesetz, das am 1. Januar 2005 in Kraft trat, ab. Mit dem Zuwanderungsgesetz bekannte sich die Bundesrepublik offiziell zu ihrer Rolle als Einwanderungsland.[62] Obwohl die Debatte um die Frage, ob Deutschland denn nun ein Einwanderungsland sei, ein Ende gefunden hat, sind weitere Schritte anzumahnen: die Erarbeitung und vor allem die Umsetzung einer umfassend angelegten Integrationskonzeption. So war der im Kanzleramt abgehaltene „Integrationsgipfel" am 14. Juli 2006 ein richtungweisender Schritt, weil Defizite benannt und Maßnahmen zu einer besseren Integrationspolitik durch die Erarbeitung eines Nationalen Integrationsplans in Angriff genommen wurden.[63]

Ursachen von Aggression und Gewalt

Günther Gugel

1. Warum sind Menschen gewalttätig?

Warum sind Menschen aggressiv und gewalttätig? Sigmund Freud meint, „dass der Mensch nicht ein sanftes, liebebedürftiges Wesen ist, das sich höchstens, wenn angegriffen, auch zu verteidigen vermag, sondern dass er zu seinen Triebbegabungen auch einen mächtigen Anteil von Aggressionsneigungen rechnen darf. Infolgedessen ist ihm der Nächste nicht nur möglicher Helfer und Sexualobjekt, sondern auch eine Versuchung, seine Aggression an ihm zu befriedigen, seine Arbeitskraft ohne Entschädigung auszunützen, ihn ohne seine Einwilligung sexuell zu gebrauchen, sich in den Besitz seiner Habe zu setzen, ihn zu demütigen, ihm Schmerzen zu bereiten, zu martern und zu töten. Homo homini lupus; wer hat nach all den Erfahrungen des Lebens und der Geschichte den Mut, diesen Satz zu bestreiten?"[1]

Dies fällt in der Tat schwer, wenn man sich das gesamte Ausmaß von aggressiven und gewalttätigen Verhaltensweisen vor Augen hält. Doch sollte sogleich vor vorschnellen Bewertungen und Zuschreibungen gewarnt werden. Denn nach wie vor ist relativ wenig über die Ursachen und Bedingungen destruktiver Aggression und Gewalt bekannt. In den letzten 30 Jahren wurden sich zum Teil widersprechende, zum Teil ergänzende Aggressionstheorien diskutiert. Wie immer man die Frage nach den Ursachen beantwortet – festzuhalten bleibt, dass der Mensch die Fähigkeit und die Ausstattung zu aggressivem und gewalttätigem Verhalten besitzt.

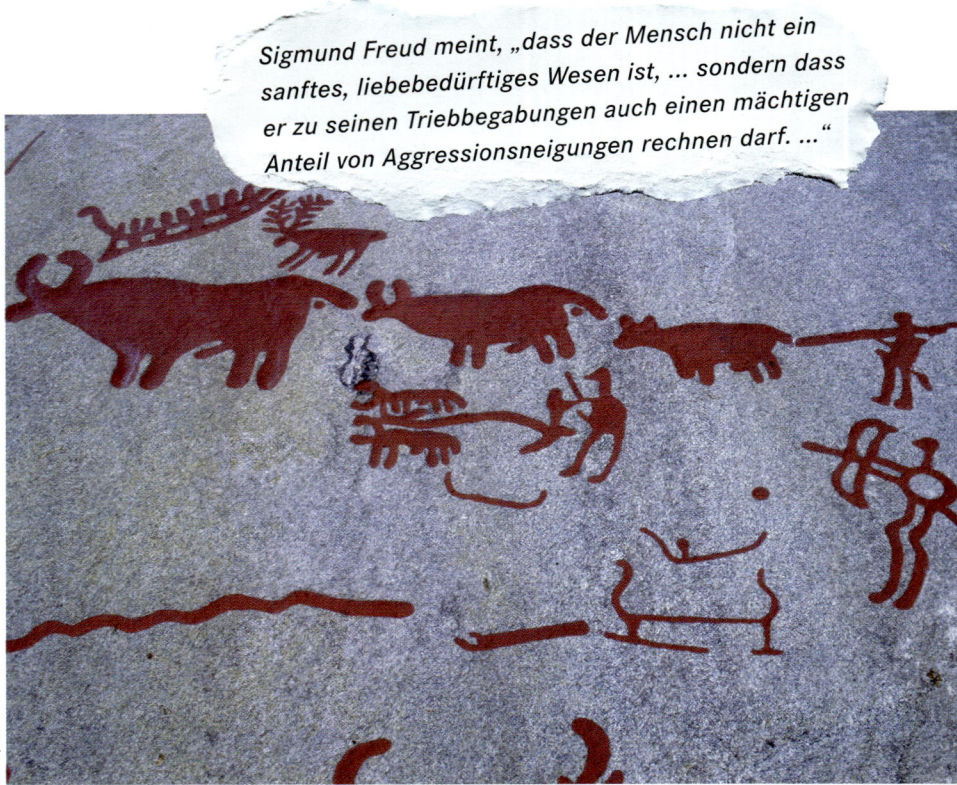

Sigmund Freud meint, „dass der Mensch nicht ein sanftes, liebebedürftiges Wesen ist, ... sondern dass er zu seinen Triebbegabungen auch einen mächtigen Anteil von Aggressionsneigungen rechnen darf. ..."

A1PIX/BRI

2. Psychologische Theorien über die Entstehung von Aggression und Gewalt

Verhalten wahrzunehmen, schließt immer auch ein, sich Gedanken über mögliche Erklärungen zu machen. Gerade im Hinblick auf schädigende und verletzende Formen der Aggression existieren eine Reihe von Alltagstheorien („Der Mensch ist eben von Grund auf böse." „Kriege und Gewalt hat es schon immer gegeben."), welche die Funktion haben, das eigene Weltbild (und damit das eigene psychische Gleichgewicht) aufrechtzuerhalten. Deshalb ist die Frage nach den Erklärungen für die Entstehung von Ag-

gressionen immer auch eine Frage nach dem dahinterliegenden Menschen- und Weltbild.

Die psychologische Aggressionsforschung hat sich vor allem mit drei grundlegenden Erklärungsmodellen beschäftigt: der Triebtheorie, der Frustrations-Aggressions-Theorie und den Lerntheorien.

2.1 Triebtheorien

Triebtheorien stammen aus der Forschung über das Verhalten von Tieren; ihre Vertreter nehmen auch beim Menschen einen genetisch determinierten Aggressionstrieb an.[2] Dagegen ist Folgendens einzuwenden: Jeder Mensch verfügt zwar über die Fähigkeit, aggressiv zu werden, doch daraus kann kein biologisch bedingter Aggressionstrieb abgeleitet werden. Denn weder ist im menschlichen Organismus eine solche Triebquelle auszumachen, noch ist menschliches Verhalten instinkt- oder triebgesteuert. Mit der Annahme eines Triebs ist zudem nur schwer zu erklären, warum Menschen über lange Epochen und in verschiedenen Kulturen ohne Aggressionen auskommen. Der Grad der Aggressivität ist sowohl von Mensch zu Mensch, als auch von Kultur zu Kultur sehr verschieden. Hinzu kommt, dass Aggression in aller Regel nicht als spontanes Verhalten hervorbricht, sondern zumeist instrumentell im Dienste von Bedürfnissen und Interessen eingesetzt wird.

Die Triebtheorie erfreut sich (trotz ihrer wissenschaftlichen Unhaltbarkeit) immer noch einer gewissen Beliebtheit,[3] da sie eine moralische Entlastung bietet (für Verhalten, das nicht steuerbar ist, kann auch keine Verantwortung übernommen werden).

2.2 Die Frustrations-Aggressions-Theorie

Eine Gruppe von Forschern in den USA, die als „Frustrations-Aggressions-Theoretiker"[4] bekannt wurden, veröffentlichte 1939 ihre Theorie, nach der Aggression stets eine Folge von Frustration sei. (Später gestanden sie zu, dass nicht jede Frustration zwangsläufig zu Aggressionen führen müsse.) Je größer die Frustration, desto größer sei auch die Aggressionstendenz. Da ein Leben ohne Frustrationen nicht möglich sei, ließen sich Aggressionen prinzipiell nicht abschaffen.

Gegen diese Vorstellung wird kritisch eingewendet, dass sie den Zusammenhang von Frustration und Aggression nicht erklären könne.[5] Auch werde die Annahme eines direkten Zusammenhangs zwischen Frustration und Aggression durch Ergebnisse der Forschung

nicht gestützt.[6] Menschen reagieren auf Frustrationen unterschiedlich. Die Folge von Frustrationen können Aggressionen sein, aber auch Resignation oder konstruktive Versuche, die Ursache der Frustration zu beseitigen. Ist aggressives Verhalten durch Lernprozesse erworben, so kann wieder „umgelernt" werden. Unklar ist ferner, warum nicht auch andere Einflüsse zu Aggressionen führen sollen. Zudem lässt sich das, was als Frustration zu bezeichnen ist, nicht exakt beschreiben. Dies führt dazu, dass die Vertreter dieser Theorie einfach alles, was zu Aggressionen führt, als „Frustration" bezeichnen. Damit werden die Aussagen jedoch unbrauchbar.

Zwar kann die Frustrations-Aggressions-Theorie keinen Anspruch auf Allgemeingültigkeit erheben. Sie weist jedoch, vor allem als Langzeitmodell gedacht, auf einen möglichen Zusammenhang zwischen einengenden, frustrierenden Lebensverhältnissen und verstärkter Aggressionsneigung hin.

2.3 Lerntheorien

Für Lerntheoretiker ist Aggression ein Verhalten wie jedes andere, das wie alle Verhaltensweisen durch Lernprozesse erworben wird. Diese Annahme geht davon aus, dass der Mensch von Natur aus nicht festgelegt ist und im Sozialisationsprozess die ihn kennzeichnenden Verhaltensweisen erlernt. Lernen kann auf verschiedene Art und Weise erfolgen: Wenn mit aggressivem Verhalten Bedürfnisse befriedigt oder Ziele erreicht werden können, so ist die Wahrscheinlichkeit relativ groß, dass dieses wieder angewendet wird.

Komplexere Lernvorgänge sowie das plötzliche Auftreten fertiger Verhaltensmuster können durch „Lernen am Erfolg" allerdings nicht erklärt werden. Hierzu ist es notwendig, auf das „Modelllernen" zurückzugreifen. Durch das Beobachten von Modellpersonen (oder Situationen) kann der „Beobachter" neue Verhaltensweisen erwerben, über die er bislang nicht verfügt hat. Die Beobachtung aggressiver Modellpersonen kann die eigene Hemmschwelle für aggressives Verhalten herabsetzen. Die Beobachtung allein reicht jedoch noch nicht für eine Verhaltensübernahme aus. Das Modell muss attraktiv und nachahmenswert sein, damit Kinder, Jugendliche und Heranwachsende sich damit identifizieren. Des Weiteren muss das beobachtete Verhalten ein Bedürfnis befriedigen bzw. positive Konsequenzen zeigen. Aggressives Verhalten braucht dabei nicht sofort übernommen zu werden. Es kann als langfristiger Effekt erst nach geraumer Zeit – völlig getrennt von der Beobachtungssituation – auftreten.

A1PIX/BRI

Die Beobachtung aggressiver Modellpersonen kann die eigene Hemmschwelle für aggressives Verhalten herabsetzen.

Der Sozialforscher Albert Bandura kommt vor diesem Hintergrund zu dem Schluss, dass „Gesellschaften, die anerkannte aggressive Vorbilder (Modelle) bieten, wahrscheinlich aggressive Kinder hervorbringen werden"[7]. Die erzieherische Konsequenz daraus wäre: „Wer Aggression eindämmen will, muss verhindern, dass die Menschen durch soziales Lernen aggressive Verhaltensmuster erwerben. Kinder dürfen nicht belobigt oder sonst wie belohnt werden, wenn sie sich selber aggressiv verhalten. Aggression darf sich niemals lohnen."[8]

Das Problem des lerntheoretischen Ansatzes besteht darin, dass der Erwerb von Verhalten durch Lernen am Erfolg zu sehr auf Reiz-Reaktions-Verbindungen verkürzt wird. Lerntheorien können zwar plausibel machen, dass aggressives Verhalten durch Lernprozesse veränderbar ist. Sie können aber nicht erklären, warum verschiedene Menschen auf die gleichen aggressiven Modelle unterschiedlich reagieren oder warum Frauen aggressive Reize offenbar anders verarbeiten als Männer.

2.4 Psychologische Theorien greifen zu kurz

Psychologische Aggressionstheorien greifen als umfassende Erklärungsansätze für die Entstehung oder Verfestigung von aggressivem und destruktivem Verhalten aus folgenden Gründen zu kurz:

> Sie berücksichtigen durch die Konzentration auf ausschließlich personale Faktoren gesamtgesellschaftliche Entwicklungen und Einflüsse auf das Verhalten nur unzureichend.
> Sie betrachten häufig nur punktuelle und situativ isolierte Aggressionshandlungen und beziehen die lebensgeschichtliche Dimension, die „Sozialisation zur Gewaltanwendung", nicht ein.
> Sie sind häufig einfache Ursache-Wirkungs-Modelle, die den vielfältigen und vielschichtigen Einflüssen von Erziehung, Gruppen, Institutionen, Medien und Situationen nicht gerecht werden.

Hartmut Nörenberg

Hinzu kommt, dass der in diesen Theorien verwendete Aggressions- und Gewaltbegriff überdacht werden muss. Er ist weitgehend auf das Individuum konzentriert und hat somit Aggressionshandlungen im Blick, die direkt von einzelnen Personen ausgehen. Aggression und Gewalt sind jedoch nicht nur individuelle Phänomene, sondern – insbesondere bei Jugendlichen – oft Gruppenphänomene und können zu kollektiven Handlungsmustern werden oder auf kollektiven Legitimationsmustern beruhen; dies zeigen kollektive Gewaltakte (z.B. Bürgerkriege) immer wieder. Zudem bieten solche Aggressionstheorien keine Erklärungen für Ursachen und Ausformungen struktureller und kultureller Gewalt.

3. Sozialpsychologische Erkenntnisse

3.1 Aggression und Strafe

Die körperliche Bestrafung durch Bezugspersonen zerstört nicht nur das Vertrauen zwischen Eltern, Erziehern und Kindern, sondern führt nicht selten dazu, dass die Kinder später selbst Gewalt ausüben. Eine Studie des Bundesministeriums für Familie, Senioren, Frauen und Jugend zeigt: „Wer Gewalt erfährt, neigt eher dazu, selbst Gewalt auszuüben. Jeder dritte Jugendliche mit einer gewaltbelasteten Erziehung berichtet über eine eigene leichte Gewalttätigkeit – dies ist im Vergleich dazu nur bei jedem 15. Jugendlichen mit einer körperstrafenfreien Erziehung der Fall. Jeder Vierte, der selbst Gewalt erfährt, schlägt andere mit Fäusten; jeder Fünfte hat jemanden verprügelt. Unter gewaltfrei Erzogenen gaben dies nur jeweils 7 bzw. 6 Prozent an. Die eigene Gewalttätigkeit, aggressives Verhalten und mangelnde Konfliktfähigkeit führen bei jugendlichen Gewalttätern dazu, dass sie doppelt so häufig wie andere selbst Opfer von Gewalt werden."[9]

Eine Studie des kriminologischen Forschungsinstituts Niedersachsen beschreibt diesen Zusammenhang wie folgt: „Die Neigung zu Feindseligkeitszuschreibungen der Jugendlichen steigt systematisch mit der Häufigkeit und Intensität elterlicher Gewalt in der Kindheit. Je häufiger bzw. intensiver die Befragten in ihrer Kindheit der Gewalt seitens ihrer Eltern

> Innerhalb jeder „normalen" Gruppe gibt es eine Dynamik, die für einzelne Mitglieder nur schwer (oder kaum) steuerbar und korrigierbar ist.

U. Grabowsky / photothek.net

ausgesetzt waren, desto positiver bewerten sie selbst die Anwendung von Gewalt. Die Konfliktkompetenz Jugendlicher ist umso niedriger, je stärker ausgeprägt elterliche Gewalterfahrungen in der Kindheit waren."[10]

3.2 Aggression und Geschlecht[11]

Bei allen körperlichen Formen aggressiven Verhaltens sind Männer eindeutig als Täter erheblich öfter beteiligt. Frauen nehmen bei Gewaltakten eher (wenn auch nicht ausschließlich) die Opferrolle ein. Doch dies ist noch kein Beleg dafür, dass Männer tatsächlich aggressiver sind. Denn ebenso gut ist es möglich, dass Frauen nur andere, subtilere Formen anwenden oder ihre Aggressionshandlungen weniger nach außen als vielmehr gegen sich selbst richten.

Trotz dieses Einwandes sind sich Entwicklungspsychologen einig, dass es beim aggressiven Verhalten Unterschiede zwischen den Geschlechtern gibt. Strittig ist dagegen, wodurch diese zustande kommen. Verschiedene Autoren nehmen biologisch festgelegte Unterschiede an, da Männer in allen Kulturen aggressiver als

Frauen seien. Andere Autoren bringen diese Unterschiede in Verbindung mit geschlechtsrollenspezifischen Erwartungen und Sozialisationseinflüssen. Von Jungen würden aggressive Handlungen erwartet und sie würden sogar dafür belohnt, während zum Rollenverständnis der Mädchen eher Hilfsbereitschaft und Sanftmut gehörten.

Eine weitere Erklärungsebene darf nicht unberücksichtigt bleiben: Frauen kämpfen nicht selbst; sie lassen kämpfen. Sie projizieren eigene Aggressions- und Gewaltbedürfnisse auf Männer (den Ehemann, den Freund), die dann stellvertretend für sie handeln. Frauen unterstützen dabei häufig die Handelnden, feuern sie an, legitimieren ihr Tun. Als „Gegenleistung" erhalten sie Anerkennung und Bewunderung. Frauen sind dann die Trösterinnen und Helferinnen.[12]

3.3 Aggression und Gruppen

Die Zugehörigkeit zu Gruppen, die Gewalt akzeptieren – und das damit verbundene Bemühen, den Gruppennormen Geltung zu verschaffen, um sich die Anerkennung der anderen Mitglieder zu er-

werben – ist vor allem für Kinder und Jugendliche problematisch und kann schwerwiegende Folgen (Jugenddelinquenz) nach sich ziehen. Erkenntnisse der Kleingruppenforschung zeigen, dass es bereits innerhalb jeder „normalen" Gruppe eine Dynamik gibt, die für einzelne Mitglieder nur schwer (oder kaum) steuerbar und korrigierbar ist. Insbesondere drei Mechanismen, die in allen Kleingruppen feststellbar sind, wirken dabei zusammen:[13]

> Jede Gruppe tendiert dazu, abweichende Meinungen und Haltungen möglichst gering zu halten. Extreme Abweichungen von der Gruppennorm werden gar nicht erst zugelassen. Dieser Mechanismus ist für den Zusammenhalt der Gruppe wesentlich. Er führt jedoch dazu, dass tendenziell alles Fremde und Andersartige aus dem Leben der Gruppe ausgeschlossen bzw. von vornherein abgewehrt wird.

> In jeder Gruppe gibt es klare Führungspositionen, die Gefolgschaft sowie Außenseiterrollen (die vom Gruppenclown bis zum Sündenbock reichen). Diese Rangordnung (Hackordnung) beinhaltet zweifellos auch ein undemokratisches und repressives Element.

> Jede Gruppe definiert sich auch in der Abgrenzung zu anderen. Der gemeinsame Gegner, den es zu bekämpfen gilt und gegen den alle Gruppenmitglieder zusammenhalten, hat für den Bestand und Zusammenhalt der Gruppe eine zentrale Funktion. Dieser „Gegner" kann in einem sportlichen Wettkampf die gegnerische Mannschaft sein; aber je nach historischer und geografischer Situation können auch Menschen bzw. ethnische Gruppen als Feinde markiert werden.

Zu diesen drei Mechanismen tritt als ein verstärkendes Prinzip noch „hinzu, dass ihre innere Psychodynamik umso krasser und ungehemmter wirken muss, je stärker die Gruppe sich von innen oder außen bedroht fühlt, je größer also der Faktor der Angst ist. Unter dem Druck der

Angst wird die Gruppe den Kampf gegen die gemeinsame Gefahr, gegen den Gegner in den Mittelpunkt ihres Interesses rücken. Umso mehr wird sie sich daher um einen starken Führer scharen, umso unerbittlicher wird sie gegen die zersetzende Energie der Abweichler vorgehen und die Omegas [alle, die nicht den Gruppenführer unterstützen; Anm. G. Gugel] unterdrücken, umso energischer wird sie auf die Vernichtung des Gegners drängen."[14]

Das Selbstwertgefühl des Einzelnen kann in der Gruppe durch die Identifikation mit den Gruppennormen stabilisiert werden. Dabei wird gleichzeitig die Angst, alleine nicht bestehen zu können, bzw. das Fehlen von Sicherheit und Orientierungspunkten kompensiert. Auf den engen Zusammenhang zwischen der Mitgliedschaft in einer Gewalt akzeptierenden Peergroup und eigenen Gewalthandlungen ist immer wieder hingewiesen worden: „Es zeigt sich, dass Jugendgewalt maßgeblich mit davon beeinflusst wird, welche Auffassungen, Einstellung und Normen Gleichaltrige vertreten und was sie tatsächlich tun."[15] Gewalt, die von Guppen ausgeht, kann im Gegensatz zu individuellem Gewalthandeln schneller eskalieren.

Hans-Peter Nolting weist mit Recht auf die gravierenden Unterschiede zwischen individueller und kollektiver Aggression hin (vgl. Tabelle 1): „Individuelle Aggression und die Beteiligung an kollektiver Aggression sind psychologisch nicht gleichzusetzen, weil bei kollektiver Aggression der Einzelne ganz anderen situativen Einflüssen ausgesetzt ist, nämlich dem stimulierenden Verhalten anderer Personen. Diese Einflüsse machen es möglich, dass Menschen Dinge tun, die sie als Einzelne vermutlich niemals tun würden."[16]

3.4 Aggression und Gehorsam
Die NS-Diktatur hat gezeigt, dass aggressive und gewalttätige Handlungen auch auf einer individuellen Gehorsamsbereit-

TAB. 1: INDIVIDUELLE UND KOLLEKTIVE AGGRESSION

Individuelle Aggression:	Kollektive Aggression:
Einzelne Person als Aggressor.	Mehrere kooperierende Personen als Aggressoren.
Meist gegen eine einzelne Person gerichtet.	Meist gegen ein anderes Kollektiv gerichtet, zuweilen auch gegen Einzelne.
Aggressor und Opfer kennen einander in der Regel.	Aggressor und Opfer kennen einander häufig nicht, bleiben oft anonym.
Aggression ist eigenmotiviert (aktiv oder reaktiv).	Aggression ist bei vielen Beteiligten „fremdmotiviert" (Befehl, Vorbild, Belohnung).
Häufig Hemmungen durch Angst vor Strafe und persönliche Einstellung.	Hemmung oft vermindert durch Anonymität, Verteilung der Verantwortung, Gruppenideologie, Propaganda.
Selbstständige Entscheidung, Ausführung der „Gesamthandlung".	Entscheidungen oft über Befehlsstrukturen, geteilte oder diffuse Veranwortung, Arbeitsteilung.
Erlernt in „normaler" Sozialisation.	In organisierten Kollektiven vielfach systematische Schulung für Gewaltausübung.

schaft basieren. Seit Mitte der 1950er Jahre werden die Bedingungen von „Autoritätsgehorsam" systematisch untersucht. Am bekanntesten sind die Experimente von Stanley Milgram.[17] In diesen psychologischen Experimenten wird die Autorität durch einen Versuchsleiter dargestellt, welcher der Versuchsperson den Auftrag gibt, dem Opfer eine Prüfung abzunehmen und ihm bei falschen Antworten Elektroschocks zu verabreichen. Der Versuchsperson wird mitgeteilt, der Auftrag sei wissenschaftlich legitimiert, der Forscher wolle wissen, ob Strafe – in Form von Elektroschocks – Lernerfolge verbessere. Wenn die Versuchsperson bereit ist, 30 Schocks – ansteigend von 15 bis 450 Volt – auszuteilen, wird sie von Milgram als gehorsam qualifiziert. Dabei muss man wissen, dass Elektroschocks ab ca. 120 Volt tödlich sein können.

In Milgrams Experimenten (1963) erwiesen sich 65 Prozent der Teilnehmerinnen und Teilnehmer als gehorsam. Die Versuche wurden von Milgram, aber auch von zahlreichen anderen Forscherinnen und Forschern seither in verschiedenen Län-

dern und unterschiedlichen Zeiträumen wiederholt und variiert, wobei die Ergebnisse relativ konstant blieben und auch keine Unterschiede zwischen Männern und Frauen auftraten. Ein hoher Prozentsatz der Versuchspersonen (zwischen 60 und 70 Prozent) war bereit, auf die Aufforderung von Autoritätspersonen hin, andere massiv zu schädigen. Dies lässt die Folgerung zu, dass eine hohe Gehorsamsrate unter den Versuchspersonen offensichtlich eine kulturübergreifend konstante Gegebenheit ist.

Diese hohe Gehorsamsrate wird auf drei Ursachen zurückgeführt:
> auf den Status des Versuchsleiters (Wissenschaftler), der höher als der des Opfers ist;
> auf den direkten Einfluss, den der Versuchsleiter auf die Versuchsperson ausübt, während diese mit dem Opfer nur indirekt Kontakt aufnehmen kann;
> auf das Vorgehen des Versuchsleiters, der das gesamte Experiment über die Versuchsperson auffordert, mit der Bestrafung weiterzumachen und sich nicht um das Opfer zu kümmern.

Hinzu kommt, dass die Versuchspersonen die Verantwortung für ihr Handeln dem Versuchsleiter und nicht sich selbst zuschrieben.

3.5 Aggression und Medien
Medien lassen Zuschauer nicht gänzlich unbeeinflusst. Dennoch sieht die Medienwirkungsforschung keinen kausalen Zusammenhang zwischen dem Konsum von gewalthaltigen Medieninhalten und Gewalthandeln. Die einzige Ausnahme ist die Berichterstattung über Suizide, die offensichtlich Auslöser für weitere Suizide ist.[18] Die „Gewaltkommission" der Bundesregierung kommt zu folgender Einschätzung: „Da Gewaltdarstellungen nur bei wenigen Beobachtern eine direkte Gewalt auslösende Wirkung haben, sind Nachahmungstaten oft ohnehin gewaltorientierter Menschen wohl nicht das eigentliche Problem der Gewalt in den Medien."[19]

In der Medienwirkungsforschung werden nicht die kurzfristigen und direkten, d.h. linearen Folgen des Konsums von gewalthaltigen Medieninhalten (im fiktionalen und non-fiktionalen Bereich von Bildschirmmedien) hervorgehoben, sondern die verstärkende Wirkung, die dann eintritt, wenn extensiver Konsum von Gewaltmedien auf entsprechend vorhandene Einflüsse (Elternhaus, Peers, Schule) trifft. Dabei müssen starke Differenzierungen in Bezug auf Geschlecht, Lebensalter und Medieninhalte vorgenommen werden. Ekelerregende Darstellungen in Horrorfilmen können z.B. bei kleinen Kindern schockähnliche Reaktionen bis hin zu psychischen Traumatisierungen auslösen.

Für das Erlernen von Gewalt gilt, so Michael Kunczik, „dass zunächst 1. die unmittelbare familiäre Umwelt, sowie 2. die Subkultur bzw. die Gesellschaft in der man lebt, die Quellen sind, aus denen aggressives Verhalten erlernt wird. Erst an dritter Stelle treten die massenmedial angebotenen aggressiven Modelle hinzu. Es scheint so zu sein, dass Gewaltdarstel-

lungen auf die Mehrheit der Betrachter keine oder nur schwache Effekte haben, aber bei bestimmten Problemgruppen womöglich starke Wirkungen zeigen."[20] Uneins sind sich die Medienwirkungsforscher, ob gewaltbelastete Kinder und Jugendliche vermehrt Gewaltdarstellungen in Medien konsumieren oder ob der Gewaltkonsum zu einer erhöhten Aggressionsbereitschaft beiträgt. Die Rezeption von Medieninhalten wird durch die eigene soziale Position sowie lebensweltliche Erfahrungen beeinflusst. Die Wirkung dieser Rezeption kann beim gleichen Medieninhalt sehr unterschiedlich ausfallen: „von Gewaltrechtfertigung bis zur Gewaltablehnung".[21]

Einer gesonderten Betrachtung bedarf die Berichterstattung über Gewalt(taten). Es hat sich gezeigt, dass schon allein die Anwesenheit von Fernsehjournalisten Menschen dazu bewegen kann, sich durch außergewöhnliche Aktionen (z.B. Gewalt) in Szene zu setzen,[22] oder dass die Berichterstattung über fremdenfeindliche Gewaltakte (zumindest in Deutschland) weitere Straftaten stimuliert.[23]

3.6 Situative Faktoren
Spezifische situative Faktoren können das Auftreten von Gewalt begünstigen oder gar provozieren. Hierzu gehören der Einfluss von Alkohol und Drogen, die Verfügbarkeit von Waffen, die Einschät-

zung einer Situation als ausweglos, Zuschauer, die auf Gewaltanwendung hoffen oder gar dazu drängen, eskalierende nonverbale und verbale Ausdrucksformen und mangelnde Verfügbarkeit von deeskalierenden Strategien. Die Bedeutung solcher situativer Faktoren wurde lange Zeit unterschätzt. Sie weisen jedoch darauf hin, dass sich aggressives und gewalttätiges Verhalten unabhängig von persönlichen Verhaltenseigenschaften aus spezifischen Situationen heraus entwickeln kann.

3.7 Integrative Theorieansätze
Obwohl die Ergebnisse der Sozialpsychologie eine Reihe von Erklärungszusammenhängen für das Phänomen Aggression liefern, reichen diese nicht aus, die vielfältigen Motivationen für aggressives und gewalttätiges Verhalten gänzlich zu erhellen. Weitere Erklärungsebenen sind notwendig. Hinzu kommt, dass in der Psychologie und Sozialpsychologie Gewaltforschung bislang kein eigenständiges Fachgebiet ist. Beide Disziplinen gehen von der Annahme aus, dass die Ergebnisse der Aggressionsforschung auch auf Gewalthandlungen übertragbar sind. Da keine allgemeingültige Theorie der Gewalt existiert, ist eine angemesse Erklärung gewalttätigen Verhaltens nur durch den Rückgriff auf einzelne Forschungsergebnisse und deren Integration in ein komplexes Prozessmodell (s.u.) möglich.[24]

Archiv: Gewalt-Akademie Villigst / SOS-Rassismus-NRW

Alkohol und Drogen, können das Auftreten von Gewalt begünstigen oder gar provozieren.

Hartmut Nörenberg

> *Gewalt hat in der Jugendphase immer etwas mit dem Verhältnis zur Gesellschaft zu tun, ... mit fehlenden sozialen Räumen ... und oft mit dem Scheitern an der gegebenen gesellschaftlichen Realität*

Eine in ihrer Funktion oft nicht erkannte, für den heranwachsenden Menschen höchst wichtige Form der Aggression sei die erkundende oder explorative Aggression, die folgende Fragen an die soziale Umwelt beinhaltet: Was darf ich tun? Wo liegen die Grenzen? Unterbleibt die Antwort, dann eskaliert die Anfrage.[28] Eibl-Eibesfeldt sieht Aggression – obwohl diese als Mittel zur Interessendurchsetzung problematisch ist – daher in vielen Bereichen als wichtiges Instrument der Problembewältigung, denn „wer eine Person so konditionieren wollte, dass sie nicht mehr ärgerlich oder zornig werden kann, der nähme ihr die Möglichkeit, sich zu wehren".[29]

Integrative Theorieansätze gehen nicht mehr von linearen oder direkten Ursache-Wirkungszusammenhängen bei der Entstehung von Gewalt aus, sondern von einem komplexen Zusammenspiel vielfältiger Einzelelemente, bei dem auch gesamtgesellschaftliche Prozesse, z. B. die soziale Desintegration, eine wichtige Rolle einnehmen.[25] Bei der Analyse dieses Zusammenspiels kommen zunehmend Belastungs- und Risikofaktoren in den Blick, die das Auftreten von spezifischen gewalttätigen Verhaltensweisen begünstigen.

„Traditionelle Gewaltverständnisse, die der Gewalt noch mit einfachen Kausalmodellen im Sinne eines direkten Ursache-Wirkungszusammenhangs einer oder weniger Schlüsselvariablen habhaft werden wollten, sind deshalb seit einiger Zeit gegenüber adäquateren Prozessmodellen zurückgetreten, die sowohl die objektiven Bedingungen wie auch die subjektiven Deutungen einer Konfliktsituation einbeziehen und die aus den Restriktionen und Randbedingungen sich ergebenden unterschiedlichen Freiheitsgrade für individuelles oder kollektives Gewalthandeln berücksichtigen. Damit sind zugleich neue Anwendungsbereiche der sozialwissenschaftlichen Gewaltforschung verbunden gewesen, die sich jetzt stärker für Was- und Wie-Fragen und generell

für die Gewaltdynamiken interessieren als für Warum-Fragen nach den Ursachen, Anlässen und Entstehungszusammenhängen von Gewalt."[26]

4. Funktionale Aspekte von Aggression und Gewalt

Eine andere Betrachtungsweise ergibt sich, wenn man nach den funktionalen Aspekten von Aggression und Gewalt fragt. Aggressives und gewalttätiges Verhalten ist nicht (nur) ziellos und sinnlos, sondern es erfüllt spezifische Aufgaben und Funktionen. Irenäus Eibl-Eibesfeldt weist darauf hin, dass Aggression der Verteidigung von Besitz und sozialen Bindungen dient, dass sie bei Abweichung von Normen angewendet oder zur Verteidigung von Rangpositionen eingesetzt wird. „Wir weisen noch einmal ausdrücklich darauf hin, dass aggressives Verhalten als ‚Werkzeughandlung' in den Dienst sehr verschiedener Aufgaben gestellt werden kann und grundsätzlich eine Strategie darstellt, mit deren Hilfe ein Widerstand, der sich einer zielstrebigen Handlung entgegenstellt, überwunden werden kann. Das Verhalten kann demnach ebenso dazu verhelfen, einen Rivalen abzuschlagen und damit einen Geschlechtspartner zu gewinnen, als auch einen Platz zu erobern oder zu behaupten."[27]

Für den Bereich der Jugendgewalt wurden Eibl-Eibesfeldts Überlegungen immer wieder bestätigt. Jugendgewalt wird von verschiedenen Forschern als ein spezifisches Übergangsphänomen in der Jugendphase betrachtet. „Jugend" ist und war schon immer eine Phase der Rebellion und Abgrenzung, des Erprobens und Grenzenüberschreitens, der Unsicherheit und Ichfindung, des Talentsuchens und der Anfragen an die Gesellschaft. Gewalt hat in der Jugendphase immer etwas mit dem Verhältnis zur Gesellschaft zu tun, mit nicht gelingender Integration, mit fehlenden sozialen Räumen, fehlenden beruflichen und sozialen Perspektiven und oft mit dem Scheitern an der gegebenen gesellschaftlichen Realität. Gewalt wird dabei von Jugendlichen auch als spezifische Kommunikationsform verstanden.

Eine Betrachtung der Funktionen von Jugendgewalt kann erste Anhaltspunkte für Präventionsstrategien bieten. Gewalt wird in den wenigsten Fällen sinnlos angewandt, auch dann nicht, wenn es auf den ersten Blick so erscheinen mag. Sie erfüllt verschiedene psychische und physische Funktionen, macht aufmerksam und hilft bei der Selbstinszenierung. Dabei geht es immer wieder um kollektive Verhaltens- und Deutungsmuster. So können Gewalthandlungen Jugendlicher auch als Provokation gedeutet werden. Sie provozieren in der Hoffnung, auf Grenzen zu stoßen, auf ein ungelöstes Problem aufmerksam zu machen, gehört zu werden und Hilfe zu bekommen. In jugendlichen Aggressionen sind also auch soziale Botschaften versteckt. So dient Jugendgewalt oft als Kommunikationsmittel, als Demonstration von Männlichkeit oder als Mittel gegen Langeweile, sie kann aber auch Gegengewalt oder politisch instrumentalisierte Gewalt sein.

5. Das Zusammenspiel vielfältiger Faktoren

5.1 Das ökologische Modell der Weltgesundheitsorganisation

Die Weltgesundheitsorganisation (World Health Organization, WHO) weist in ihrem „World Report on Violence and Health" darauf hin, dass Gewalt ein außerordentlich komplexes Phänomen ist, das in der Wechselwirkung zahlreicher biologischer, sozialer, kultureller, wirtschaftlicher und politischer Faktoren wurzelt. Die WHO entwickelte deshalb ein „ökologisches Modell" zur Erklärung der Gewaltursachen, das dem vielschichtigen Charakter der Gewalt Rechnung tragen soll (vgl. Abbildung 1). Dieses Modell verknüpft verschiedene Ursachenstränge zu einem Erklärungsansatz und ist zugleich ein Analyseinstrument, mit dem konkrete Gewalt besser verstanden werden kann. Seine Stärke liegt darin, dass es ermöglicht, die „Unzahl der die Entstehung von Gewalt bestimmenden Einflussfaktoren zu unterscheiden, wobei es zugleich einen Verständnisrahmen für die Wechselwirkung dieser Faktoren liefert".[30]

Das Modell arbeitet mit vier Ebenen:[31] Auf der ersten Ebene werden biologische Faktoren und persönliche Entwicklungsfaktoren erfasst, die einen Einfluss darauf haben, wie sich der *einzelne Mensch* verhält, und die ihn mit erhöhter Wahrscheinlichkeit zum Gewaltopfer oder

-täter werden lassen. Beispiele für Faktoren, die sich messen oder zurückverfolgen lassen, sind demografische Kennzeichen (Alter, Bildungsstand, Einkommen), psychische Störungen oder Persönlichkeitsstörungen, Substanzenmissbrauch und früheres Aggressionsverhalten oder die Erfahrung, misshandelt oder missbraucht worden zu sein.

Die zweite Ebene ist die *Beziehungsebene*, auf der die engen zwischenmenschlichen Beziehungen zu Familie, Freunden, Intimpartnern, Gleichaltrigen und Kollegen auf die Frage hin untersucht werden, inwieweit sie das Risiko, zum Gewaltopfer oder -täter zu werden, erhöhen. So können z.B. gewaltbereite Freunde die Gefahr verstärken, dass ein junger Mensch Gewalttäter wird.

Auf der dritten Ebene geht es zum einen um Handlungsfelder im *sozialen Nahraum* wie Schule, Arbeitsplatz und Nachbarschaft, die soziale Beziehungen stiften, zum anderen geht es um die für die jeweilige Umgebung charakteristischen, gewaltfördernden Risikofaktoren, wie z.B. Wohnmobilität (d.h.: Sind die Bewohner der unmittelbaren Nachbarschaft sehr sesshaft oder ziehen sie häufig um?), aber

auch Bevölkerungsdichte, hohe Arbeitslosigkeit oder die Existenz eines Drogenmarktes am Ort.

Auf der vierten Ebene richtet sich der Blick auf die *gesellschaftlichen* Faktoren im weiteren Sinne, die ein Gewalt förderndes oder ihr abträgliches Klima schaffen. Dazu gehören die Verfügbarkeit von Waffen sowie soziale und kulturelle Normen. Solche Normen sind beispielsweise:

ABB. 1: ÖKOLOGISCHES ERKLÄRUNGSMODELL ZUR ENTSTEHUNG VON GEWALT

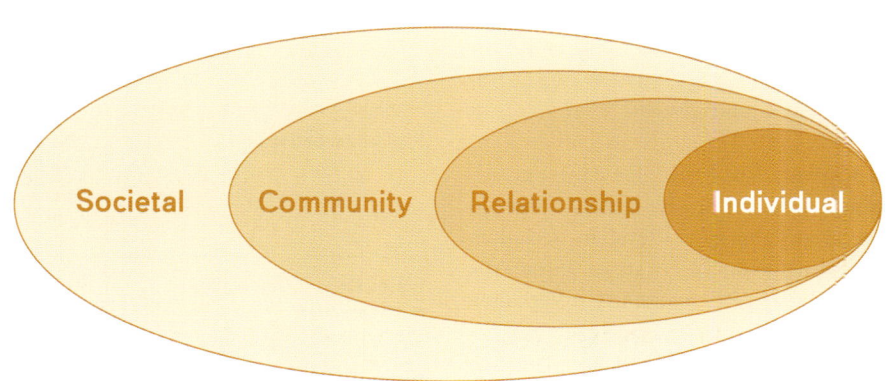

Societal = gesellschaftlich bzw. Gesellschaft; community =sozialer Nahraum; relationship = Beziehung; individual = Individuum.

Quelle: World Health Organization (WHO), World Report on Violence and Health, Genf 2002, S 12.

> Das Elternrecht genießt gegenüber dem Wohl des Kindes Vorrang.
> Selbstmord wird als persönliche Entscheidung und nicht als verhütbare Gewalttat begriffen.
> Die männliche Vorherrschaft gegenüber Frauen und Kindern ist fest verwurzelt; es stößt auf Zustimmung, wenn die Polizei übertriebene Gewalt gegenüber Bürgern anwendet.
> Konflikte sind politisch gewollt und werden politisch gebilligt (z.B. Unterdrückung ethnischer Minderheiten).

Zu den gesellschaftlichen Faktoren gehört auch eine Gesundheits-, Wirtschafts- und Bildungspolitik, die wirtschaftliche und soziale Verteilungsungerechtigkeiten in der Gesellschaft festschreiben.

Das ökologische Modell trägt zur Klärung der Gewaltursachen und ihrer Wechselwirkungen bei, macht aber auch deutlich, dass auf mehreren Ebenen gleichzeitig präventiv gehandelt werden muss, wenn Gewalt verhindert werden soll.

5.2 Kumulierte Risikofaktoren

Auch Friedrich Lösel betont das Zusammenspiel vielfältiger Faktoren. Er unterscheidet zwei Gruppen von Einflüssen: bio-psycho-soziale Bedingungen für eine erhöhte Gewaltbereitschaft sowie situative Bedingungen der Gewaltauslösung und -verstärkung. Lösel spricht nicht von Ursachen, sondern von „empirisch bewährten Risikofaktoren für die Gewaltbereitschaft".[32] Diese sind in Tabelle 2 zusammengestellt.

Jeder dieser Risikofaktoren hängt für sich genommen nur relativ schwach mit aggressivem und gewalttätigem Verhalten zusammen; kumuliert steigt jedoch die Gefahr, dass es zu aggressivem Verhalten kommt, erheblich an. Dies bedeutet für Gewaltprävention: „Maßnahmen müssen so angelegt sein, dass sie Risiken in einzelnen Bereichen vermindern und protektive Mechanismen stärken. Indem einzelne Glieder aus der Entwicklungskette

TAB. 2: RISIKOFAKTOREN IM ÜBERBLICK

Biologische/biosoziale Risiken	Männliches Geschlecht, genetische Disposition (Erbanlagen), Schwangerschaftsrisiken (Fötales Alkoholsyndrom), Geburtskomplikationen (Mangelgeburt), geringes Erregungsniveau (Pulsrate), Neurotransmitter-Dysfunktion (Serotonin), hormonelle Faktoren (Testosteron, Cortisol).
Familiäre Risikofaktoren	Fehlende elterliche Wärme, Vernachlässigung, Kindesmisshandlung, ungünstiger Erziehungsstil (aggressiv, sehr streng, inkonsistent), elterliche Konflikte, geringer Zusammenhalt, Scheidung/Trennung, frühe Schwangerschaft, Armut, Kriminalität der Eltern, Devianz fördernde elterliche Einstellungen.
Frühe Persönlichkeits- und Verhaltensrisiken	Schwieriges Temperament, Impulsivität, Hyperaktivität-Aufmerksamkeitsdefizit, Risikobereitschaft und Stimulierungsbedürfnis, Intelligenz- und Sprachdefizite, Bindungsdefizite, früher Beginn dissozialen und aggressiven Verhaltens, Verhaltensprobleme in verschiedenen Kontexten (Familie, Kindergarten, Schule).
Schulische Risiken	Leistungsprobleme, geringe Bindung an die Schule, Schulschwänzen, häufiger Schulwechsel, geringes schulisches Engagement der Eltern, ungünstiges Erziehungsklima in der Schule und Klasse, kein Schulabschluss.
Risiken in der Gleichaltrigen-Gruppe	Wenig prosoziale Kontakte/Freunde, Anschluss an delinquente Cliquen, Bandenmitgliedschaft, lokale Konzentration devianter Jugendlicher (z.B. in Freizeiteinrichtungen), Nachahmung und Verstärkung devianter Lebensstile.
Risiken in den Denkweisen	Einstellungen und Überzeugungen, die Devianz begünstigen, Aggressionen fördernde soziale Informationsverarbeitung (z.B. Feindseligkeitsattribution), Defizite in der Empathie und in sozialen Problemlösungen, Probleme im Selbstwerterleben (gering oder fragil überhöht), subkulturelle Identifikation.
Risiken im Lebensstil	Wenig strukturiertes Freizeitverhalten, intensiver Konsum von Gewalt in den Medien, Alkoholmissbrauch, Gebrauch illegaler Drogen, anderes Risikoverhalten (z.B. im Straßenverkehr, im Sexualbereich).
Risiken in der Gemeinde/Nachbarschaft	Armut, Konzentration von Problemfamilien, desorganisierte Nachbarschaft, Verfügbarkeit von Waffen, Kontext von Gewalt, Drogen und ethnischen Problemen.

Quelle: Friedrich Lösel (Anm. 32).

> *Für die Praxis der Gewaltprävention sind gesicherte Erklärungsansätze über Zusammenhänge der Gewaltentstehung notwendig, um bei Präventionsprogrammen und -maßnahmen gezielt ansetzen zu können.*

David Ausserhofer

herausgebrochen werden, verringert sich die Wahrscheinlichkeit der Gewaltbereitschaft.«[33]

6. Fazit

Die Aggressions- und Gewaltforschung bietet eine Vielzahl von Erklärungsmodellen und Theorien, wobei die meisten nur über eine geringe Reichweite und Plausibilität verfügen. Für die Praxis der Gewaltprävention sind jedoch gesicherte Erklärungsansätze über Zusammenhänge der Gewaltentstehung notwendig, um bei Präventionsprogrammen und -maßnahmen gezielt ansetzen zu können.

Integrative Theorieansätze, die verschiedene Handlungsfelder und die Vielzahl möglicher Risikofaktoren in den Blick nehmen, sind für die Wirksamkeit von Präventionsmaßnahmen unverzichtbar. Erfolgreiche Praxisbeispiele und Modelle der Gewaltprävention zeichnen sich dadurch aus, dass sie wissenschaftlich anschlussfähig sind und theoretisch abgesicherte Zusammenhänge dokumentieren, die unmittelbar handlungsrelevant sind.

Der Zusammenhang von Aggression und Strafe weist auf die Notwendigkeit einer Ächtung und konsequenten Ahndung körperlicher Züchtigung durch Lehrer, Erzieher und Eltern hin, verbunden mit entsprechend unterstützenden Programmen (z.B. Trainingsprogramme mit aggressiven Kindern, soziale Trainingsprogramme). Ebenso müssen für delinquente Kinder und Jugendliche spezifische Programme (z.B. Coolness-Training, Anti-Aggressivitäts-Training, Täter-Opfer-Ausgleich) entwickelt und zur Verfügung gestellt werden. Dem Phänomen des Autoritätsgehorsams muss durch eine Erziehung zur Ich-Stärke, Selbstständigkeit

und durch die Entwicklung zivilcouragierten Verhaltens entgegengewirkt werden.

Die Berücksichtigung der vielfältigen Funktionen und Botschaften von Gewalt (u.a. Männlichkeitsbeweis oder Kommunikationsmittel) ermöglicht es, diese im positiven Sinne aufzugreifen und alternative Rollenbilder und Handlungsweisen anzubieten.

Da die Ursachen von Gewalt äußerst vielschichtig sind und individuelle Gesichtspunkte ebenso wie familiäre, gruppenbezogene und gesellschaftliche einbezogen werden müssen, geht es darum, das spezifische Zusammenspiel dieser Bereiche zu erfassen. Das ökologische Modell der Weltgesundheitsorganisation ist hierfür ein nützliches Instrument.

AUSGEWÄHLTE LITERATUR

➔ Gugel, Günther, Gewalt und Gewaltprävention. Grundfragen, Grundlagen, Ansätze und Handlungsfelder von Gewaltprävention und ihre Bedeutung für die Entwicklungszusammenarbeit, Tübingen 2006.

➔ Heitmeyer, Wilhelm/Hagan, Johan (Hrsg.), Internationales Handbuch der Gewaltforschung, Wiesbaden 2002.

➔ Lösel, Friedrich/Blieseler, Thomas, Aggression und Delinquenz unter Jugendlichen, München/Neuwied 2003.

➔ Nolting, Hans-Peter, Lernfall Aggression. Wie sie entsteht – wie sie zu vermindern ist. Eine Einführung, Reinbek 2005.

➔ Milgram, Stanley, Das Milgram Experiment. Zur Gehorsamsbereitschaft gegenüber Autoritäten, Reinbek 1997.

Soziale und ökonomische Hintergründe der Jugendgewalt

Heinz Ulrich Brinkmann

1. Forschungsstand

Seitdem entsprechend unterteilte Statistiken geführt werden, zeigt sich in der Bundesrepublik Deutschland ein starker Anstieg sowohl der Gesamtkriminalität als auch speziell der Gewaltkriminalität. Am stärksten war der Anstieg in den Jahren 1971 bis 1982.[1] Eine besonders hohe Gewaltquote[2] wiesen stets (und in vielen westlichen Industriegesellschaften) die Jüngeren auf (vgl. Abbildung 1). Seit den 1980er Jahren trifft dies auch auf Personen mit Migrationshintergrund zu; vor allem bei den Jugendlichen und Heranwachsenden unter ihnen lassen sich sowohl weit überdurchschnittliche Anteile an Gewalttätern als auch besonders hohe Steigerungsraten feststellen.

Angesichts dieser Besorgnis erregenden Entwicklungen setzte die Bundesregierung die sogenannte Gewaltkommission ein, die ihren „Gewaltbericht" 1989 vorlegte.[3] Mit der weiteren Entwicklung der Gewaltdelinquenz[4] vor allem unter den Jüngeren befasste sich ein von den Bundesministerien des Innern und der Justiz gemeinsam eingerichtetes Gremium, das seinen Abschlussbericht 2001[5] vorlegte. Relevanter als die quantitative Zunahme der Gewaltdelinquenz ist die Polarisierung zu erhöhter Brutalität (insbes. zu gefährlicher/schwerer Körperverletzungen[6]) seit den 1980er Jahren.

Weitgehende Einigkeit besteht in der sozialwissenschaftlichen Forschung darüber, dass nicht einzelne Faktoren zu einer erhöhten Gewaltbereitschaft bei Kindern, Jugendlichen und Heranwachsenden führen, sondern dass diese überwiegend das Ergebnis einer Kumulation von Risikofaktoren ist. Deshalb kann eine Korrek-

ABB. 1: ANTEILE UNTERSCHIEDLICHER FORMEN DER POLIZEILICHEN KRIMINALITÄT IN VERSCHIEDENEN ALTERSSTUFEN IM JAHR 2008

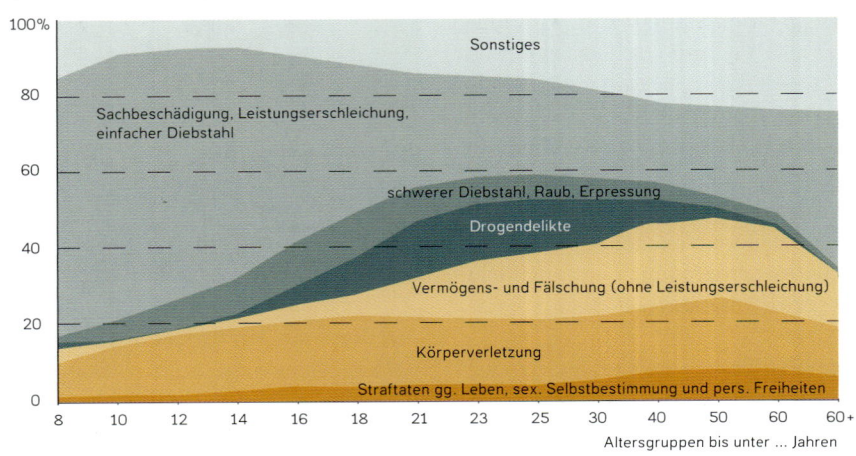

Quelle: Zweiter Periodischer Sicherheitsbericht (Anm. 6), S. 364.

ABB. 2: ENTWICKLUNG DER TATVERDÄCHTIGENBELASTUNGSZAHLEN DER GEWALTKRIMINALITÄT IN DER BUNDESREPUBLIK DEUTSCHLAND NACH ALTERSGRUPPEN, 1984 BIS 2004

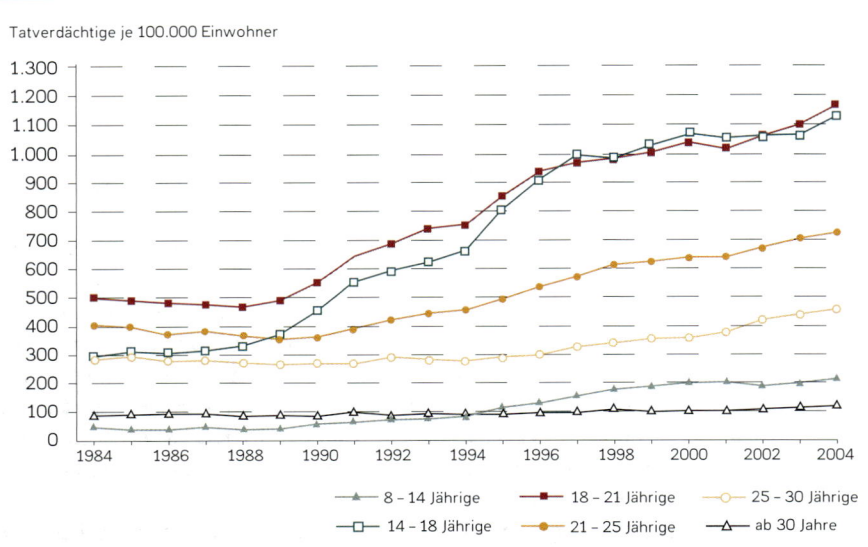

Quelle: Baier u.a. (Anm. 45), S. 40.

tur nur über intensive Bemühungen auf mehreren Ursachenfeldern erfolgen, die sich ergänzen.

2. Umfang der Gewalt- delinquenz durch Jugendliche und Heranwachsende

Gewalt bzw. Gewaltkriminalität werden nachfolgend vor allem als alle Arten von Körperverletzung (soweit Daten verfügbar: einschl. Raubdelikte) verstanden. Problematisch werden diese Gewalttaten für die Gesellschaft vor allem dann, wenn sie über die jugendtypisch-episodische Delinquenz hinausgehen und von Mehrfach- bzw. Intensivtätern ausgeübt werden. Diese machen zwar nur maximal zehn Prozent der jüngeren Täter aus, sie sind aber für einen Großteil der Gewalttaten verantwortlich.

Die seit Ende der 1980er Jahre – insbesondere seit 1993 – zunehmenden Gewalttaten sind sowohl aus der offenen bzw. erfassten[7] als auch aus der verdeckten Gewaltdelinquenz (z.B. Umfragen unter Jugendlichen und Heranwachsenden) abzulesen. Gewalttäter bzw. Tatverdächtige werden immer jünger (vgl. Abbildung 2). Bei Älteren fallen die Steigerungsraten in diesem Zeitraum deutlich geringer aus. Unter den 14- bis 20-jährigen männlichen Personen mit deutscher Staatsangehörigkeit zeigten die Anteile der 2006 polizeilich erfassten Gewalttäter mit steigendem Alter einen Verlauf von 1,1 bis zu 1,8 % (der jeweiligen Altersgruppe) bei leichter Körperverletzung (vgl. Abbildung 3) sowie von 1,2 bis zu 1,9 % bei schwerer Gewaltkriminalität (vgl. Abbildung 4), um in beiden Fällen bei den Altersgruppen ab 21 Jahren ebenso kontinuierlich zu sinken.[8]

Mit 42,9 % aller der Gewaltdelinquenz Verdächtigen waren die unter 21-Jährigen 2005 überproportional vertreten. Mit einem Anteil von 20 % an den Tatverdächtigen bei leichter Körperverletzung und von 24,8 % bei Gewaltkriminalität sind die Tatverdächtigen ohne deutsche

Staatsangehörigkeit deutlich überproportional vertreten; unter ihnen sind vor allem Tatverdächtige mit türkischer Staatsangehörigkeit weit überproportional erfasst.

Der Anstieg der Zahl der Tatverdächtigen vor allem bei Jugendlichen und

Heranwachsenden schlägt sich aber nur in einem geringen Anstieg der Zahl der Verurteilten nieder. Bei Heranwachsenden und noch stärker bei Jugendlichen ist eine deutlich steigende Tendenz festzustellen, nur noch eine immer kleiner werdende Minderheit in einem förmlichen

ABB. 3: TATVERDÄCHTIGENBELASTUNG DER DEUTSCHEN BEI (VORSÄTZLICHER LEICHTER) KÖRPERVERLETZUNG

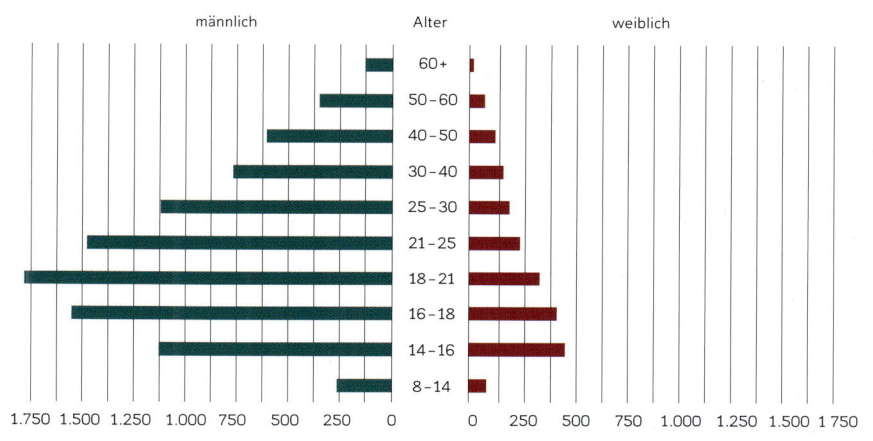

Tatverdächtigenbelastungszahl
(Tatverdächtige pro 100.000 Einwohner der jeweiligen Altersgruppe)

Quelle: Polizeiliche Kriminalstatistik 2006 (Anm. 7), S. 150.

ABB. 4: TATVERDÄCHTIGENBELASTUNG DER DEUTSCHEN BEI GEWALTKRIMINALITÄT

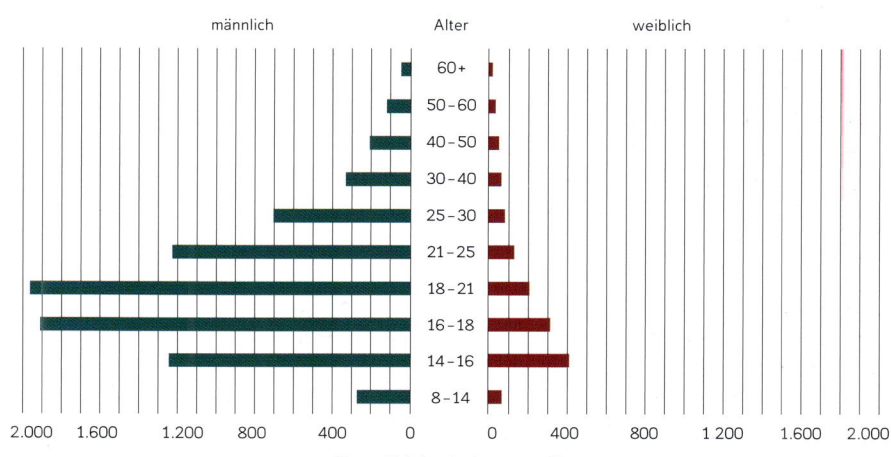

Tatverdächtigenbelastungszahl
(Tatverdächtige pro 100.000 Einwohner der jeweiligen Altersgruppe)

Quelle: Polizeiliche Kriminalstatistik 2006 (Anm. 7), S. 229.

Verfahren anzuklagen oder zu verurteilen. Bei (westdeutschen) Jugendlichen hat sich im Zeitraum 1984 bis 1998[9] der Anteil der Tatverdächtigen fast verdoppelt, der der Verurteilten aber nur um ca. 10 % erhöht; der Prozentsatz der verurteilten Tatverdächtigen sank von 35,6 auf 19,9 %. Primär liegt dies an informellen Verfahrenseinstellungen aufgrund minderer, d.h. leichter bis mittelschwerer Tatschwere.[10] Eine ähnliche Tendenz zeigt sich bei Heranwachsenden.

Die Polizeiliche Kriminalstatistik mit den erfassten Tatverdächtigen gibt jedoch nur einen Ausschnitt des realen Gewalthandelns wieder, denn die Dunkelziffer ist bei Gewaltdelinquenz traditionell sehr hoch. Umfragen geben ein genaueres Bild der realen Delinquenz und mit ihrer Hilfe kann man die Gesetzesübertreter soziodemografisch besser ausdifferenzieren. Beispielsweise ergaben Umfragen 2000 und 2005 eine Gewaltdelinquenz von deutlich über 20 % für männliche 15-jährige deutsche Staatsangehörige.[11]

Politisch motivierte Gewalt gegen Personen geht vor allem von rechtsextremistischer Seite aus. Sie macht quantitativ nur einen geringen Teil der Gesamt-Gewaltkriminalität aus. Daher entfällt nachfolgend eine separate Erfassung. Allerdings sind auch hierbei deutliche Steigerungen zu verzeichnen.

3. Soziodemografische Merkmale der Gewalttäter

3.1 Geschlecht
Die Kriminalitätsbelastung männlicher Jugendlicher und Heranwachsender liegt zwei- bis viermal so hoch wie die weiblicher; der geschlechtsspezifische Unterschied hat sich seit Mitte der 1980er Jahre erheblich vergrößert. Am höchsten sind die geschlechtsspezifischen Unterschiede bei Personen mit Migrationshintergrund, vor allem bei Spätaussiedlern aus der ehemaligen Sowjetunion sowie bei Migranten aus der Türkei und aus

ABB. 5: INDIKATOREN DER GEWALTTÄTIGKEIT NACH ETHNISCHER HERKUNFT – NUR WEIBLICHE BEFRAGTE (IN %, GEWICHTETE DATEN)

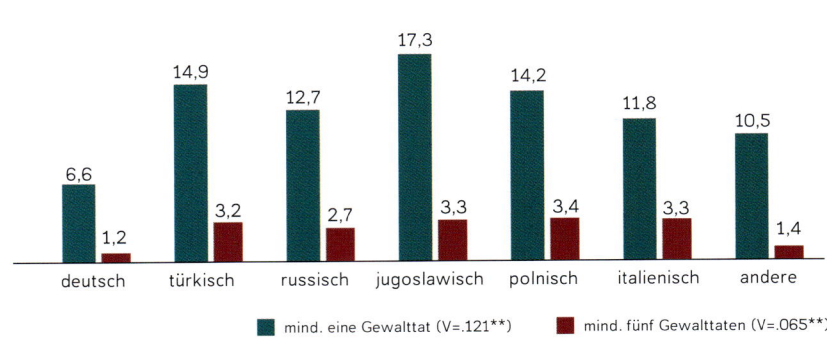

Quelle: Baier/Pfeiffer (Anm. 11), S. 25.

dem ehemaligen Jugoslawien.[12] Die in diesem Beitrag gemachten Aussagen spiegeln somit überwiegend die Entwicklung der männlichen Gruppen wieder; aber auch gewaltbereite Mädchen weisen die „klassischen" soziodemografischen Merkmale gewaltbereiter Jugendlicher auf.

Gab es bis etwa 1990 eine weitgehend parallele Entwicklung über die Altersgruppen (weiblich) von 14 bis 20 Jahren hinweg, so sind die Werte seitdem unter den 14-/15-jährigen Mädchen am höchsten. Dies umfasst sowohl die Gesamtzahl aller Delikte, als auch Einzeldelikte wie Ladendiebstahl oder Gewaltkriminalität. Zwar steigen die Werte in den anderen Altersgruppen ebenfalls seit 1990 stetig an, aber ein Teil von ihnen beendet die Delinquenz früher als ihre männlichen Pendants.[13]

Trotz bestehender Unterschiede in der Gewaltkriminalitätsrate fällt im Zeitraum von 1984 auf 1999 die Steigerungsrate bei den weiblichen Tatverdächtigen deutlich höher aus als bei den männlichen; 14-/15-jährige Mädchen weisen sogar die mit deutlichem Abstand höchste Steigerungsrate (von 56 auf 339,4 pro 100.000 der entsprechenden Altersgruppe) aller Gruppen nach Alter und Geschlecht auf.[14] Dieser Anstieg ist primär

auf Kinder, Jugendliche und Heranwachsende (d.h. 14 bis 20 Jahre) ohne deutsche Staatsbürgerschaft zurückzuführen, denn der Anteil deutscher Tatverdächtiger blieb nahezu konstant. Ergebnis ist, dass sich die Anteile deutscher und nichtdeutscher jüngerer weiblicher Tatverdächtiger angleichen; wird statt der Staatsangehörigkeit der Migrationshintergrund zugrunde gelegt, so weisen gemäß Umfragen unter Kindern und Jugendlichen alle Personengruppen mit Migrationshintergrund eine deutlich höhere Gewaltdelinquenz auf als Deutsche ohne Migrationshintergrund (vgl. Abbildung 5).

3.2 Sozialstruktur

3.2.1 Schulform und Bildungsgrad
Sozialer Status wird operationalisiert durch Bildung, Beruf und Einkommen. In Statistiken und Umfragen sind formaler Bildungsgrad und Berufsposition gut erfasst; sie werden deshalb nachfolgend zugrunde gelegt.

Der formale Bildungsabschluss erweist sich als ein wichtiges Kriterium für Gewaltbereitschaft und Gewaltanwendung inner- und außerhalb der Schulen (vgl. Abbildung 6).[15] Den Inhabern niedrigerer Bildungsabschlüsse fehlen die Artikula-

ABB. 6: ANTEIL GEWALTTÄTER/INNEN NACH SCHULFORM (IN %)

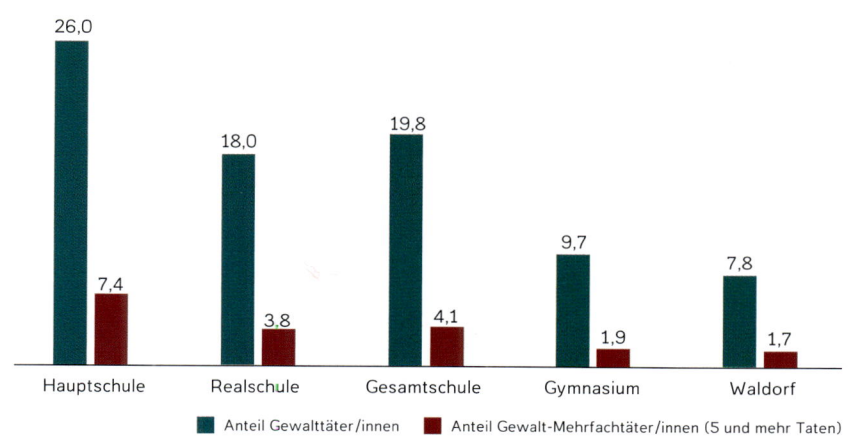

Quelle: D. Baier et al. (Anm. 45), S. 73.

tionsmöglichkeiten, um ihre Meinungen und Interessen verbal zu vertreten. Darüber hinaus ist der Bildungsgrad ein entscheidender Faktor für Berufsstatus und Einkommen; dieser Zusammenhang wird durch die zunehmend ungünstige Entwicklung auf dem Lehrstellenmarkt noch verstärkt. Ökonomisch befinden sich diejenigen, die aus den unteren Bildungsschichten stammen, in einer schwächeren Position, sie verfügen nur über geringe materielle wie immaterielle Ressourcen. Sie schätzen ihre Durchsetzungsmöglichkeiten im sozialen wie politischen Bereich nur gering ein; entsprechend stark ist ihre Neigung, zur Durchsetzung ihrer Interessen zu Gewalt zu greifen.

In den mit einem geringeren Qualifikationsniveau (und damit Prestige) ausgestatteten Schulformen – vor allem, wenn diese in Ballungszentren liegen – machen Migranten und (Spät-)Aussiedler einen überproportionalen Anteil aus,[16] sie stellen zum Teil sogar die Mehrheit in den Schulklassen. Türkische Jugendliche weisen den geringsten Bildungsstand (und die schlechteste ökonomische Lage) auf. Soziale und emotionale Problemlagen gehen in solchen Fällen einher mit geringen Deutschkenntnissen und einer mangelnden Integration (oder sogar einem man-

gelnden Integrationswillen) in das Wertesystem westlicher Bildungsinstitutionen.[17] Ist das Lehrer-Schüler-Verhältnis in Deutschland sowieso schon weit ungünstiger als in den Staaten, die bei den PISA-Tests gut abschneiden, so erschweren mangelnde Deutschkenntnisse und Wertkonflikte die Situation in den „unteren" Bildungsinstitutionen weiter.

Es ist deshalb nicht verwunderlich, dass sich Körperverletzungen der Schüler bzw. auch Schülerinnen untereinander am häufigsten in Grundschulen, Hauptschulen, Integrierten Gesamtschulen und Berufsschulen (vor allem in gewerblichen Berufsschulen) ereignen; Gymnasien und Realschulen folgen mit deutlichem Abstand.[18] 70 bis 90 % aller Gewalterscheinungen an Schulen sind Sachbeschädigungen. Wieder zeigen Haupt- und Berufsschulen die höchsten Werte.

3.2.2 Berufsstruktur: berufliche Position der Delinquenten und ihrer Eltern
Länderübergreifende Untersuchungen haben ergeben, dass Kriminalität weniger von absoluten Armutswerten bestimmt wird – entscheidend ist vielmehr die Lebenslage innerhalb eines Landes in Relation zu anderen Personen.

Zieht man die Berufsposition heran, so zeigt sich auch hier, dass Gewaltbereitschaft und konkret eingesetzte Gewalt am stärksten bei denen ausgeprägt sind, die sich aus sozialen Gründen in einer schwächeren Position sehen (vgl. Abbildung 7).[19] Bei selbstberichteter Gewaltdelinquenz (1999) sind die Täteranteile bei ungünstigen Lebensbedingungen mit 23,3 % fast dreimal so hoch wie bei günstigen (8,6 %). Bei keiner Deliktart erweist sich die soziale Position als so aussagekräftig wie bei personaler Gewalt und bei qualifiziertem Diebstahl (schwerer Diebstahl, Einbruch). Ein niedriges Bildungsniveau bedeutet nicht nur fehlende verbale Artikulationsmöglichkeiten, sondern führt auch zu einem generell niedrigen Sozialstatus und somit zu einem geringen Grad sozialer Teilhabe sowie zu einem geringeren politischen Einfluss.

ABB. 7: RATEN DER MEHRFACH-TÄTER VON GEWALT*

*(fünf und mehr Gewaltdelikte) in den letzten zwölf Monaten nach sozialen Lebensbedingungen und Geschlecht (gewichtete Daten)

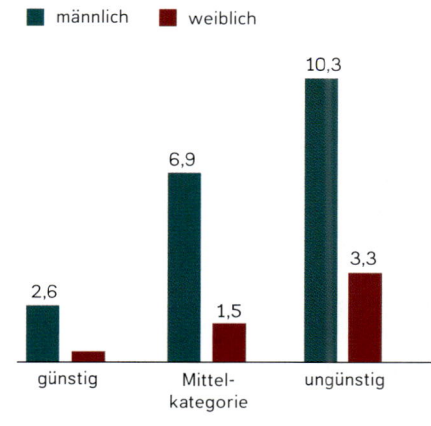

Quelle: Wilmers u.a. (Anm. 12), S. 95.

Die Angst, im täglichen Konkurrenzkampf – um Arbeitsplatz, Einkommen, Wohnung, Erfolg und sozialen Status allgemein – nicht bestehen zu können, führt vor allem bei Angehörigen der unteren Sozialschichten (und noch stärker bei deren jugendlichen Angehörigen) zu einem Gefühl von Ohnmacht. Die Anwendung von Gewalt verspricht da wenigstens kurzfristig eine Verminderung dieses Ohnmachtsgefühls.[20]

4. Spezielle Problemgruppen und ihre Hintergründe

4.1 Ethnische Faktoren

4.1.1 Nachkommen der „Gastarbeiter"
Während Personen mit Migrationshintergrund noch in den 1960er/1970er Jahren eine Delinquenzquote aufwiesen, die deutlich unter jener der (ethnischen) Deutschen lag,[21] hat sich dieses Verhältnis im Zuge der Verfestigung der Migra-

tion umgekehrt. Nunmehr liegen (ähnlich der Entwicklung vor 100 Jahren in den USA) in Deutschland ihre Kriminalitäts- bzw. Gewaltraten über denen der ethnischen Deutschen – mit weiterhin steigender Tendenz. Unter den jugendlichen und heranwachsenden ausländischen Staatsangehörigen ist die Delinquenzquote drei- bis fünfmal so hoch wie unter Deutschen; bei Gewaltdelikten und unter den Mehrfachtätern sind die Unterschiede noch größer. Tatverdächtige mit Wurzeln in der Türkei und im ehemaligen Jugoslawien sind besonders überrepräsentiert. Diese Tendenz bezieht sich auf Verurteilte und Tatverdächtige ebenso wie auf Umfragen.

Eine Umfrage unter westdeutschen Schülern 2005 bei Jungen der 9. Klasse ergab folgende Anteile für Körperverletzungen (in Klammern: mindestens eine Gewalttat): einheimische Deutsche 19,1 % (20,7 %), Migrationshintergrund Türkei 37,5 % (38,7 %), ehemaliges Jugoslawien 31,3 %

(32,8 %), Spätaussiedler aus der ehemaligen Sowjetunion 31 % (34 %); andere Migrationsgruppen lagen überwiegend ebenfalls deutlich über den Werten für „einheimische Deutsche" (vgl. Tabelle 1).[22] Diese Abstufung entspricht in etwa dem Niveau der materiellen Lebenslage und der Schulbildung. Besonders groß sind die ethnischen Unterschiede bei den Mehrfach- bzw. Intensivtätern, z.B. hinsichtlich der Anteile für einheimische Deutsche (4,1 %) und Personen mit Migrationshintergrund Türkei (13,2 %). Es lässt sich sogar eine leichte Tendenz zum weiteren Anstieg der Gewaltbereitschaft einiger relevanter Gruppen männlicher Jugendlicher – die nicht zur Gruppe „einheimische Deutsche" zählen – erkennen.

Bei den Mädchen ergaben sich in derselben Umfrage[23] ähnliche Abstufungen zwischen einheimischen Deutschen und Migrantengruppen, allerdings auf niedrigerem Niveau.

TAB. 1: INDIKATOREN DER GEWALTTÄTIGKEIT NACH ETHNISCHER HERKUNFT – NUR MÄNNLICHE BEFRAGTE (IN % BZW. MITTELWERT, GEWICHTETE DATEN)

Gruppe	Körper-verletzung	Raub	mit Waffe bedrohen	Erpres-sung	mind. eine Gewalttat	mind fünf Gewalttaten	Anzahl Gewalttaten	Alter erste Körper-verletzung	mind. eine KV in der Schule
Deutsch	19,1	3,2	2,7	1,1	20,7	4,1	4,4	11,0	34,6
Türkisch	37,5	7,7	5,5	2,9	38,7	13,2	6,1	11,4	41,5
Russisch	31,0	7,3	4,6	2,7	34,0	8,4	4,9	11,3	36,8
Jugoslawisch	31,3	8,3	6,3	4,9	32,8	11,5	6,2	10,8	39,7
Polnisch	34,4	8,0	4,6	2,3	34,2	9,1	7,4	11,2	42,8
Italienisch	29,7	4,0	2,6	1,3	30,3	7,9	6,6	11,9	36,2
Andere	26,5	4,8	3,7	2,2	27,5	7,5	5,0	11,2	36,1
Gesamt	23,6	4,4	3,4	1,7	25,1	6,1	5,1	11,1	36,1
Cramers V bzw. F-Wert/ erklärte Varianz[1]	.153[6] / .033	.091[6] / .025	.061[6] / .013	.072[6] / .027	.147[6] / .031	.128[6] / .039	2.526[5] / .009	1.868[4] / .004	.053[6] / .004
keine Unterschiede[2]	–[3]	1/6	1/5,6,7	1/5,6	–[3]	–[3]	1/3,4,6,7	1/3,4,5,7	1/3,4,6,7

1) abgebildet ist der Nagelkerkes R²-Wert/der R²-Wert bei Durchführung einer logistischen/linearen Regression; 2) aufgeführt werden die Paarvergleiche zwischen deutschen und nichtdeutschen Jugendlichen, die bei der Durchführung einer logistischen/linearen Regression mit der Gruppe „deutsch" als Referenzkategorie nicht signifikant sind (p<.05); 3) alle Unterschiede zwischen deutschen und nichtdeutschen Jugendlichen signifikant; 4) p<.10; 5) p<.05; 6) p<.01; ■ niedrigster Wert; ■ höchster Wert;

Quelle: Baier/Pfeiffer (Anm. 11), S. 19.

Der Anstieg der Gesamtkriminalität unter Jugendlichen und Heranwachsenden geht zu über zwei Dritteln, der Anstieg der Gewaltdelikte zu über der Hälfte auf ausländische Staatsangehörige zurück.[24] Der Anteil einheimischer Deutscher an Gewalttaten ist sogar insgesamt rückläufig. Primäre Erklärungsansätze zur signifikant höheren Gewaltdelinquenz der Nachkommen der „Gastarbeiter" sind *Herkunft und Problemlagen* sowie *kulturelle Erklärungsfaktoren.*

Hinsichtlich *Herkunft und Problemlagen* ist festzustellen, dass bei Migranten die Gewaltdelinquenz erhöhenden Faktoren geringe Bildung, soziale Benachteiligung und die weiter unten beschriebene mangelnde familiare Sozialisation stärker ausgeprägt sind als bei ethnischen Deutschen. Überwiegend waren die Eingewanderten bereits in ihren Herkunftsländern ökonomisch, sozial oder politisch stigmatisiert (z.B. Türkei: Anatolien, Kur-

den); in Deutschland vererbten sie ihren geringen Sozialstatus. Aber selbst wenn man ihre multiplen Problemlagen berücksichtigt, weisen Migrantenkinder schlechtere Schul- und Arbeitsmarktdaten sowie erhöhte Gewaltraten auf.

Die Kombination von traditionellen Familienstrukturen und moderner Industriegesellschaft als sozialer Umwelt führt zu einem „Leben in zwei Welten", mit überproportionaler Orientierungslosigkeit und Werteverlust. Gleichzeitig erleben die Migrantenkinder Defizite in Schule und Ausbildung, deren Ursachen erfahrene Ablehnung ebenso sind wie mangelnde Deutschkenntnisse und geringe Integrationsbereitschaft. Daraus resultieren wiederum gering qualifizierte Berufspositionen und höhere Arbeitslosenquoten. Im Unterschied zur Einwanderergeneration orientieren sich die Jüngeren nicht mehr an den Lebensumständen ihrer früheren Heimat, sondern an ihren

deutschen Altersgenossen. Gerade bei Jüngeren aus der Türkei ist daher eine verstärkte Tendenz zu Abschottung und Gewalttaten zu beobachten, die mit der Aufenthaltsdauer in Deutschland zunimmt;[25] der Erwerb der deutschen Staatsangehörigkeit bewirkte deshalb auch keine Verminderung der Gewaltdelinquenz.

Bildungsgrad und Berufsposition erklären die Gewaltdelinquenz jüngerer Migranten jedoch nur teilweise; auch die ungünstigeren Faktoren „familiares Klima" und „erlebte Erziehung" reichen nicht aus. Als entscheidender Erklärungsansatz für die besonders hohe Gewaltdelinquenz bei Jugendlichen und Heranwachsenden mit Migrationshintergrund im ehemaligen Jugoslawien und noch stärker in der Türkei werden deshalb *unterschiedliche Wertvorstellungen* herangezogen.[26] Hierbei geht es vor allem um die Rolle von Gewalt in Staat und sozialen Gruppen sowie bei der Verteidi-

Bildungsgrad und Berufsposition erklären die Gewaltdelinquenz jüngerer Migranten nur teilweise.

> *Der Anteil der Nicht-Deutschen an allen Tatverdächtigen ist ... stark gestiegen und liegt vor allem bei Gewalt- und schweren Drogendelikten weit über ihrem Anteil an der Gesamtbevölkerung.*

Knut Mueller/Das Fotoarchiv

4.1.3 Entwicklung der Delinquenzquote bei Deutschen

Zwar dominieren bei den *absoluten Zahlen* der einzelnen Deliktarten immer noch die jüngeren deutschen Tatverdächtigen, ihr *Anteil* an allen Tatverdächtigen ist aber stark zurückgegangen. Der Anteil der Nicht-Deutschen ist hingegen stark gestiegen und liegt vor allem bei Gewaltdelikten und schweren Drogendelikten weit über ihrem Anteil an der Gesamtbevölkerung; ihre Bevölkerungszahl stieg im Zeitraum von 1984 bis 1999 um 22,7 %.[29] Bei Deutschen lässt sich insgesamt sogar bei Straftaten generell wie auch bei Gewalttaten ein starker Rückgang ihres Anteils (an allen Tatverdächtigen) beobachten, der sogar noch höher ist als der Rückgang des Anteils der Deutschen an der jüngeren Alterskohorte (von 1984 bis 1999 Rückgang ihrer Bevölkerungszahl um 34,8 %). Die Schere zwischen einheimischen Deutschen und bestimmten Gruppen mit Migrationshintergrund vergrößert sich also weiter.

Wird berücksichtigt, dass in fast allen Untersuchungen inzwischen auch eingebürgerte Migranten zu den Deutschen zählen und dass die seit den 1990er Jahren zugezogenen (Spät-)Aussiedler eine weit überproportionale Quote aufweisen, so kann man *mit aller gebotenen Vorsicht* folgenden *Schluss* ziehen: Ethnische Deutsche, die seit mindestens den 1980er Jahren in Deutschland leben, erweisen sich zumindest bei Gewaltkriminalität als eine vergleichsweise unproblematische Gruppe – in dem Sinn, dass sie für den besorgniserregenden Anstieg der Gewaltkriminalität wohl kaum (bzw. zumindest nicht in relevantem Umfang) verantwortlich sind (wobei allerdings zu berücksichtigen ist, dass allein schon aufgrund der sinkenden Zahlen ethnisch deutscher Kinder und Jugendlicher die Zahl der von ihnen begonnenen Straftaten – unter der Annahme gleichbleibender Rahmenbedingungen [ceteris paribus] – sinken müsste). Trotzdem aber ist auch eine (fast) stabile absolute Zahl dieser (ethnisch-)deutschen Gewalttäter ein Problemfeld, das angegangen werden muss.

gung der „Ehre", die in traditionalistischen Gesellschaften – vor allem solchen mit manifesten Konflikten – anders ausgeprägt sind als in modernen. Es handelt sich insbesondere um traditionelle, Gewalt legitimierende Männlichkeits- und Geschlechtervorstellungen. Je länger diese Personen in Deutschland „in zwei Welten leben", desto stärker ausgeprägt sind diese Vorstellungen von Gewalt als Teil des als „typisch männlich" verstandenen Verhaltens.

4.1.2 Aussiedler

In abgeschwächter Form finden sich die Probleme der nichtdeutschen Zugewanderten auch bei den seit den 1990er Jahren zugezogenen Spätaussiedlern deutscher Abstammung aus Osteuropa, und insbesondere aus der ehemaligen Sowjetunion.[27] Im Unterschied zu früheren Aussiedlern waren sie nicht in überwiegend durch deutsche Abstammung geprägte Familien eingebunden; somit fehlen ihnen selbst rudimentäre Kenntnisse der

deutschen Sprache und Normenstruktur. Gleichzeitig wurden in den 1990er Jahren materielle öffentliche Leistungen und Sprachkurse gekürzt.

Hinsichtlich der schulischen, materiellen und familiären Probleme lassen sich Spätaussiedler durchaus mit anderen ethnischen Problemgruppen vergleichen, was zunehmend auch für den Grad der Ablehnung durch die deutsche Gesellschaft gilt. Als Folge orientieren sie ihr Verhalten oft an den Wertvorstellungen ihres Herkunftslandes, wozu die reale und symbolische Bedeutung von Kraft und Härte gehört. Statt Integration kommt es deshalb verbreitet zur Cliquenbildung. Insofern ist es nicht verwunderlich, dass ihre aus Kriminalstatistik und Umfragen ersichtliche Gewaltdelinquenzquote über der der „angestammten" deutschen Bevölkerung liegt.[28] Die gestiegenen Zahlen der (ethnisch) *deutschen* Tatverdächtigen können sogar zu einem wesentlichen Teil hier ihre Ursache haben.

4.2 Regionale Differenzierung

4.2.1 Regionale Spezifika

Wie in vielen Bereichen, so zeigt sich bei der Delinquenz allgemein und bei der Gewaltdelinquenz ein Nord-Süd- sowie ein Stadt-Land-Gefälle.[30] Die eigentlichen regionalen Unterschiede zeigen jedoch Ost-West-Vergleiche. Die neuen Bundesländer weisen (noch) eine niedrigere Jugenddelinquenzquote auf. Obgleich in ihnen die vorstehend aufgeführten „Hauptproblemgruppen" weitgehend fehlen (und deren regionale Herkunft stark abweicht), findet ein klarer Aufholprozess statt. Beschränkt man den Vergleich auf Personen mit deutscher Staatsangehörigkeit, zeigen sich nach der Wiedervereinigung unter den ostdeutschen Jugendlichen im Vergleich mit den westdeutschen deutlich höhere Werte beispielsweise hinsichtlich der generellen Akzeptanz einer gewalttätigen Konfliktregelung

in der Gesellschaft sowie hinsichtlich des Verständnisses, das für persönliche Gewaltanwendung in einer Konfliktsituation aufgebracht wird. Überwiegend ist eine höhere Gewaltdelinquenz unter ostdeutschen Kindern, Jugendlichen und Heranwachsenden festzustellen (vgl. Abbildung 8).[31]

Rechtsextremistische und rechtsradikale Einstellungen sowie rechtsextremistisch bedingte – vor allem fremdenfeindliche – Gewalttaten sind unter ostdeutschen Jugendlichen und Heranwachsenden ebenfalls stärker vertreten als unter westdeutschen.[32] Dies gilt auch für die Zahl der gewaltbereiten, rechtsextremistischen Skinheads, die überwiegend in Ostdeutschland leben. Die ostdeutsche Gesellschaft hat sich zum Teil mit rechtsextremistischem Wahlverhalten abgefunden und an rechtsextremistische Alltagskultur bzw. Gewaltanwendung gewöhnt; eine demokratische,

streitfähige Zivilgesellschaft hat sich in den neuen Bundesländern noch nicht flächendeckend herausgebildet.

4.2.2 Ursachen der Ost-West-Unterschiede

Vor dem Hintergrund der zwischen östlichen und westlichen Bundesländern stark divergierenden materiellen Lebensbedingungen, den daraus resultierenden familiären sowie sonstigen Konflikten und den nachfolgend beschriebenen Defiziten beim Freizeitangebot verwundern die überwiegend höheren Delinquenzquoten in den neuen Bundesländern nicht. Faktoren, die in allen westlichen Industriegesellschaften Kriminalität verstärken, finden sich in den neuen Bundesländern in stärkerem Umfang als in Westdeutschland: Die Arbeitslosigkeit ist im Zeitverlauf doppelt so hoch; in der DDR hatte sich eine andere, „bodenlastige" Sozialstruktur herausgebildet; die Bildungsexpansion setzt erst nach der Wiedervereinigung ein; viele Frauen und besser Gebildete wandern in die westlichen Bundesländer ab, zurück bleiben Männer mit unteren Bildungsabschlüssen und mit schlechten Chancen auf dem Arbeitsmarkt. Eine Untersuchung im Jahre 2000 zeigte unter Deutschen der Altersgruppe 14 bis 20 Jahre bei fast allen Deliktarten in den neuen Bundesländern Tatverdächtigenanteile, die großteils deutlich über denen in den alten Bundesländern lagen. Bei den Gewaltdelikten lag die Belastung der Ostdeutschen etwa ein Drittel über der der Westdeutschen.[33]

Der durch die Wende bzw. Wiedervereinigung in Ostdeutschland hervorgerufene Wertewandel ist am stärksten bei den Jüngeren, die gleichzeitig die ökonomischen und sozialen Krisen am stärksten verspüren.[34] Eine solche Situation erfordert hohe Sozialisationsleistungen durch die Eltern, wozu diese in den neuen Bundesländern aber kaum in der Lage sind: Denn über den in industrialisierten Gesellschaften anzutreffenden Sozialisationsverlust der Eltern[35] hinaus, haben diese selbst mit ihrem Werteverlust zu kämpfen; außerdem treffen z.B. Arbeitslosigkeit

ABB. 8: DEUTSCHE TATVERDÄCHTIGE DER GEWALTDELIKTE NACH ALTERSGRUPPEN IN DEN ALTEN UND NEUEN BUNDESLÄNDERN 1993-2004 (TATVERDÄCHTIGENBELASTUNGSZAHLEN)

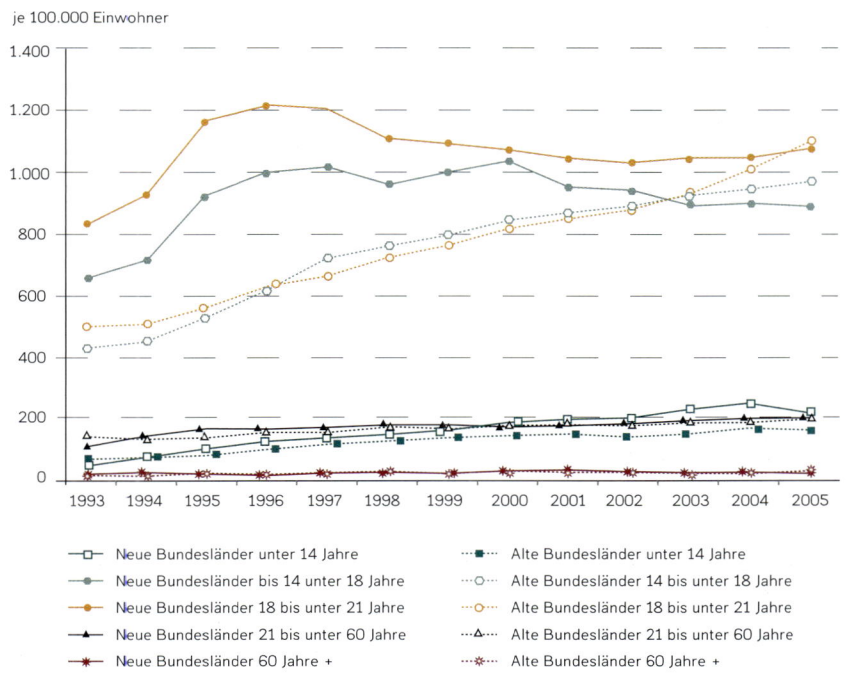

Quelle: Zweiter Periodischer Sicherheitsbericht (Anm. 6), S. 73.

und Kürzungen von Sozialleistungen, die gerade in Ostdeutschland als gravierend empfunden werden, die materiellen Möglichkeiten wie auch das Selbstbewusstsein der Eltern noch stärker als in den alten Bundesländern. All dies verstärkt die Abwendung der Kinder von der Familie und Hinwendung zu Peergroups und damit die Gefahr einer Konfliktlösung durch Gewalt.

Außerdem sind in den neuen Bundesländern vormals bestehende Freizeitmöglichkeiten sowie Treffs der Jugendlichen weitgehend verschwunden;[36] gemeinschaftsbildende Institutionen (Kinderhorte u.ä.) sind ebenfalls kaum noch vorhanden, erfüllen auf jeden Fall keine Sozialisationsfunktion mehr.

Gewalterlebnisse im familiären Raum – vor allem durch Eltern – weisen einen engen Zusammenhang auf mit späteren Gewalttätigkeiten Jugendlicher im öffentlichen wie privaten Raum.

5. Familiare Sozialisation

5.1. Defizitäre Entwicklung

Das schon bei Kindern und Jugendlichen auftretende aggressive Verhalten weist auf Erziehungsdefizite und Integrationsprobleme junger Menschen hin.[37] Grundlegende gesellschaftliche Wandlungsprozesse vor allem in den modernen Industriegesellschaften haben zu veränderten Lebens- und Sozialisationsbedingungen für Kinder und Jugendliche geführt. Die Menschen wachsen in einer pluralistischen Gesellschaft auf, die keine für alle verbindlichen Normen festlegt und deren Einhaltung kontrolliert. Vielmehr existiert eine Vielzahl von unterschiedlichen, sich teilweise widersprechenden Werten und Normen, sodass die Individuen eigene Wertentscheidungen fällen müssten. Sozialisation bzw. Wertevermittlung heißt aber insbesondere, dass Regeln für das Verhalten in einer Gesellschaft bzw. für den Umgang mit Mitmenschen festgelegt werden.

Die gesellschaftlichen Desintegrationsprozesse haben dazu geführt, dass die sozialen Strukturen, welche die Menschen früher verbanden und stützten (Familie; Nachbarschaft; soziale Milieus, insbes. Kirchen, Gewerkschaften und bestimmte soziale Bewegungen), an Einfluss verloren haben.[38] Eltern vermögen heute kaum noch, Werte in dem früher üblichen Ausmaß weiterzugeben. Die „primäre Sozialisation" nimmt in ihrer Bedeutung quantitativ wie qualitativ eindeutig ab. Zunehmender Zerfall der traditionellen Familienstrukturen (Alleinerziehende, Scheidungen, Patchwork-Familien etc.), Berufstätigkeit beider Elternteile, zunehmender Medienkonsum der Kinder etc. – all dies hat zu einer sinkenden Bedeutung der intrafamiliaren Kommunikation beigetragen.[39] Beengte Wohnverhältnisse, zunehmende finanzielle Probleme, innerfamiliäre Konflikte etc. führen zu zusätzlichen Belastungen.

Der direkte Einfluss des Medienkonsums auf die Wertvorstellungen von Kindern und Jugendlichen hat dagegen drastisch zugenommen und wird weiterhin steigen;[40] gleiches gilt für die Bedeutung sogenannten Peergroups, d.h. der Freundeskreise, an deren Werte sich Kinder/Jugendliche orientieren. In soziodemografischen Gruppierungen, die einem besonders starken Wandel unterliegen (Migranten, Aussiedler, neue Bundesländer), sind die Normen der Peergroup noch wichtiger – und die der Eltern noch weniger relevant – für die Herausbildung eigener Werte. Gruppen haben sich inzwischen zu einer Art Ersatzfamilie entwickelt, da die in ihnen möglichen Formen sozialen Lernens und der Selbstverwirklichung in Familie und Schule kaum noch erfolgen.[41]

Somit verbleibt als einzige Institution die Schule, in der Wertevermittlung noch effektiv stattfinden könnte. Aber die Lehrer und Lehrerinnen können in den Schulstunden, in denen primär Wissen vermittelt werden soll, nicht das nachholen, was Eltern in den ersten Lebensjahren sowie parallel zur Schule nicht mehr leisten.[42] Die nicht oder nicht ausreichend familiar sozialisierten Kinder werden eher zunehmend zu einer physischen wie psychischen Belastung der Lehrer. Darüber hinaus haben sich die Arbeitsbedingungen der Lehrer und Lehrerinnen in den letzten Jahrzehnten verschlechtert und Eingriffe von außen häufen sich.

5.2 Konflikte in der Familie

Die familiären Verhältnisse wirken sich noch auf einer anderen Ebene als entscheidende Determinante der Gewaltbereitschaft aus: Gewalterlebnisse im familiären Raum – vor allem Gewaltanwendung durch Eltern – weisen einen engen Zusammenhang auf mit späteren Gewalttätigkeiten Jugendlicher im öffentlichen wie privaten Raum (vgl. Abbildungen 9 und 10).[43] Gleiches gilt für Faktoren wie emotionale Vernachlässigung durch die Eltern sowie positive Bewertung gewalttätigen Verhaltens der Jugendlichen durch ihre Eltern in Kombination mit der Erfahrung, Opfer innerfamiliärer Gewalt zu sein.

Soziale Lage bzw. soziale Probleme im Elternhaus gehen oft mit Gewalt zwischen den Elternteilen und gegenüber Kindern einher. Kinder erleben in diesen Fällen das Elternhaus als durch diffuse Bedrohung und Gewalt (als legitimierte Mittel der Interessendurchsetzung) gekennzeichnet. Eindeutige Regeln über das Miteinanderumgehen und andere Mechanismen der Konfliktaustragung werden ihnen nicht vermittelt.[44]

5.3 Die Bedeutung familiarer Sozialisation

Wie bereits aufgezeigt wurde, ist die soziale Lage eine wichtige Determinante für

ABB. 9: MITTELWERTE DER GEWALTEINSTELLUNGEN, EMPATHIEFÄHIGKEIT, KONFLIKTKOMPETENZ UND SELBSTWERTGEFÜHL IN ABHÄNGIGKEIT VON ERFAHRUNGEN INNERFAMILIÄRER GEWALT IN DER KINDHEIT (SCHÜLERBEFRAGUNGEN 1998 UND 2000)

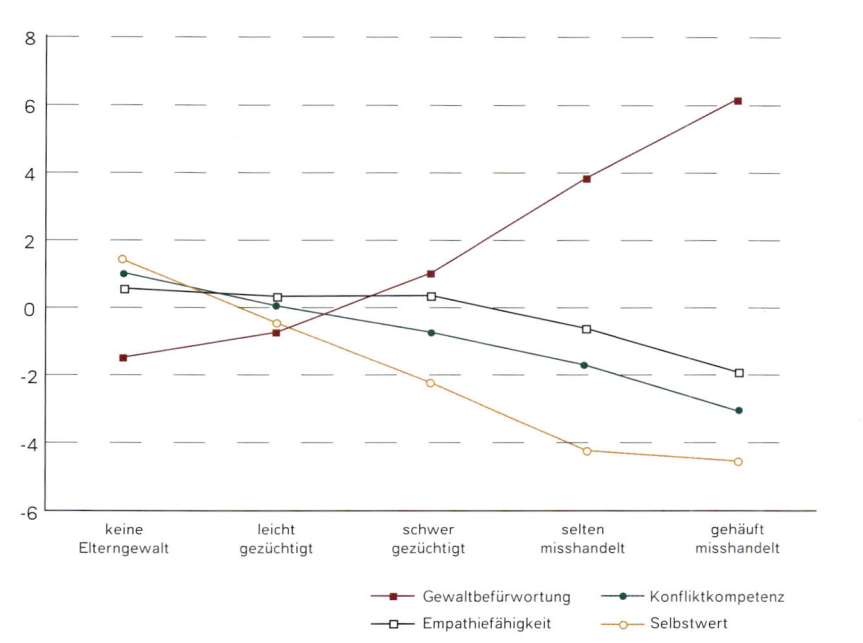

Quelle: Erster Periodischer Sicherheitsbericht (Anm. 5), S. 511.

ABB. 10: RATEN AKTIVER GEWALTTÄTER NACH ERFAHRUNGEN ELTERLICHER GEWALT IN DEN LETZTEN ZWÖLF MONATEN, GEWICHTETE DATEN (SCHÜLERBEFRAGUNG 2000)

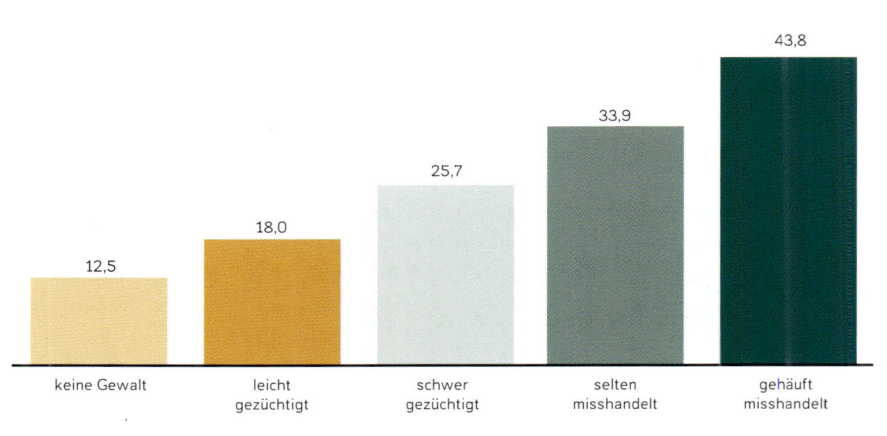

Quelle: Erster Periodischer Sicherheitsbericht (Anm. 5), S. 564.

TAB. 2: BEDINGUNGSFAKTOREN GEWALTTÄTIGEN VERHALTENS NACH ETHNISCHER HERKUNFT (IN % BZW. MITTELWERTEN, GEWICHTETE DATEN)

Variable	deutsch	türkisch	russisch	jugoslawisch	polnisch	italienisch	andere	Cramers V bzw. F-Wert/Erklärte Varianz[1]	keine Unterschiede[2]
Durchschnittsalter	15,0	15,4	15,5	15,3	15,2	15,2	15,2	111.715[5]/.045	–[3]
Anteil Hauptschule	14,3	42,9	27,7	46,4	17,6	40,5	24,2	.260[5]/.092	–[3]
Anteil Real-/Gesamtschule	44,2	45,3	49,1	33,0	52,2	39,3	40,1	.066[5]/.006	1/2,6
Familie									
Armut	8,1	23,0	29,1	15,7	11,6	13,6	16,6	.190[5]/.060	–[3]
Trennung/Scheidung erlebt	30,4	15,0	24,4	19,4	25,9	30,5	32,8	.113[5]/.020	1/6,7
leichte Züchtigung (Kindheit)	23,8	16,6	16,4	18,0	20,0	21,5	22,1	.064[5]/.007	1/5,6,7
mehr als leichte Züchtigung	17,0	29,8	25,4	27,9	27,6	30,7	26,1	.128[5]/.025	–[3]
geringe Kontrolle Kindheit	31,7	38,1	40,7	36,9	36,5	39,9	35,2	.062[5]/.005	–[3]
Persönlichkeit									
Männlichkeitsnormen	1,85	2,32	2,17	2,20	2,05	2,09	1,99	211.783[5]/.082	–[3]
Selbstkontrolle: Risikosuche	2,83	2,74	2,98	2,78	3,12	2,82	2,82	7.803[5]/.003	1/4,6,7
Selbstkontrolle: Temperament	2,94	3,22	3,00	3,21	3,12	3,17	2,98	19.195[5]/.008	1/3,7
Medien									
Kampfspiele/Egoshooter	2,66	2,99	2,82	2,80	3,07	2,77	2,77	13.556[5]/.006	1/6
Soziales Umfeld									
Gewaltbilligung Eltern: hoch	10,9	12,2	16,0	16,1	15,1	14,9	13,9	.055[5]/.006	1/2
Gewaltbilligung Eltern: mittel	46,2	39,7	41,3	40,4	46,1	41,4	39,8	.057[5]/.004	1/5,6
1 bis 4 delinquente Freunde	43,1	41,9	46,6	48,0	43,2	42,6	44,3	.026/.001	1/2,3,5,6,7
über 4 delinquente Freunde	12,5	24,1	18,7	23,3	24,7	20,2	18,4	.123[5]/.024	–[3]
Mitglied im Verein	64,7	41,4	39,2	39,5	53,6	46,7	54,0	.195[5]/.050	–[3]
Andere Auffälligkeiten									
selbst Gewaltopfer	17,9	20,3	19,9	18,8	26,8	23,1	20,3	.049[5]/.004	1/3,4
1 bis 4 Tage geschwänzt	34,5	34,5	37,8	38,3	38,3	36,5	38,6	.035[4]/.002	1/2,3,4,5,6
über 4 Tage geschwänzt	8,50	16,0	14,7	18,5	17,2	16,7	13,5	.112[5]/.023	–[3]
selten Alkoholkonsum	49,1	37,5	44,0	49,8	47,1	50,5	43,1	.075[5]/.008	1/4,5,6
häufig Alkoholkonsum	40,6	17,2	44,5	29,9	41,8	35,2	32,8	.151[5]/.033	1/5,6

1) abgebildet ist der Nagelkerkes R²-Wert/der R²-Wert bei Durchführung einer logistischen/linearen Regression; 2) aufgeführt werden die Paarvergleiche zwischen deutschen und nichtdeutschen Jugendlichen, die bei der Durchführung einer logistischen/linearen Regression mit der Gruppe „deutsch" als Referenzkategorie nicht signifikant sind (p<.05); 3) alle Unterschiede zwischen deutschen und nichtdeutschen Jugendlichen signifikant; 4) p<.05; 5) p<.01; ■ niedrigster Wert; ■ höchster Wert;

Quelle: Baier/Pfeiffer (Anm. 11), S. 28.

die Gewaltdelinquenz von Jugendlichen und Heranwachsenden. Werden jedoch alle Faktoren einer multivariaten Analyse unterzogen, so zeigt sich, dass – abgesehen vom Geschlecht – die familiären Aspekte von Gewalt zwischen Elternteilen, Gewalt der Eltern gegen ihre Kinder und ein inkonsistenter Erziehungsstil der Eltern den weit überwiegenden Teil jugendlichen Gewalthandelns erklären (vgl. Tabelle 2).[45] Offensichtlich wirkt sich die soziale Lage auf das elterliche Verhalten in diesen beschriebenen Formen aus. Sozialisation ist die entscheidende Determi-

nante – und Sozialisation ist abhängig von soziodemografischen Faktoren (vgl. Abbildung 11).

Eine erfolgreiche familiare Sozialisation ist also entscheidend für ein späteres gewaltfreies Leben im privaten wie im öffentlichen Bereich.[46] Materielle Engpässe spielen dann nur noch eine Nebenrolle. Da materielle und emotionale Problemlagen jedoch deutlich mit dem Bildungsabschluss korrelieren, erklärt sich die stark schichtenspezifische Ausprägung einer erfolgreichen familiaren Sozialisation.

ABB. 11: MITGLIEDSCHAFT IN SEHR DEVIANTEN CLIQUEN NACH BILDUNGSSTUFE UND GESCHLECHT (GEWICHTET DATEN)

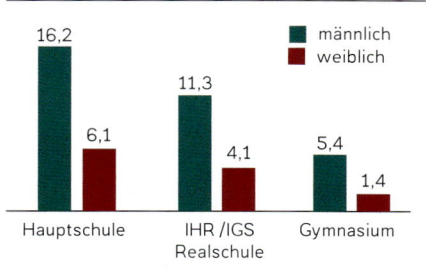

Quelle: N. Wilmers et al. (Anm. 12), S. 274.

6. Wirtschaftliche und soziale Lage

6.1 Entwicklungen auf dem Arbeitsmarkt

Es hat sich gezeigt, dass wirtschaftliche und soziale Problemlagen quer über alle soziodemografischen Faktoren hinweg einen starken Einfluss auf die Gewaltdelinquenz ausüben. Eine Verschlechterung dieser Faktoren würde also – unter der Annahme gleichbleibender Rahmenbedingungen (ceteris paribus) – zu einer Zunahme altersspezifischer Gewalt führen. Befürchtungen über eine weitere Verschärfung der Situation nach der Realisierung von Hartz IV – „die größten Kürzungen von Sozialleistungen seit 1949"[47] – hatten deshalb eine gesicherte Basis. Eine Verbesserung der Zukunftsperspektiven vor allem junger Menschen bewirkt daher auch Prävention gegenüber politischer wie allgemeiner Gewalt.

6.2 Einkommensumverteilung und Armutsrisiko

Die Einkommensungleichheiten zwischen oberen und unteren Einkommensgruppen haben seit den 1990er Jahren – vor allem seit 2000 – wieder zugenommen.[48] Zwar lag Deutschland in der Einkommenskonzentration 2001 noch deutlich unter dem EU-Durchschnitt und von einer ausgeprägten Polarisierungstendenz kann bisher nicht gesprochen werden – in beiden Teilen Deutschlands ist aber seit Ende der 1990er Jahre eine deutliche Zunahme der relativen Einkommensarmut (d.h. weniger als 60 % des durchschnittlichen Haushaltseinkommens) zu beobachten (vgl. Abbildung 12).

In Westdeutschland erreicht die Armutsquote 2003 den höchsten Stand seit Beginn der Erhebung im Jahre 1984. Die ostdeutsche Armutsquote weist nicht nur die höchsten jemals in diesem Teil Deutschlands erreichten Werte auf, sie liegt sogar höher als die westdeutsche. Dieser beachtliche Anstieg der Armutsquote ist eine schwere Hypothek für

Politik und soziale Beziehungen. Bemerkenswert ist vor allem, dass es keinen allgemeinen Trend der Zunahme von Armut in (anderen) modernen Industriegesellschaften gibt.[49]

Wenn die Armutsquote unter Kindern und Jugendlichen in relevantem Umfang gestiegen ist, so hat dies kurz- wie langfristige Auswirkungen.[50] Denn in Kindheit und Jugend werden grundlegende Einstellungen zu sozialen und gesellschaftlichen Bereichen geprägt; in der Jugend beginnt die verantwortliche Teilnahme am politischen und kulturellen Leben. Geschieht dies in einem Klima von steigender Armut, zunehmenden Einkommensdisproportionen in der Elterngeneration und erkennbarem Abbau des Sozialstaats, wirken sich die damit einhergehenden Zukunftsängste gerade bei unteren Sozialschichten auf ihr gesellschaftliches Verhalten aus.

6.3 Auswirkungen: Politische Unzufriedenheit und Gewaltbereitschaft

Eine der Auswirkungen der wirtschafts- und sozialpolitischen Verschlechterung ist – in West- wie Ostdeutschland – eine stark ansteigende Unzufriedenheit mit dem Funktionieren der Demokratie (vgl. Abbildung 13);[51] diese ist hier vor allem seit 2002 stärker angestiegen als in der EU bzw. in Westeuropa. Insbesondere in Ostdeutschland schlägt sich diese Unzufriedenheit in allgemeinen Protesten (z.B. gegen Hartz IV) und in spezifischen Protestwahlen, z.B. der Wahl rechtsextremer Parteien, nieder. Vor allem jüngere sozial Schwache stimmen dort für rechtsextreme Parteien. In Ostdeutschland ist der Einfluss ökonomischer Faktoren – insbesondere der persönlichen wirtschaftlichen Lage – auf die Demokratiezufriedenheit (und auf die Wahl rechtsextremistischer Parteien) sehr viel stärker als in Westdeutschland.

Eine andere Auswirkung der sich verschlechternden sozialen Lage ist, dass die davon betroffenen Familien immer mehr Faktoren sogenannter Risikofamilien aufweisen. Zunehmende soziale Desintegration fördert die Gewaltbereitschaft, sowie allgemein auch fremdenfeindliche und rechtsextremistische Einstellungen.[52]

ABB. 12: ENTWICKLUNG DER RELATIVEN EINKOMMENSARMUT IN WEST- UND OSTDEUTSCHLAND – GESAMTDEUTSCHE EINKOMMENSVERTEILUNG 1991–2003*

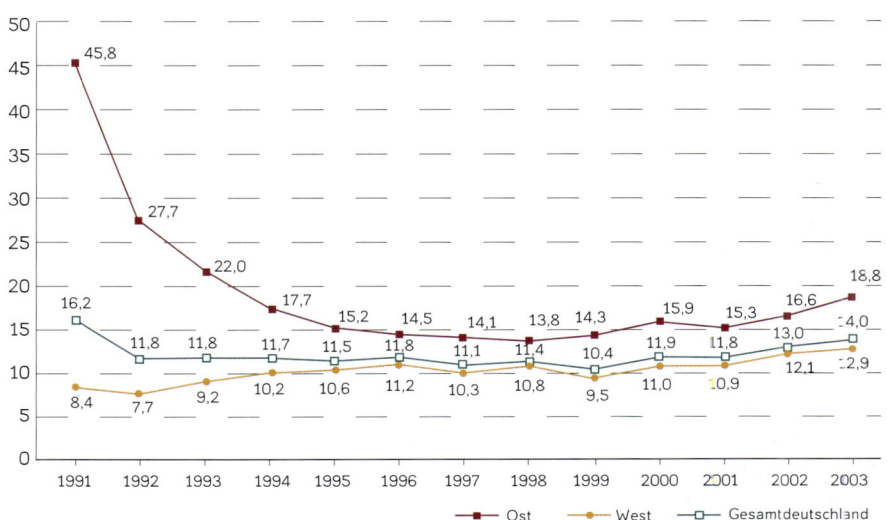

* < 60% Median des bedarfsgewichteten Haushaltsnettoeinkommens (neue OECD-Skala).
Datenbasis: SOEP

Quelle: Noll/Weick (Anm. 48), S. 4,

Indikator: „Sind Sie mit der Art und Weise, wie die Demokratie in (...) funktioniert, alles in allem sehr zufrieden, ziemlich zufrieden, nicht sehr zufrieden oder überhaupt nicht zufrieden?" Dargestellt sind Prozentanteile „Sehr zufrieden" und „Ziemlich zufrieden".

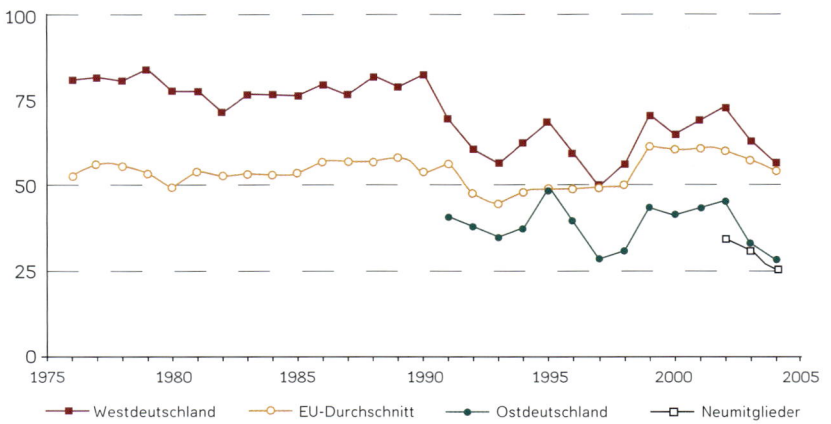

Quelle: Scheuer (Anm. 51), S. 8.

Da die sozial massiv Betroffenen überwiegend untere Bildungsabschlüsse aufweisen, sind sie für „einfache Lösungen" besonders empfänglich und neigen eher zur Wahl einer rechtsradikalen bzw. Protestpartei (vgl. Sachsen-Anhalt mit den Wählerwanderungen zwischen PDS und DVU). Migranten und Aussiedler werden als eine vermeintliche, in ihrer Bedrohlichkeit zunehmende Konkurrenz (in der Regel sogar als Verursacher) auf dem Arbeits- und Wohnungsmarkt empfunden. Die in der Soziologie „Hackordnung" genannte gewaltbereite Abgrenzung nach „unten" sowie Sozialisationsdefizite verstärken diese Tendenz weiter.

7. Medien

7.1 Fernsehen

7.1.1 Gewaltzunahme und Paradigmenwechsel

Die Dominanz elektronischer Massenmedien für das Freizeitverhalten seit den 1990er Jahren hat die zwischenmenschliche Kommunikation sowie die Informationsaufnahme quantitativ und qualitativ stark verändert. Die dabei u.a. zu beobachtende, sich verstärkende Entwicklung zur Ausweitung von Gewaltdarstellungen im Fernsehen konnte selbst durch Gesetzesänderungen, Beschlüsse und Empfehlungen unterschiedlichster Art nicht gestoppt werden. Insbesondere die Vermischung von Realität und Fiktion in vielen Programmarten führt bei den Rezipienten – vor allem bei Jugendlichen und Kindern – zu einer „ungefilterten" Aufnahme von Gewaltdarstellungen. Zwar machen Gewaltdarstellungen nur 2,6 % der Sendezeiten aus, aber sie treten in 58,2 % aller Sendungen auf.[53] Sendungen mit Gewaltdarstellungen stellen somit einen alltäglichen bzw. allgegenwärtigen Bestandteil der Fernsehprogramme dar.

7.1.2 Gewaltkonsum von Kindern und Jugendlichen im Fernsehen

Sowohl hinsichtlich der Ausstattung als auch der Nutzung visueller Medien gibt es gravierende Geschlechterunterschiede. Jungen verbringen mehr Zeit an Computern und Fernsehern als Mädchen (die Bücher stärker bevorzugen als Jungen),[54] und sie bevorzugen in stärkerem Umfang Inhalte, die Gewalt darstellen.[55] Kämpferische, bewegungsorientierte Verhaltensweisen sind traditionell primär jungentypisch, stellen also keine besorgniserregende Abweichung dar; problematisch ist wohl eher das Eintauchen in eine aus Gewalt bestehende Scheinwelt, losgelöst von der elterlichen Sozialisation. Die geschlechtsspezifische Mediennutzung hat zwei Auswirkungen:[56]

1. Die Schulleistungen der Jungen sind eindeutig gesunken – nicht aber die der Mädchen; dies beeinflusst direkt, welche Schulform besucht wird, und hat damit auch Einfluss auf die spätere Berufsposition.

picture-alliance/ZB

Der Konsum von Fernsehen und anderen visuellen Medien hat vielerlei Auswirkungen auf das menschliche Verhalten.

2. Gewalt im Fernsehen gehört inzwischen weitgehend zum festen Bestandteil einer männlichen Welt, sodass Jungen stereotype Konfliktlösungsmuster offeriert werden (vgl. Abbildung 14).

Diese Entwicklungen sind bei Kindern und Jugendlichen mit Migrationshintergrund deutlich stärker ausgeprägt als bei „einheimischen Deutschen" (bei denen sie in Ostdeutschland stärker sind als im Westen).

Relativ häufig werden Gewaltaktionen im Rahmen von *Alltag und Familie* sowie *Ehe und Beziehung* – bei Letzteren sogar am häufigsten in einer angespannten und aggressiven Atmosphäre – dargestellt, also im täglichen, unmittelbaren Lebensbereich der Fernsehzuschauer.[57] In Reality-Fernsehsendungen steht das Motiv der sexuellen Befriedigung in Zusammenhang mit Gewaltdarstellungen gar an erster Stelle. Geschlechtsspezifische, mit Gewalt verknüpfte Weltbilder werden hierdurch geprägt bzw. weiter verfestigt.

Auswirkungen auf das Verhalten vieler Jugendlicher hat auf jeden Fall, dass Gewalt in den unterschiedlichen Programmarten selten kritisiert wird; es bleibt somit den Zuschauern überlassen, wie sie die visuell erlebte Gewalt bewerten. Sowohl auf die Anwendung von Gewalt durch die Zuschauer als auch allgemein auf deren Wertebildung bezogen, kann dies als sehr problematisch angesehen werden. Denn der Fernsehkonsum von Gewaltdarstellungen allein ist nicht schädlich, sofern den Jüngeren – je jünger, desto relevanter – „Interpretationshilfen" gegeben werden.[58]

7.1.3 Sozialisation und Medienkonsum
Jedoch kommen Familien ihrer Sozialisationsfunktion immer weniger nach; der Trend zum selbständigen (und steigenden!) Fernsehkonsum durch Kinder und Jugendliche wird noch dadurch verstärkt, dass diesen in ihren Zimmern zunehmend eigene Fernsehgeräte (und andere elektronische Ausrüstung) zur Verfügung stehen.[59] Das soziale Umfeld (Familie, Gleichaltrige, Schule) erweist sich als ent-

scheidende Determinante für Quantität und „Qualität" des Gewaltkonsums sowie als wichtiger Moderator für die Entstehung gewaltbereiten Verhaltens.[60] Eine Entscheidung über „Buch vs. Film" erfolgt also bereits im Grundschulalter. Mangelnde Medienbetreuung durch die Eltern und eine violente soziale Umgebung führen dazu, dass Gewaltkonsum und gewalttätige Konfliktlösungsmuster für solchermaßen betroffene Kinder und Jugendliche eine hohe Attraktivität haben. Medienbetreuung durch die Eltern ist allerdings nur bei Elternteilen mit höherem Bildungsstand, Anwesenheitszeiten zu Hause (mit intensivem Kümmern um die Kinder) und generell hohem elterlichem Engagement gegenüber den Kindern zu finden.

Es gibt also durchaus wirksame Möglichkeiten, Kinder vor medialen Gefährdungen zu schützen. Solche Maßnahmen erreichen aber die am meisten gefährdeten Kinder am wenigsten, da sie am wenigsten von den Eltern betreut werden und in einem gewalttätigen sozialen Umfeld aufwachsen. Vor allem für die Jugendlichen aus „bildungsfernen Schichten" ist festzustellen, dass ihr Fernseh- und insbesondere Gewaltkonsum steigt und sie zugleich von ihren Eltern fast völlig allein gelassen werden.[61] Bei älteren Kindern nehmen Peergroups einen immer stärkeren Einfluss auf Art und Umfang des Medienkonsums sowie auf die den Medieninhalten entgegengebrachten Einstellungen. Nimmt man dann noch die prekäre finanzielle Lage der unteren Sozialschichten, die Einflüsse ihrer schlechteren Wohnumgebung etc. hinzu, bedarf es hinsichtlich der möglichen Auswirkungen von sich vergrößerndem Gewaltangebot und -konsum keiner großen Fantasie.

7.1.4 Medienkonsum und Verhaltensänderungen
Der Konsum von Fernsehen und anderen visuellen Medien hat vielerlei Auswirkungen auf das menschliche Verhalten (vgl. Tabelle 3). Ob er Verhaltensänderungen hervorruft oder nur bereits vorhandene

ABB. 14: ANTEIL KINDER DER VIERTEN JAHRGANGSSTUFE, DIE IN DEN LETZTEN VIER WOCHEN EIN ANDERES KIND GESCHLAGEN/GETRETEN HABEN NACH ETHNISCHER HERKUNFT UND KONSUM ALTERSGEFÄHRDENDER MEDIENINHALTE – NUR MÄNNLICHE BEFRAGTE (IN %, IN KLAMMERN N = ANZAHL)

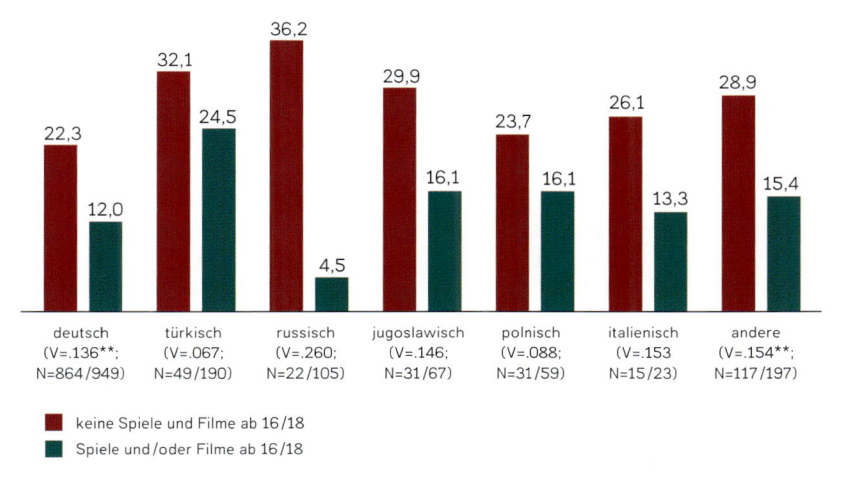

Quelle: Baier/Pfeiffer (Anm. 11), S. 45.

	Mindestens 1 mal/Woche	Schul-Bullying	Delin-quenz	Disso-zialität	Viktimi-sierung
Lesen (Bücher, Zeitschriften, Comics)	49,1	-.25[3]	-.29[3]	-.24[3]	.08[2]
Sport treiben	78,1	-.02	.01	.00	-.04
Tele- und Computerspiele	39,1	.12[3]	.09[2]	.09[2]	.06[1]
Spiele spielen	23,8	-.09[2]	-.10[3]	-.14[3]	.03
Fernsehen	88,2	-.01	.07[1]	.11[3]	.03
Kino/Veranstaltungen besuchen	9,0	.02	.03	.05	-.07[1]
Fahrrad fahren	72,8	-.05	-.07[1]	-.09[2]	.03
Freunde treffen	88,9	.12[3]	.19[3]	.24[3]	-.14[3]
Musik hören (CD, Radio etc.)	92,8	-.01	.07[1]	.15[3]	.01
Videofilme sehen	28,3	.15[3]	.20[3]	.20[3]	.00
Basteln, Werken, Handarbeiten	9,6	-.08[2]	-.06[1]	-.07[1]	.16[3]
Entspannen (Faulenzen)	66,7	-.01	.05	.09[2]	-.01
Computer (keine Spiele)	21,6	.02	-.04	-.06[1]	.03
Rumhängen	44,1	.23[3]	.33[3]	.41[3]	-.02
Jugendgruppen (kein Sport)	19,9	.18[3]	.18[3]	.22[3]	-.03
Multiple Korrelation		.43[3]	.50[3]	.54[3]	.29[3]
Konsumorientierte Tätigkeiten		.16[3]	.22[3]	.25[3]	-.08[2]
Strukturierte Tätigkeiten		-.19[3]	-.24[3]	-.26[3]	.06[1]
Multiple Korrelation		.27[3]	.36[3]	.39[3]	.10[2]

1) p<.05; 2) p<.01; 3) p<.001

Quelle: Lösel/Bliesener (Anm. 22), S. 74.

gewaltbereite Tendenzen verstärkt, darüber kann spekuliert werden; eine mögliche Aggressivitätsreduktion durch das Ausleben von medial erlebter Aggressivität bzw. Gewalt muss allerdings eindeutig negiert werden. In Einzelstudien zeigen sich hohe Korrelationen zwischen Gewaltkonsum in Massenmedien und eigener Gewaltausübung sowie zwischen Gewaltkonsum und violenten Prädispositionen bzw. aggressiver Persönlichkeit, wobei die Kausalitätsrichtung nicht immer eindeutig zu bestimmen ist.[62] Eine verstärkende Wirkung bei aggressiven bzw. ohnedies gewaltbereiten Jugendlichen ist zumindest anzunehmen, vor allem für Vielseher.[63] Wie bei anderen auslösenden Faktoren wird auch beim Medienkonsum die Auswirkung auf den Rezipienten bzw. die Rezipientin durch verschiedene intervenierende Variablen beeinflusst, vor allem Medieninhalt, Persönlichkeitsstruktur, soziodemografische Merkmale und soziale Umgebung, die teilweise voneinander abhängig sind.

7.2 Computer- und Videospiele

Mit der inzwischen fast vollständigen Verbreitung des Computers und der zunehmenden Nutzung von Computer- bzw. Videospielen hat sich deren Angebot vergrößert und verbreitet, sodass der Konsum von Gewaltspielen stark zugenommen hat; diese werden immer realistischer und immer gewalthaltiger. Insbesondere unter Kindern und Jugendlichen bildet dieses Medium inzwischen eine verbreitete Freizeitbeschäftigung (vgl. Abbildung 15).[64] Das Vorhandensein bzw. Fehlen attraktiver Alternativen der Freizeitbeschäftigung beeinflusst diesen Konsum in relevantem Umfang.

Das soziale Umfeld von Computerspielen, Aktivitäten im Netz, Video/DVD etc. ist mit dem des Fernsehens weitgehend identisch. Die bekannten geschlechtsspezifischen Unterschiede, verschärft durch die kaum noch wahrgenommene Sozialisation im Elternhaus, zeigen sich wiederum: Mehr Jungen als Mädchen sind die Nutzer und für Jungen lässt sich eine höhere Nutzungsdauer feststellen; Jungen präferieren Action und Reaktionsaufgaben, Mädchen eher Spiele mit sozialen oder kreativen Funktionen[65] – oder die Erledigung schulischer Aufgaben und das Erstellen von Texten.[66] Vor allem bei Jungen lässt sich der Trend zu einem im Zeitverlauf vermehrten Konsum und zu immer brutaleren Spielen und Filmen bestätigen. Unter den Vielnutzern ist der Anteil von Jungen (56 % mindestens mehrmals pro Woche) sowie von Angehörigen bildungsferner Schichten und materiell bzw. beruflich Benachteiligter am höchsten[67] – analog zur Abstufung hinsichtlich ihrer Gewaltdelinquenz. Multiple Problemlagen verschärfen diese Trends. Die ethnischen Gruppen mit Migrationshintergrund verzeichnen einen – bei manchen Gruppen gravierend – höheren Gewaltkonsum als die „einheimischen Deutschen".

Die Möglichkeiten, das auf dem Markt befindliche Angebot sowie den Konsum von Spielen zu steuern und zu kontrollieren, sind geringer als beim Fernsehen; außerdem unterschätzen Eltern noch immer noch, welches Ausmaß der Gewaltkonsum ihrer Kinder hat. Es ist deshalb nicht weiter verwunderlich, dass Video/DVD und Videospiele/Internet ein sehr viel höheres Gewaltpotenzial haben als etwa das Fernsehen. Gewalthaltige Videospiele lösen nicht nur verstärkt aggressive Gedanken und Emotionen bei den Rezipienten aus, es gibt auch Hin-

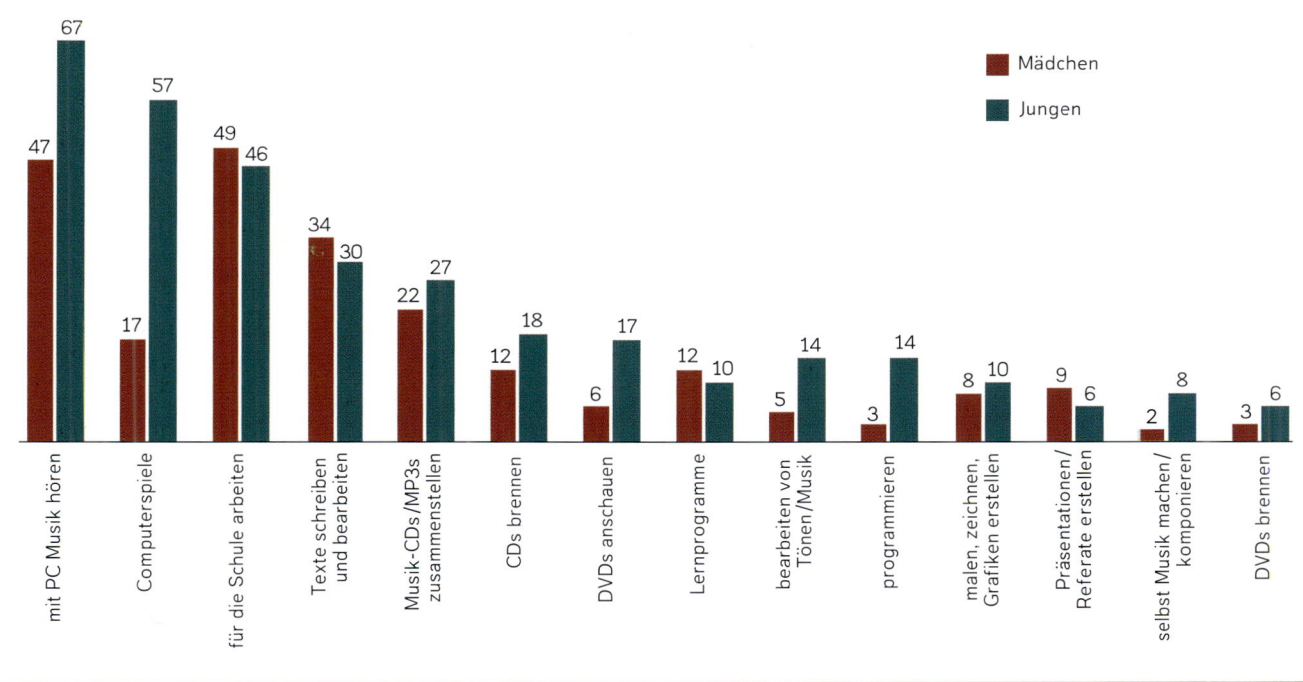

Mädchen

Jungen

Tätigkeit	Mädchen	Jungen
mit PC Musik hören	47	67
Computerspiele	17	57
für die Schule arbeiten	49	46
Texte schreiben und bearbeiten	34	30
Musik-CDs/MP3s zusammenstellen	22	27
CDs brennen	12	18
DVDs anschauen	6	17
Lernprogramme	12	10
bearbeiten von Tönen/Musik	5	14
programmieren	3	14
malen, zeichnen, Grafiken erstellen	8	10
Präsentationen/ Referate erstellen	9	6
selbst Musik machen/ komponieren	2	8
DVDs brennen	3	6

Quelle: JIM-Studie 2006 (Anm. 55), S. 34.

weise auf eine Reduktion prosozialen Verhaltens sowie eine Verstärkung und sogar Auslösung gewalttätigen Verhaltens – wobei in einigen Studien die Richtung der Kausalität allerdings offen gelassen wird.[68] Trotz erschwerter Kontroll- bzw. Steuerungsmöglichkeiten zeigt sich, dass Bindung an die Eltern sowie deren Beschäftigung mit diesen Spielen (die aber noch seltener als beim Fernsehkonsum versucht wird) relevanten Einfluss darauf haben, wie sich diese Spiele auf das Verhalten junger Konsumenten auswirken.

In Einzelstudien zeigen sich hohe Korrelationen zwischen Gewaltkonsum in Massenmedien und eigener Gewaltausübung.

picture-alliance/Jan Woitas

7.3 Internet

Immer mehr Kinder und Jungendliche haben einen eigenen Internet-Anschluss und nutzen das Internet regelmäßig. Ab einem Alter von etwa zwölf Jahren nutzt die jeweilige Jahrgangsmehrheit das Internet; 2006 taten dies 90 % der 12- bis 19-Jährigen zumindest gelegentlich, 69 % sogar mindestens mehrmals die Woche.[69] 38 % hatten einen eigenen Internetzugang, was den Einfluss der Eltern weiter vermindert.

Inwieweit Kinder und Jugendliche auf problematische Inhalte zugreifen, ist aufgrund der bisherigen Untersuchungen nicht zuverlässig zu quantifizieren.[70] Der Grad der im Internet dargestellten Grausamkeit und Menschenverachtung geht über Fernsehen, Printmedien und frei verkäufliche Computerspiele jedoch weit hinaus. Die im vorstehenden Kapitel 7.2 erwähnten gewalthaltigen Computerspiele werden auch als Online-Spiele angeboten bzw. von Letzteren hinsichtlich Grausamkeit und Menschenverachtung sogar noch übertroffen.

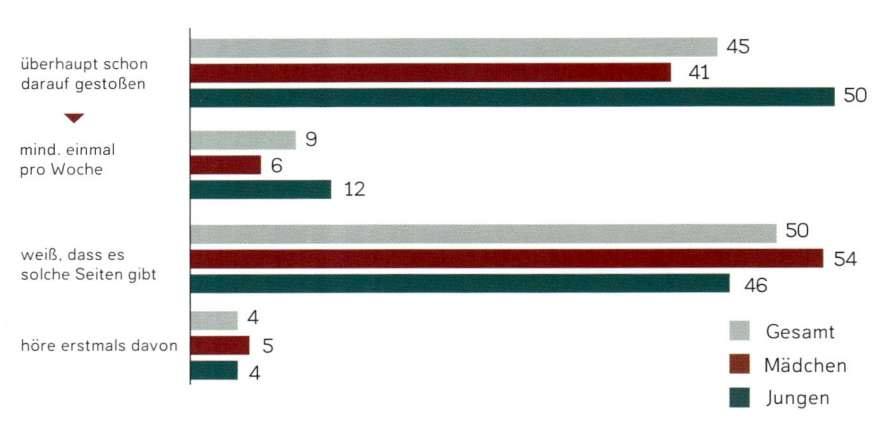

überhaupt schon darauf gestoßen
- 45
- 41
- 50

mind. einmal pro Woche
- 9
- 6
- 12

weiß, dass es solche Seiten gibt
- 50
- 54
- 46

höre erstmals davon
- 4
- 5
- 4

Gesamt
Mädchen
Jungen

Quelle: JIM-Studie 2004 (Anm. 70), S. 39.

8. Versuch eines Ausblicks

Wann immer die Hoffnung geäußert wurde, aufgrund der Entwicklung der letzten Jahre werde es zu einem Rückgang zumindest des Anteils Jugendlicher und Heranwachsender an der Gewaltdelinquenz kommen, wurde dem recht bald die Grundlage entzogen: Die Entwicklung der Gewaltkriminalität dieser Altersgruppen verlief weiterhin besorgniserregend. Derzeitige Untersuchungen verweisen auf einen eindeutigen Rückgang der Gewaltdelinquenz einheimischer deutscher Jugendlicher.[73] Sogar bei der Gewaltdelinquenz der (alle Ethnien umfassenden) Gesamtheit von Jugendlichen und Heranwachsenden wird aufgrund von Umfragen – im Unterschied zu den Steigerungen der Tatverdächtigenbelastung in der Polizeilichen Kriminalstatistik – ein leichter Rückgang (Opferanteil von 20 auf 19 %, Täteranteil von 20 auf 18 % unter Jugendlichen) von 1998 auf 2005 festgestellt.[74] Dieses Auseinanderfallen von Kriminalstatistik und Umfragewerten wird mit der gestiegenen Anzei-

Pornografie ist im Internet sehr verbreitet (vgl. Abbildung 16). Es gibt neben leicht zugänglichen legalen Seiten auch letztlich problemlos zugängliche illegale, wobei das Angebot von Hardcore-Bildern über Gewaltdarstellungen in sexuellen Kontexten bis hin zur Kinderpornographie reicht. Laut Jugendschutz.net/gewalt dominieren Gewaltdarstellungen in sexuellen Kontexten, die leicht zugänglich sind.

Eine neue Variante stellen die Problemfelder Gewalt und Pornografie – vor allem in Verknüpfung – bei Mobiltelefonen dar. 92 % der Jugendlichen hatten 2006 ein Handy; fast alle können sich entsprechende Seiten aus dem Internet herunterladen oder gegenseitig zusenden. Wenngleich genaue Aussagen nicht möglich sind, nutzte bereits 2006 – also in der Anfangsphase – eine relevante Minderheit diese Möglichkeit.[71] Es finden sich die bekannten Unterschiede nach Geschlecht und Bildungsgrad.

Tragfähige empirische Untersuchungen zu den Gefährdungen durch das Internet gibt es kaum.[72] Unangenehme Erfahrungen mit Kommunikationspartnern, Gewalt- und Sexseiten kennt die Mehrheit zumindest der jugendlichen Nutzer und ein relevanter Teil der Kinder. Wenngleich die Probleme von Messung, Kausalität

etc. nicht gelöst sind, lassen sich doch Symptome wie Aggressivität, Entfremdung von Familie, Freundeskreis und Schule beobachten. Gefährdet sind vermutlich nur Jugendliche (sowie evtl. Kinder), die gezielt große Mengen von Sex- und Gewaltdarstellungen konsumieren.

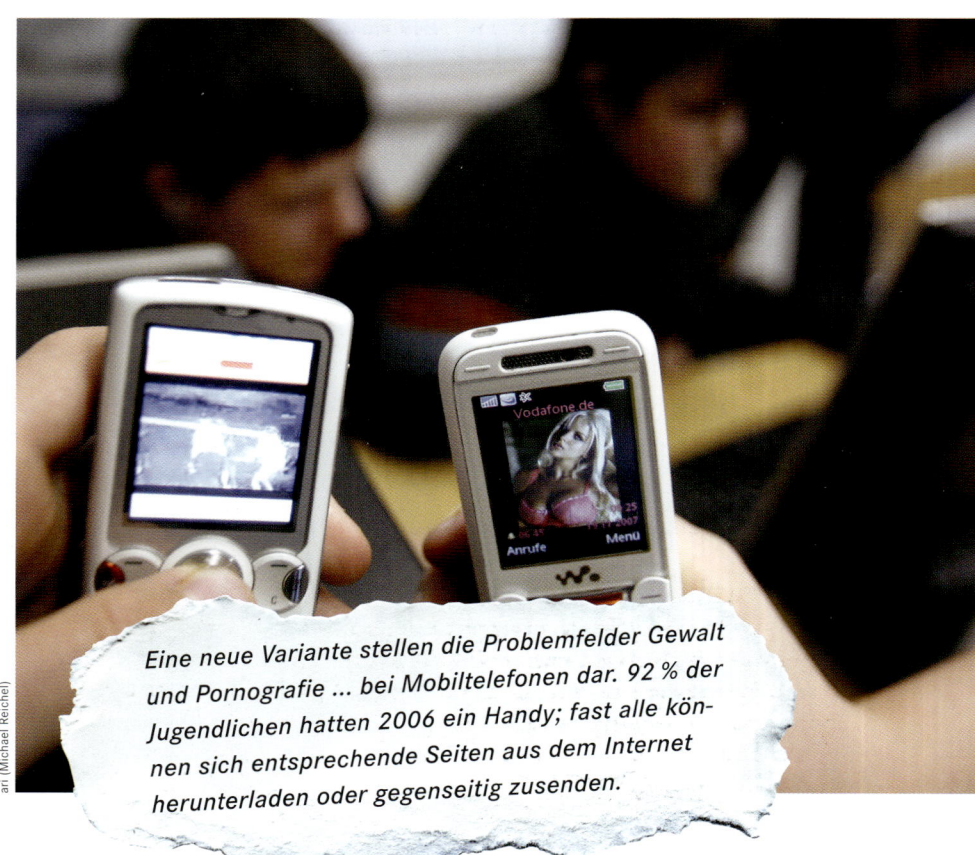

ari (Michael Reichel)

Eine neue Variante stellen die Problemfelder Gewalt und Pornografie ... bei Mobiltelefonen dar. 92 % der Jugendlichen hatten 2006 ein Handy; fast alle können sich entsprechende Seiten aus dem Internet herunterladen oder gegenseitig zusenden.

gebereitschaft begründet. Auf der anderen Seite geht aus denselben Untersuchungen[75] hervor, dass die überproportional Gewalt ausübenden Jugendlichen und Heranwachsenden mit Migrationshintergrund ihre Gewaltdelinquenz in diesen Umfragen eher verschweigen (die Unterschiede zu den „einheimischen Deutschen" also noch höher sind als sich in den Umfragewerten bereits ablesen lässt) und der Anteil an Mehrfach-Gewalttätern unter ihnen weiter ansteigt – parallel zur steigenden Zustimmung zu Männlichkeitsnormen.

Auch der 2006 veröffentlichte Zweite Periodische Sicherheitsbericht[76] untermauert seine aus Umfragen gewonnene Hoffnung, dass die Gewaltdeliquenz von Jugendlichen und Heranwachsenden zurückgehen wird, mit dem feststellbaren Rückgang innerfamiliärer Gewalt und der sinkenden Befürwortung von Gewalt als Mittel der Konfliktaustragung unter Jugendlichen; vermehrte und verbesserte Maßnahmen der Kriminalprävention werden hierfür mit verantwortlich gemacht.[77]

Maßnahmen gegen Benachteiligungen im Bildungsbereich und auf dem Arbeitsmarkt, unterstützt durch gezielte Maßnahmen der Familienbetreuung, werden immer dringlicher. Die Auswirkungen solcher gesellschaftlichen Rahmenbedingungen auf Motivationsstrukturen, gesellschaftliche Integration, Stellung zum Staat und delinquentes Verhalten zählen (fast schon) zu den sozialwissenschaftlichen Banalitäten. Die Warnungen, dass „auch hierzulande eine gettoisierte ethnische Unterschicht ohne Perspektive"[78] entstehe, sind leider gut begründet. Und schließlich werden auch die Freundeskreise bzw. Peergroups sowie die von ihnen ausgehenden (sekundären) Sozialisationen mit bestimmt durch Faktoren wie soziale Schicht der Herkunftsfamilie, familiare Sozialisation und Wohngegend.

Eine Verbesserung der Zukunftsperspektiven junger Menschen würde sich auf je-

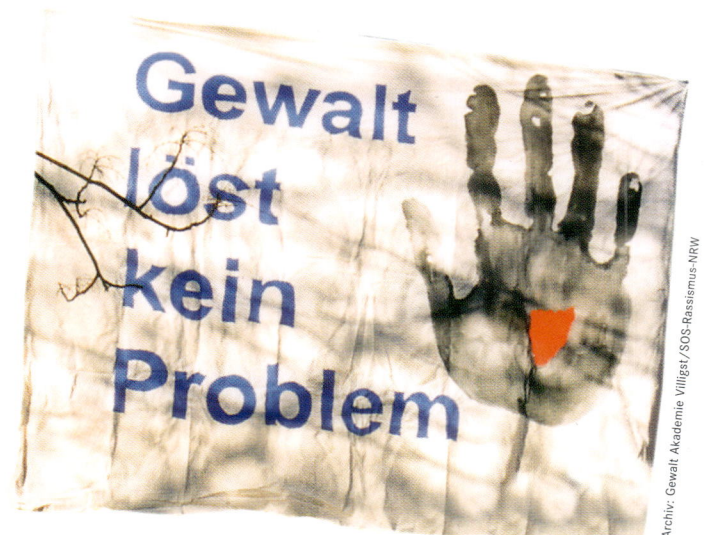

Archiv: Gewalt Akademie Villigst/SOS-Rassismus-NRW

den Fall langfristig gewaltvermindernd auswirken – direkt über den Abbau von Frustration, indirekt über verbesserte Möglichkeiten familiarer Sozialisation. Die Zunahme von Einkommensungleichheiten und (relativer) Armut in Deutschland mindestens seit den 1990er Jahren ist eine schwere Hypothek für Politik und soziale Beziehungen. Kommt es hinsichtlich der sozialen Absicherung sowie der Arbeitsmarktpolitik zu keinen grundlegenden Verbesserungen und gibt es kein

Umsteuern der derzeitigen Tendenzen im Medienbereich, besteht die – begründete – Vermutung, dass der Höhepunkt bei Delinquenz allgemein wie auch bei Gewaltkriminalität noch nicht erreicht ist. Ansätze in den geschilderten Ursache-Bereichen und im Bereich der Jugend- bzw. Sozialpolitik kosten zwar Zeit und Geld, sind aber langfristig profitabel. Zwischen kurzfristigem Sparen und langfristig auch ökonomischem Handeln muss also unterschieden werden.

AUSGEWÄHLTE LITERATUR

➔ Baier, Dirk/Pfeiffer, Christian, Gewalttätigkeit bei deutschen und nichtdeutschen Jugendlichen – Befunde der Schülerbefragung 2005 und Folgerungen für die Prävention, Kriminologisches Forschungsinstitut Niedersachsen, Forschungsbericht Nr. 100, Hannover 2007.

➔ Erster Periodischer Sicherheitsbericht, hrsg. vom Bundesministerium des Innern/Bundesministerium der Justiz, Berlin 2001.

➔ Schwind, Hans-Dieter/Baumann, Jürgen u.a. (Hrsg.), Ursachen, Prävention und Kontrolle von Gewalt. Analysen und Vorschläge der Unabhängigen Regierungskommission zur Verhinderung und Bekämpfung von Gewalt (Gewaltkommission), Band 1-4, Berlin 1990.

➔ Steffen, Wiebke, Jugendkriminalität und ihre Verhinderung zwischen Wahrnehmung und empirischen Befunden. Gutachten zum 12. Deutschen Präventionstag am 18. und 19. Juni 2007 in Wiesbaden, in: Kongresskatalog: 12. Deutscher Präventionstag „Starke Jugend – Starke Zukunft", 18. und 19. Juni 2007, Rhein-Main-Hallen Wiesbaden, S. 181-227.

➔ Wilmers, Nicola/Enzmann, Dirk/Schaefer, Dagmar/Herbers, Karin/ Greve, Werner/Wetzels, Peter, Jugendliche in Deutschland zur Jahrtausendwende: Gefährlich oder gefährdet? Ergebnisse wiederholter, repräsentativer Dunkelfelduntersuchungen zu Gewalt und Kriminalität im Leben junger Menschen 1998–2000, Baden-Baden 2002.

Handlungsfelder und pädagogische Praxis

(Jugend-)Gewalt

Kruell/laif

Teil ②

Gewalt in der Familie – Gewalt gegen Kinder

Martina Möller

1. Einleitung

Der Begriff „häusliche Gewalt" ist nicht auf Gewalt im Eltern-Kind-Verhältnis begrenzt, sondern schließt Gewalt zwischen Partnern, zwischen Geschwistern, aber auch Gewalt gegenüber älteren Familienangehörigen[1] ein (vgl. Abbildung 1).

Nach von der Bundesregierung veröffentlichten Untersuchungszahlen werden in Deutschland pro Jahr ca. 200.000 Frauen und Männer Opfer schwerer Gewalthandlungen in Beziehungen.[2] Allerdings sind solche Zahlen stets kritisch zu betrachten, da sie je nach Untersuchungsdesign und zugrunde gelegtem Gewaltbegriff variieren können. Zwischen Hellfelduntersuchungen und Ergebnissen der Dunkelfeldforschung gibt es Unterschiede. (Dunkelfeld ist die Differenz zwischen den amtlichen registrierten Straftaten – dem sogenannten Hellfeld – und der vermutlich begangenen Kriminalität.) Die meisten (Hellfeld-)Untersuchungen sprechen von einer Asymmetrie im Geschlechterverhältnis zuungunsten des weiblichen Geschlechts: Gewalttätigkeit wird hier als männliches Problem identifiziert. Gewalt von Frauen gegenüber Männern ist ein tabuisiertes Thema, das den geschlechtsrollenstereotypen Annahmen und Erwartungen zuwider läuft. Aktuelle Befunde – insbesondere aus dem Bereich der Dunkelfeld-Forschung, die nicht nur die polizeilich erfassten und angezeigten Fällen zugrunde legt – weisen in die Richtung, dass häusliche Gewalt zwischen den Geschlechtern ungefähr gleich verteilt ist.[3]

Familie kann als der Ort identifiziert werden, an dem die meisten Menschen erstmalig Gewalt erfahren: „Die Gewalt-

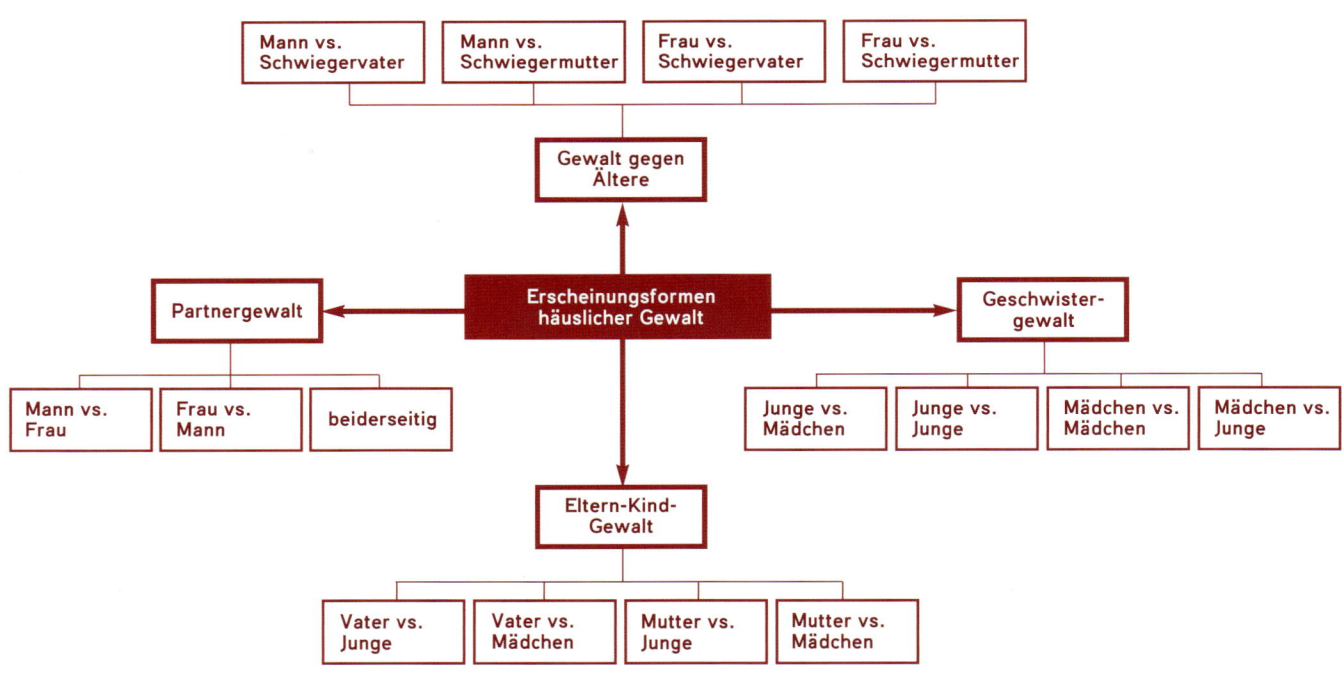

Quelle: Darstellung von Martina Möller

Mit dem Gesetz zur Ächtung von Gewalt wird jegliche Körperstrafe – unabhängig von ihrer Härte – gesetzlich als Misshandlung betrachtet.

picture-alliance/Andreas Wrede

kommission der Bundesregierung stellte fest, daß die Gewalt zwischen Familienmitgliedern nicht nur als die am weitesten verbreitete Form von Gewalt erscheint, die ein Mensch im Lauf seines Lebens erfährt, sondern dass Gewalt in der Familie auch gleichzeitig die am wenigsten kontrollierte und sowohl in ihrer Häufigkeit als auch in ihrer Schwere am meisten unterschätzte Form der Gewalt ist."[4]

Im Folgenden wird der Blick auf Gewalt gerichtet, die Erwachsene gegen Kinder ausüben, denn zum einen stellt nach Siegfried Lamnek u.a.[5] Gewalt gegen Kinder in der Familie die am weitesten verbreitete Form häuslicher Gewalt dar, zum anderen tangiert dies auch den Bereich der Gewalt zwischen Ehepartnern bzw. Partnern (vgl. Abbildung 2).

2. Gesetzliche Bestimmung zur elterlichen Erziehungsgewalt

Offiziell haben Kinder in der Bundesrepublik das Recht auf eine gewaltfreie Erziehung (vgl. M 1). Dieses Recht ist jedoch noch nicht lange gesetzlich verankert. Das Gesetz zur Ächtung von Gewalt in der Erziehung trat erst im Jahr 2000 in Kraft.

Dem steht die Erziehungswirklichkeit in vielen Familien entgegen. Bis zum Verbot der Körperstrafen in den Schulen 1973 waren körperliche Bestrafungen vor allem bei Teilen der älteren Generation gewohnheitsrechtlich und sozial akzeptiert. Insbesondere die Elterngeneration der 1950er und 1960er Jahre war selbst noch körperlich gezüchtigt worden und erachtete derartige Erziehungsmaßnahmen

nicht unbedingt als schädlich oder illegitim. Nicht zu vergessen ist zudem, dass es soziale Milieus gibt, die in ihren Wertvorstellungen von dem Konzept einer partnerschaftlichen Eltern-Kind-Beziehung und von eher permissiven Erziehungsstilen abweichen. Die Durchsetzung einer gewaltfreien Erziehung wird somit ein schwieriges Unterfangen, da Gewalt im Eltern-Kind-Verhältnis eine lange Tra-

M 1: § 1631, ABS. 2 BGB

„Kinder haben das Recht auf eine gewaltfreie Erziehung. Körperliche Bestrafungen, seelische Verletzungen und andere entwürdigende Maßnahmen sind unzulässig."

ABB. 2: GEWALT IN DER FAMILIE – BEFUNDE EINER BEFRAGUNG VON
SIEGFRIED LAMNEK U.A.

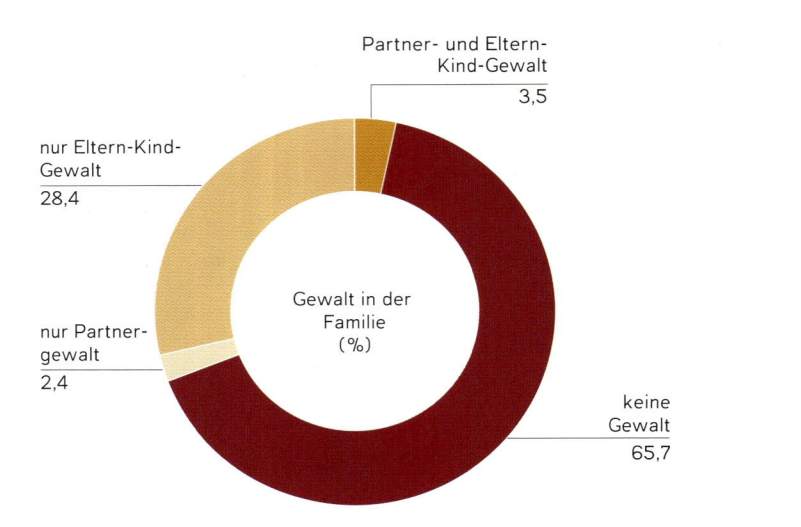

Partner- und Eltern-
Kind-Gewalt
3,5

nur Eltern-Kind-
Gewalt
28,4

nur Partner-
gewalt
2,4

Gewalt in der
Familie
(%)

keine
Gewalt
65,7

Quelle: Siegfried Lamnek / Jens Luedtke / Ralf Ottermann, Tatort Familie. Häusliche Gewalt im gesellschaftlichen
Kontext, Wiesbaden 2006, S. 114.

3. Formen der Gewalt gegenüber Kindern

Die Familie als erster Ort sozialer Erfahrungen sollte für Kinder ein Ort der Geborgenheit darstellen. In ihr werden grundlegende Erfahrungen gemacht, die der Psychoanalytiker Erik H. Erikson mit „Urvertrauen" begrifflich fassbar gemacht hat. Die frühkindlichen Interaktionserfahrungen vermitteln dem Kind entweder Zutrauen in sich und die Welt oder aber fundieren ein grundlegendes Misstrauen. Familie stellt die Keimzelle einer humanen Gesellschaft dar. Hier findet die primäre Sozialisation statt, die sich nachhaltig auf die Persönlichkeitsentwicklung des Kindes auswirkt. Human und entwicklungsfördernd geht es längst in nicht allen Familien zu. Gewalt in der Familie gegenüber Kindern kann verschiedene Formen annehmen (vgl. Abbildung 3).[8]

3.1 Kindesmisshandlung

Unter Kindesmisshandlung versteht man „eine gewaltsame psychische oder physische Beeinträchtigung von Kindern durch Eltern oder Erziehungsberechtigte. Diese Beeinträchtigungen können durch elterliche Handlungen (wie bei körperlicher Misshandlung, sexuellem Missbrauch) oder Unterlassungen (wie bei emotionaler und physischer Vernachlässigung) zustande kommen."[9]

Bei dem Begriff „Kindesmisshandlung" muss zwischen engeren und weiteren Definitionen unterschieden werden. Die jeweilig zugrunde gelegte Definition wirkt sich auch auf die ermittelten Werte aus.[10] Die Definition von Kindesmisshandlung oder auch von Kindesvernachlässigung ist letztlich von gesellschaftlichen Maßstäben abhängig, d.h. davon, welche Normen und Werte als Standard betrachtet werden.[11]

Unter psychischer Kindesmisshandlung im Gegensatz zur offenkundigen körperlichen Misshandlung werden alle Handlungen oder Unterlassungen durch Eltern oder Betreuungspersonen verstanden,

dition hat. Zudem mangelt es Eltern häufig an hinreichender gewaltfreier Erziehungskompetenz.

Erst mit dem Gesetz zur Ächtung von Gewalt wird jegliche Körperstrafe – unabhängig von ihrer Härte – gesetzlich als Misshandlung betrachtet. Erste Untersuchungen zur Wirksamkeit der Gesetzesinitiative weisen positive Effekte und erste Erfolge auf.[6] Dies trifft auf den Sachverhalt körperlicher Misshandlung zu. Psychische Formen der Gewalt lassen sich hingegen ungleich schwieriger kontrollieren. Allerdings besteht keine Pflicht, Verstöße zu melden. Das Gesetz hat daher in erster Linie einen programmatischen Charakter und stärkt das Leitbild einer gewaltfreien Erziehung.[7]

ABB. 3: FORMEN DER GEWALT IN DER FAMILIE GEGENÜBER KINDERN

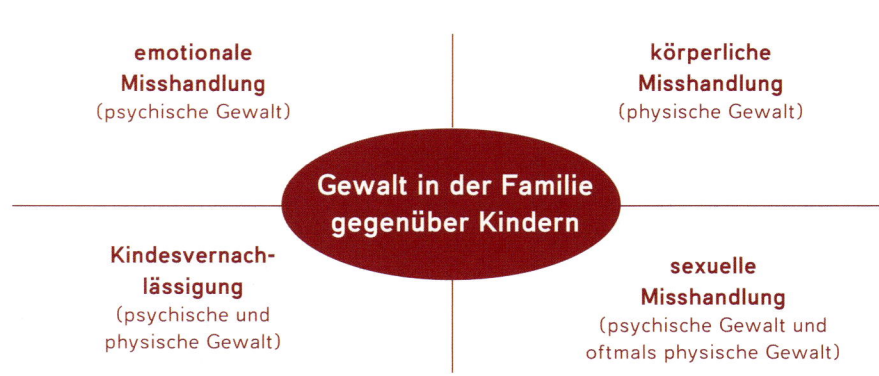

emotionale
Misshandlung
(psychische Gewalt)

körperliche
Misshandlung
(physische Gewalt)

Gewalt in der Familie
gegenüber Kindern

Kindesvernach-
lässigung
(psychische und
physische Gewalt)

sexuelle
Misshandlung
(psychische Gewalt und
oftmals physische Gewalt)

Quelle: Darstellung von Martina Möller

„die Kinder ängstigen, überfordern, ihnen das Gefühl der eigenen Wertlosigkeit vermitteln und sie in ihrer psychischen und/oder körperlichen Entwicklung beeinträchtigen können"[12]. Hierzu zählen nicht nur Formen der seelischen Grausamkeit, sondern auch subtilere Formen wie die „demonstrative Bevorzugung eines Geschwisterkindes, Kinder einschüchtern, sie häufig beschimpfen, zu isolieren oder mit lang anhaltendem Liebesentzug zu bestrafen."[13] Dies sind nicht selten auftretende und wenig bewusste Verhaltensweisen, mit nicht zu unterschätzenden Implikationen für die psychische Entwicklung eines Kindes. In Tabelle 1 sind Formen psychischer Kindesmisshandlung zusammengefasst.

3.2 Kindesvernachlässigung

Von Kindesvernachlässigung wird gesprochen, wenn Eltern oder Betreuungspersonen Kinder unzureichend ernähren, pflegen, fördern, gesundheitlich versorgen, beaufsichtigen und/oder vor Gefahren schützen.[14] „Zur körperlichen Vernachlässigung wird in erster Linie der Nahrungsentzug, dann die Verschmutzung – das Kind wird nicht gesäubert und bleibt im Kot und Urin liegen – , Frieren lassen, Unterkühlungen anderer Art, so z.B. in kaltem Wasser liegen lassen usw., gerechnet."[15] Im Blickpunkt steht hier also die Unterlassung der Gewährung notwendiger Handlungen für eine physische und damit auch psychisch bzw. emotional gesunde Entwicklung.

3.3 Sexueller Kindesmissbrauch

„Unter sexuellem Missbrauch versteht man die Beteiligung noch nicht ausgereifter Kinder und Jugendlicher an sexuellen Aktivitäten, denen sie nicht verantwortlich zustimmen können, weil sie deren Tragweite noch nicht erfassen. Dabei benutzen bekannte oder verwandte (zumeist männliche) Erwachsene Kinder zur eigenen sexuellen Stimulation und missbrauchen das vorhandene Macht- oder Kompetenzgefälle zum Schaden des Kindes."[16] Kinder werden zum Objekt sexueller Befriedigung gemacht und ihrer

TAB. 1: FORMEN PSYCHISCHER MISSHANDLUNG

Formen psychischer Gewalt	Beispiele
Feindliche, abweisende Haltung gegenüber dem Kind	Was willst du schon wieder? Geh in dein Zimmer und störe mich nicht! Ich kann dich nicht gebrauchen.
Kränkungen, Herabsetzungen, das Selbstwertgefühl reduzierende Beschimpfungen	Dass du für die Schule zu dumm bist, habe ich mir ja schon im Kindergarten gedacht. Du kannst dir noch nicht einmal alleine die Schuhe zubinden. Du bist einfach ein Trottel.
Ignorieren	Du hast eine Eins in Mathe? Ja und! Mach nicht so einen Krach. Hast du dein Zimmer aufgeräumt? Ich hatte heute so einen anstrengenden Tag. Der Abteilungsleiter hat...
Isolation	Komm mir ja gleich nach der Schule nach Hause und bring mir bloß niemanden mit. Du bist mir anstrengend genug, ich brauche nicht noch mehr Kinder in meinem Haus. Sprich nicht so viel mit deiner Lehrerin!
Angstmachen, Drohungen	Wenn das so weiter geht und du mir nur Ärger machst, kommst du ins Heim. Bei der nächsten Klage deiner Lehrerin oder der Nachbarn bringe ich deinen Hund weg.
Permanente Schuldzuweisungen	Wenn ich mit dir nicht schwanger geworden wäre, hätte ich meinen gut bezahlten Job noch und müsste mich nicht täglich so rumplagen. Den Kühlschrank hast du auch nicht aufgefüllt und wenn du zu Frau Meier freundlicher gewesen wärst, wäre uns die Miete nicht erhöht worden. Das ist alles deine Schuld!
Permanente Upward-Vergleiche	Nimm dir ein Beispiel an deinem älteren Bruder. Der hat immer nur Einsen im Zeugnis und ist bei allen beliebt. Oder denk an Jochen, den Sohn von Frau Abs. Der spielt Klavier wie ein junger Gott. Du klimperst nur so rum und strengst dich in der Schule nicht richtig an. Kannst du nicht einmal etwas so richtig gut machen?
Vergleiche mit inzwischen „verhassten" Partnern bzw. Partnerinnen	Du bist genau wie dein Vater. Der war auch so ein Taugenichts wie du. Heute sitzt er im Knast. Mit dir wird's auch nicht besser werden.
Bedingte Liebe/Liebesentzug	Ich mag Kinder, die Klassenbester sind. Mama hat ihren kleinen Jungen ganz toll lieb, wenn er in der nächsten Mathearbeit eine Eins hat. Kinder, die nicht ihr Bestes geben und gute Noten haben, mag und braucht niemand. Die sind nur eine Last!

Gewalt in der Familie gegenüber Kindern kann verschiedene Formen annehmen

v.l.: picture-alliance / Heiko Wolfraum; Klaphake / teamwork

eigenen, entwicklungsadäquaten sexuellen Entwicklung beraubt. Oftmals leiden sie ihr Leben lang unter den Folgen sexuellen Missbrauchs und der Aufbau einer Partnerschaft im Erwachsenenalter gestaltet sich schwierig.

Die Grenzen sexuellen Missbrauchs sind oftmals schwer zu bestimmen. Für die einen mag es normal erscheinen, dass Verwandte ein kleines Kind – trotz dessen Gegenwehr – auf den Mund küssen und die Eltern das Kind für sein „kratzbürstiges Verhalten" ermahnen. Für andere liegt hier bereits ein Übergriff vor, der das Kind die Erfahrung machen lässt, dass es nicht das Recht hat, selbst über seinen Körper zu bestimmen. Aus der Außenperspektive ist es also durchaus nicht immer einfach, die ersten Formen sexueller Annäherung von liebevoller Zuwendung zu unterscheiden: „Von außen sind zärtliche Handlungen zwischen Erwachsenen und Kindern nur schwer von sexualisierten, das heißt sexuell geprägten Handlungen zu unterscheiden. Ausschlagge-

bend ist die Absicht des Erwachsenen, aus zärtlich-spielerisch erscheinenden Berührungen sexuelle Handlungen entstehen zu lassen."[17]

Sexueller Missbrauch von Kindern und Jugendlichen kann nicht als Kavaliersdelikt bezeichnet und auch nicht in die Verantwortung der Opfer gestellt werden! Verantwortlich ist immer der Erwachsene, nicht das Kind. Subjektiv gibt sich das Opfer aber oftmals selbst die Schuld oder der Täter weist ihm diese zu. Grundsätzlich ist anzumerken, dass bei sexuellem Missbrauch von Kindern die Dunkelziffer sehr hoch ist: Die Anzeigequote liegt bei unbekannten Tätern nach der polizeilichen Kriminalstatistik bei etwa 60 Prozent, bei bekannten Personen bei 23 Prozent, bei Tätern aus dem familiären Bereich sogar nur bei sechs bis sieben Prozent.[18]

Sexueller Missbrauch in der Familie zählt zu den Taten, die am seltensten strafrechtlich verfolgt werden. Dabei werden in einigen Studien die Vaterfiguren (damit sind

die leiblichen Väter, aber auch die Stiefväter gemeint) als die Haupttätergruppe angeführt, nach andere Studien ist dies massiv zurückzuweisen. Betrachtet man klinische Daten, so findet man Vaterfiguren (mit mehr als 50 Prozent) als Täter vertreten.[19] Obgleich bislang überwiegend von männlichen Tätern ausgegangen wird, stellen leibliche Väter nicht die Haupttätergruppe dar. So ist z.B. die Wahrscheinlichkeit der Ausbeutung durch einen Onkel oder Stiefvater prozentual weit höher.[20]

4. Auswirkungen der Gewalterfahrung auf die kindliche Entwicklung

4.1 Arten, Indizien und Folgen sexuellen Missbrauchs

Die Folgen des sexuellen Missbrauchs von Kindern lassen sich nicht nur auf körperliche Verletzungen reduzieren. Die psychischen Folgen sind weit schwerwiegender und gehen oftmals mit einem Vertrauensverlust einher. Emotional „unter-

ernährte" Kinder, die der Zuwendung bedürfen, sind dabei für pädophile Täter
leichte „Beute".

Der Begriff des sexuellen Missbrauchs
impliziert eine Vielzahl unterschiedlicher
Schweregrade der sexuellen Übergriffe.
Innerfamiliärer Kindesmissbrauch er-
streckt sich meist über einen längeren
Zeitraum und ist kein einmaliges Geschehen. Paul H. Suer unterscheidet vier Formen des sexuellen Missbrauchs:[21]
> sexueller Missbrauch ohne Körper-
  kontakt (z.B. Exhibitionismus vor dem
  Kind);
> weniger intensiver sexueller Miss-
  brauch mit Körperkontakt (z.B. sexualisierte Küsse/Zungenküsse);
> intensiver sexueller Missbrauch mit
  Körperkontakt (z.B. Anfassen der Ge-
  schlechtsteile/manuelle Befriedigung);
> sehr intensiver sexueller Missbrauch
  mit Körperkontakt (z.B. Oralver-
  kehr/Penetration).

An dieser Stelle ist darauf hinzuweisen,
dass es sich beim sexuellen Missbrauch
um einen eskalierenden Prozess handelt,
d.h., die Massivität der Übergriffe steigert
sich. Man spricht bei sexuellem Missbrauch auch von einem Grooming-pro-
cess.[22] Der Täter gewinnt geschickt das
Vertrauen des kindlichen Opfers, wählt
für die sexuellen Handlungen spielerische
„Verpackungen" und versucht die Liebe
des Kindes zu gewinnen, um es dann sexuell auszunutzen. Das Kind wird in am-
bivalente Gefühle verstrickt, da es einerseits die Zuwendung des Täters nicht verlieren möchte, andererseits spürt, dass
das, was es tun soll, für sich selbst nicht
in Ordnung ist.

Indizien für sexuellen Missbrauch können sein:[23]
> häufige Klage über Schmerzen im
  Unterleib,
> Verletzungen und Blutungen im Geni-
  tal- oder Analbereich,
> blaue Flecken, Striemen oder Bluter-
  güsse an der Innenseiten der Schenkel,
  an Handgelenken, Hämatome auf dem

Hüftknochen,
> Biss- oder „Knutsch-Spuren",
> Geschlechtskrankheiten,
> Konzentrationsstörungen,
> Schlafstörungen, Angstzustände,
> Essstörungen,
> Selbsthass, Hass auf den eigenen Körper,
> Hauterkrankungen,
> Kopfschmerzen,
> Abspaltung von unangenehmen
  Gefühlen,
> Persönlichkeitsstörungen,
> abrupter Interessen- und Leistungs-
  abfall,
> gestörtes Verhältnis zur Sexualität
  (Promiskuität, sexualisiertes Verhalten
  oder völlige Ablehnung),
> Regression,
> Suizidgefahr, Autoaggressionen.

Entscheidend für die Verarbeitung der Erfahrungen sexuellen Missbrauchs sind:[24]
> die Qualität und Intensität der Täter-
  Opfer-Beziehung (je enger und unaus-
  weichlicher die Beziehung ist, desto
  höher ist das traumatisierende Potenzial des Missbrauchs),
> die Dauer des sexuellen Missbrauchs,

> die Intensität des sexuellen
  Übergriffes,
> das Gewaltpotenzial des Täters.

Eine wichtige Rolle spielt zudem, wie mit
dem Kind umgegangen wird, wenn ein
sexueller Missbrauch bekannt wird. Ein
Kind, dessen Mutter vom Missbrauch ihres Mannes am Kind weiß und ihm nicht
beisteht, erlebt sich in doppelter Hinsicht
als missbraucht. Sexuell missbrauchte
Kinder und Jugendliche sind nachhaltig
in ihrer gesunden Entwicklung beeinträchtigt und weisen oftmals (partielle)
Entwicklungsstörungen auf. Es kann
auch zu einem ungewöhnlichen Verhalten
im sexuell-erotischen Bereich kommen.
Sexualität und der eigene Körper wurde
als „Ware" erfahren und dementsprechend wird agiert.

4.2 Folgen von Kindesmisshandlung

Zu den Folgen von körperlicher Kindesmisshandlung zählen zum Teil langfristige bzw. dauerhafte körperliche Schäden.
Abbildung 4 zeigt, was zum klinischen
Bild des Kindesmisshandlungssyndroms[25]
zählt.

ABB. 4: KLINISCHE SYMPTOME, DIE CHARAKTERISTISCH FÜR
MISSHANDLUNGEN SIND

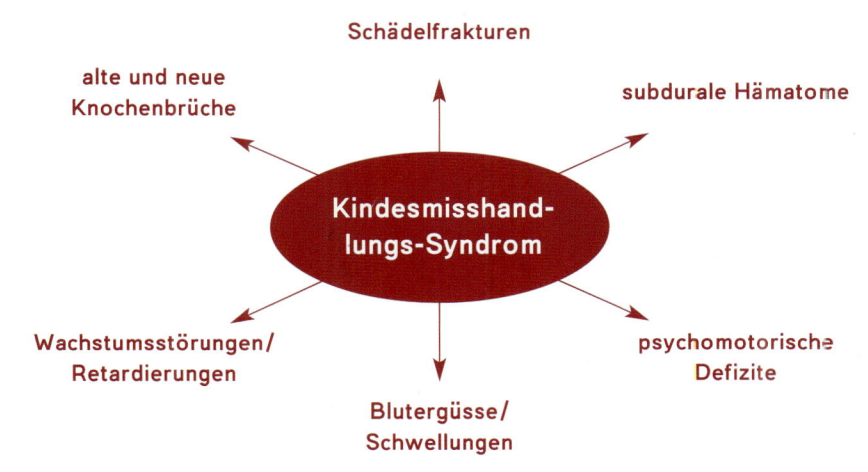

Quelle: Darstellung von Martina Möller

Die körperlichen Schäden mögen in einigen Fällen ausheilen, in anderen bleiben sie als lebenslange Erinnerung an die qualvolle Zeit zurück oder enden tödlich. Insbesondere das Schütteln kleiner Kinder erweist sich als folgenschwer. Gabriele Ellsäßer identifiziert Kinder unter einem Jahr als Hochrisikogruppe für tödliche Verletzungen durch Unfälle und Gewalt.[26] Effektive Gewaltprävention im Sinne von Kinderschutz muss somit bereits weit vor dem Schuleintritt beginnen! Zugleich aber dürfen die psychischen und psycho-sozialen Folgen der Misshandlung durch eine (geliebte) nahestehende Person, aus deren Abhängigkeit und Umfeld sich das Kind ohne Hilfe von außen nicht befreien kann, nicht vergessen werden. Dazu gehören:[27]

> Verletzung des Selbstwertgefühls,
> negatives Selbstkonzept/Selbsthass,
> mangelnde Selbstakzeptanz und mangelnde Akzeptanz anderer,
> destruktives Verhalten sich (Autoaggression) und/oder seiner Umwelt gegenüber,

> es kann keine warmherzige und dauernde Bindung an eine Bezugsperson aufgebaut werden (Bindungsunfähigkeit),
> Urvertrauen kann nicht entstehen,
> Stress und Krisen können nicht bewältigt werden,
> Ohnmacht- und Minderwertigkeitsgefühle, Überlegenheits- und Aggressionsphantasien, Wunsch nach Macht,
> Identifizierung mit dem Angreifer und Internalisierung leidvoll erfahrener Verhaltensweisen,
> die Gewalterfahrungen prägen die Wertvorstellungen ,
> Lernen am Modell: Gewalt als Konfliktlösungsstrategie,
> die Wahrscheinlichkeit delinquenten Verhaltens,
> Flucht in eine Fantasie- oder Drogenwelt.

4.3 Innerfamiliale Gewalt hat gesellschaftliche Dimensionen

Die psychischen Folgen wirken sich nachhaltig auf den Bezug zur Welt und die eigene soziale, aber auch kognitive Entwicklung aus: „Frühere biographische Erfahrungen mit Gewalt haben im übrigen auch unmittelbaren Einfluss auf die Entwicklungschancen von Kindern und Jugendlichen. So führen innerfamiliäre Gewalterfahrungen von Kindern auch zu Beeinträchtigungen der kognitiven Leistungsfähigkeit sowie der Leistungsmotivation [...]. Kaufmann und Widom [...] konnten in einer prospektiven Längsschnittstudie mit Kontrollgruppe zeigen, dass im Falle kindlicher Vernachlässigung oder der Gewalt gegen Kinder die Bildungsabschlüsse im Erwachsenenalter schlechter und der berufliche Erfolg geringer ist."[28]

Gewalt gegen Kinder hat somit auch eine gesellschaftliche Dimension. Sie kann niemals als bloß innerfamiliales Problem abgetan werden. Aus sozioökonomischer Sicht schädigt Gewalt in der Familie das „Humankapital" einer Gesellschaft. Kinder und Jugendliche bedürfen einer hinreichend guten Familie, um Bildungschancen nutzen zu können und in ihrem Leistungspotenzial nicht hinter ihren Möglichkeiten zurückzubleiben. Gewaltprävention darf somit nicht nur von den Kosten, die sie verursacht, her betrachtet werden, sondern es muss auch ihr Nutzen für die Gesellschaft in Betracht gezogen werden.

Eine andere Dimension ist ein Gewaltkreislauf, der sich aus eigenen Gewalterfahrungen entwickeln kann. Kinder erfahren Gewalt als Mittel der Konfliktaustragung und geben diese Gewalt an ihr Umfeld (und später ihre eigenen Kinder) weiter. Auch ein inkonsequenter Erziehungsstil der Eltern erhöht das Risiko für gewalttätiges Verhalten. Kindern muss konsequent vermittelt werden, dass Gewalt kein akzeptables Mittel des Konfliktmanagements ist.[29]

An dieser Stelle sei zudem vor Überbehütung und Verwöhnen gewarnt, denn dies verhindert bzw. erschwert den Aufbau von Frustrationstoleranz, Selbstständigkeit und Handlungskompetenz. Lange-

Kinder erfahren Gewalt als Mittel der Konfliktaustragung und geben diese Gewalt an ihr Umfeld weiter.

Caro Fotoagentur / Frank Sorge

weile wie auch die Erfahrung, dass die Erwachsenen alle Probleme aus dem Wege räumen, können ebenfalls zu aggressiven Verhaltensweisen führen, wenn Kindern oder Jugendlichen außerhalb der Familie mehr abverlangt wird. Es fehlt ihnen dann an basalen Kompetenzen (z.B. Frustrationstoleranz) und sie erleben die Anforderungen als Zumutung.[30]

Christian Pfeiffer u.a. haben eine Studie über die Auswirkungen elterlicher Gewalt gegen Kinder und Jugendliche durchgeführt. Hier zusammenfassend die zentralen Befunde:[31]

> Je größer die Erfahrungen mit Misshandlungen sind, desto schlechter ist das schulische Leistungsverhalten.
> Schüler und Schülerinnen mit einem niedrigen Bildungsniveau haben signifikant häufiger einen biographisch durch Gewalt belasteten Hintergrund.
> Die Wahrscheinlichkeit, dass gewaltförmige familiäre Interaktion auftritt, ist bei sozialer Benachteiligung (niedriges Einkommen/Sozialhilfeabhängigkeit) der Eltern signifikant höher.
> Die Arbeitslosigkeit des Vaters begünstigt die Wahrscheinlichkeit von Gewalt und Konflikten zwischen den Partnern.
> Gewaltförmige Konflikte auf der Paarebene begünstigen Gewalt gegenüber den Kindern.
> Wenn Kinder gewaltförmige Interaktionen zwischen den Eltern beobachten, erhöht dies die Wahrscheinlichkeit, dass sie im Jugendalter aktiv Gewalt ausüben.
> Die Gewalttätigkeit Jugendlicher steigt mit wachsender Häufigkeit und Intensität innerfamiliärer Gewalterfahrungen systematisch an.
> Erlebte Gewalt in der Kindheit begünstigt im Jugendalter die Neigung, der sozialen Umwelt negative Eigenschaften zuzuschreiben.
> Gewalt wird eher von jenen befürwortet, die in der Kindheit selbst unter Gewalt gelitten haben; gleichzeitig verfügen diese Jugendlichen über eine niedrige Konfliktkompetenz.

> Im Falle von erlebter Gewalt durch einen Elternteil kann eine positive Bindung zum anderen Elternteil einen abmildernden Einfluss auf mögliches Gewalthandeln durch die Jugendlichen selbst haben.
> Bei Jugendlichen aus gewaltbelasteten Familien gibt es die Tendenz, sich in Gleichaltrigengruppen zusammenzuschließen, die Gewalt befürworten.
> Unter den befragten Jugendlichen waren Jugendliche aus türkischen Familien am häufigsten Opfer schwerer elterlicher Gewalt, und zwar sowohl bei den eingebürgerten als auch bei den nicht eingebürgerten.

Nicht nur die Untersuchung von Christian Pfeiffer u.a. kommt zu dem Befund, dass multi-ethnische Gesellschaften mit unterschiedlichen Erziehungsvorstellungen konfrontiert sind. Gesellschaftlich akzeptierte Erziehungsleitziele und -normen entsprechen nur zum Teil der Erziehungsrealität, noch weniger manchen Erziehungspraktiken in Familien, die einen Migrationshintergrund haben und sich oftmals in sozial benachteiligten Lebensumständen befinden. Interkulturelle Kompetenz wird somit zu einer entscheidenden Variable im Kampf gegen Gewalt in der Erziehung. Erforderlich sind zudem flankierende Maßnahmen, welche helfen, die sozialen Unterschiede zu verringern, indem sie den Erwerb berufsrelevanter Kompetenzen (z.B. Sprachkenntnisse, Lesekompetenz) fördern. Mithin besteht ein statistisch bedeutsamer Zusammenhang zwischen sozialer Schicht, vermehrten Belastungen (z.B. Arbeitslosigkeit, niedriges Einkommen, geringe Bildung und geringer beruflicher Status) und Gewaltanwendung durch die Eltern.[32]

Gewalterfahrungen in der Kindheit begünstigen, dass Jugendliche gewalttätig werden. Potenziell können aus Opfern Täter werden, die dann wiederum der gesellschaftlichen Ablehnung ausgesetzt sind. Deutlich wird auch, dass es sich auf das Gewaltpotenzial von Kindern und Jugendlichen auswirken kann, wenn sie

picture-alliance /Tuomas Marttila

... dass es sich auf das Gewaltpotenzial von Kindern und Jugendlichen auswirken kann, wenn sie Gewalt zwischen den Ehepartnern beobachten...

Gewalt zwischen den Ehepartnern beobachten. Deshalb kann Gewalt zwischen Partnern nicht als privates Phänomen betrachtet werden.

Um Gewalt gegen Kinder wirksam bekämpfen zu können, reicht es nicht aus, sich der Definitionen, des Ausmaßes und der Folgen bewusst zu sein. Ein Blick auf die „Täter" ist ebenso wichtig und ein verstehender – aber *nicht* akzeptierender – Nachvollzug der Gründe, die aktive Gewaltanwendung begünstigen. Letztlich muss Tätern wie Opfern geholfen werden, damit die Familie als solche eine gemeinsame (oder auch getrennte) Zukunft haben kann.

5. Ansatzmöglichkeiten zur Prävention innerfamilialer Gewalt

5.1 Elternarbeit stärkt elterliche Kompetenzen

Prävention muss konsequenterweise die Eltern hinsichtlich der Entwicklung elterlicher Kompetenzen fördern. Heute kann die Erziehungskompetenz vielfach nicht mehr vorausgesetzt werden. Insbesondere junge Mütter und Väter in schwierigen Familienverhältnissen und mit ungünstigen sozioökonomischen Rahmenbedingungen sind mit der Aufgabe, ein Kind auf seinem Weg ins eigene Leben zu begleiten, oft überfordert.

Elisabeth Beck-Gernsheim spricht davon, dass die optimale Förderung des Kindes ein Gebot der Moderne sei, dass zugleich aber immer mehr Unsicherheit und Orientierungslosigkeit bestünden und es zu einer Verwissenschaftlichung der Erziehung gekommen sei. Diesbezüglich werde viel „Informationsarbeit" geleistet, d.h., insbesondere Mütter suchen nach der optimalen Erziehung und

Wenn Kinder und Jugendliche öffentliche Einrichtungen besuchen, ...

Förderung für ihr Kind: „Denn es gibt eine enorme, ja sich ständig vergrößernde Kluft zwischen selbstverständlich verfügbarem und kulturell gefordertem Wissen über Kinder. Auf der einen Seite sind die jungen Erwachsenen von heute Laien, was den Umgang mit Kindern betrifft, weit mehr als die Frauen und Männer früherer Generationen. [...] Auf der anderen Seite aber sollen die Eltern von heute möglichst Mini-Experten sein, was Kinder betrifft. Denn als Resultat der einschlägigen Fortschritte in Pädagogik, Psychologie, Medizin steht immer mehr Wissen zur Verfügung und wird populärwissenschaftlich verbreitet, und als ‚gute' Eltern gelten nun die, die dieses Wissen sich aneignen zum Wohle des Kindes."[33]

Elterliche Kompetenz meint Kompetenzen, die dem Kind eine gesunde Entwicklung gestatten bzw. es im günstigen Fall in seiner Entwicklung fördern. Professio-

nell ausgebildet sollten jene Kompetenzen – neben fachwissenschaftlichen und didaktischen Fähigkeiten – auch bei Pädagogen und Pädagoginnen anzutreffen sein. Elternabende im Kindergarten und in der Schule könnten somit im Sinne einer „Elternschule" gestaltet werden und so dazu beitragen, bestimmte Kompetenzbereiche aufzuarbeiten und Verunsicherungen abzubauen.

Ohnmacht und Überforderung können zu gewaltsamen Interaktionen zwischen Eltern und Kind beitragen, was an manchen Aussagen („Der hat mich heute zur Weißglut gebracht mit seiner dauernden Fragerei und Quengelei. Da ist mir die Hand ausgerutscht.") deutlich wird. Eltern, die ihr Kind ohrfeigen, empfinden nicht selten zunächst Schuldgefühle, tun diese aber nach dem Motto ab: „Ein Klaps auf den Po oder eine Ohrfeige hat noch niemandem geschadet." Möchte man Gewalt im Erziehungsverhältnis ver-

... verlassen sie zeitweise einen möglicherweise gewalttätigen familialen Binnenraum.

picture-alliance/Maurizio Gambarini

hindern, so reicht der Hinweis auf das gesetzliche Verbot alleine nicht aus. Manche Eltern müssen alternative Erziehungsmethoden und Verhaltensweisen erst noch erlernen.

Wichtig ist ferner, den nicht gewalttätigen Elternteil zu stärken, da dieser innerhalb aggressiver familiärer Beziehungsstrukturen eine wesentliche Bewältigungsressource für das Kind bzw. den Jugendlichen darstellt.[34] Unterstützende Maßnahmen und Hilfsangebote – sei es die Weitervermittlung an entsprechende Beratungsstellen oder das Aufzeigen von Wegen zu einer Unterbringung im Frauenhaus – sind insbesondere dann wichtig, wenn der aggressive Elternteil jegliche Hilfs- und Kooperationsangebote ablehnt. Und manchmal bleibt nur noch der juristische Weg.

Informationen und Aufklärung sind ein wichtiger Baustein, denn darüber lassen sich Kontakt- und Berührungsängste abbauen, sodass die Hemmschwelle sinkt, sich Rat und Hilfe zu suchen. Bereits begonnene Aufklärungskampagnen durch regionale Beratungs- und Hilfsdienste[35] zeigen gute Erfolge, müssen jedoch fortgesetzt werden. Wichtig ist dabei die enge Vernetzung und Kooperation zwischen den unterschiedlichen Einrichtungen, Personengruppen und Institutionen. Erst ein koordiniertes Vorgehen kann optimale Ergebnisse erzielen.

5.2 Kinder- und Jugendarbeit – Kompetenzen zukünftiger Eltern erweitern

Hier liegt ein ganz entscheidender Ansatzpunkt für die Veränderung des Gewaltpotenzials in Familien. Wenn Kinder und Jugendliche öffentliche Einrichtungen besuchen (z.B. Kindergärten, Schulen), verlassen sie zeitweise einen möglicherweise gewalttätigen familialen Binnenraum. Hier können Kompetenzen, die in der Familie nicht erworben werden

können, gefördert und alternative Beziehungserfahrungen erlebbar gemacht werden. Bedenkt man, dass Kinder und Jugendliche oftmals mehr Zeit mit ihren Lehrerinnen und Lehrern pro Tag verbringen als mit ihren Eltern, besteht hier eine opportune Chance, korrigierende Beziehungserfahrungen zu ermöglichen und bislang nicht ausgebildete Kompetenzen zu fördern. So kann Gewalt abgebaut und empathisches Verhalten sowie Konfliktlösungskompetenz können aufgebaut werden.

Für öffentliche Einrichtungen wurden bereits unterschiedliche Programme zur Gewaltprävention entwickelt. Erzieherinnen und Erzieher sowie Lehrerinnen und Lehrer müssen nicht immer selbstständig die Strategien entwickeln; der Rückgriff auf entsprechende Programme ist möglich. Wichtig ist jedoch das Bewusstsein im Kollegium und an der Schule, dass Handlungsbedarf besteht und Gewalt nicht toleriert werden kann.

Gewalttätigkeit wird vielfach als Problem der männlichen Sozialisation und patriarchaler Gesellschaftsstrukturen betrachtet. Es ist daher wichtig, dass Jungen unterschiedliche männliche Vorbilder erleben können, damit sie ein realistisches Männerbild mit allen Schwächen und Stärken entwickeln. (An dieser Stelle sei nur kurz auf den eklatanten Mangel an männlichen Kindergärtnern und Grundschulpädagogen verwiesen.) Grundsätzlich sind Überforderungen zu vermeiden, aber zugleich muss gezielt auf eine Grenzen beachtende und konsequente Erziehung der Jungen geachtet werden, die sie nicht von Anforderungen freistellt und auch nicht davon, zu Hause mitzuhelfen. Aggressives und repressiv dominantes Verhalten sind nicht zu tolerieren, zugleich sollten die Jungen nicht konditioniert werden, ihre Gefühle zu unterdrücken.

Gefährdete Mütter erhalten bereits direkt nach der Geburt eine weiterführende Betreuung und Beratung durch entsprechend qualifizierte Personen.

punkt hierbei ist, dass gefährdete Mütter bereits direkt nach der Geburt eine weiterführende Betreuung und Beratung durch Hebammen oder entsprechend qualifizierte Personen erhalten. Diese können Fehlentwicklungen in der Mutter-Kind-Beziehung von Anbeginn an korrigieren und so Probleme entschärfen, Sicherheit und Freude im Umgang mit dem Kind vermitteln und der Mutter das Gefühl geben, nicht allein mit ihren Problemen zu sein.

Im Kern geht es darum, die bislang vorliegenden wissenschaftlichen Befunde für die Vorbeugung von innerfamilialer Gewalt zu nutzen, gezielt Prävention bei möglichen Risikogruppen zu betreiben, Berührungsängste und Barrieren zwischen den Beteiligten (seien es Behörden, Ärzte oder Erzieherinnen) abzubauen sowie die Kooperation und Vernetzung der Instanzen zu stärken. Das bedeutet aber auch, dass finanzielle Mittel für präventive Programme und entsprechende Fortbildungen notwendig sind, um Kinder frühzeitig zu schützen und eine humanere Gesellschaftsentwicklung zu fördern. Intervention ist letztlich kostspieliger als eine Prävention, an der alle Beteiligten (Eltern, soziales Umfeld, Erzieherinnen, Kinderärzte und Kinderärztinnen, Lehrerinnen und Lehrer) mitwirken.

Im Jugendalter ist es wichtig, den Dialog zwischen den Geschlechtern zu fördern – und zwar im Hinblick auf die Reflexion der Vor- und Nachteile unterschiedlicher Rollenmodelle und Formen der Lebensführung. Die Erwartungen an das andere Geschlecht werden oftmals unzureichend diskutiert. Um geliebt zu werden, passen sich nicht wenige junge Frauen zunächst an, was später zu Unfriede in den Beziehungen und zu Trennungen führen kann. Junge Männer bekunden vielfach den Willen zu einem partnerschaftlichen Familienmodell, jedoch halten nur wenige von ihnen dies nach der Geburt des ersten Kindes tatsächlich durch.

Es wird immer wieder von den unterschiedlichen Sprachcodes von Männern und Frauen gesprochen, allerdings wird objektiv wenig für die Verständigung junger Menschen untereinander getan. Zur Beziehungsfähigkeit gehören neben der Empathiefähigkeit ganz zentral die Kommunikationsfähigkeit und die Fähigkeit zum (aktiven) Zuhören. Die Partner müssen letztlich gelernt haben, ihre Gefühle wahrzunehmen und ohne Schuldzuweisungen mit dem Partner bzw. der Partnerin zu kommunizieren.

6. Fazit:
Elternkompetenz stärken

Es ist unerlässlich, die Eltern als Kooperationspartner zu gewinnen und sie in ihren Kompetenzen zu stärken, damit sie selbstständig ihrer Sorgfalts- und Fürsorgepflicht gegenüber dem Kind nachkommen können. In den USA wurden bereits Konzepte entwickelt, die zum Teil in einigen deutschen Kommunen mit guten Ergebnissen erprobt werden. Ansatz-

AUSGEWÄHLTE LITERATUR

➔ Engfer, Anette, Kindesmisshandlung und Vernachlässigung, in: Oerter, Ralf/Montada, Leo (Hrsg.), Entwicklungspsychologie, Weinheim 1995, S. 960-966.

➔ Engfer, Anette, Sexueller Missbrauch, in: Oerter, Ralf/Montada, Leo (Hrsg.), Entwicklungspsychologie, Weinheim 1995, S. 1006-1015.

➔ Lamnek, Siegfried/Luedtke, Jens/Ottermann, Ralf, Tatort Familie. Häusliche Gewalt im gesellschaftlichen Kontext, Wiesbaden 2006.

➔ Möller, Martina, Gewalt im familialen Binnenraum, in: Wehr, Helmut/Carlsburg, Gerd-Bodo Reinert von (Hrsg.), Gewalt beginnt im Kopf, Donauwörth 2005, S.88-139.

Gewalt und Gewalt-prävention in der Schule

Siegfried Frech

1. Zur Konjunktur schulischer Gewaltdiskurse

Gewalt in der Schule war bis Anfang der 1990er Jahre im erziehungswissenschaftlichen Diskurs kein Thema. In den 1970er Jahren stand die institutionelle Gewalt des Schulsystems im Mittelpunkt soziologischer, sozialpsychologischer und psychoanalytischer Untersuchungen, die sich auf die Sozialisationseffekte der Schule und das durch schulische Strukturen ausgelöste „Leiden an der Schule" konzentrierten. Schule wurde dahingehend analysiert, wie angesichts sozialer Erwartungen, schulischer Normen und Interaktionsmuster Identität zu konstituieren und zu wahren ist.[1]

Durch die Konzentration auf schulsoziologische und identitätstheoretische Fragestellungen wurden Gewalt und Aggression nur am Rande thematisiert. Verhaltensauffälligkeiten, sozial abträgliches und abweichendes Verhalten wurden in die Domäne der Schulpädagogik, einer Teildisziplin der Erziehungswissenschaft, und in die Zuständigkeit der Pädagogischen Psychologie verwiesen. Lediglich vereinzelte Veröffentlichungen mühten sich mit dem „verdrängten Disziplinproblem", mit aggressiven und unaufmerksamen Schülerinnen und Schülern ab.[2] Spektakuläre Vorkommnisse sowie ein gehäuftes Auftreten aggressiven und gewalttätigen Verhaltens waren weitgehend unbekannt, obwohl bereits Ende der 1980er Jahre Sondergutachten der Gewaltkommission der Bundesregierung darauf hin-

Es ist bis heute strittig, welches Ausmaß Gewalt in der Schule angenommen hat und welche Ursachen für aggressives und gewaltförmiges Verhalten zweifelsfrei herangezogen werden können.

Gewalt und Aggressivität in der Schule sind ein beliebtes Medienthema.

picture-alliance/Bernd Thissen

wiesen, dass bei Schülerinnen und Schülern eine nicht zu unterschätzende Tendenz zur Entfremdung von der Schule und von ihrem sozialen Umfeld zu beobachten ist.[3]

Als im Zuge der Wiedervereinigung rechtsextremistische und fremdenfeindliche Ausschreitungen von Jugendlichen dramatisch zunahmen, geriet das „unappetitliche" Phänomen Gewalt ins Zentrum der öffentlichen Aufmerksamkeit. Die Welle fremdenfeindlicher Gewalttaten löste in der Bundesrepublik die erste große „Gewaltdebatte" aus und in deren Folge eine intensive wissenschaftliche Beschäftigung mit dem Thema.[4] Im Zuge dieser Debatte nahm die Sensibilisierung für gewalttätiges Handeln innerhalb der Schule zu. Forschungsaktivitäten und empirische Untersuchungen setzten ein, die eine reichliche Datenmenge zutage förderten. Dabei ist – ungeachtet vieler Einzelstudien und empirischer Erhebungen – bis heute strittig, welches Ausmaß Gewalt in der Schule angenommen hat und welche Ursachen für aggressives und gewaltförmiges Verhalten zweifelsfrei herangezogen werden können. Strittig ist ebenso die Frage, inwieweit die Institution Schule selbst Risikofaktoren in sich birgt, die Gewalt verursachen und auslösen.

Durch den Amoklauf von Robert Steinhäuser in seiner Schule in Erfurt im Jahre 2002 geriet das Thema auf tragische Weise erneut in den Fokus der öffentlichen Diskussion. Eine derartig exzessive Gewaltanwendung kannte man allenfalls aus den Vereinigten Staaten – etwa der Amoklauf an der Columbine High School im amerikanischen Littleton (Colorado). Die Tat hinterließ Ratlosigkeit, nicht nur angesichts des Unvermögens, Amokläufe grundsätzlich zu verhindern. Die Debatten über mögliche Motive und Erklärungen waren trotz ihres Bemühens um Sachlichkeit allzu oft durch Simplifizierungen gekennzeichnet.

2. Mediendiskurse – zwischen Etikettierung, Stigmatisierung und „Kriegsberichterstattung"

Gewalt und Aggressivität in der Schule sind ein beliebtes Medienthema. Bereits vor knapp 20 Jahren leitete ein sich stets seriös gebendes Nachrichtenmagazin einen Schwerpunktartikel über das „Tollhaus Schule" wie folgt ein: „Gewalt und Gefühlsarmut verändern das Klima an den Schulen. Mit Radau, Aggressivität und Clownerien machen Schüler den Unterricht zur Farce; gestört wird ohne System, Sinn und Verstand. Den Kindern

des Fernsehzeitalters, klagen die Lehrer, fehle es an innerer Disziplin. Pädagogen sprechen von einer epochalen Wende in der Schulgeschichte."[5]

Diese Art der Berichterstattung vermehrte sich in der Folgezeit; anstatt seriöser Berichterstattung wurde und wird auf die Wirksamkeit spektakulärer Einzelfälle gesetzt. „Gewalt in der Schule" ist ein konjunkturelles Medienthema. Die Äußerungsformen von Gewalt werden häufig so dargestellt, dass sich den Leserinnen und Lesern eine merkliche, gar eine inflationäre Zunahme der Gewalt aufdrängt. Bezeichnend ist die Wortwahl: aus Schülerinnen und Schülern werden „kleine Monster", „junge Wilde", „kleine Kampfmaschinen", „Krieger", „Schläger" und nicht selten „Nazi-Kids". Da man sich in bundesdeutschen Schulen scheinbar im Kriegszustand befindet, ist die Wortwahl dementsprechend.

Durch die Verallgemeinerung von Einzelfällen und durch deren Dramatisierung wird ein verzerrtes Bild gezeichnet und zugleich der Klischeebildung Vorschub geleistet – sowohl im Hinblick auf das Ausmaß als auch hinsichtlich der Ursachen und der Lösungswege. Symbolisiert wird durch diese Art der Berichterstattung, dass Gewalt zum Schlüsselproblem der Schule schlechthin geworden ist. Die mediale Berichterstattung gerät, wenn sie dieses Thema aufgreift, in zwei „Fallen", welche die Wahrnehmung auf das Phänomen nachhaltig verstellen:

> Wilhelm Heitmeyer konstatiert eine so genannte *Skandalisierungsfalle*, die Gewalt als Symbol für Unordnung versteht. Folglich könne das Problem nur mit ordnungspolitischen Maßnahmen, d.h. mit der Wiederherstellung von Ruhe und Ordnung, gelöst werden.[6] Die eigentlichen Ursachen hingegen würden nicht beseitigt.
> Die sogenannte *Reduktionsfalle* personalisiert das Phänomen. Gewalt wird als Eigenschaft von Personen definiert. Das Individuum trägt damit die alleinige Verantwortung. Ein solcherart

personifizierendes Erklärungsmuster macht gewalttätige Kinder und Jugendliche zum „Sicherheitsrisiko".

Eine „Personifizierung" ist dann angezeigt und wissenschaftlich redlich, wenn es im Rahmen dichter Beschreibungen um die Freilegung der jeweiligen Deutungsmuster und des Sinngehalts von Gewalt in jugendlichen Lebenswelten geht. Solche „Nahaufnahmen" jugendlicher Gewalt können ein differenziertes Bild von Cliquen und Gangs vermitteln, in denen Werte und Normen vorherrschen, die nicht immer gesellschaftlichen Standards entsprechen. Gewalt kann für Jugendliche Sinn machen und Identität stiften, so irritierend diese Vorstellung auch sein mag. Gewalt besitzt für Kinder und Jugendliche eine Sinnhaftigkeit, weil sie Eindeutigkeit schafft und sich als „erfolgreiches" Handlungsmodell bewährt hat.[7]

3. Gewalt in der Schule hat viele Gesichter

Eine realistische Annäherung an die Schulwirklichkeit erlauben Erfahrungen von Lehrerinnen und Lehrern. Jochen Korte, der als Schulleiter einer Förderschule bereits vor mehr als zehn Jahren ein Interventionsprogramm an seiner Schule etablierte, zieht in seinem Buch „Faustrecht auf dem Schulhof" die Schlussfolgerung, dass die Institution Schule „von oben bis unten in der Krise steckt".[8] Angefangen bei der sprachlichen Verrohung über die alltägliche Gewalt als Konfliktregulierungsmechanismus bis zum fehlenden Unrechtsbewusstsein der „Täter" werden aktuelle Ausprägungen aggressiven Verhaltens im Schulalltag geschildert. „Die auffälligste Veränderung im Verhalten der Schüler betrifft das aggressive Sprachverhalten der Schüler untereinander. Wir haben eine unglaubliche Verrohung in der sprachlichen Kommunikation der Schüler untereinander zu verzeichnen. Der rüde Tonfall, mit dem viele unserer Schüler miteinander umgehen, lässt Zuhörern die Ohren klingeln. [...] Beschimpfungen und Bedrohungen,

Provokationen und Beleidigungen werden instrumental zur Verfolgung eigener Ziel eingesetzt. [...] Schon Neunjährige, niedliche Blondschöpfe bedienen sich des Sprachschatzes heruntergekommener Erwachsener. [...] Die sexuelle Tönung ist unverkennbar: ,Dumme Sau, schwule Sau, Wichser, Arschficker, Fotze, Nutte'."[9]

Zieht man weitere erfahrungsgesättigte Praxisberichte hinzu, kommt man zu dem Schluss, dass das Aggressionsniveau moderat im Steigen begriffen, die Hemmschwelle zur Gewaltanwendung bei einzelnen Schülerinnen und Schülern gesunken ist.

Allerdings sind solche Praxisschilderungen ein Reflex auf die Forschung. Im sozialwissenschaftlichen Diskurs über Gewalt in der Schule hat sich nämlich die Perspektive deutlich verschoben. Im Fokus der pädagogischen und auch öffentlichen Debatte steht nun – im Gegensatz zur strukturellen Betrachtungsweise der 1970er und 1980er Jahre – das Gewalthandeln der Schülerinnen und Schüler.

Diese individualisierende Sichtweise und die Ausweitung des Gewaltbegriffs tragen dazu bei, dass immer mehr Handlungen von Kindern und Jugendlichen als „Gewalt" interpretiert und damit zu einem Problem gemacht werden.

Gewalt und Aggressivität in der Schule ist mehr als nur direktes Gewalthandeln und kann vielschichtige, gelegentlich auch sehr diffizile Formen annehmen. Gabriele Klewin und Klaus Jürgen Tillmann unterscheiden bei der von Schülerinnen und Schülern ausgehenden Gewalt drei Gruppen gewaltförmigen Verhaltens:
> *körperliche Schädigung, physischer Zwang und Vandalismus:* Hierunter werden Konflikte zwischen zwei oder mehr Schülerinnen bzw. Schülern subsumiert, in denen „mindestens eine Seite physische Mittel (Körperkraft, Waffen) anwendet, um die andere Seiten mit Absicht zu schädigen bzw. mit einer solchen Schädigung zu drohen".[10] Zu dieser Verhaltensgruppe zählt die Ausübung physischer Gewalt gegen Sachen (Vandalismus).

picture-alliance/Marcus Führer

Gewalt und Aggressivität in der Schule ist mehr als nur direktes Gewalthandeln...

> *verbale Angriffe und psychische Schädigung:* Die intentionale Schädigung anderer ist auch ohne körperliche Mittel zu bewerkstelligen. Gerade indem man Mitschülerinnen und -schüler „ausgrenzt oder abwertet, indem man sie beleidigt, erniedrigt oder emotional erpresst, [werden] sie oft sogar viel stärker ‚verletzt' als durch einen Tritt gegen das Schienbein".[11] Weil die Formen und Spielarten psychischer Schädigungen häufig nicht manifest sind, entziehen sich solche subtilen Formen der Gewaltanwendung nicht selten der Wahrnehmung der Lehrkräfte.
> *Mobbing:* Mobbing ist zu einem Synonym für schikanöses Verhalten geworden, das sowohl physische als auch psychische Verhaltensanteile umfassen kann. Mobbing, im internationalen Sprachgebrauch Bullying genannt, bezeichnet Täter-Opfer-Beziehungen, bei denen unterlegene Personen dauerhaft gequält und drangsaliert werden. Kennzeichnend für Mobbing ist, dass das Opfer kaum die Möglichkeit hat, sich aus eigener Kraft aus der Situation bzw. aus der Opferrolle zu befreien.

Unter dem Etikett „Gewalt an Schulen" wurde lange Zeit ausschließlich Gewalt von Schülerinnen und Schülern gegen Mitschülerinnen und -schüler erörtert und untersucht. In Schulen wird Gewalt auch von Direktoren, Lehrerinnen, Lehrern und anderen Schulangestellten ausgeübt. Dieses Defizit, an dem der Diskurs über Gewalt in der Schule leidet, wurde unter anderem durch die Fallstudien von Kurt Singer und die in Österreich durchgeführten Untersuchungen von Volker Krumm und Susanne Weiß deutlich.[12] Gleichzeitig offenbart dieses Defizit einen weiteren Sachverhalt: Viele Studien verweisen nämlich darauf, dass Lehrkräfte nur über unzureichende Konfliktlösungskompetenzen verfügen und dass ihnen zum Teil die Zivilcourage fehlt, bei Konflikten und gewaltförmigen Situationen zu intervenieren.

4. Wie verbreitet ist Gewalt in der Schule?

Das 1990 veröffentliche Endgutachten der Unabhängigen Regierungskommission zur Verhinderung und Bekämpfung von Gewalt (Gewaltkommission) konstatiert in denjenigen Kapiteln, die sich mit Gewalt in der Schule auseinandersetzen, dass für den von den Medien behaupteten generellen Gewaltanstieg in den Schulen keine hinreichenden empirischen Belege vorliegen.[13] Eine Zunahme aggressiven Verhaltens wird damit freilich nicht in Abrede gestellt. Das Gutachten macht vielmehr auf den Sachverhalt aufmerksam, dass – von einzelnen Studien abgesehen – repräsentatives Zahlenmaterial für die Bundesrepublik schlichtweg fehlt. Aufgrund dieses Forschungsdefizits sind für die Vergangenheit aussagekräftige Daten nicht vorhanden. Es gibt somit keinen Vergleichsmaßstab, der es erlaubt, über „mehr", „weniger" oder „andere Ausprägungen" von Gewalt einigermaßen sichere Aussagen zu treffen.

Das Gutachten kommt daher zu dem Schluss, dass „von einer *kontinuierlichen* [Hervorhebung, S. Frech] Zunahme aggressiven Verhaltens unter Schülern in der Schule [...] nicht gesprochen werden kann".[14] Diese Aussage wird im Rahmen einzelner Untersuchungen und Querschnittstudien, die in den Folgejahren durchgeführt wurden, leicht relativiert. In ihnen wird ein geringes Ansteigen des Ausmaßes von körperlicher Gewalt konstatiert. Die Einzelergebnisse verschiedener, in der Folge durchgeführter Untersuchungen zeigen eher Trends, die aufgrund der oft schmalen Datenbasis nicht generalisierbar sind:

> Besonders „harte", überwiegend auch strafrechtlich relevante Delikte (z.B. schwere Körperverletzung) kommen recht selten vor. Nimmt man z.B. Körperverletzungen als Folge körperlicher Gewalteinwirkung, so dokumentieren die Versicherungsstatistiken keine Veränderungen.
> Weitverbreitet sind hingegen Schüler- und Lehreraussagen zufolge verbale Attacken, Beleidigungen und Beschimpfungen. In Studien bestätigt mehr als die Hälfte aller befragten Schülerinnen und Schüler, verbale

Gewalt und Aggression sind in erster Linie ein Jungenphänomen.

ullstein bild - Imagebroker.net

Aggression und Gewalt mehrmals wöchentlich oder sogar täglich beobachten zu können.

> Die Gewalt an Schulen variiert altersabhängig, wobei die 14- bis 17-Jährigen (den Jahrgangsstufen 7 bis 10 entsprechend) in allen Bereichen besonders auffällig sind. Diese Altersverteilung zeigt, dass „das Gewaltphänomen auch in der Schule verstärkt im Kontext der Pubertät auftritt"[15]. Zwischenzeitlich ist eine gewisse „Verjüngung" der Gewalt darin erkennbar, dass jüngere Schüler (10- bis 13-Jährige) häufiger zur Gewalt als Mittel der Konfliktaustragung greifen.

> So gut wie alle Studien weisen auf einen kleinen, gewaltaktiven Kern von etwa drei bis fünf Prozent der Schüler hin, die häufig Mitglieder einer Clique oder Gang sind. Die Zugehörigkeit zu delinquenten Jugendkulturen kann als ein Vorhersagefaktor für aggressives Verhalten gelten.

> Bei diesem gewaltaktiven Teil hat sich die Ausprägung gewalttätiger Handlungen verändert, d.h. die Übergriffe einer Minderheit von Kindern und Jugendlichen werden immer skrupelloser und brutaler. Gerade durch diese spektakulären Formen aggressiven Verhaltens bekommt das Phänomen der Gewalt einen hohen Stellenwert in der öffentlichen Wahrnehmung.

> Gewalt und Aggression sind in erster Linie ein Jungenphänomen. Aggressives Verhalten richtet sich auch eher gegen andere Jungen. Mädchen reagieren auf Belastungen häufiger mit nach innen gerichteten Aggressionen bis hin zu psychosomatischen Beschwerden und Depressionen. Jungen dagegen tragen Aggressionen nach außen, konfrontieren damit ihr soziales Umfeld und gewinnen gerade durch diese Außenorientierung wiederum Aufmerksamkeit.

> Die Untersuchungen zeigen deutliche schulartspezifische Unterschiede: Gewalt und Aggression sind vermehrt in Hauptschulen, kombinierten Grund- und Hauptschulen, Realschulen und Förderschulen anzutreffen. Deutlich weniger belastet sind – sieht man von Berufsschulen und Schulen in sozialen Brennpunkten ab – Grundschulen und Gymnasien.

In ihrer Gesamtheit haben die in den letzten 15 Jahren durchgeführten Untersuchungen keine zweifelsfreien Befunde erbracht, die gesicherte Aussagen zulassen und auf „einen generellen Anstieg der Gewalt an Schulen hinweisen"[16].

5. Importiert oder selbst gemacht? – Schulische Risikofaktoren für Gewalt und Aggression

Die Ursachen von Gewalt und Aggressivität in Schulen sind komplex. Häufig werden außerhalb der Schule liegende Gründe (Arbeitslosigkeit und soziale Desintegration, exzessiver Medienkonsum, Gewalt verherrlichende Computerspiele, familiäre Probleme, Verlust von Werten und Normen usw.) angegeben. Damit wird der Eindruck vermittelt, Gewalt in der Schule sei ein von außen importiertes Phänomen. Sozialwissenschaftlich bewanderte Lehrerinnen und Lehrer verfügen hierbei über eine Menge passender Ursachenbeschreibungen, neigen aber gelegentlich zu stereotypen Einschätzungen, die mit dem alleinigen Verweis auf gesellschaftliche Ursachen vom eigenen pädagogischen Feld ablenken. Alltagssprachliche und wertende Erklärungsansätze vermengen sich so leicht zu einem „Erklärungseintopf". Richtet sich der Fokus dann noch auf ausschließlich personale Faktoren, wird das strukturelle Gewaltpotenzial, das in Schulen selbst gegeben ist, geflissentlich ignoriert.

Schule birgt gerade deshalb eine strukturelle Labilität in sich, weil sie in ein funktionales und soziales System aufgeteilt werden kann. Jedes dieser beiden Subsysteme folgt anderen Gesetzmäßigkeiten. Schule als funktionales System ist nach dem Leistungs- und Ausleseprinzip strukturiert, folgt institutionellen Schulordnungen und orientiert sich an Lehr- und Bildungsplänen. Schule als soziales System meint die Gruppe der Schülerinnen und Schüler, deren Lebenswelt von jugendkulturellen Stilen und Milieus gekennzeichnet ist.

Das funktionale System erst macht den Menschen zum Schüler. Schülerinnen und Schüler wenden ein reichliches Maß an Energie auf, um ihre Rollen im Regelsystem der Schule möglichst arbeitssparend zu spielen. Unterhalb der offiziellen Zielsetzungen der Schule findet im sozialen System eine Einübung in informelle Rollen statt. Dieser „heimliche Lehrplan" ist ein „Grundkurs" in den ungeschriebenen sozialen Regeln und Routinen, die auf der „Hinterbühne" Geltung besitzen. Inoffiziell finden – während auf der „Hauptbühne" der Unterricht spielt – auf unzähligen Hinterbühnen soziale Lernprozesse statt. Des Weiteren erfolgt eine Art „Institutionenlernen": Schülerinnen und Schüler lassen in der Schule beliebige und austauschbare Inhalte über sich ergehen.

Gelernt wird, dass der „Tauschwert" der Lerninhalte wichtiger als ihr Gebrauchswert ist. Somit dürfte eine Art „Pseudo-Eintracht" der Normalfall schulischer Beziehungen zwischen Lehrerinnen, Lehrern, Schülern und Schülerinnen sein. Die scheinbare Anpassung von Schülerinnen und Schülern entpuppt sich oft als ein virtuoses Rollenspiel „bei faktischer ‚innerer Emigration' aus der Schule"[17].

Einige Untersuchungen und Studien fragen explizit danach, welche Bedingungen des schulischen Handlungskontextes für aggressives und gewalttätiges Verhalten förderlich sind bzw. ob Diskrepanzen zwischen dem funktionalen und sozialen System gewaltstimulierend wirken. Als „Risikofaktoren", welche die Wahrscheinlichkeit des Auftretens von Gewalt und Aggression erhöhen, werden hierbei genannt:

> *Entfremdung und mangelnde Orientierung an bzw. Distanz zu schulischen Normen und Werten:* Sie gelten als mögliche Vorhersagefaktoren für die Bereitschaft, Gewalt als probates Mittel der Konfliktlösung anzuwenden. Erweist sich das angebotene Wissen als bedeutungslos, wird der Sinn schulischen Lernens und schulisch vermittelter Werte infrage gestellt. Abhängig von der Schulform und dem damit verbundenen Sozialprestige kann dies dazu führen, dass Schulen „kippen" und Ordnungen zerbrechen.

> *Leistungsversagen:* Ein schlechter Leistungsdurchschnitt, Zurückstufung in eine vom Prestige her niedriger eingeschätzte Schule oder das Verfehlen des Schulabschlusses stehen im Zusammenhang mit Aggressivität und Gewalt in der Schule. Ein Scheitern in der Schule bedingt Beeinträchtigungen des Selbstwertgefühls und wird als Barriere für berufliche und soziale Lebensentwürfe empfunden.

> *schlechtes soziales Betriebsklima:* Lehrerkollegien, die sich über die sozialen Regeln und Normen der Leistungsanforderung, Leistungsbewertung und Leistungsrückmeldung nicht einigen können und die keinen Konsens über die wichtigsten pädagogischen Grundfragen haben, verunsichern ihre Schülerschaft. Das Auftreten divergierender Lehr- und Erziehungsstile verleitet Schülerinnen und Schüler dazu, die vorgefundene Ordnung an jenen Stellen zu durchbrechen, an denen sie die geringsten Sanktionen erwarten.

6. Prävention und Intervention in der Schule

Will man die oben genannten Risikofaktoren abbauen, lassen sich konkrete Präventions- und Interventionsmöglichkeiten ableiten, die sich jeder Schule im unmittelbaren und mittelbaren Bereich bieten. Die nachfolgend genannten (sozial-)pädagogischen Handlungsfelder der Prävention und Intervention bewegen sich auf einem mittleren Abstraktionsniveau, d.h., sie sind zunächst relativ allgemein gehalten und noch nicht auf das spezifische Profil einer Schule zugeschnitten.

> *Leistungsförderung:* Der Zusammenhang von Leistungsversagen und Aggressivität macht die Effizienz schulischer Leistungsförderung deutlich. Wenn es gelingt, durch geeignetes Fördern der fachspezifischen und der allgemeinen Leistungsfähigkeit von Schülerinnen und Schülern deren

Will man die oben genannten Risikofaktoren abbauen, lassen sich konkrete Präventions- und Interventionsmöglichkeiten ableiten, ...

Leistungen und Noten zu verbessern, so entfällt damit ein wichtiger Risikofaktor für aggressives Verhalten.

> *Verhaltensmodifikation:* Berücksichtigt man die Erkenntnisse des lerntheoretischen Erklärungsansatzes für das Entstehen von Aggressivität, wird der Sinn einer gezielten und systematischen Verhaltensbeeinflussung einsichtig. Es geht darum, Schülerinnen und Schüler durch gezielte Rückmeldungen von unerwünschtem und als abweichend klassifizierbarem Verhalten abzubringen und sie für erwünschtes und konformes Verhalten zu belohnen.

> *Soziales Kompetenztraining:* Sowohl die Förderung elementarer sozialer Verhaltensweisen als auch die Auseinandersetzung mit den Sozialanforderungen, die die Schule stellt, stehen im Mittelpunkt dieser Trainingsform. Schülerinnen und Schüler lernen, Gefühle wahrzunehmen und auszudrücken, sozialverträgliche Formen der Kontaktaufnahme und Konfliktregelung zu erproben und anzuwenden sowie angemessene Verhaltensweisen gegenüber dem Lehrpersonal zu entwickeln.

> *Verbesserung des sozialen Schulklimas und der Schulkultur:* Hierunter lassen sich Ansätze subsumieren, die sich um die Qualität des Unterrichts (Unterrichtsgestaltung, Abstimmung auf die Lernvoraussetzungen), um die Qualität der Sozialbeziehungen zwischen Lehrern und Schülern – erinnert sei an den partnerschaftlich-demokratischen Erziehungsstil – sowie um die Regulierung sozialer Konflikte bemühen.

> *Transparente und gerechte Chancenstruktur:* Hier geht es um einsichtige Regeln für die Beurteilung der Leistungsfähigkeit der Schülerinnen und Schüler und um transparente Spielregeln des sozialen Miteinanders. Einsichtige Regeln sind die Voraussetzung dafür, dass pädagogische Arbeitsprozesse zur Zufriedenheit aller führen. Dies ist ein Plädoyer, Schülerinnen und Schülern jene drei „Rs" zukommen zu lassen, die für soziale Lernprozesse notwendig erscheinen: eindeutige Regeln und glaubwürdige Rituale sowie belastbare Referees (Schiedsrichter), die für deren Begründung und Einhaltung Verantwortung übernehmen.[18]

> *Ausbau der Partizipationsmöglichkeiten:* Eine breite Mitwirkung aller am Schulleben Beteiligter (Lehrerschaft, Schülerinnen und Schüler, Eltern) bei schulischen Ereignissen und der Gestaltung des Schullebens und der Schulkultur erweist sich als Möglichkeit, die Identifikation mit der Schule zu erhöhen und Entfremdungsgefühle abzubauen.

> *Ausbau des Beratungssystems in der Schule:* Die Notwendigkeit eines flächendeckenden Netzwerks von Beratungslehrerinnen und Beratungslehrern sowie Schulpsychologen und Schulpsychologinnen wurde als bildungspolitischer Mindeststandard häufig formuliert. Die Anwesenheit von geschulten Lehrerinnen und Lehrern, die für Einzelgespräche und Einzelfallberatungen zur Verfügung stehen und die Kompetenz besitzen, schulische und persönliche Probleme zu bearbeiten, ist eine notwendige präventive Maßnahme. Sie ist jedoch immer noch nicht realisiert.

> *Schulsozialarbeit:* Die Bereitstellung von Freizeit- und Beratungsangeboten, die Betreuung und Beratung auffälliger Schüler und Schülerinnen, die Beratung von Eltern kann von der (Schul-)Sozialarbeit angemessen und effektiv geleistet werden. Über den unmittelbaren schulischen Bereich hinausreichend, können diese Interventionen im familiären und außerschulischen Rahmen Wirkung zeitigen. Sozialpädagogisch geschultes Personal kann zudem die Konstruktion sozialer Netzwerke – d.h. die Einbeziehung von Erziehungsberatungsstellen und Einrichtungen der Jugendhilfe – bewerkstelligen.

Tabelle 1 fasst die verschiedenen Ebenen der Gewaltprävention und -intervention zusammen und zeigt die damit verbundenen Zielsetzungen und konkrete Einzelmaßnahmen auf. Die Zusammenschau zeigt, dass Einzelmaßnahmen wenig Nachhaltigkeit haben. Prävention und Intervention zeigen nur dann Wirkung,

... die sich jeder Schule im unmittelbaren und mittelbaren Bereich bieten.

TAB. 1: ALLGEMEINES MODELL DER GEWALTPRÄVENTION UND -INTERVENTION IN DER SCHULE

	Ziele	Schule, Familie (F) und Gleichaltrige (G)
Primärprävention	> Förderung und Stabilisierung des Selbstwertgefühls bzw. des Vertrauens in andere Personen; > Erziehung zum „Triebaufschub" durch Anerkennung körperlicher Integrität des Kindes; > Verstärkung prosozialer Einstellungen und Motive; Förderung und Erhaltung von Kommunikations- und Interaktionskompetenzen.	> Gewaltlosigkeit als Erziehungsstil und Erziehungsziel (auch: **F**); Praxis gewaltfreier Austragung von Konflikten in Familie und Schule (Vorbildverhalten) (auch: **F**); Kooperation Schule-Elternhaus-Jugendhilfe; Vernetzung von Familien (**F**); Gewalt und Aggression als Unterrichtsthema; Verbesserung von Schulklima und Lernkultur; Stärkung des Selbstwertgefühls (insbesondere bei Opfern), zum Beispiel durch Programme zum Aufbau von Lebensbewältigungskompetenzen; > Transparenz der Ziele bei hohen Anforderungen und gleichzeitiger Unterstützung, um Leistungsdruck zu vermeiden; Einbeziehung von Kinder- und Jugendgruppen in Entscheidungsprozesse (z.B. Wohnumwelt) (**G**); interkulturelle Kinder- und Jugendarbeit (**G**).
Sekundärprävention	„Immunisierung" potentieller Opfer und Täter durch Antistress- und Anti-Aggressionstraining; Frauenhäuser (**F**); Patenfamilien (**F**).	Umgang mit Unterrichtsstörungen; pädagogische Arbeit mit Schulversagern, Schulverweigerern, Tätern und Opfern; Hilfen für Drogen- und Alkoholabhängige (**F**); Schutz von Behinderten (**F**); Kinderwohngruppen und Kinderschutzzentren (**G**);
Intervention	Maßnahmen zur Besserung und Resozialisierung bei manifesten Problemen; therapeutische Verfahren mit dem Ziel der Qualifizierung für den Umgang mit Problemsituationen.	Einbeziehung von unterstützenden Institutionen in akuten Fällen (z.B. schulpsychologischer Dienst); Unterstützung bei Umschulungen oder dem Nachholen von Schul- und Berufsabschlüssen; Integration sozial isolierter Familien (**F**); Hilfestellung bei Milieuveränderungen durch Wohnungswechsel (**F**); Täter- und/oder Opfer-Selbsthilfegruppen (**G**).

Quelle: Wolfgang Melzer/Wilfried Schubarth/Frank Ehinger, Gewaltprävention und Schulentwicklung. Analysen und Handlungskonzepte, Bad Heilbrunn 2004, S. 159.

wenn sie vernetzt konzipiert und durchgeführt werden. Deshalb berücksichtigen Maßnahmen der primären und sekundären Prävention sowie der Intervention zusätzlich zur schulischen Ebene die beiden zentralen Sozialisationsinstanzen Familie und Gleichaltrigengruppe (Peers). Entscheidend für den Erfolg jedweder Präventionsarbeit sind der Zuschnitt der einzelnen Maßnahmen sowie die Gewichtung der unterschiedlichen Handlungsebenen und -orte entsprechend des spezifischen Bedarfs der einzelnen Schule.

Präventionsarbeit ist somit ein wichtiger Bestandteil der Schulentwicklung. Schulen, die durch pädagogische Bemühungen die Schul- und Unterrichtsqualität steigern und sich als „pädagogisch-didaktisches Laboratorium" verstehen, leisten damit etwas im Bereich der primären Prävention. Unter der Maßgabe, Leben, Lernen, Zusammenleben und Arbeiten

für alle Beteiligten nachhaltig zu verbessern, werden im Rahmen der Schulentwicklung pädagogisch reflektierte Programme und Maßnahmen implementiert. Solche Präventionsansätze zeichnen sich in aller Regel dadurch aus, dass Schule systemisch gedacht und reflektiert wird. Eine systemische Bedingungsanalyse betrachtet die Schule als Ganzes, erkennt die Interdependenzen zwischen den verschiedenen Sozialisationsinstanzen und dient letztlich der Erarbeitung eines Designs, das sinnvolle und machbare Einzelprogramme und Maßnahmen umfasst sowie einzelne Schritte der Implementierung einschließlich der personellen Zuständigkeiten benennt.

Wolfgang Melzer, Wilfried Schubarth und Frank Ehinger weisen auf Bedingungen hin, die von ausschlaggebender Bedeutung dafür sind, dass es gelingt, eine nachhaltige schulische Präventionsarbeit zu etablieren:

> „Je biographisch früher Prävention einsetzt, umso wahrscheinlicher ist die Kompensation von Verhaltensdefiziten (Beginn möglichst schon in der Kita oder Grundschule).

> Wenn Prävention in der Schule kontinuierlich durchgeführt wird, der Großteil des Kollegiums einbezogen ist und die Maßnahmen strukturell verankert sind (zum Beispiel im Schulprogramm), sind die Effekte nachhaltiger.

> Prävention ist besonders dann wirkungsvoll, wenn sie in den Lebensweltzusammenhang der Schüler/innen eingebettet ist und deren Interessen entspricht. Für die Schule begründet dies die Notwendigkeit eines Setting-Ansatzes – also die Einbeziehung der außerschulischen Umwelt und die Vernetzung mit Partnern – sowie eine Schülerorientierung des Unterrichts mit geeigneten Lernformen (offener Unterricht, Projektlernen).

> Die eingesetzten Programme und Maßnahmen müssen auf den spezifischen Bedarf der jeweiligen Einzelschule zugeschnitten sein. Das mechanische Umsetzen vorhandener Programme ist wenig erfolgreich. Zu empfehlen ist eine Bedingungsanalyse mit Hilfe empirischer Methoden, die Diskussion der Ergebnisse [...] und das gemeinsame Festlegen von Arbeitsfeldern und Projekten.

> Präventionsprogramme müssen gut strukturiert sein und reflektiert werden. Es bedarf einer Infrastruktur und Abstimmung der Akteure (zum Beispiel durch Steuergruppen, Projekttreffen, Prozessbegleitung). Den Regeln des Projektmanagements entsprechend müssen Ziele und Teilziele [...] formuliert und ihr Erreichen evaluiert werden."[19]

7. Fazit

Die Bandbreite möglicher Präventions- und Interventionsmaßnahmen verdeutlicht, dass der Hinweis auf die „Großfaktoren", die Gewalt und Aggression verursachen, aus der Perspektive der Schule nicht genügen kann. Gesellschaftstheoretische Erklärungsversuche haben durchaus ihre Relevanz. Das Dilemma schulischer Gewaltprävention liegt in den geringen Möglichkeiten, diese Ursachen direkt zu beeinflussen. Im Schulalltag können ihre Auswirkungen jedoch gemildert und aufgefangen werden. Handlungsperspektiven zeigen sich bereits in dem Bemühen, Aggression und Gewalt als komplexe Prozesse zu verstehen, sich um deren „Entzifferung" zu bemühen, anstatt sie mit Schuldzuweisungen (Stigmatisierung der Schülerpersönlichkeit, Hinweis auf irreparable Familienverhältnisse usw.) zu ignorieren.

picture-alliance/Ingo Wagner

AUSGEWÄHLTE LITERATUR

➔ Frech, Siegfried, Gewalt und Gewaltprävention in der Schule, in: Rolf Frankenberger/Siegfried Frech/Daniela Grimm (Hrsg.), Politische Psychologie und politische Bildung, Schwalbach/Ts. 2007, S. 368-392.

➔ Gugel, Günther, Gewalt und Gewaltprävention. Grundfragen, Grundlagen, Ansätze und Handlungsfelder von Gewaltprävention und ihre Bedeutung für die Entwicklungszusammenarbeit, Tübingen 2006.

➔ Klewin, Gabriele/Tillmann, Klaus-Jürgen, Gewaltformen in der Schule – ein vielschichtiges Problem, in: Wilhelm Heitmeyer/Monika Schröttle (Hrsg.), Gewalt. Beschreibungen, Analysen, Prävention, Bonn 2006, S. 191-208.

➔ Korte, Jochen, Faustrecht auf dem Schulhof. Über den Umgang mit aggressivem Verhalten in der Schule, 2. Aufl., Weinheim und Basel 1993.

➔ Melzer, Wolfgang/Schubarth, Wilfried/Ehinger, Frank, Gewaltprävention und Schulentwicklung. Analysen und Handlungskonzepte, Bad Heilbrunn 2004.

Gewalt und Gewaltprävention in Ausbildung und Beruf

Willy Rauchs

„Jugend 2006" – die Sorge um den Verlust des Arbeitsplatzes stieg in den vergangenen Jahren drastisch von 55 Prozent auf 69 Prozent an.

1. Jugendgewalt, Ausbildung und Beruf

Obwohl Arbeits- und Berufsperspektiven in Zeiten des ökonomischen und sozialen Wandels immer unüberschaubarer oder kurzlebiger werden, ist die Bedeutung von Ausbildung und Beruf aus der Sicht von Jugendlichen und jungen Erwachsenen hoch. Dies belegt die neueste Jugendstudie der Shell Deutschland Holding „Jugend 2006". Die Sorge um den Verlust des Arbeitsplatzes stieg in den vergangenen Jahren drastisch von 55 Prozent auf 69 Prozent an. Diese Angst steht in einem engen Zusammenhang mit der eigenen beruflichen Existenzsicherung und belegt die hohe Wertschätzung einer Sinn erfüllenden Arbeit.[1]

Aufgrund des hohen Stellenwerts, den Jugendliche Ausbildung und Beruf einräumen, könnte man zu dem Schluss kommen, dass Konflikte in diesem gesellschaftlichen Handlungsfeld nur eine marginale Rolle spielen. Entgegen der bei betrieblichen Ausbilderinnen und Ausbildern weitverbreiteten Annahme, dass sich Jugendgewalt vornehmlich im Freizeitbereich oder in der Schule ereignet, gibt es aber Berührungspunkte mit der Arbeitswelt. Gerade die Altersgruppe der 15- bis 22-Jährigen weist eine erhöhte Gewaltbereitschaft auf. Altersbedingt befindet sich daher eine Vielzahl jugendlicher Gewalttäter in einer Ausbildung oder in einem Arbeitsverhältnis. Deshalb benötigen Ausbilderinnen und Ausbilder im Bereich der beruflichen Bildung Handlungsoptionen für den Umgang mit Gewaltvorfällen, an denen Jugendliche beteiligt sind, und darüber hinaus gewaltpräventive Qualifikationen.

Bis heute mangelt es an wissenschaftlichen Untersuchungen, in denen der Zusammenhang von Jugendgewalt und Beruf eingehender analysiert wird. Dass Gewalt in der Arbeitswelt vielfältige Erscheinungsformen hat, verdeutlichen sich immer wieder ereignende Vorfälle. Beispiele für Gewalt im Berufsalltag sind:
> verbale Gewaltakte gegen Ausbilderinnen und Ausbilder, Arbeitskolleginnen und -kollegen;
> Vandalismus in Betrieben oder Ausbildungseinrichtungen;
> Formen psychischer Gewalt (z. B. Mobbing).

Wo Gewalt erlebt wird, werden Handlungsoptionen gesucht. Berufliche Schulen und Ausbildungsbetriebe können sich nicht darauf beschränken, erst zu agieren, wenn Gewalt stattgefunden hat. Sie sind vielmehr dazu verpflichtet, präventiv auf Jugendliche und junge Erwachsene einzuwirken.

2. Erscheinungsformen von Gewalt in der Berufsausbildung und Arbeitswelt

Gewalt ist ein komplexes Phänomen. Die Ursachen von Gewaltbereitschaft und Gewalt sind in unterschiedlichen gesellschaftlichen und sozialen Einflussfaktoren, subjektiven Interpretationen von Lebensumständen, individuellen Strategien zur Bewältigung von Problemlagen und den damit verbundenen Gefühlen zu suchen. Eine verbreitete und in sich stimmige Definition arbeitet mit der Unterscheidung von verbaler, physischer, psychischer und struktureller Gewalt (z.B. mangelnde Teilhabe und unzureichende ökonomische Chancen).[2] Anhand dieser Einteilung werden im Folgenden Beispiele von Jugendgewalt im beruflichen Sektor und in der Berufsausbildung beschrieben.

2.1 Formen verbaler Gewalt
Verbale Gewalt äußert sich über Sprache, z.B. in Form von Beleidigungen, Drohungen oder sexistischen Sprüchen.[3] Ausdrücke aus der Fäkalsprache und sexistische Sprüche gehören zum Sprachrepertoire vieler Jugendlicher. In Berufsschulen sind Beschimpfungen von Schülerinnen und Schülern sowie Beleidigungen gegenüber Lehrerinnen und Lehrern keine Einzelfälle. Lehrerinnen und Lehrer empfinden verbale Attacken von Auszubildenden als persönlich verletzend und abwertend. Die Abwertung kann sich hierbei auf das Berufsbild, die Kompetenz oder die Person als Ganzes beziehen. Interessant ist der Aspekt, dass verbale Gewalt in Betrieben seltener vorzukommen scheint (z.B. gegenüber den Ausbilderinnen und Ausbildern) als in beruflichen Schulen. Dies mag daran liegen, dass Machtpositionen in Betrieben eindeutiger abgesteckt sind und Ausbilderinnen bzw. Ausbilder es eher mit einzelnen Jugendlichen zu tun haben, während Lehrerinnen und Lehrer sich in der Regel einer größeren Gruppe von Jugendlichen gegenüber sehen.

Für den Umgang mit verbaler Gewalt gilt es zunächst, die Motive zu klären. Ein Hauptmotiv für Jugendliche ist das bewusste Ausloten von Grenzen gegenüber Erwachsenen. Darüber hinaus sind sprachliche Entgleisungen häufig eine Folge von Wut, Ärger oder ungelösten Konflikten. Verbaler Gewalt kann effektiv begegnet werden, wenn jedes Vorkommnis konsequent thematisiert wird und eine adäquate Reaktion auf das unangemessene Verhalten erfolgt (vgl. weiter unten). Dabei sollte zwischen dem nicht zu akzeptierenden Verhalten und der Person grundsätzlich getrennt werden, d.h., es geht um das nicht zu tolerierende Verhalten und nicht um die Person in ihrer Gesamtheit.

Ausschlaggebend für verbale Gewalt kann bei den Jugendlichen das Motiv nach Anerkennung und Respekt sein. Nicht umsonst steht das Einfordern von Respekt ganz oben im Forderungskatalog, wenn Jugendliche gefragt werden, was sie sich von Erwachsenen wünschen. Dies setzt eine stete Beziehungsarbeit zwischen Ausbilderinnen bzw. Ausbildern und Auszubildenden voraus. Eine tragfähige pädagogische Beziehung ist für Jugendliche deshalb so wichtig, weil intensive soziale Beziehungen zwischen Jugendlichen und Erwachsenen immer untypischer im Lebensalltag geworden sind.

2.2 Formen physischer bzw. körperlicher Gewalt
Gewalt unter Jugendlichen hat verschiedene Facetten. Ein Beispiel aus dem Ausbildungsalltag kann dies verdeutlichen: Jugendliche, die den Blockunterricht einer Berufsschule besuchen, sind für vier bis sechs Wochen in einem Wohnheim untergebracht. Die gemeinsamen Abende werden mit reichlich Alkohol gefeiert. In dieser Situation entwickelt sich zwischen zwei Auszubildenden ein Streit, der aufgrund des Alkoholkonsums eskaliert, sodass es zu einer Schlägerei kommt, bei der einer der beiden Streitenden einen Nasenbeinbruch erleidet.

An diesem Beispiel wird deutlich, dass Alkoholkonsum die Gewaltbereitschaft steigern kann. Zudem kann eine Gruppensituation eskalierend wirken. Des Öfteren begründen Jugendliche körperliche Angriffe gegenüber anderen mit einem Notwehrverhalten, wobei Notwehr aus Sicht der Täter lapidar mit der Aussage „Der Andere hat angefangen!" oder „Ich wurde bedroht!" begründet wird. Die Verhältnismäßigkeit gerät bei der Abwehr des Angriffs schnell aus dem Blick. Fatal wird es dann, wenn Jugendliche äußern, dass sie nicht ohne Waffe (z.B. ein Messer, einen Schlagring) unterwegs sind, weil sie verteidigungsbereit sein müssten. Die Frage nach der Benutzung von Waffen in der Schule wird im Übrigen in den Medien immer wieder dramatisiert.[4] Im Berufsalltag (z.B. in Werkstätten) ist es denkbar, dass in einer aufgeheizten Situation Werkzeuge zu Waffen (z.B. als Wurfgegenstände) umfunktioniert werden. Eine Aufklärung über die Einzelheiten des Notwehrparagraphen (§§ 32ff. StGB) und die möglichen Folgen von Waffeneinsatz und -gebrauch ist durchaus sinnvoll.

Notwendig ist des Weiteren der Hinweis, dass die Freizeitsphäre nur vermeintlich vom Bereich der Arbeitswelt getrennt ist. Ein weiteres Beispiel mag dies verdeutlichen: In Freiburg im Breisgau kam es im Jahr 2006 und Anfang 2007 zu zahlreichen gewalttätigen Auseinandersetzungen vor Diskotheken, an denen vorwiegend junge Männer im Alter zwischen 20 und 30 Jahren beteiligt waren und in denen überhöhter Alkoholkonsum eine wichtige Rolle spielte.[5] In den meisten Fällen handelte es sich um gewalttätiges Verhalten ganzer Gruppen.

Die an derartigen Vorkommnissen beteiligten Jugendlichen gehen häufig an Werktagen einer geregelten Arbeit nach. Die gelegentlich anzutreffende, verharmlosende Einstellung von Ausbilderinnen und Ausbildern sowie Arbeitgebern, dass das Freizeitverhalten von jungen Erwachsenen nichts mit deren beruflicher Tätigkeit zu tun habe, solange sie sich nichts auf der Arbeit zu Schulden kommen lassen, ist äußerst fragwürdig. Es geht vielmehr darum, bei solchen Vorfällen eindeutig Stellung zu beziehen und gegebenenfalls Konsequenzen anzudrohen. Denn die Chance, das Ausbilderinnen und Ausbilder auf die Jugendlichen einen positiven Einfluss ausüben können, kann wegen ihrer Vorbildfunktion sehr hoch sein.

Eine weitere Form physischer Gewalt ist unter dem Begriff „Vandalismus" bekannt; er bezeichnet die mutwillige Zerstörung öffentlicher oder fremder Sachen. Formen von Vandalismus im Zusammenhang mit dem Beruf sind zumeist Graffitis oder die gezielte Beschädigung von Betriebsgegenständen, Werkzeugen und/oder Werkstatteinrichtungen. Vandalismus wird in hohem Maße von männlichen Jugendlichen und jungen Erwachsenen im Alter von 14 bis 25 Jahren ausgeübt. Die Gründe für Vandalismus sind vielfältig. Sie reichen vom fragwürdigen Mutbeweis in der Gleichaltrigengruppe bis zur blinden Zerstörungswut.

Die Berufswelt eignet sich in besonderem Maße dazu, Jugendliche für die negativen Auswirkungen von Vandalismus zu sensibilisieren. Wenn Auszubildende Vandalismusschäden beseitigen müssen kann dies dazu führen, dass Sachbeschädigungen ein Negativimage bekommen.

2.3 Formen psychischer Gewalt

Nach Schätzungen der Deutschen Anti-Mobbing-Initiative (DAMI) werden in der Bundesrepublik pro Jahr ca. 1,5 Millionen Menschen an ihrem Arbeitsplatz von Kollegen und Kolleginnen sowie Vorgesetzten terrorisiert. Mobbing in der Arbeitswelt ist kein randständiges Thema.[6] „Unter Mobbing versteht man kontinuierlich geplante Aktionen mit dem Ziel der sozialen Ausgrenzung zur eigenen Vorteilnahme zwischen Einzelpersonen und/oder Gruppen. Der Begriff ‚Mobbing' wird verwendet, wenn eine Person am Arbeitsplatz bzw. in der Schule Zielscheibe feindseliger und systematischer Attacken, häufig über einen längeren Zeitraum hinweg, ist."[7] Roland Büchner merkt hierzu an: „Mobbing geschieht vor allem in Zwangsgemeinschaften, wie in der Arbeitswelt, Schule, Ausbildungseinrichtungen […], denn diese Bereiche können nicht ohne weiteres verlassen werden."[8] Beispiele für Mobbing am Arbeitsplatz sind:

> Die Arbeitsleistung wird ständig kritisiert.
> Gerüchte werden verbreitet bzw. die Mobbingopfer werden lächerlich gemacht.

Formen von Vandalismus im Zusammenhang mit dem Beruf sind zumeist Graffitis oder die gezielte Beschädigung von Betriebsgegenständen, …

> Die Betroffenen werden gezwungen, Arbeiten auszuführen, die das Selbstbewusstsein verletzen.
> Es werden Arbeitsaufgaben vergeben, welche die Qualifikation übersteigen, um den Betroffenen bzw. die Betroffene bloßzustellen.

Mobbing durch jugendliche Täterinnen und Täter erfolgt eher als Gruppendelikt (z.B. die Berufsschulklasse, die eine Mitschülerin oder einen Mitschüler mobbt). Hierzu ein Beispiel aus dem Ausbildungsalltag: Ein Jugendlicher oder eine Jugendliche aus dem Osten Deutschlands erhält einen Ausbildungsplatz im Westen. Aufgrund seiner bzw. ihrer Herkunft wird er bzw. sie von den einheimischen Auszubildenden als „Fremdkörper" wahrgenommen und gemobbt.

Von sexueller Belästigung als Form psychischer und körperlicher Gewalt sind in der Arbeitswelt besonders Frauen und junge Mädchen betroffen. Es sind Kollegen, Vorgesetzte, Kunden, die auf diese Weise am Arbeitsplatz die körperlichen oder psychischen Grenzen einer Frau überschreiten.[9] Im Feld der sexuellen Gewalt werden Jugendliche oder junge Erwachsene häufiger zu Opfern als zu Tätern. Das Projekt „Continuo – gegen Ausbildungsabbruch" beschreibt in seiner Broschüre ein Beispiel, in dem eine Auszubildende sich von Kollegen zweideutige Witze anhören muss und Kollegen oder der Ausbilder durch sexuelle Belästigung die körperliche Integrität der Auszubildenden verletzten.[10]

Es gibt keine Patentrezepte für den Umfang mit Mobbing oder sexueller Belästigung, aber es gibt einige Strategien, die Betroffene anwenden können (vgl. M 1). Wichtig ist zudem, dass ihnen Hilfe und Beratungsangebote zur Verfügung stehen.

2.4 Mangelnde Teilhabe als Form struktureller Gewalt

Strukturelle Gewalt äußert sich nach Johan Galtung in ungleichen Machtverhältnissen und Lebenschancen. Diese

Thomas Willemsen

M 1: STRATEGIEN GEGEN MOBBING UND SEXUELLE BELÄSTIGUNG IM BERUF[11]

Individuelle Strategien:
> Rechtzeitig reagieren, nicht zu lange warten.
> Deutlich machen, dass das Verhalten unerwünscht ist.
> Mit einer Person des Vertrauens über den Vorfall sprechen.
> Herausfinden, worum es eigentlich im Kern geht.
> Herausfinden, wo eigene Anteile am Konflikt liegen.
> Sich Verbündete suchen, Erfahrungen austauschen.
> Den bzw. die Belästigenden zur Rede stellen.

Andere einbeziehen:
> Entscheiden, ob Hilfe von einer dritten Person notwendig ist.
> Den Betriebs- oder Personalrat einschalten.
> Die Belästigung öffentlich machen, das Schweigen brechen und die Duldsamkeit ablegen.
> Externe Beratungsstellen einschalten.

Weiterführende Maßnahmen:
> Bei dem Arbeitgeber Seminare für Führungskräfte bzw. Ausbilderinnen und Ausbilder anregen.
> Betriebs- und Dienstvereinbarungen anregen und durchsetzen, die Mobbing und sexuelle Belästigung verurteilen.

Sachverhalte sind auch in der Arbeitswelt zu konstatieren.[12] Beispiele sind zunehmende Arbeitslosigkeit, der zunehmende Mangel an Ausbildungsplätzen, hierarchische Strukturen, die der Arbeitswelt innewohnen, oder überdimensionierte Leistungsanforderungen.[13] Der Tatbestand struktureller Gewalt weist darauf hin, dass Arbeits- und Lebensbedingungen von Jugendlichen, sofern sie als Benachteiligung erlebt werden, gewalttätiges Verhalten mit bedingen können. Die Annahme, dass berufliche Perspektivlosigkeit und mangelnde gesellschaftliche Teilhabe in Gewalt mündet, ist nicht unbegründet. Unter sozialpolitischen Gesichtspunkten ist es unerlässlich, dass Jugendliche die Chance erhalten, sich in die Arbeitswelt zu integrieren.

2.5 Weitere Gewaltformen

Jugendlichen mit rechtsextremen Einstellungen wird eine erhöhte Gewaltbereitschaft attestiert:„Fremdenfeindliche und rechtsextreme Überzeugungen sind keine direkte Folge problematischer Biografien

„Happy Slapping" oder „Snuff-Videos". Hierbei handelt es sich um geplante oder wahllos durchgeführte Gewalttaten, die mit Mobiltelefonen mit integrierter Kamera aufgezeichnet und anschließend weiterverbreitet werden.

Jörg Lantelme

oder einer belastenden Lebenssituation, sondern ein Angebot, das sich auch ‚ganz normale' Jugendliche und Erwachsene zu eigen machen können."[14] Deshalb darf es nicht verwundern, wenn rechtsextreme Einstellungen bei Berufstätigen oder Auszubildenden vorzufinden sind.[15] Klaus Farin geht sogar davon aus, dass „der Traumberuf des Neonazis nicht Revolutionär, sondern Polizeibeamter, Bundesgrenzschützer oder Berufssoldat ist"[16]. Rechtsextreme Einstellungen sind bei Weitem kein Phänomen, das sich auf die ostdeutschen Länder oder auf Menschen mit niedrigem Bildungsniveau beschränkt. Zudem sind rechtsextreme Einstellungen nicht eindimensional zu deuten. So ist es denkbar, Auszubildende zu erleben, die sich selbst als rechtsextrem bezeichnen, in einem zweiten Satz jedoch andeuten, dass sie nichts gegen den in Deutschland geborenen türkischen Jugendlichen haben, der den gleichen Ausbildungsbetrieb besucht. Gerade die Ambivalenz, die solchen Einstellungen oftmals inhärent ist, offeriert Chancen der Einflussnahme. So könnte der allgemeinbildende Unterricht an beruflichen Schulen gewaltpräventiv genutzt werden,

indem vermehrt interkulturelle Fragestellungen thematisiert werden.

Die Gewalt gegen sich selbst, die im Extremfall im Suizidversuch oder im Suizid mündet, betrifft ebenfalls Jugendliche und junge Erwachsene, auch wenn sie meist beim Thema Gewalt aus dem Blick gerät. Die jährliche Suizidrate liegt regelmäßig höher als die Zahl der Verkehrstoten. Die Ursachen für Gewalt gegen die eigene Person kommen nicht nur aus dem Privatbereich, sondern auch aus der Arbeitswelt (z.B. durch Demütigungen und Mobbing am Arbeitsplatz oder durch den Verlust der Arbeit).[17] Der Umgang mit Jugendlichen, die zu Gewalt gegen sich selbst tendieren, erfordert von Akzeptanz und Empathie gekennzeichnete Beziehungen. In der Arbeitswelt ist es Aufgabe von Ausbilderinnen und Ausbildern, tragfähige Beziehungen zu gefährdeten Jugendlichen aufzubauen.

Schließlich sei noch auf ein relativ neues Gewaltproblem hingewiesen, welches im Zusammenhang mit den neuen Medien steht. Aktuell sind Bezeichnungen wie „Happy Slapping" oder „Snuff-Videos".

Hierbei handelt es sich um „geplante oder wahllos durchgeführte Gewalttaten, die mit Mobiltelefonen mit integrierter Kamera aufgezeichnet und anschließend weiterverbreitet werden bzw. um Videoaufzeichnungen brutaler Körperverletzungen oder Tötungen, die aus dem Internet herunter geladen und mittels Mobiltelefon verbreitet werden"[18]. Zudem sind Gewalt verherrlichende Medienseiten (wie z.B. „rotten.com") vielen Berufsschülerinnen und Berufsschülern bekannt. Gewaltpräventive Arbeit sollte darauf abzielen, mit Jugendlichen über deren Freizeitgewohnheiten ins Gespräch zu kommen und ihnen alternative Beschäftigungsmöglichkeiten anzubieten.

3. Wie reagieren?

Die Vorraussetzungen dafür, bei Gewaltvorfällen erfolgreich zu intervenieren, sind gerade in der Arbeitswelt gegeben, da im Normalfall stabile Beziehungen zwischen den Agierenden bestehen (Ausbilder/Ausbilderin und Arbeitskollegen/Arbeitskolleginnen kennen sich, sodass bei Gewaltvorfällen direkt kommuniziert werden kann). Außerdem sind die

Aussichten hoch, dass eine Intervention langfristige Wirkungen hat, da jugendliche Gewalttäter über die Integration in geregelte Arbeitsabläufe friedliche Handlungsalternativen erlernen können. Einmalige oder wenig spektakuläre Gewalthandlungen sollten zunächst nicht automatisch zu einem Ausschluss aus Berufsschule und Arbeitsverhältnis oder zur justiziellen Ahndung führen. Sie können vielmehr als Anlässe gesehen werden, die zu thematisieren sind und aus denen „gelernt" werden kann. Deshalb benötigen Ausbilderinnen und Ausbilder entsprechende Qualifikationen, um mit Konflikten umgehen zu können (vgl. M 2).

Allerdings haben jugendliche Täter nur solange Anspruch auf den Verbleib und das (Weiter-)Lernen in Beruf und Schule, wie dieses für alle Beteiligten rechtlich und institutionell tragbar ist.[20] Gravierende Gewaltvorfälle können und müssen im Rahmen von Betriebsabläufen sanktioniert werden (z.B. in Form der Abmahnung). Als arbeitsrechtliche Maßnahme wird die Kündigung als Extremfall erst dann eintreten, wenn das Vertrauensverhältnis im Betrieb unabänderlich verletzt wurde (z.B. bei wiederholten Tätlichkeiten gegenüber Kollegen). Bei schweren Vertrauensverstößen (z.B. mutwillige Zerstörung von Betriebseigentum) sind fristlose Kündigungen ohne vorherige Abmahnungen möglich.[21]

Konflikte und Gewaltvorfälle in Betrieben können – wenn die Bereitschaft seitens der Betriebsleitung und der an dem Konflikt Beteiligten vorhanden ist – mit Hilfe anderer Konfliktlösungsverfahren (Mediation oder Täter-Opfer-Ausgleich) geregelt werden. Die Schritte eines Mediationsverfahrens, wie es mit Jugendlichen praktiziert wird, sind in den Veröffentlichungen des Bundesinstituts für Berufsbildung (BiBB) ausführlich beschrieben.[22] Das, für gewöhnlich an das Strafrecht angegliederte, Verfahren des Täter-Opfer-Ausgleichs eignet sich in seiner Form und Intention für die Bearbeitung von Gewalttaten auch in der Arbeitswelt, weil es

die Chance bietet, die Beziehungsstörung zwischen Opfer und Täter aufzuarbeiten und die Gewaltverursacher mit ihrem Vergehen zu konfrontieren.[23]

Als Reaktionsmöglichkeit bei Gewaltvorfällen in Betrieben oder beruflichen Schulen empfehlen sich zudem Beratungsangebote (z.B. von Betriebsräten bzw. Vertrauenspersonen in Betrieben oder von Beratungslehrern/innen und Schulsozialarbeiter/innen in beruflichen Schulen). Notwendig hierfür sind Fortbildungsangebote für das Beratungspersonal sowie finanzielle und zeitliche Ressourcen.

4. Gewaltprävention im Ausbildungsbetrieb

Gewaltprävention in Betrieben hat unterschiedliche Ansatzpunkte (Arbeits- und Ausbildungsstrukturen, Arbeitsbeziehungen und Bildungsinhalte) und muss mehrdimensional über Teamarbeit, Mitbestimmung, Bildungs- und Seminararbeit sowie über Beziehungsarbeit verlaufen.

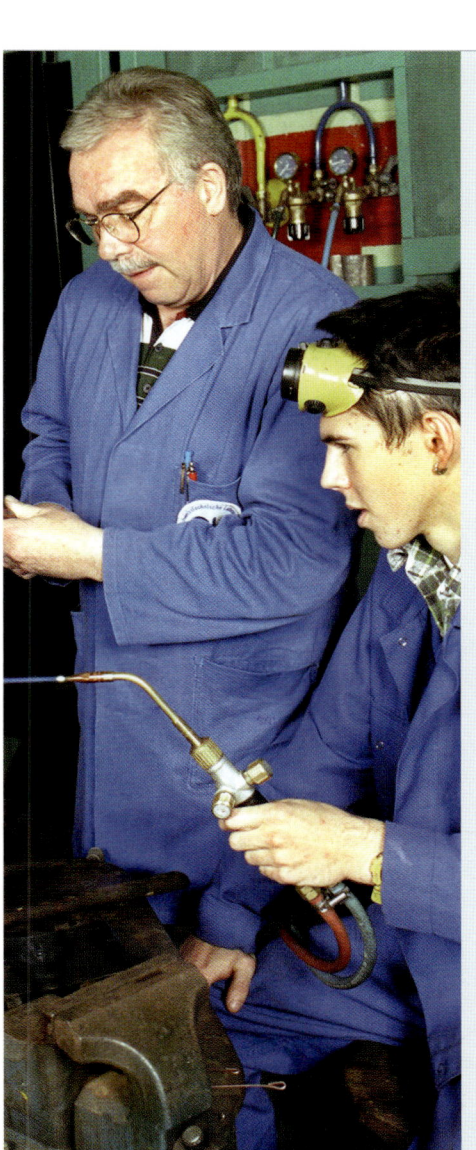

picture-alliance/Horst Ossinger

M 2: LEITFADEN FÜR DEN UMGANG MIT KONFLIKTEN[19]

> **Sichtweise der Beteiligten:**
> Die Konfliktbeteiligten stellen jeweils das Problem aus ihrer Sicht dar; wichtig: beobachtetes Verhalten beschreiben statt es zu bewerten sowie daraus resultierende Probleme erläutern. Erhellung/Vertiefung der Sichtweisen: Bisher nicht genannte Interessen, Hintergründe und Gefühle der Beteiligten werden erarbeitet, Wünsche/Idealvorstellungen formuliert.

> **Erarbeitung möglicher Problem- und Konfliktlösungen:**
> Lösungsmöglichkeiten werden gesammelt; realistische von unrealistischen Vorschlägen getrennt; favorisierte Lösungsvorschläge werden weiter eingegrenzt.

> **Übereinkunft:**
> Die Konfliktbeteiligten einigen sich auf eine gemeinsame Lösung; eine Vereinbarung wird formuliert; Umsetzung und Dauer der Übereinkunft werden vereinbart, ein Termin für das Bilanzgespräch festgelegt.

> **Bilanzgespräch:**
> Die Umsetzungsphase wird reflektiert; die Vereinbarung wird gegebenenfalls korrigiert.

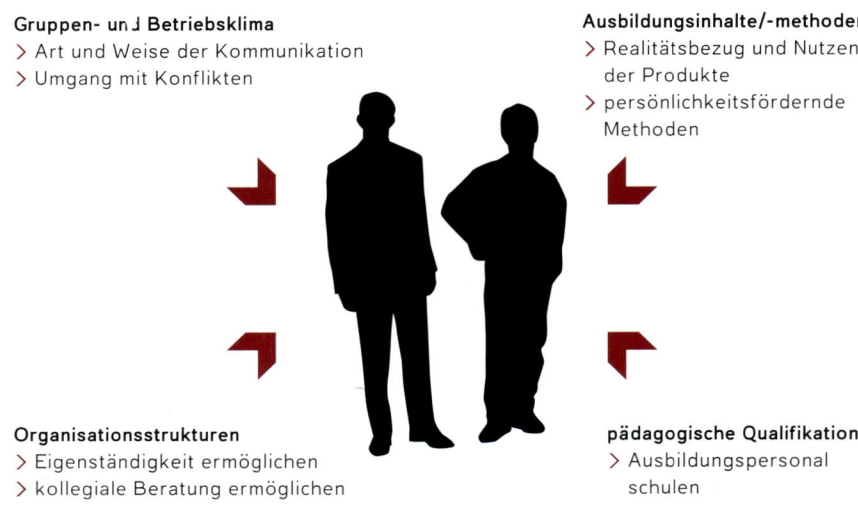

Gruppen- und Betriebsklima
> Art und Weise der Kommunikation
> Umgang mit Konflikten

Ausbildungsinhalte/-methoden
> Realitätsbezug und Nutzen
  der Produkte
> persönlichkeitsfördernde
  Methoden

Organisationsstrukturen
> Eigenständigkeit ermöglichen
> kollegiale Beratung ermöglichen

pädagogische Qualifikation
> Ausbildungspersonal
  schulen

Quelle: Büchele, Ute/Munz, Claudia/Malarski, Roswitha/Schmidtmann-Ehnert, Angelika, Handlungsfähig statt handgreiflich. Konflikte lösen – Gewalt vermeiden. Strategien für die Berufsausbildung (Seminarpaket in zwei Bänden: Referentenleitfaden und Handbuch), BIBB 1998 u. 1999.

Einen guten Überblick über die verschiedenen Ebenen der Gewaltprävention liefert der Ansatz von Ute Büchele u.a., der in Abbildung 1 dargestellt ist.[24]

Ute Büchele u.a. betonen, dass sich der Aspekt „Gruppen- und Betriebsklima" auf die formale Ebene der Kommunikation bezieht. Dies bedeutet, dass „ausbildende Betriebe und Berufsschulen zum einen formale Instanzen sind, in denen Jugendliche erreichbar sind"[25]. Erreichbar sind Jugendliche dann, wenn sie in ihrer eigenen Handlungsfähigkeit und Verantwortlichkeit gestärkt werden. Dies kann über entsprechende Organisationsstrukturen, aber auch durch geeignete Arbeitsinhalte und -methoden erfolgen.

Gelungene präventive Arbeit bedeutet vor allem Beziehungsarbeit, d.h., Jugendliche sind in der Arbeitswelt auf Identifikationsfiguren angewiesen, an denen sie sich orientieren können. Dazu ist es erforderlich, dass Ausbilderinnen und Ausbilder in ihrer pädagogischen Kompetenz geschult werden.

5. Gewaltprävention in Berufsschulen

Ein weiterer präventiver Ansatz ergibt sich über die Verankerung sozialer Lernprozesse in außercurricularen Veranstaltungen. So haben der Caritasverband und die Fördergesellschaft der Handwerkskammer der Stadt Freiburg im Breisgau im Jahre 2002 eine Fachstelle Gewaltprävention mit dem Ziel eingerichtet, gewaltpräventive Ansätze zu entwickeln, die vor allem an beruflichen Schulen und in der Ausbildung von Jugendlichen und jungen Erwachsenen einsetzbar sind. Die Fachstelle bietet u.a. Seminare zu vier zentralen Themenfeldern an:[26]
> „KONFLIKTE verstehen: Verbesserung der Konfliktfähigkeit kann durch eine Auseinandersetzung mit konkret erlebten Konflikten in einem neutralen Übungsraum erreicht werden. Dazu gehört das Kennenlernen grundlegender Konfliktmechanismen und das Ausprobieren unterschiedlicher Lösungsoptionen für Konflikte.
> KOMMUNIKATION verbessern: Für Schule, Ausbildung und Berufsleben

sind kommunikative Kompetenzen zentraler Lerninhalt. Zum einen spielen sie in Dienstleistungsberufen zwischen Anbieter, Auftraggeber oder Kunde eine besondere Rolle. Zum anderen sind kommunikative Kompetenzen in der Teamarbeit gefragt. Darüber hinaus sind kommunikative Kompetenzen Voraussetzung für die konstruktive Bearbeitung von Konflikten.
> MEDIATION üben: Dieses Verfahren der Konfliktbearbeitung (vor allem seine Grundprinzipien und seine inhaltlichen Gewichtungen) ist besonders geeignet, Konflikte in Ausbildung und Beruf zu bearbeiten. Deshalb wurde großer Wert darauf gelegt, dass die Seminarteilnehmer/innen mit diesem Verfahren vertraut wurden.

M 3: DAS REGENSBURGER GEWALTPRÄVENTIONSPROGRAMM NACH DAN OLWEUS

Maßnahmen auf der Klassenebene:

1. Erarbeitung und Einführung von Klassenregeln gegen Gewalt: Klarstellung, welche Strafen auf eine Missachtung der Regeln folgen – Absprachen zwischen Schülerinnen, Schülern und Lehrkräften;

2. Durchführung regelmäßiger Klassengespräche: Bewährung und Überprüfung von Regeln;

3. handlungsorientierte Thematisierung im Unterricht: Themenwoche „Gewalt an unserer Schule";

4. besondere Zusammenarbeit von Eltern und Lehrkräften der Klasse: Verbesserung der Zusammenarbeit von Eltern und Lehrkräften.

Maßnahmen auf der Schulebene:

1. (qualitative) Verbesserung der Pausenaufsicht;

2. Umgestaltung des Schulhofs;

3. Einrichtung eines Kontakttelefons, welches das Gespräch mit einer Vertrauensperson an der Schule ermöglicht;

4. Angebote für Lehrkräfte: Fortbildungen und Supervision;

5. Kooperation von Eltern und Lehrkräften.

Maßnahmen auf der persönlichen Ebene:

1. intensive Gespräche der Lehrkräfte mit Tätern/Täterinnen, Opfern und Eltern der beteiligten Schülerinnen und Schüler;

2. Entwicklung und Durchführung von Schlichterprogrammen für Schülerinnen und Schüler;

3. Klassen- und Schulwechsel betroffener Schülerinnen und Schüler.

> *Die Fachstelle Gewaltprävention hat das Ziel, gewaltpräventive Ansätze zu entwickeln, die vor allem an beruflichen Schulen und in der Ausbildung von Jugendlichen und jungen Erwachsenen einsetzbar sind.*

> Mit GEWALT umgehen: In Abgrenzung zum Umgang mit Konflikten erfordert der Umgang mit Gewalt noch mal andere Herangehensweisen. Deshalb wurden hierzu eigene Seminarinhalte erprobt und entwickelt."

Ein weiteres Beispiel guter Praxis sind die Präventions- und Interventionsmaßnahmen eines beruflichen Schulzentrums in Regensburg. Aufgrund einer Fragebogenerhebung über Ausmaß und Art der Gewaltvorkommnisse erarbeitete die Schule in Anlehnung an das Konzept von Dan Olweus[27] ein die gesamte Schule umfassendes Konzept zur Gewaltprävention, das zwischen Maßnahmen auf der Schulebene, der Klassenebene und der persönlichen Ebene unterscheidet (vgl. M 3).[28]

AUSGEWÄHLTE LITERATUR

➔ Büchele, Ute/Munz, Claudia/Malarski, Roswitha/Schmidtmann-Ehnert, Angelika, Handlungsfähig statt handgreiflich. Konflikte lösen – Gewalt vermeiden, Handbuch, Gütersloh 1998.

➔ Büchele, Ute/Munz, Claudia/Malarski, Roswitha/Schmidtmann-Ehnert, Angelika, Handlungsfähig statt handgreiflich. Konflikte lösen – Gewalt vermeiden, Referentenleitfaden, Gütersloh 1999.

➔ Büchele, Ute/Munz, Claudia, „Gewaltig lieben. Gewalt unter Jugendlichen", Bietigheim-Bissingen 1999.

➔ Fachstelle Gewaltprävention (Hrsg.), Konfliktfähigkeit in Ausbildung und Beruf, Freiburg 2005. (Der Methodenreader für die Seminararbeit mit Schülerinnen, Schülern und Auszubildenden ist erhältlich unter: www.continuo-ausbildung.de/continuo/presse/Broschuere-Gewaltpraevention.pdf

➔ Fechler, Bernd, Miteinander Klarkommen im Betrieb. Ein Handbuch für soziale Trainings und Konfliktmanagement in der Jugendberufshilfe, Frankfurt am Main 2000.

„Tatort Stadion"

Jugendliche Fankulturen und die Inszenierung von Gewalt

Gunter A. Pilz

ullstein bild – AP

1. Postmoderne „Indianerspiele"?

Wochenende für Wochenende sind Hunderttausende auf Achse, um in der Atmosphäre des Stadions einen Hauch von Abenteuer, Spannung, Nervenkitzel und Risiko zu erleben oder sich im Umfeld des Stadions bei Zoff und Randale selbst Abenteuer und Spannungserlebnisse zu verschaffen. Von stiller, genießender Teilhabe bis hin zu enthusiastischer Begeisterung, von humoristischen Gesängen und Sprechchören bis hin zu provokativer Häme und verletzenden Verbalinjurien oder weniger ernsthaften Keilereien reicht die Spannbreite des Verhaltens. Vor allem die sogenannten Hooligans inszenieren immer wieder aufs Neue in der Auseinandersetzung mit der Polizei postmoderne „Indianerspiele". Spiele, die leider den Boden karnevalistischer Schlägereien verlassen, zu blutigem Ernst werden und nicht selten in brutalen Gewalttätigkeiten enden.

2. Zeiten und Fans haben sich gewandelt

Bis weit in die 1950er Jahre war das Verhältnis von Zuschauer und Spieler durch Interaktion geprägt. Dass dabei die Anhänger als „Schlachtenbummler" bezeichnet wurden, hat seine Ursache in der militärischen Tradition des Fußballsports. Es war das Militär, das in Deutschland am gesellschaftlichen Aufstieg des Fußballspiels wesentlich beteiligt war. Der Durchbruch des Fußballsports zu einem Massenphänomen in den 1920er Jahren erfolgte unter anderem durch die aktive Unterstützung des Militärs. Es verwundert deshalb auch nicht, dass in die Fußballsprache die Sprache des Militärs Eingang gefunden hat: Angriff, Abwehr, Flanke, Schuss, Bombe, Bomber, Granate sind heute noch gängige Begriffe im Fußballerlatein. Konsequenterweise trafen sich die gegnerischen Mannschaften zu „Schlachten" und lieferten sich auch nicht selten „Schlachten" auf dem „Schlachtfeld". Zu diesen Schlachten „bummelten" denn auch die „Schlachtenbummler", die „Schlachtrufe" und „Schlachtgesänge" anstimmten.

Schon ein kurzer Blick in moderne Fußballstadien zeigt, wie sich die Zeiten gewandelt haben: Aus breitflächigen Stadien, in denen die Zuschauer bis unmittelbar am Spielfeldrand standen, sind Arenen mit Drahtverhauen geworden, hinter denen Zuschauer und Fans wie Raubtiere gehalten und von den Akteuren ferngehalten werden. Aus „Schlachtenbummlern" wurden ab Mitte der 1970er Jahre mehr und mehr „Fußballfans", die sich – in der negativen Version – in „Fußballrowdies", „Fußballrocker" und Mitte/Ende der 1980er Jahre in „Hooligans" ausdifferenzierten.[1] Dabei lässt sich bezüglich der Entwicklung und Ausdifferenzierung von Spieler- und Zuschauertypen eine interessante Parallele festmachen: So wie aus dem Spieler zum Anfassen der distinguierte Star wurde, dessen Treue zum Verein nicht langfristige Verträge, geschweige denn die sozio-kulturelle, lokale Verwurzelung, sondern allein die Höhe der finanziellen Zuwendungen bestimmen, so wandelte sich der kumpelhafte Anhänger zum leidenschaftlichen Fan und schließlich zum coolen distinguierten Hooligan, als letzte Stufe der Distanz von Spieler, Verein und Zuschauer.

Fan und Star sind zwei Seiten einer Medaille, deren aktuelle und fortgeschrittene Variante der ausgekochte Profi ist, der flexibel und cool wie ein elitärer Hooligan die regionale Vereinsgebundenheit ebenso abstreift wie sein Trikot und dort auftritt, wo das meiste Geld bezahlt wird, bzw. beim Hooligan, wo die „beste Action" abgeht.[2] So steht im Erstgutachten der Unterkommission Psychologie der Gewaltkommission der Bundesregierung:

„Das Fanverhalten spiegelt die Erfolgs-(Leistungs)betonungen unserer Gesellschaft wider. Der Erfolg wird recht ein-

Vor allem die sogenannten Hooligans inszenieren immer wieder postmoderne „Indianerspiele", die leider den Boden karnevalistischer Schlägereien verlassen, zu blutigem Ernst werden und nicht selten in brutalen Gewalttätigkeiten enden.

seitig am Spielergebnis (Spielstand) gemessen. Dagegen treten andere Werte zurück. Der Spielerfolg setzt sich auch direkt in Geld um. Es entsteht die Gleichung ‚Erfolg = Geld'. Dies impliziert: Im Leistungssport sind Leistungsträger [und wie wir wissen mittlerweile auch Unparteiische, G.A. Pilz] käuflich. Auf dem Spielermarkt ist offensichtlich die Mitsprache der Sportler so weit eingeengt, dass ernsthaft darüber diskutiert werden müsste, wie weit hier die Menschenwürde verletzt wird. Die Heranwachsenden nehmen diese Art von Degradierung ihrer Idole wohl diffus wahr, ohne sich im Allgemeinen davon kritisch distanzieren zu können. Der aggressive Konkurrenzkampf um einen Stammplatz in der Mannschaft nimmt Einfluss auf die aggressiven Tendenzen der Fans. Dies wird kaum durchschaut, denn es ist eingebettet in eine Vielzahl von Normen, die vom jungen Mann aggressives Durchsetzungsverhalten verlangen."[3]

3. Hooligans und der Zeitgeist der Moderne

„Gewalt ist die Tankstelle für Selbstbewusstsein" – so lautet die Umschreibung für die Möglichkeit, im Jugendalter ein Selbstkonzept durch Selbstbehauptung zu erlangen. Das Jugendalter gilt als Lebensphase, in der Heranwachsende eine psychosoziale Identität aufbauen müssen. Diese Verwirklichung von personaler Identität ist heute erschwert. Junge Menschen wollen nicht nur passiv Lernende in Institutionen sein, sie brauchen auch Bestätigung, Engagement und sinnvolle Aufgaben. Herausbildung einer positiven Identität heißt deshalb, positive Antworten auf die drängenden Fragen zu finden: Wer bin ich?, Was kann ich?, Wozu bin ich da?, Wohin gehöre ich? und schließlich Was wird aus mir?

Im Gewaltgutachten der Bundesregierung[4] wird entsprechend beklagt, dass junge Menschen – vor allem in der Schule

– heute fast nur noch erfahren, was sie nicht können, nicht aber das, was sie können. Oskar Negt hat deshalb zu Recht darauf hingewiesen, dass der Kampf vieler junger Menschen eigentlich um die Fragen geht: Was bin ich in dieser Gesellschaft? Bietet mir diese Gesellschaft überhaupt einen Platz und eine zufriedenstellende Lebensperspektive?[5] Finden Jugendliche auf diese Fragen keine Antwort, ergeben sich Suchbewegungen, mit denen sie diese Probleme zu lösen versuchen. Bieten sich Jugendlichen keine oder kaum Möglichkeiten, sich durch etwas hervorzutun, bleibt ihnen oft nur noch der Körper als Kapital, den sie entsprechend modellieren und einsetzen, um Anerkennung und Aufmerksamkeit zu finden. Hier ist eine der Wurzeln für den „Kult des Körpers" und den „Kult der Gewalt" zu sehen, die so besehen auch eine Form jugend-, meist jungenspezifischer Identitätssuche und Identitätsentwicklung sind.

Hooligans rekrutieren sich aus allen Sozialschichten. Unter ihnen befinden sich viele Abiturienten, Studenten, Menschen in guten beruflichen Positionen.

Dabei ist im Fußballumfeld auch festzustellen, dass sich unter die gewaltfaszinierten Fußballfans und Hooligans Rechtsextreme mischen. Dies hat nach Carsten Wippermann damit zu tun, dass „rechtsradikale Gewalttaten für die Täter (unbewusst) den Charakter eines Events haben. Sie werden begriffen als eine Veranstaltung mit einer besonderen Ästhetik, emotionalen Aufladung und Gemeinschaftserleben und sind darin motivationspsychologisch anderen Events ähnlich. Rechtsradikale Gewalt hat also heute diese Doppelstruktur von Ideologie und Erlebnissehnsucht."[6] Der hohe Eventcharakter macht die gewaltfaszinierte Hooliganszene für rechtsextreme Gewalttäter attraktiv.

Wie problematisch gerade dieser letzte Punkt ist, zeigt die Tatsache, dass nahezu alle jugendlichen Gewalttäter ein gemeinsames Merkmal aufweisen: Sie haben oder entwickeln keine Schuldgefühle bezüglich ihres Gewalthandelns und die früher vorhandenen Selbstregulierungsmechanismen gehen in der Fan- und Hooliganszene immer mehr zurück. Die Hooligans verhalten sich dabei wie die Fußballspieler: Sobald diese den Platz betreten, lassen sie die Verantwortung für ihr Verhalten in der Kabine: Erlaubt ist nicht nur, was das Regelwerk vorschreibt, sondern alles, was der Schiedsrichter nicht sieht bzw. nicht pfeift. Ganz ähnlich äußern sich Hooligans: „Wenn es Verletzte oder gar Tote gibt, sind nicht wir schuld, sondern die Polizei, die nicht rechtzeitig genug eingegriffen hat."[7]

Dabei entwickeln diese Jugendlichen ein sehr ambivalentes Verhältnis zur Polizei: Auf der einen Seite beklagen sie sich, wenn die Polizei konsequent eingreift und mögliche Auseinandersetzungen be-

reits im Keime erstickt, auf der anderen Seite finden sie es aber auch nicht gut, wenn die Polizei gar nicht oder zu spät eingreift. So werden Bundesligastädte und -stadien von den Jugendlichen danach eingestuft, wie gut oder wie schlecht man sich dort prügeln kann.

Dabei haben Hooligans ein klares Bild von dem, wie die Polizei einzugreifen hat. Für den Außenstehenden zu hartes, zum Teil sogar brutales Eingreifen wird von vielen Hooligans mit der lapidaren Bemerkung abgetan: „Wenn wir unseren Spaß haben, sollen ihn auch die ‚Bullen' haben. Wenn wir Scheiße machen, dürfen wir uns nicht beklagen, wenn die ‚Bullen' es uns zurückzahlen."[8] So sagte ein Hooligan, nachdem er durch Gummiknüppel der Bereitschaftspolizei erhebliche Blessuren erlitten hatte und in die Flucht geschlagen worden war, wörtlich zu mir: „Heute waren die ‚Bullen' aber gut drauf!"[9] Ein Hannoveraner Fan berichtete mir stolz von seinem Erlebnis mit Braunschweiger Fans, mit denen die Hannoveranerfans eine traditionell ge-

pflegte Feindschaft verbindet, und der Polizei: „Vor mir Braunschweiger, hinter mir die Bullen. Ich dazwischen, ganz alleine. Ich hab' die Prügel meines Lebens bekommen: ein Wahnsinnserlebnis!"[10]

4. Die Suche nach dem Kick

Man kann Hooligans bezüglich ihrer Selbstkonzepte und Motivationen in zwei Gruppen einteilen. Die einen (vornehmlich mit niedrigem Bildungsniveau) finden auf der Suche nach Selbstbehauptung in der Gewalt und in der Gruppe der Hooligans ihre Kraft, ihr Selbstwertgefühl. Die anderen (vornehmlich mit höherem Bildungsniveau) finden auf der Suche nach Selbstdurchsetzung durch das Ausleben der Gewalt authentische Erfahrungen von Spannung, Abenteuer und von Lust.

Entgegen den allgemeinen Vorurteilen bezüglich der sozialen Herkunft, der schulischen und beruflichen Situation von Hooligans sind unter diesen kaum Arbeitslose zu finden. Hooligans rekru-

tieren sich aus allen Sozialschichten, unter ihnen befinden sich viele Abiturienten, Studenten, Menschen in guten beruflichen Positionen. Diese Hooligans haben zwei Identitäten: eine bürgerliche Alltagsidentität und eben ihre sub- bzw. jugendkulturelle Hooliganidentität. „Der Fußball ist wie ein zweites Privatleben. Ich kann mit meiner Freundin weggehen, da habe ich meine Sonntagshose an, da geh' ich Essen ganz fein, geh' ins Kino ganz fein, sitz abends daheim und guck Fernsehen. Und dann gibt's wie ein Bildschnitt, dann schlaf' ich eine Nacht, steh' morgens auf und dann ist Fußballtime. Dann guck' ich halt, wo ich gut kann, wo geht 'ne Party ab", so ein Hooligan.[11] Unter den Hooligans, die die Hannoversche Polizei vor ein paar Jahren nach einer Schlägerei festgenommen hat, waren denn auch ein Diplomingenieur, ein Arzt, ein Banker und – quasi als Krönung – ein Rechtsanwalt und Notar.

Baldo Blinkert hat aufgezeigt, dass sich im Verlauf der industriewirtschaftlichen Modernisierung in zunehmendem Maße

eine ganz spezifische Betrachtung sozialer Normen durchgesetzt hat, die er als „utilitaristisch-kalkulative Perspektive" bezeichnet.[12] Der mit dieser Modernisierung verbundene Trend zur Ökonomisierung sowie Prozesse der Rationalisierung und Individualisierung führen dazu, dass verstärkt Situationen entstehen, in denen eine größere Zahl von Jugendlichen die Kosten für illegitimes Verhalten als niedrig und den Nutzen als relativ hoch einschätzt. Illegitimes Verhalten wird entsprechend nicht als pathologisch angesehen, sondern als durchaus rationale Form der Konfliktlösung.

Aufgrund dieser hedonistischen, Kosten und Nutzen kalkulierenden Haltung, die sich zunehmend in modernen Industriegesellschaften ausbreitet, können wir Hooligans als die Avantgarde eines neuen Identitätstyps bezeichnen, die sich – was den Zeitgeist anbelangt – nicht abweichend verhalten, sondern in einer fatalen Weise überangepasst sind an die Mobilitäts- und Flexibilitätserfordernisse der Gesellschaft und des Erfolgssports.

Den Hooliganismus können wir als eine Folge der Modernisierungsprozesse unserer Gesellschaft begreifen. Hooligans verkörpern in exakter Spiegelung die einseitigen Werte und Verhaltensmodelle des verbreiteten Zeitgeistes: elitäre Abgrenzung, Wettbewerbs-, Risiko- und Statusorientierung, Kampfdisziplin, Coolness, Flexibilitäts- und Mobilitätsbereitschaft, Aktionismus, Aggressionslust, Aufputschung und atmosphärischer Rausch. Das Persönlichkeitsprofil eines gewaltfaszinierten Hooligans unterscheidet sich in der Selbstbeschreibung nicht von dem eines mittleren deutschen Managers: freundlich-locker, cool-knallhart, durchsetzungsstark, respektiert, überlegen, selbstbewusst, Menschenkenner.

5. Die Suche nach authentischer Erfahrung

Als weitere Dimension kommt die Suche nach der authentischen Erfahrung hinzu. Sie hat ihre Ursache unter anderem in der Verengung, Verregelung, dem Verschwinden von Bewegungsräumen, von Räumen zum Spielen, zum Ausleben der Bewegungs-, Spannungs- und Abenteuerbedürfnisse. Ein paar Aussagen von Hooligans mögen dies verdeutlichen:

„Es ist ein unheimlich spannendes Gefühl, wenn man in so einer riesigen Gruppe von 100 bis 120 Leuten mitläuft und man muss wirklich aufpassen, ob jetzt von links oder rechts [...] feindliche Hooligans kommen. Das erinnert mich irgendwie immer so an diese Geländespiele, die man früher immer gemacht hat mit Jugendgruppen. Das ist wirklich so, wie wenn man Räuber und Gendarm spielt. Und was das Ganze manchmal noch spannender macht, ist, dass höchst überflüssigerweise die Polizei dann auch noch mitmischt, weil das macht die Sache dann interessanter, weil es schwieriger ist, weil man dann auf zwei Gegner achten muss und nicht nur auf einen."

„Wenn du natürlich jetzt mit so 'nem Übermob antobst und dann eben alles niedermachst, also das schönste Gefühl ist das eigentlich. Dann fliegen vielleicht 'n paar Flaschen oder Steine. Und dann rennt der andere Mob und dann jagst du die anderen durch die Gegend. Also siebenter Himmel. Das würdest du mit keiner Frau schaffen oder mit keiner Droge. Dieses Gefühl, das ist schön."

„Der Reiz liegt in dem Moment, wenn du um die Ecke biegst und 40 Mann auf dich zu rennen. Das ist der Kick für den Augenblick. Das ist wie Bungee-Springen – nur ohne Seil."[13]

Gewalt, dies machen diese Aussagen deutlich, wird zum Selbstzweck, übt eine hohe Faszination aus. Diese Faszination von selbst brutalster Gewalt kann man in dem Buch „Geil auf Gewalt" des amerikanischen Journalisten Bill Buford[14] in ebenso eindrucksvoller wie bedrückender Weise nachvollziehen. Angewidert von deren Brutalität, ja Bestialität, und um deren Verhalten verstehen zu können, begleitete Buford englische Hooligans auf deren Fahrten zu Europacup-Spielen im Ausland. Das Bedrückende an dem Buch ist die Erkenntnis, dass Buford ungeachtet der beobachteten, zum Teil brutalsten Handlungen seinen anfänglichen Ekel und seine Abneigung gegenüber dieser Gewalt der Hooligans zunehmend ablegte, je länger er dabei war.

Am Ende machte seine Ablehnung dieser Gewalt einer hochgradigen Faszination Platz: „Was mich anzieht, sind die Momente, wo das Bewusstsein aufhört: Momente, in denen es ums Überleben geht, Momente von animalischer Intensität, der Gewalttätigkeit, Momente, wenn keine Vielzahl, keine Möglichkeit verschiedener Denkebenen besteht, sondern nur eine einzige – die Gegenwart in ihrer absoluten Form. Die Gewalt ist eines der stärksten Erlebnisse und bereitet denen, die fähig sind, sich ihr hinzugeben, eine der stärksten Lustempfindungen. [...] Und zum ersten Mal kann ich die Worte verstehen, mit denen sie diesen Zustand beschreiben. Dass die Gewalttätigkeit in der Masse eine Droge für sie sei. Und was war sie für mich? Die Erfahrung absoluten Erfülltseins."[15]

6. Ultras kennen nur eine Identität

Seit Mitte bis Ende der 1990er Jahre steigt die Zahl der Ultra-Gruppierungen in Deutschland rapide an. Die leidenschaftliche, südländische Kultur des Anfeuerns – die sogenannte Groundhopper, die in Spanien und Italien unterwegs waren, mit nach Deutschland brachten – ist bei ihnen sehr beliebt. Vor allem die extrovertierte Art und Weise, wie Ultras einen Verein unterstützen, und ihre Selbstdarstellung sowie der enge, freundschaftliche Zusammenhalt in den Ultra-Gruppen faszinieren jugendliche Fußballanhänger.

„Ultra" sein bedeutet, „extrem" zu sein, „durchzudrehen", Spaß zu haben, Teil einer eigenständigen neuen Fußballfan- und Jugendkultur zu sein. Im Gegensatz zu den Hooligans besitzen Ultras nur eine Identität, die sie auch während der Woche ausdrücken. Alles andere, wie die Schule, der Beruf, die Freundin oder die Familie muss sich dem Fußball unterordnen.

Ultras beschreiben in Interviews ihr Fan-Dasein als Mischung aus An- und Entspannung – als „Arbeit", bei der sie bis in die letzte Minute höchst konzentriert sind und körperlich wie verbal alles geben, und als Rauscherlebnis, als „Flow"[16], bei dem sie einfach alles rundherum vergessen, sich fallen und nur noch von ihrer Leidenschaft, ihrem Gefühl leiten lassen. Die folgenden Aussagen mögen dies verdeutlichen:

„Die Leute sollten einfach verstehen, dass das bei allen anderen Sachen, die in Bezug auf Ultra durch den Raum schwirren, das einzige ist, was bei einer guten Gruppe wirklich zählt: Freundschaft und Liebe! Diese beiden Faktoren sind existenziell und unabdingbar, wenn eine Ultra-Gruppe funktionieren soll. Freundschaft untereinander, Liebe zu Ultra und dieser Einstellung, diesem Lebensgefühl und natürlich zu seinem Verein. Dieses Lebensgefühl, diesen Lifestyle kann man eigentlich auch nicht wirklich in Worten

Die Suche nach der authentischen Erfahrung hat ihre Ursache unter anderem in der Verengung, Verregelung, dem Verschwinden von Bewegungsräumen...

„Ultra" sein bedeutet, „extrem" zu sein, „durchzudrehen", Spaß zu haben, Teil einer eigenständigen neuen Fußballfan- und Jugend-kultur zu sein.

picture-alliance/Carmen Jaspersen

beschreiben, man muss es einfach fühlen. Wenn erwachsene Menschen sich gegenseitig in den Arm nehmen, weinen, lachen und sich auch ohne große Worte verstehen, muss schon mehr dahinter stecken als bloße Liebe zum Verein. Manche mögen das als unnötige Gefühlsduselei abtun, aber für uns ist der Umgang untereinander sehr wichtig, denn wenn dieser nicht stimmt, überträgt sich das automatisch auf die gesamte Gruppe. Eine Gruppe sollte einem Halt geben, idealer Weise als Ersatzfamilie dienen. Es ist wichtig, dass man auch diese zwischenmenschlichen Dinge beachtet, denn nur wenn die Mitglieder der Gruppe sich gegenseitig achten und respektieren, entsteht Zusammenhalt und Geschlossenheit."[17]

Das Fußballstadion wird hier wieder zu einem wichtigen Ort des Ausgleichs des Seelenhaushalts der Menschen moderner Industriegesellschaften. In einer Gesellschaft, in der die Menschen nur noch daran gemessen werden, was sie haben, und nicht daran, was sie sind, steigt das Bedürfnis, selbst kreativ zu sein, etwas zu schaffen, nach eigenen Vorstellungen aufbauen und verändern zu können, etwas zu bewegen, auf etwas Einfluss zu haben, wie uns Oskar Negt[18] gezeigt hat. Dem Fußballstadion kommt deshalb eine wichtige Rolle im Sinne der Kompensation zu.

Ein Problem stellt inzwischen die Gewaltbereitschaft, das offene Bekenntnis zur Gewalt dar, das mittlerweile auf den Internetseiten mancher Ultragruppierungen zu finden ist. Die Beteiligung an Auseinandersetzungen mit gegnerischen Fans und auch der Polizei haben dazu geführt, dass die Ultraszene von der Polizei der „Kategorie C (= Gewalttäter)" zugeordnet wird. Als negative Folgeerscheinung resultiert daraus eine Radikalisierung (im Sinne eines ausgepräg-

ten Feindbildes „Polizei") des weitaus größeren, unproblematischen Teils der Szene, der sich mit repressiven Maßnahmen konfrontiert sieht, die sonst eigentlich nur Hooligans erfahren.

Die Ultraszene ist auf dem Weg, sich von der Gewaltfreiheit zu verabschieden, die lange für diese Szene kennzeichnend war, und immer mehr auch hooliganähnliches Verhalten, gepaart mit ultraspezifischen Aktionen, zu zeigen, sodass man von einer Entwicklung bzw. Ausdifferenzierung der Ultras hin zu Hooltras sprechen kann. Das Wortspiel „Hooltras" umschreibt genau diese Entwicklung: Ein Teil der Ultras übernimmt das aggressive und gewalttätige Handlungsmuster der Hooligans. Diese Unterscheidung ist wichtig, um den noch kleinen Teil der gewaltbereiten Hooltras von der überwiegenden Zahl friedlicher Ultras klar zu unterscheiden. Auf der Internetseite der Ultras Frankfurt steht unmissverständlich:

„Wenn man von der Verteidigung und Erhaltung seiner Freiräume spricht, muss man zwangsläufig etwas zum Thema Gewalt sagen. Es ist oft heuchlerisch von anderen Gruppen, wenn sie sich in Texten von Gewalt grundsätzlich distanzieren, dann aber im Endeffekt gegensätzlich handeln. Andererseits kann es aber auch nicht sein, dass einige Leute im Stadion den Dicken markieren, um dann draußen auf der Straße von dem ganzen Hass nichts mehr wissen zu wollen. Für uns bedeutet Ultra auch, sich nicht nur auf die Hassgesänge während der 90 Minuten im Stadion zu beschränken, sondern dieses Leben 24 Stunden am Tag/ 7 Tage in der Woche zu leben. [...] Wir distanzieren uns nicht grundsätzlich von Gewalt. [...] sicherlich mag für einige Menschen Gewalt der falsche Weg sein, um Probleme zu lösen, wir merken hier lediglich an, dass es in unserer Gruppe verschiedene Strömungen gibt und motivierte Leute in allen Bereichen vorhanden sind, sei es im kreativen, optischen Sektor oder eben im Sektor der ‚sportlichen Betätigung' auf der Straße."[19]

Mit diesem offenen Bekenntnis zur Gewalt werden die Spott- und Hassgesänge ihres vermeintlichen harmlosen und spielerischen Rituals enthoben und als Lebensphilosophie gepriesen. Es verwundert so besehen nicht, dass Kenner der Szene – aufgrund der Tatsache, dass sich immer mehr Ultras offen zu Gewalt bekennen und diese als Hooltras auch leben und sich Hooligans mehr und mehr in den Ultrablöcken aufhalten – davon ausgehen, dass Ultras und Hooligans sich verbünden und noch stärker gemeinsame Sache machen werden.

7. Repression und Gewalt

Die Frage, die sich bei diesen Beschreibungen der Wandlungen der Fan-, hier besonders der Ultraszene, stellt, ist vor allem: Wie konnte es zu solch einem Wandel in Bezug auf die Einstellung zu Gewalt bzw. Gewaltlosigkeit kommen? Eine Antwort geben die Ultras selbst, indem sie darauf hinweisen, dass die zunehmende Verregelung ihrer als Freiraum reklamierten Kurve, die in ihren Augen zunehmenden Repressionen seitens der Ordnungsdienste und Polizei dazu führen, dass sie sich von der Gewaltlosigkeit verabschieden. Dies ist sicherlich ein vordergründiges, aber dennoch nicht ganz von der Hand zu weisendes Argument: Die Jugendlichen erfahren in unserer Leistungsgesellschaft ständig, was sie nicht können und nicht dürfen, und wenn sie sich im Stadion endlich mal kreativ und engagiert präsentieren wollen, wird ihnen dieser letzte Handlungsspielraum auch noch genommen. Sie fühlen sich nicht ernst genommen, gestört und eingeengt.

Wundert es da, dass die Unzufriedenheit unter den Ultras wächst? Viele haben das Vertrauen in den Verein, den DFB, die Medien, den Ordnungsdienst und die Polizei verloren, fühlen sich missverstanden und glauben, dass allein die Tatsache, dass sie Mitglied bei den Ultras sind, Außenstehenden als Information schon reicht, um sie als Gewalttäter zu stigmatisieren. Die Tatsache, dass Einsatzkräfte der Polizei vermehrt von frechem Ton und provokanten Verhaltensweisen der Ultras berichten, ist sicherlich auch Ausdruck des angespannten Verhältnisses zwischen Polizei und Ultras. Die Polizei ist für viele Ultras das Feindbild, Einsatzkräfte wirken auf sie wie ein rotes Tuch.

Dabei bereitet eine weitere Entwicklung Sorge: Das Auseinanderdriften von Ultras der neuen und der alten Bundesländer. Die jeweiligen Ultragruppierungen entwickeln und pflegen eine Kultur der Feindschaft, die sich bereits in vielen Ausschreitungen zwischen Ultras von Vereinen der neuen und alten Bundesländer der 1., vornehmlich aber der 2. Bundesliga und der 3. Ligen Bahn brechen. Diese Auseinandersetzungen erinnern an die gewalttätigen Eskalationen während der Blüte des Hooliganismus in den 1980er und 1990er Jahren. Hier scheint sich ein neuer „Klassenkampf" zu entwickeln, der sich auch schon in den entsprechenden Fanzines widerspiegelt.

Viele Ultras haben das Vertrauen in den Verein, den DFB, die Medien, den Ordnungsdienst und die Polizei verloren.

8. Ordnungspolitische Folgerungen: „Null-Toleranz" oder Deeskalation?

Die Ultra-Bewegung kann als eine neue Jugendkultur angesehen werden. Eine Jugendkultur, in der sich jugendliche Kreativität, Engagement und Begeisterungsfähigkeit einerseits, andererseits aber auch Gewaltbereitschaft, Hass und Feindseligkeit ausleben. Für die Zukunft bleibt abzuwarten, in welche Richtung sich die Ultraszene entwickelt: Setzt sich das große Potenzial an Kreativität, Einfallsreichtum und Engagement der Ultras durch und verdrängt die oben beschriebenen negativen Einflüsse? Oder geht aus Teilen dieser Szene, den Hooltras, ein neues Gewaltpotenzial hervor? Aus unserer Sicht steht die Ultraszene an einem Scheideweg. Viel wird davon abhängen, ob es dem Deutschen Fußballverband, Vereinen und Polizei gelingt, auf diese Szene differenziert und sensibel zu reagieren. Die optische Annäherung der Ultras an die Hooligans, ihr einheitliches Gruppenauftreten und das provokante, aggressive Vorgehen gegenüber „Feinden" wie gegnerischen Fans, Ordnern und der Polizei macht es Außenstehenden nicht gerade leicht, die Szene genau einzuschätzen und differenziert zu behandeln. Dies umso mehr, als Kuttenfans und Ultras, wie auch (zumindest zurzeit noch) Hooltras auf Polizei und Polizeipräsenz ganz anders reagieren als Hooligans. Kuttenfans identifizieren sich total mit „ihrer" Mannschaft, „ihrem" Verein und stellen dies durch Kleidung (Kutten, Fahnen, Schals und Mützen mit den Vereinsemblemen und Vereinsfarben) nach außen hin offen zur Schau.

Für Kuttenfans, Ultras und Hooltras wirkt die Anwesenheit von Polizei und besonders von Spezialeinsatzkommandos bedrohlich; sie macht sie aggressiv. Für Hooligans ist umgekehrt die Abwesenheit von Polizei geradezu eine Einladung, ihre Gewaltbedürfnisse und -fantasien auszuleben bzw. bedeutet die Anwesenheit von Polizei und Spezialeinsatzkommandos eine Aufwertung und eine Her-

Kuttenfans identifizieren sich total mit „ihrer" Mannschaft... und stellen dies durch Kleidung nach außen hin offen zur Schau.

picture-alliance/Daniel Karmann

ausforderung. Man sieht in der Polizei sogar so etwas wie einen sportlichen Gegner, mit dem man sich misst, getreu dem Motto „Auge um Auge, Zahn um Zahn".

Hooligans erwarten von der Polizei also, dass sie konsequent einschreitet und „Null-Toleranz" zeigt. Das Prinzip der Deeskalation, dies wird hier sehr deutlich, setzt je nach Fangruppierungen sehr unterschiedliche Maßnahmen voraus. Ist bei Kuttenfans und Ultras im Besonderen eher ein verdeckter Polizeieinsatz geboten, ist bei Hooligans eine deutliche Präsenz angesagt.

9. Gewaltprävention: Räume einengen und Räume belassen

Mit Pädagogik, auch mit Erlebnispädagogik, erreicht man bei Hooligans nichts mehr oder nicht mehr viel. Da hilft dann wohl nur Repression. Entsprechend sehen Fanprojekte ihre Hauptaufgabe stärker

darin, zu verhindern, dass junge Menschen in diese Szene abdriften bzw. hineinwachsen, und weniger darin, gewaltfaszinierte Hooligans vom Ausleben ihrer Gewaltfantasien abzubringen. Hier scheint die Aufgabenteilung klar: Im ersten Fall ist die Sozialpädagogik, sind körper- und bewegungsbezogene Angebote gefordert, im zweiten Fall die Polizei.

Bezüglich der Reaktionen auf hooliganspezifisches Verhalten und Bemühungen zur Prävention von Gewalthandlungen ist Gernot Steinhilper zuzustimmen, wenn er resümierend schreibt: „Rasche Antworten sollten misstrauisch machen. Je nach der Ursache sieht die Therapie unterschiedlich aus. Handelt es sich um persönlichkeitsabhängige Kriminalität, so erscheint mehr Kontrolle, mehr Regelung notwendig. Ist Gewalt dagegen die Antwort auf gesellschaftliche Struktureffekte, Ausdruck einer Sinnkrise, Beweis für Identitätssuche und Perspektivlosigkeit, Verarmung familiärer und sozialer Bindungen, so sind die Antworten auf die Frage nach der Vorbeugung viel komplizierter, die Frage nach der Schuld trifft viele und diese zu einem recht frühen Zeitpunkt. Vorbeugung kann nicht gelingen durch Verbote, sondern könnte unter Umständen am ehesten erreicht werden durch Belassung der Provokation im eng umgrenzten, kontrollierten Bereich des Fußballstadions."[20]

Noch deutlicher wird dies von Kriminologen im Gewaltgutachten der Bundesregierung gefordert: „Aus der Sicht der Fans in einer auf Passivität ausgerichteten Konsumgesellschaft bietet die Fanszene jedoch eine hoch einzuschätzende kompensatorische Möglichkeit, um Alltagsfrustrationen zu verarbeiten und ‚Urlaub' vom gewöhnlichen und zumeist langweiligen Tagesrhythmus zu machen. Wenn die Erwachsenenwelt dann nur mit Verbot und Bestrafung reagiert, kann sich das Gewaltpotential andere ‚Freiräume' suchen, die noch schwerer zu beeinflussen sind. Insofern käme es darauf an, verstärkt über positive Wege der Kanalisierung von Aktivitätsbedürfnissen nachzudenken."[21]

Verschließen wir nicht die Augen vor der von Jürgen Zinnecker[22] formulierten These, dass nicht nur die Verkommerzialisierung des Fußballsports und die damit verbundene Entfremdung der Fans von den Vereinen Gewaltpotenziale mittelbar freisetzt, sondern dass Jugendliche teilweise erst aufgrund dieser Strukturen, die Potenziale der Gewaltanwendung bieten, das Freizeitangebot Fußball schätzen lernen. Kein anderer Mannschaftssport gewährt seinen Zuschauern ein räumlich größeres Handlungsfeld. Abweichende Handlungen lassen sich hier besonders publikumswirksam herausstellen. Und darauf, sowie auf die zum Teil entgegengesetzten Entwicklungen jeweils angemessen und angepasst zu reagieren, ist eine der großen und sicherlich nicht leichten Aufgaben von Verband, Vereinen, Sozialarbeit und Polizei.

ullstein bild - Imagebroker.net/Jochen Tack

Bei den Hooligans und Hooltras ist ein konsequentes Eingreifen der Polizei gefordert.

M 1: FANPROJEKTE STATT ROTE KARTE

„Vor allem der DFB und die Vereine zeichneten sich in der Anfangsphase der Fanprojekte durch eine große Distanz [...] zu den Fanprojekten aus. Einhelliger Tenor: Fans, die Randale machen, gehörten nicht zum Fußball, das seien Chaoten, die auf dem Fußballplatz nichts zu suchen hätten; es handele sich hier nicht um ein Problem des Fußballs, sondern um ein Problem der Gesellschaft, dessen sich deshalb auch die Gesellschaft anzunehmen habe. Nicht zuletzt aufgrund des unermüdlichen Einsatzes [...] der Fan-Projekte, deren beharrlichem Einklagen der Übernahme von Verantwortlichkeiten sowohl seitens der politischen als auch der sportlichen Institutionen, hat sich vieles zum Besseren gewendet. Die Fan-Projekte und ihre Arbeit wurden mehr und mehr in der Öffentlichkeit aber auch von den Vereinen und dem DFB anerkannt. Ein Prozess, der mit der Verabschiedung des ‚Nationalen Konzeptes Sport und Sicherheit' im Jahre 1993 zur festen Einbindung der Fanprojekte in ein Sicherheitsgesamtpaket führte, in dem Bund, Länder, Kommunen, der DFB und seine Vereine sich zu ihrer Verantwortung bezüglich der Bekämpfung des Hooliganproblems und der Gewaltprävention im Umfeld großer Fußballspiele bekannt haben. Das im ‚Nationalen Konzept Sport und Sicherheit' entwickelte System aufeinander abgestimmter präventiver wie repressiver Maßnahmen ist seitdem nunmehr fester und verbindlicher Bestandteil der Arbeit der Polizei, der Ordnungskräfte der Vereine, der Sicherheitsbestimmungen der Kommunen und der Arbeit der Fanprojekte. Dabei ruht das „Nationale Konzept Sport und Sicherheit' [...] auf zwei gleichberechtigten Säulen, den ordnungspolitischen und den sozialpädagogischen Maßnahmen und Aufgabenfeldern."[23]

Der Schlüssel zum angemessenen Reagieren scheint mir in dem Begriff „Raum" zu liegen. Die ordnungs- und sozialpolitischen Herausforderungen bestehen darin,

> die Räume der Hooligans und Hooltras einzuengen, vor allem da, wo von diesen Gruppierungen Regeln bewusst außer Kraft gesetzt werden;

> den Ultras und anderen Fans Räume zu belassen bzw. zu geben, wo sie ihren Bedürfnissen nach Selbstinszenierung, Selbstpräsentation, choreografisch inszenierten Ritualen und Identifikation gerecht werden können;

> zugleich gilt es aber, sie bezüglich des Einhaltens von Regeln, von allgemeingültigen Normen des Fairplay, der Abkehr von Gewalt und rechtsextremem Gedankengut in die Pflicht zu nehmen.

Bei den Hooligans und Hooltras geht es also darum, ihre Handlungsräume einzuschränken und staatliche Repression im Sinne von deutlicher Präsenz (Null-Toleranz) einzusetzen, d.h., es ist ein konsequentes Eingreifen der Polizei gefordert. Für die Ultras müssen dagegen Freiräume geschaffen bzw. bewahrt werden, die es ihnen ermöglichen, sich selbst zu verwirklichen, einen Sinn in ihrem und für ihr Leben zu finden, Perspektiven für die Zukunft zu entwickeln und eben auch einfach ein wenig Spannung und Abenteuer zu erfahren.

Entsprechend ergeben sich bei den Ultras im Spannungsfeld von Prävention und Repression drei Pfeiler der Gewaltprävention:

> *Selbstregulierung:* Die Fans werden befähigt, ermutigt und unterstützt, selbst Grenzen zu setzen und die eigene Szene zu befrieden;

> *Prävention:* Fanprojekte müssen gemäß dem „Nationalen Konzept Sport und Sicherheit" geschaffen und erhalten werden, d.h., die Förderung der sozialen Arbeit mit Fans und der Einsatz von Fanbeauftragten bei den Vereinen und Verbänden zur Fan-Betreuungsarbeit muss gewährleistet sein;

> *Repression:* Polizei und Ordnungsdienste der Vereine müssen unter der Maßgabe, Grenzen zu setzen und zu bewahren, ordnungspolitische Regeln durchsetzen.

Um Gewalt und die Eskalation von Gewalt zu vermeiden bzw. zu verringern, müssen zunächst Selbstregulierungen innerhalb der Fanszenen gefördert werden. Die ordnungspolitischen Institutionen müssen möglichst auf diese Selbstregulierungen setzen, sie einfordern und unterstützen, um Solidarisierungsprozesse der Fans gegen die Polizei zu verhindern. Wenn die Polizei dennoch einschreiten muss, ist zum einen den nicht gewaltbereiten Fans ein Verzicht auf Solidarisierungen mit den gewaltbereiten abzuverlangen. Zum anderen muss polizeiliches Handeln durch den Einsatz sogenannter Konfliktbeamter transparent gemacht werden.

Der DFB, die Vereine und die Verantwortlichen in gesellschaftlichen Institutionen sind hier bereits auf dem richtigen Wege. Im Rahmen des „Nationalen Konzeptes Sport und Sicherheit" wurde ein ausgeklügeltes, Repression und Prävention gut ausbalancierendes Konzept zur Befriedung des Fußballumfelds entwickelt. Fanprojekte zur sozialpädagogischen Betreuung der Fans wurden eingerichtet. Der DFB hat jedem Verein verbindlich vorgeschrieben, Fanbetreuer einzusetzen, welche die Aufgabe haben, die verloren gegangene Nähe der Vereine und der Spieler zu ihren Anhängern wieder herzustellen.

Moderne Stadien, die nicht nur den Komfort erhöhen, sondern auch die Nähe der Zuschauer zum Spielfeld – wie zu früheren Zeiten – herstellen, dies und eine Ultraszene, die sich engagiert gegen die Auswüchse der Kommerzialisierung des Profifußballs stellte und stellt und die im Sinne der Selbstregulierung auch gegen Auswüchse in den eigenen Reihen engagiert angeht, können dazu beitragen, dass das, was ich einmal als die „Seele des Fußballs" beschrieben habe und pathetisch auch als der „Geist der Schlachtenbummler der fünfziger Jahre" bezeichnet werden kann, in einer der Zeit angepassten, aber die Faszination des Fußballspiels und der Fußballkultur bewahrenden Weise wieder auflebt.[24]

AUSGEWÄHLTE LITERATUR

➜ Blaschke, Ronny, Im Schatten der Spiele. Rassismus und Randale im Fußball, Göttingen 2007.

➜ Buford, Bill, Geil auf Gewalt. Unter Hooligans, München 1992.

➜ Deiters, Friedrich-Wilhelm/Pilz, Gunter A. (Hrsg.), Aufsuchende, akzeptierende, abenteuer- und bewegungsorientierte, subjektbezogene Sozialarbeit mit rechten, gewaltbereiten jungen Menschen – Aufbruch aus einer Kontroverse, Münster 1998.

➜ Pilz, Gunter A., „Tatort Stadion" – Wandlungen der Zuschauergewalt, in: Der Bürger im Staat, 56 (2006) 1, S. 44-49.

➜ Pilz, Gunter A. u.a., Wandlungen des Zuschauerverhaltens im Profifußball, Schorndorf 2006.

➜ Pilz, Gunter A., Gewaltgruppierungen in deutschen Fußballstadien – eine soziologische Betrachtung, in: die neue polizei, 54 (2004) 1, S. 14-24.

➜ Pilz, Gunter A., Fußball ist unser Leben! Leerformel oder gesellschaftspolitische Herausforderung, in: Württembergischer Fußballverband e. V. (Hrsg.), Der Fußball – ein Beitrag zu einer Gesellschaftskultur der Zukunft, Stuttgart 2002, S. 59-77.

Rechtsextreme Lebenswelten

Klaus Farin

1. Aktuelle Szenen und Jugendkulturen

Jugendkulturen boomen. Jede Fünfte bzw. jeder Fünfte unter 21 gehört bereits einer oder mehreren Szenen an. Bis zu drei Viertel aller Jugendlichen sympathisieren mit einer der 60 bis 80 in Deutschland existierenden Jugendkulturen.[1] So gaben sich beispielsweise in der Jugendkulturen-Präferenzstudie 2004/2005 des Archivs der Jugendkulturen rund zwei Drittel der 1.001 befragten 14- bis 18-jährigen (ostdeutschen) Schülerinnen und Schüler als Sympathisanten wenigstens einer Jugendkultur zu erkennen (vgl. Tabelle 1).

TAB. 1: WELCHE JUGENDKULTUREN/SZENEN FINDEST DU ABSOLUT GUT/SYMPATHISCH?

Szene	...finde ich absolut gut!*
HipHop-Szene	257
Punks	233
Skater	122
Gothics/Grufties	86
Keine	84
Techno	58
Heavy-Metal-Szene	50
Sprayer-/Graffiti-Szene	50
linke Szene	37
rechte Szene	28
Fußballfans	24

*Gesamtzahl der Befragten (14-21 Jahre): 1.001; Mehrfachnennungen waren möglich.
Die Daten sind repräsentativ für ganz Deutschland.

Quelle: Archiv der Jugendkulturen e.V., Jugendkulturen-Präferenzstudie 2004/2005, Berlin 2005 (unveröffentlicht).

Jugendkulturen machen ihre Angehörigen öffentlich sichtbar. Als Skinhead, Gothik oder Punk ist man nie wieder „Müller 8" aus der Klasse 9b.

Annette Hauschild/OSTKREUZ

Den Spitzenplatz in der Popularitätsskala nimmt seit fast einem Jahrzehnt die HipHop-Szene ein. Kein anderes Musikgenre ist so populär, keine andere Szene prägt so sehr die Sprache, Mode und Begrüßungsrituale vor allem der 12- bis 17-Jährigen beiderlei Geschlechts. HipHop-Fans und -Aktivisten (Rapper, DJs, Sprayer, Breakdancer) finden sich heute in jeder (Klein-)Stadt, oft verschwistert und zum Teil identisch mit der Skater-Szene (die ihr zweites großes Standbein in der Punkszene hat). Doch während die Skateboarder fast uneingeschränkte Beliebtheit genießen (nur ein Prozent der Jugendlichen finden Skater unsympathisch), reagiert ein Teil der Jugendlichen (vor allem ab 16 Jahren) inzwischen genervt auf das bisweilen penetrant-coole Macho-Gehabe und aggressive Sprücheklopfen sowie die reale Gewaltbereitschaft eines Teils der HipHop-Szene sowie auf die mediale Überpräsenz – aus Szene-Sicht: den „Ausverkauf" – von Rap/HipHop bis in Casting-Shows und Tütensuppenwerbespots hinein. Ein wichtiger Anspruch der Jugendkulturen, nämlich der auf Exklusivität und Abgrenzungsmöglichkeiten gegenüber der gesamten langweiligen „Spießerwelt" der restlichen Gesellschaft, lässt sich im HipHop kaum noch verwirklichen. HipHop ist längst Pop geworden.

2. Was macht Jugendkulturen eigentlich so attraktiv?

Jugendkulturen liefern Orientierung in einer orientierungslosen Welt und setzen Grenzen in einer als immer grenzenloser empfundenen Gesellschaft. Als Sozialisationsinstanzen füllen sie das Vakuum an Normen, Regeln und Moralvorräten aus, das die zunehmend unverbindlichere und individualisierte Gesellschaft hinterlässt. Jugendkulturen liefern Jugendlichen Sinn, Identität und Spaß. Jugendkulturen sind artificial tribes, künstliche Stämme, Solidargemeinschaften, deren Angehörige einander häufig bereits am Äußeren erkennen (und ebenso natürlich ihre Gegner). Jugendkulturen schaffen Freundschaften, mithin das Einstiegsmotiv Nummer eins (neben der Musik). Jugendkulturen machen ihre Angehörigen öffentlich sichtbar. Die ganze Welt beachtet einen. Als Skinhead, Gothic oder Punk ist man nie wieder „Müller 8" aus der Klasse 9b.

Eine Form der öffentlichen Sichtbarmachung, vermutlich sogar die wirkungsvollste, ist Gewalt. Gewalt macht also aus der Perspektive Jugendlicher durchaus Sinn. Sie ist keine biologische Konstante, durch den geschlechtsspezifisch unterschiedlichen Hormonspiegel bedingt, sondern ein Resultat von Sozialisation und aktuellem Effektivitätsdenken – eine mehr oder weniger selbstbestimmte, bewusste Entscheidung.

3. „Rechts sein" garantiert Aufmerksamkeit

Keine andere Jugendkultur erreichte seit Anfang der 1990er Jahre eine so hohe öffentliche Aufmerksamkeit wie die Rechtsextremen. Postpubertäre Pickelknaben durften zur besten Sendezeit in ungelenkem Deutsch über ihre Strategien zur Endlösung des „Ausländerproblems" bramarbasieren. Amateurmusiker, die noch nicht einmal gelernt hatten, ihre Gitarren zu stimmen, durften Spiegel-Redakteuren die Welt erklären; und ein von einer Handvoll rechtsextremer Studenten ausgedachter Propagandabegriff („national befreite Zonen") zog im Jahr 2000 als „Unwort des Jahres" noch vor „Leitkultur" in den Sprachschatz der Deutschen ein.

Keine andere Jugendkultur erreichte seit Anfang der 1990er Jahre eine so hohe öffentliche Aufmerksamkeit wie die Rechtsextremen.

Merkmale, der Zugehörigkeit zu bestimmten Jugendsubkulturen oder Parteien und biographischer Extremlagen identifizieren. Doch leider fügt sich die Realität nicht den beruhigenden Hypothesen. Die meisten aktenkundig gewordenen Fälle „sind Auszubildende und Facharbeiter, Schüler und Wehrpflichtige, die wenigsten waren zur Tatzeit arbeitslos. Familienkatastrophen, durch problematische Trennung der Eltern oder Alleinerziehung indiziert, sind bei den Tätern nicht überproportional anzutreffen. Weder pathologische Einzelfälle noch eine fehlgegangene, nach rechts verrutschte Arbeitslosenrevolte lassen sich belegen. Vielmehr muss man die auffällige Normalität der Lebensläufe und die Zugehörigkeit der Täter zum gesellschaftsweiten Mittelstand konstatieren", zitieren Jörg Bergmann und Claus Leggewie eine Untersuchung der Gerichts- und Ermittlungsakten zu über 1.400 Fällen mit rechtsextremem Hintergrund.[2]

4. Vom „Sinn" rechtsextremer Gewalttaten

Gewalttaten mit rechtsextremem Hintergrund geschehen fast immer in kleinen Gruppen und aus einer Ad-hoc-Situation heraus, spontan und doch nicht zufällig: Die Opfer sind stets Fremde, vor allem aufgrund von Haut- und Haarfarbe identifizierte vermeintliche „Ausländer" (d.h.: nicht der türkische oder russlanddeutsche Mitschüler und nicht der blasshäutige dänische Einwanderer), aber auch „Bunthaarige", „Homosexuelle", „Intellektuelle" und im Osten zudem „Wessis". Die Opfer sind wie die Täter überwiegend männlich und stehen auf der Leiter der sozialen Hierarchie zumeist einige Stufen unter den Tätern. Ist die Diskrepanz zwischen den Vorstellungen der Täter über deutsche Tugenden und Ideale und der Realität der potentiellen Opfer sehr groß, werden auch eindeutig als Deutschstämmige identifizierbare schwache Männer Opfer von Übergriffen, zum Beispiel Obdachlose, Alkohol- und Drogenabhängige.

Wenn man sich die Tausende und Abertausende von Beiträgen, die Jahr für Jahr über dieses Phänomen publiziert wurden, einmal komprimiert ansieht, entsteht unweigerlich der Eindruck, bei den jungen Rechtsextremisten handele es sich um Aliens, die eines Tages überraschend im Osten unseres Landes auftauchten, um sich bald danach, ausgerüstet mit fürchterlichen neuartigen Waffen (Rechtsrock, Internet), wie eine Flutwelle über das ganze Land zu ergießen, offenbar in der vornehmlichen Absicht, Deutschland international in Misskredit zu bringen.

Wissenschaftlerinnen und Wissenschaftler, Journalistinnen und Journalisten haben bei ihren Versuchen, Erklärungen für die Explosion rechtsextremer Gewalt zu finden, immer wieder auf extreme Defizite in der sozialen Lage oder individuellen Biographie der Täter verwiesen: Arbeits-

losigkeit, fehlende Väter, die antiautoritäre Erziehung des Westens, die autoritäre Erziehung des Ostens. Aus der ordentlichen Bahn des Lebens geworfene Schicksalskinder und marginalisierte Randgruppenangehörige suchten ihr Heil in rechtsextremistischen Gewaltkulten, wo sie mit Hilfe von Rechtsrock und anderen Propagandamitteln weiter aufgerüstet und so lange hoch gepuscht wurden, bis die Explosion in einer grauenvollen Tat zwangsläufig erfolgen musste. Die Attraktivität dieses Erklärungsansatzes ist offensichtlich: Die Täter sind anhand weniger Kriterien eindeutig zu kategorisieren und vor allem von der Bevölkerungsmehrheit klar zu unterscheiden. Aus „unseren Kindern" werden Fremde.

Praktisch wäre es ja schon, könnte man die Täter so eindeutig anhand optischer

Die Tritte nach unten – gegen Menschen, die angeblich gegenüber den Tätern bevorzugt werden, ihnen etwas wegnehmen, staatliche Unterstützung erhalten, obwohl sie es sich nicht verdient haben, die sich aus unerklärlichen Gründen Konsumgüter leisten können, die die Täter nicht haben, aber auch gegen gestrauchelte Deutsche, Arbeitslose und Alkoholiker, die den Tätern ihre eigene potentielle Zukunft vor Augen führen – dienen nicht nur der (weiteren) Erniedrigung der Opfer (und damit der Vergrößerung ihres Abstandes zu den Tätern), sondern auch der Integration der Täter in eine imaginierte monokulturelle Volksgemeinschaft. Wenn Neonazis nach unten treten, zielen sie immer auch auf die Anerkennung ihrer heroischen Tat durch die gesellschaftliche Mitte. Der Traumberuf des Neonazis ist nicht Revolutionär, sondern Polizeibeamter oder Berufssoldat.

5. Gewalt ist männlich

Der Genderaspekt wird in Medien, Politik und Forschung meist übersehen oder bewusst ausgeklammert. Dabei ist auf den ersten Blick auffällig, dass nicht nur über 90 Prozent aller Gewalttäter männlich sind, sondern dass auch fast alle Jugendkulturen eigentlich Jungenkulturen sind, in denen Frauen nur einen marginalen Anteil stellen. Bei den Skinheads beträgt die Geschlechterrelation ungefähr 5:1 zugunsten (oder zuungunsten) der Männer, und das gilt sowohl für die rechte Fraktion als auch für die anderen, nicht rechtsradikalen, „unpolitischen" oder sogar antirassistisch engagierten Skinheads. Bei den Neonazis herrscht das gleiche Zahlenverhältnis vor. Wenig glaubhaft sind deshalb auch Medienberichte, nach denen der Frauenanteil in der militanten Neonazi-Szene derzeit sprunghaft ansteigt – das ist schierer Unsinn. Eines der größten Probleme der An-

gehörigen der jungen rechtsextremen Szene ist es, dass sie keine „artgerechten" Frauen bekommen.

Nimmt man das Geschlechterverhältnis insgesamt in den Blick, haben es die Männer wirklich schwer: Das Einzige, was sie Tausende von Jahren über die Frauen gestellt hat – ihre Körperkraft –, ist nicht mehr gefragt. In Zeiten, in denen die Mehrzahl aller zu verrichtenden Arbeiten von computergesteuerten, vollautomatischen Maschinen verrichtet wird und bereits zwei Drittel aller Arbeitnehmer und Arbeitnehmerinnen in Dienstleistungs- und anderen „Weiße-Kragen-Branchen" beschäftigt sind, wird der „kleine Unterschied" bedeutungslos. Selbst die letzten Bastionen der Männer – das Militär und der Fußball – sind gefallen.

Unser Gesellschaftssystem bietet einem Großteil der Männer einen Ersatz für die

Bilderberg Archiv der Fotografen– Steinhilber, Berthold

Der Traumberuf des Neonazis ist nicht Revolutionär, sondern Polizeibeamter, Bundesgrenzschützer oder Berufssoldat.

unnütz gewordene Körperkraft: Macht. Doch nicht alle können daran partizipieren. Die Machtlosen haben verschiedene Möglichkeiten, die Gefährdung ihrer Männerrolle als „Ernährer" und „Beschützer" zu kompensieren. Eine Variante ist die demonstrative Inszenierung von Männlichkeit. Gewalt, aber auch andere risikobehaftete Lebensweisen, zum Beispiel der Diebstahl eines Autos, extrem gefährliches Fahren und exzessiver Drogenkonsum sind „Beweise" für Männlichkeit. Je knapper die ökonomischen, sozialen und Bildungsressourcen, desto mehr reduziert sich die Installation von Männlichkeit auf Risiko- und Kampfbereitschaft, Gewalt- und andere Kriminalität.

Gewalt existiert überall. Doch die Waffen sind ungleich verteilt. Vor allem Jugendlichen und Angehörigen unterer sozialer Schichten bleiben häufig nur die illegale Gewalt und die Kraft ihrer Körper. Körperliche Gewalt(-kriminalität) ist die Waffe der in ihrem Wert bedrängten schwachen Männer, die über keine reale Macht, keine „maskierten Machtdurchsetzungsmittel"[3] wie Geld und Status verfügen.

Rechtsextreme Gewalttäter fühlen sich als Verlierer und Opfer der Gesellschaft. Sie haben es nicht geschafft, ein gelassenes Selbstbewusstsein und individuelle Stärke zu entwickeln und kompensieren ihre Schwächen durch extreme Härte sich selbst und anderen Menschen gegenüber. Sie brauchen Feindbilder zur Stabilisierung ihrer eigenen Persönlichkeit.

Die subjektive Lebenshaltung der neonazistischen Gewalttäter muss nicht unbedingt objektive Wurzeln in Form realer Marginalisierung haben. Die Mehrzahl der Angehörigen dieser Szene stammt aus eher bildungsferneren Milieus, ist jedoch nicht überproportional von Arbeitslosigkeit betroffen und in der Regel in ihrem Umfeld sozial integriert. Sie entscheiden sich für die Rolle des Opfers, um als Täter reinkarnieren zu können, ohne Verantwortung für die Folgen übernehmen zu müssen. Denn dies setzte eine Stärke

Platz der Deutschen Ein

Rechtsextreme Gewalttäter fühlen sich als Verlierer und Opfer der Gesellschaft. Sie... kompensieren ihre Schwächen durch extreme Härte sich selbst und anderen Menschen gegenüber.

Gottfried Stoppel

voraus, die in ihrem Gefühlshaushalt nicht vorhanden ist. Wenn ich schon nicht stark sein kann, dann müssen die anderen eben noch schwächer sein!

Ihr Kampf um die Männlichkeit richtet sich vor allem gegen andere Männer, die zur Wertsteigerung der eigenen Person herabgesetzt, ausgegrenzt oder zu Feindbildern erklärt werden. Frauen spielen in diesem Wettkampf zwischen bedrängten Männlichkeiten keine oder nur eine untergeordnete Rolle. Selbst wenn der Anlass Konkurrenz auf dem Sex- und Beziehungsmarkt sein sollte, geht es zumeist doch vor allem darum, das Objekt der (allgemeinen) Begierde nicht einem an-

deren Mann zu überlassen oder dieses einem männlichen Konkurrenten wegzunehmen. Man will den männlichen Kameraden durch die Eroberung und Beschützung der Frau (ob sie es will oder nicht) beweisen, dass man ein richtiger Mann ist. Das bedeutet selbstverständlich nicht, dass (die wenigen) Frauen nur passive Zuschauerinnen in diesem Prozess darstellen müssen.

6. Die „rechte Szene"
Mit „rechter Szene" sind hier nicht rechtsextreme Professoren, Chefredakteure oder Politiker gemeint, auch nicht Burschenschaften oder die vermeintlich

Intellektuellen der „Neuen Rechten", sondern die jugendkulturellen Ausformungen rechtsextremen und rassistischen Denkens: „Rechte" Cliquen, wie man sie vor allem in Kleinstädten überall findet, auffällig durch ihr oft militant-militärisches Outfit, die zur Schau gestellte und auch aktiv ausgelebte Aggressivität sowie die Vorliebe für getreidehaltige deutsche Flüssignahrung. „Rechts" ist hier eher eine diffuse Gefühlslage und Lebenseinstellung, kein intellektuelles Konzept.

Bundesweit gehören mehr als 100.000 zumeist 14- bis 25-Jährige solchen Cliquen an. Das entspricht rund einem Prozent der Altersgruppe. Im engeren Sinne rechtsextrem organisiert – vor allem in der NPD-Jugendorganisation Junge Nationaldemokraten und in sogenannten Freien Kameradschaften – sind maximal 5.000 von ihnen. Dass es nur so wenige sind, hat vor allem zwei Gründe: Erstens bekommen diese Organisationen eben nicht mehr Leute (mehr dazu weiter unten); zweitens ist es vor allem für eine um ihre Legalität kämpfende Partei oder sonstige Vereinigung strategisch auch gar nicht sinnvoll, an sämtliche Gewalttäter und Kriminelle mit rechtsextremer Gesinnung Mitgliedsbücher zu verteilen. Notwendig ist es auch nicht: Es genügt, wenn es ein Einziger in jeder Clique ist, der dort die Propaganda verteilt, zu Demonstrationen mobilisiert, um eine diffus rechtsorientierte Clique rechtsextrem und rassistisch aufzuladen.

Die Strukturen der rechten Szene unterscheiden sich zunächst nicht von denen der Punk-, der Skinhead-, der Gothicszene oder ähnlicher Jugendkulturen: Sie verfügen über szeneeigene Medien (Fanzines, Internetangebote, Musik), Treffpunkte (zumeist besetzte Stellen im öffentlicher Raum: Bahnhofsvorplätze, Bushaltestellen, Kioske, Tankstellen, Gaststätten und Diskotheken) und nirgendwo schriftlich fixierte, aber dennoch einzuhaltende Regeln. Musik spielt bei ihnen wie bei allen Jugendlichen eine herausragende Rolle. Auffallend ist aller-

dings der extrem geringe Anteil an szeneeigener Strukturbildung bei den organisationsfernen Szene-Angehörigen: Fast alle Print- und Internetangebote sowie die Räume für Zusammenkünfte sind in der Hand der politisch Organisierten. Der Großteil der Szene-Angehörigen scheint keinerlei Strukturen zu schaffen. Die rechte Szene ist insgesamt betrachtet die unkreativste aller derzeitigen und historischen Jugendkulturen.

Sicher gibt es auch diese ideologisch sattelfesten, belesenen, intellektuell anspruchsvolleren Neo-Nationalsozialisten, die nicht nur wissen, gegen wen, sondern auch wofür sie kämpfen, und deshalb gezielt den organisatorischen Zusammenschluss mit Gleichgesinnten suchen. Doch innerhalb der militanten, rechten Jugendsubkulturen und ihrer Cliquen vor Ort stellen sie Ausnahmen dar. Den meisten genügt es zu wissen, wo sie stehen.

Das Bedürfnis, ihre Position durch informationsgesättigte Argumentationsketten untermauern zu können, verspüren nur die wenigsten. Ihre Hauptquellen sind die gängigen bürgerlichen Medien, aus denen sie sich das heraussaugen, was ihre Meinung stützt: Schlagzeilen über „Ausländerkriminalität", „Asylbetrüger" und Politikerstatements zu dieser Frage. Manche lesen die Nationalzeitung des Dr. Gerhard Frey oder das NPD-Organ Deutsche Stimme. Vielleicht jeder Zehnte bezieht einschlägige subkulturelle Schriften. Populärer sind historische Werke über die Zeit des Dritten Reiches, besonders Heldenmythen über die deutsche Wehrmacht und überhaupt militaristische Literatur sowie die Fernsehdokumentationen von Guido Knopp. Die Schriften der intellektuell anspruchsvolleren Neuen Rechten kennen sie nicht, die umfassenden Ideologie- und Strategiedebatten auf neonazistischen Homepages verfolgen sie nur am Rande. Kaum einer in dieser

Szene hat den im Internet frei verfügbaren Originaltext des Nationaldemokratischen Hochschulbundes zur Strategie der „national befreiten Zonen" gelesen.

Wie schon ihr Vorbild, die junge nationalsozialistische Bewegung der 1920er und 1930er Jahre, vor allem die SA, ist die militante Neonazi-Subkultur der Gegenwart weitgehend eine vorpolitische Bewegung der Ressentiments, nicht der politischen Strategie und Theorie. In den zumeist zehn bis 20 Angehörige umfassenden Cliquen der rechten Gewaltszene trifft man selten mehr als einen oder zwei politisch motivierte(n) Aktivisten. Die meisten begnügen sich mit einer simpleren Definition ihres Daseins: „Wir sind gegen die Ausländer, und die Zecken sind dafür." Der Rest ist Alltag.

Manche lesen die Nationalzeitung des Dr. Gerhard Frey oder das NPD-Organ Deutsche Stimme.

Stefan Boness

„Was macht ihr eigentlich so in eurer Clique?"

„Ach, eigentlich nichts. Wir sitzen so 'rum, rauchen, trinken, hören Musik, deutsche Musik, reden halt über das, was einem gerade so passiert ist, in der Schule oder Stress auf der Arbeit, über die Kana ..., die Ausländer eben."

„Und sonst?"

„Nichts. Dann trinken wir eben noch 'n bisschen mehr, und ab und zu bringt auch einer mal ein rechtes Fanzine oder irgendwelche Zettel mit ..."

„Wird das nicht irgendwann langweilig?"

„Gibt ja sonst nichts."[4]

Wie schon bei den „Eckenstehern", die sich passiv in lokalen „Nischen" und „Ecken" aufhalten, und anderen traditionellen, männlich geprägten Subkulturen scheint die hauptsächliche Aktivität vieler rechtsorientierter Cliquen die Nichtaktivität zu sein: Trinken, Rauchen, Rechtsrock hören, Trinken, Rauchen, Rechtsrock hören ... – das bloße, scheinbar sinnlose Abhängen tagein, tagaus in nur selten wechselnder Besetzung an immer demselben Ort. Doch ganz so sinn- und regellos, wie es dem zufälligen Betrachter erscheint, ist das nicht. Trifft man sich zum Beispiel draußen, so liegt der Stützpunkt der Clique zumeist gut sichtbar an einer Stelle, die möglichst viele Menschen passieren müssen – der Bahnhofsimbiss oder -vorplatz oder ein anderer zentraler innerstädtischer Fußgängerknotenpunkt, eine Bushaltestelle in der Nähe einer für die Clique interessanten Schule, ein von Mietshäusern eingeschlossener Kinderspielplatz, der Eingang zu einer Kaufhalle oder eine Tankstelle. Wichtig ist dabei das Sehen und Gesehenwerden. Sie zeigen Präsenz, ziehen die Aufmerksamkeit der Passanten auf sich, inszenieren sich selbst. Aber sie behalten auch den Überblick, haben das eigene Revier unter Kontrolle und können Überschreitungen der Grenzen ihres selbst geschaffenen Freiraumes durch Fremde sofort ahnden.

7. Statik anstatt Experimentierlust, Kollektiv anstatt Individualismus

Sind Jugendkulturen üblicherweise Experimentierfelder, die ihre Angehörigen verführen, Grenzen zu sprengen, in immer neue Rollen zu schlüpfen, sich auszuprobieren, so ist ein typisches Strukturmerkmal der rechten Szene ihre Abneigung gegenüber Wandlungen – dem Einbruch des „Fremden" in jeglicher Form in ihre Lebenswelt. Alles Unbekannte macht ihnen Angst, die sofort – Männer haben keine Angst – durch hyperaggressives Auftreten gebrochen wird. Souveränität nicht nur im Umgang mit dem Fremden, ein gelassenes Selbstbewusstsein auch ohne die Clique, individuelle Ich-Stärke sucht man hier vergebens. (Ausnahmen bilden allerdings manchmal ältere Skinheads sowie häufiger Angehörige der rechten Szene, die gleichzeitig über einen längeren Zeitraum als Hooligans aktiv waren und dabei offenbar eine gehörige Portion Selbstbewusstsein erworben haben.)

So wie ihre Lieder keine persönlichen Geschichten zu erzählen wissen, so funktioniert die Neonazi-Szene insgesamt nur im Rudel.

picture-alliance/dpa

So wie ihre Lieder keine persönlichen Geschichten zu erzählen wissen, so funktioniert die Neonazi-Szene insgesamt nur im Rudel. „Individualismus" ist ihnen verdächtig, ein Schimpfwort; stattdessen herrscht das Wir des Kollektivs, des Männerbundes. So haben Angehörige der rechten Szene keine „Freunde", sondern „Kameraden". Dieser, dem Militär entlehnte, Begriff meint in der Tat etwas ganz anderes: Während „Freundschaft" etwas sehr Persönliches, Individuelles, Privates meint, ist die „Kameradschaft" immer zweckorientiert. In dem Moment, in dem jemand nicht mehr Teil des Ganzen ist, hat er auch keine Kameraden mehr, der „Kamerad" wird zum „Verräter" und der vermeintlich beste Kumpel von gestern kann der Erste sein, der zutritt, wenn man sich zufällig oder gezielt wieder begegnet.

In der rechtsextremen Subkultur sammeln sich diejenigen, denen die individuelle Vielfalt, das weniger eindeutige, manchmal sogar androgyne Männlichkeitsbild und die ständigen Innovationen im Stil anderer Jugendkulturen zuwider sind. Die Angst, einmal die Kontrolle zu verlieren, ist ihr ständiger Begleiter, und so überprüfen sie sich selbst und ihre Kameraden pausenlos auf Zeichen von Dissidententum. Da Fremdheit nach offiziöser Szene-Definition bereits mit dem Genuss eines Döner Kebab beginnt, schleichen sich nicht wenige Rechte heimlich in den türkischen Imbiss oder zum „Chinesen", wenn die Freundin mal „schick essen" gehen will, immer in der Furcht, von einem Kameraden entdeckt zu werden. „Darf man als Deutscher zu McDonald's gehen?", heißt ein gut frequentiertes Internet-Forum eines Naziwear-Anbieters. Nach Ansicht vieler Rechtsextremer nicht. Denn McDonald's ist ein amerikanischer Konzern – und somit nach Nazilogik jüdisch.

8. Sekundärtugenden ersetzen das Selbstwertgefühl

In der rechte Szene wird Pflichterfüllung und Unterordnung erwartet. Das macht sie für die große Mehrzahl der Jugendlichen (selbst die Rechtsgesinnten) unattraktiv – und gerade attraktiv für jene, die kein ausgeprägtes Selbstwertgefühl haben, die stark werden wollen, indem sie sich einer starken Gruppe anschließen, die sie selbst, zumindest magisch, zu dem macht, was sie eigentlich überhaupt nicht sind: stark, mächtig, selbstbewusst. Der Anschluss an eine rechte Clique hat entscheidend mehr mit Persönlichkeitsentwicklung (bzw. -defiziten) zu tun als mit dem Wunsch, sich politisch zu betätigen. Die große Mehrheit der Szene-Angehörigen sucht Stabilität in einer als fremdartig empfundenen Welt. Auch deshalb ist die immer wieder kolportierte „Modernisierung" der militanten rechten Szene genauso ein Mythos wie der von ihr selbst seit einiger Zeit propagandis-

tisch verkündete „Zulauf" von Gymnasiastinnen und Gymnasiasten sowie Jugendlichen aus gutbürgerlichen Milieus. Wäre dem so, hätte die rechte Szene für die große Mehrheit ihrer bisherigen Angehörigen ihren Sinn verloren. Sie fühlen sich auf einem Rechtsrock-Konzert oder in ihrer Stammkneipe gerade deshalb so wohl, weil sich dort seit Jahren nichts geändert hat, weil sie dort von den Neuerungen der „modernen Welt" verschont bleiben. Daran ändern selbst bunte Kostümierungen einzelner Vorzeige-Neonazis nichts, die strategisch clever bei medienwirksamen Auftritten Che-Guevara-„Trägerhemden", Falästinensertücher und Beckham-Iros spazieren führen.

Ständig auf der Suche nach (deutscher) Ordnung, ritualisieren und standardisieren sie geradezu zwanghaft ihren Alltag. Die Schnürsenkelfarben sind ebenso festgelegt wie der zulässige Musikgeschmack (kein HipHop, kein Reggae, kein Soul). Kiffen ist „undeutsch" (muss also heimlich praktiziert werden und wird es auch durchaus nicht selten), exzessiver Alkoholgebrauch dagegen ein Männlichkeitsbeweis und damit geradezu ein Muss.

Eine penible Ordnung zeichnet auch die Wohnungen vieler Neonazis aus. Bevorzugt wird zudem ein Stil, den eher die Elterngenerationen vor 1968 pflegten, als hätte es die alltagsästhetische Revolution damals nie gegeben. Allerdings trifft man

TAB. 2: WELCHE JUGENDKULTUREN FINDEST DU ABSOLUT SCHLECHT/ UNSYMPATHISCH?

Szene	...finde ich absolut schlecht*
rechte Szene	500
Punks	209
Gothics/Grufties	174
Satanisten	96
HipHop-Szene	75
Skinheads	74
Techno-Szene	64
Keine	36
Hooligans	34
Linke Szene	34
Drogenszene/Kiffer	29

*Gesamtzahl der Befragten (14-21 Jahre): 1.001; Mehrfachnennungen waren möglich.
Die Daten sind repräsentativ für ganz Deutschland.

Quelle: Archiv der Jugendkulturen e.V., Jugendkulturen-Präferenzstudie 2004/2005, Berlin 2005 (unveröffentlicht).

nicht selten auf das genaue Gegenteil: Wohnungen, die eher stinkenden Müllhaufen als heimeligen Rückzugsorten gleichen. Michael Kühnens Obdachlosenasyl in Langen zählte ebenso dazu wie die von Rechten im Zuge der Wiedervereinigung besetzten Häuser in Berlin-Lichtenberg und Halle oder das ehemalige NPD-Fabrikgebäude am Stadtrand von Wurzen. Zeichen verwahrloster Jugend, realer Lebensunfähigkeit und häufig fortgeschrittener Alkoholsucht. Nirgendwo könnte der Kontrast zwischen den beschworenen deutschen Tugenden und der Realität größer sein als in diesen frauenfreien Zonen deutscher Jungnazis.

Und Schuld daran, dass es so weit gekommen ist, haben immer andere. Auch der 18-jährige Rico, der gerade seinen dritten Job in zwei Jahren verloren hat, weil er sich nach seinen ausufernden Wochenendaktivitäten als Hooligan nur selten stark genug fühlte, am Montag zur Arbeit zu erscheinen, weiß, dass „so 'n Pole" ihm den Job weggenommen hat, „weil der billiger arbeitet als ich".

Angehörige der Neonazi-Szene sehen sich bevorzugt als Opfer. „Geh ich durch die Straßen, spucken sie mich an / Beschimpfen meine Heimat, ich frag mich, was ich dafür kann / Sie machen auf mich Jagd, sie schlagen auf mich ein / Doch was ist falsch daran, ein Deutscher zu sein?", bringt es die Nazi-Combo Sturmgesang im typisch weinerlichen Pathos der Rechtsrocker auf den Punkt. Kriminalität – „Ausländerkriminalität" natürlich – ist eines ihrer Lieblingsthemen. Dass Jahr für Jahr Hunderte Angehörige der Neonazi-Szene wegen rechtsradikaler Gewalttaten, aber auch „normaler" krimineller Delikte von Raub über Vergewaltigung bis zum Drogenhandel verurteilt werden und es selbst auf internen Veranstaltungen wie Rechtsrockkonzerten regelmäßig zu Diebstählen kommt, wird dabei mit geradezu erstaunlicher Verdrängungsleistung ausgeblendet. Auch hier trifft man wieder auf das typische Grundmuster der neonazistischen Ideenwelt: Jeder Mensch und jede Sache ist entweder gut oder böse, schwarz oder weiß; hier ist kein Millimeter Platz für Fragen, Zwiespältigkeiten und Differenzierungen.

9. Die Nazis und der Mainstream

Neonazis gehören zu den von Jugendlichen am meisten gehassten Jugendkulturen dieser Tage. Während etwa in der Jugendkulturen-Präferenzstudie nur knapp drei Prozent der Befragten Sympathien für die rechte Szene äußern, sichern 50 Prozent der Befragten ihr den ersten Platz auf der Antipathie-Skala (vgl. Tabelle 2). Bei anderen Untersuchungen, die nicht wie die obige Studie mit offenen Fragen arbeiten, sondern bereits Vorgaben für die Antworten zum „Ankreuzen" bieten, liegt die Ablehnung der rechten Szene sogar in der Regel zwischen 80 und 90 Prozent.[5]

Entscheidende Gründe für die Ablehnung sind die extreme Gewaltbereitschaft, der oft ebenso extreme Alkoholkonsum und die rigiden autoritären Strukturen, die im Widerspruch zu dem zentralen jugendlichen Bedürfnis stehen, Grenzen zu überschreiten und Regeln zu brechen, und selbstbewussten, individualistisch denkenden Jugendlichen unattraktiv erscheinen – vor allem, wenn sie bereits andere Jugendkulturen kennengelernt haben.

So ist die auch im Osten Deutschlands seit Mitte der 1990er Jahre rasant gestiegene Attraktivität alternativer Musik- und Jugendkulturen eine nicht zu unterschätzende Ursache für die Ablehnung der rechten Szene und ihrer Kulturangebote. Millionen Jugendliche in Ost- und Westdeutschland fühlen sich heute der HipHop- und Skater-Szene verbunden, sind Techno-, House-, Punk-, Hardcore-, Reggae- oder Soul-Fans. Die Rechtsextremen gelten auch in den neuen Bundesländern nicht mehr als die Avantgarde von morgen, sondern immer häufiger als die letzten Deppen von gestern, die es immer noch nicht geschafft haben, auf den Zug der Zeit zu springen.

Die beste „Waffe" gegen die rechte Szene ist offensichtlich nicht der „Kampf" gegen rechtsorientierte Jugendliche und ih-

re kulturellen Ausdrucksformen, sondern die Förderung bzw. Duldung der auf dem jugendlichen Freizeit- und Identitätsmarkt mit den Rechten um den Nachwuchs konkurrierenden anderen – Gewalt ablehnenden, nichtrassistischen, toleranten – Jugend(musik)kulturen. Denn dort, wo die Konkurrenz stark ist, wo eine breite Vielfalt jugendlicher Szenen und (musik-)kultureller Angebote herrscht, haben es Rechtsextreme erfahrungsgemäß schwer, überhaupt erst die gewünschte Dominanz über jugendliche Lebenswelten zu gewinnen. So entwickelte sich Mitte der 1990er Jahre die Technoszene zum bedeutenden Ausstiegshelfer für Neonazis (und andere gewaltbereite junge Männer). Derzeit erscheinen vielen Jungen die HipHop- und Skater-Szenen spannender als die Rechten, und auch Punk sowie Gothics sind vielerorts attraktive Alternativen für Jugendliche.

10. „Nazis und Ausländer kann ich nicht leiden"

Die Ablehnung der militanten rechten Szene bedeutet allerdings nicht automatisch die Ablehnung (eines Teils) ihrer Inhalte. Vor allem rassistische und xenophobe Einstellungen sind ein geradezu „normaler" Bestandteil der Gesellschaft; also ebenso bei Jugendlichen und damit auch in Jugendkulturen, die man eigentlich als nicht rechts oder gar anti-rechts einstufen würde. Punk oder HipHop-Fan zu sein und gleichzeitig rassistisch zu denken, ist nicht mehr unmöglich. Das Gleiche gilt für Hardcore, Techno, Gothics, Skateboarder und alle anderen Jugendkulturen. Keine einzige (nicht einmal die Skinheadszene) ist neonazistisch dominiert, doch rechtsextreme und rassistische (Minderheiten-)Fraktionen und Szene-Angehörige existieren heute in jeder Jugendkultur.

Allerdings bieten rechtsextrem und rassistisch orientierte Jugendliche, die sich gleichzeitig in der Gothic-, HipHop-, Hardcore-, Punkszene wohl fühlen, auch eine Chance, denn sie vereinen in ihren Köpfen zwangsläufig Widersprüche. Objektiv gesehen kann man eigentlich nicht HipHop-Fan und Rassist sein, wenn man Geschichte, Ursprünge und die Mehrheit der szenerelevanten Vorbilder ernst nimmt. Das Gleiche gilt für die meisten anderen Jugendszenen. Denn Jugendszenen sind überwiegend hybride Kulturen – multikulturelle Bastarde, deren Geburtshelfer oft der Kampf gegen erlittene Benachteiligungen, gegen Intoleranz, Gewalt und Rassismus war, der Wunsch, anders als der gesamte spießige (weiße) Rest der Welt zu sein. Widersprüche, Fragen, Unsicherheiten sind zudem oft der erste Schritt zum Ausstieg aus einer autoritären, sektenähnlichen Szene wie der rechtsextremen.

Hier setzen Projekte wie das von der Bundeszentrale für politische Bildung seit sechs Jahren erfolgreich geförderte Projekt „Culture on the Road"[6] an: Dieses Projekt bietet Jugendlichen nicht nur in kreativen DJing-, Skateboarding-, Streetdance- oder Graffiti-Workshops die Möglichkeit, Respekt zu erfahren, sondern vermitteln „nebenbei" Wissen über die – zumeist bunte, nicht braune – Geschichte „ihrer" Jugendkultur. Sie machen damit z.B. HipHop-, Gothic-, Böhse-Onkelz- oder Techno-Fans, die gleichzeitig xenophobe oder gar rechtsextreme Gedanken vertreten, die Widersprüche in ihrem Denken und Fühlen bewusst – in der berechtigten Hoffnung, dass sie sich im Konflikt zwischen den beiden Welten für die spannendere entscheiden. Und das ist im Normalfall nicht die rechte Szene.

Die beste „Waffe" gegen die rechte Szene ist offensichtlich nicht der „Kampf" gegen rechtsorientierte Jugendliche..., sondern die Förderung bzw. Duldung der ... Gewalt ablehnenden, nichtrassistischen, toleranten – Jugend(musik)kulturen.

v.l.: Axel Hess; ullsteinbild – Müller-Stauffenberg; © bigway | Mirko Reichlin / photocase.com

AUSGEWÄHLTE LITERATUR

→ Dovermann, Ulrich, Rechtsextremismus, Xenophobie und politische Bildung, in: Frankenberger, Rolf/Frech, Siegfried/Grimm, Daniela (Hrsg.), Politische Psychologie und politische Bildung, Schwalbach/Ts. 2007, S. 210–220.

→ Farin, Klaus, Jugendkulturen in Deutschland, Band 1: 1950–1989, Band 2: 1990–2005, Bonn 2006.

Medien und Kommunikation

Zur Differenzierung von medialer und realer Gewalt

Lothar Mikos

> *Medien gelten lediglich als eine der Sozialisationsinstanzen neben dem Elternhaus, dem Kindergarten bzw. später der Schule, dem Beruf ...*

1. Medien und Gewalt – Differenzierung tut Not!

Welche Rolle Gewaltdarstellungen in den Medien bei der Entstehung von Jugendgewalt spielen, ist umstritten. Während in der Medien- und Kommunikationswissenschaft und der Sozialpsychologie zahlreiche Wirkungsthesen diskutiert werden,[1] spielen Medien in soziologischen Abhandlungen und Untersuchungen zur Gewalt[2] sowie zur Gewalt bei Jugendlichen[3] kaum eine Rolle. Diese Diskrepanz mag daher rühren, dass die Bedeutung der Medien vor allem von denjenigen, die sich wissenschaftlich mit Medien befassen oder als Journalisten in ihnen arbeiten, gerne überschätzt wird.

Sicher sind Medien heute ein wesentlicher Bestandteil unseres Alltags, aus dem sie nicht mehr wegzudenken sind. Aber unser Leben gestaltet sich im Wesentlichen über die sozialen Beziehungen, die wir eingehen. Das gilt bereits für das Aufwachsen oder die Sozialisation, wie es in der Soziologie und der Erziehungswissenschaft heißt. Die Medien gelten lediglich als eine der Sozialisationsinstanzen neben dem Elternhaus, dem Kindergarten bzw. später der Schule, dem Beruf (bei Jugendlichen) und der Gruppe der Gleichaltrigen, der sogenannten Peergroup.[4] Für ein gelingendes Aufwachsen ist ein ausgewogenes Verhältnis zwischen der Rolle von Elternhaus, Schule, Beruf, Gleichaltrigen und Medien wichtig.

Kommt es zu Gewalttaten von Jugendlichen, die öffentliche Aufmerksamkeit erregen, wie die Amokläufe von Littleton in den USA, in Erfurt und Emsdetten in

Deutschland, werden gern die Medien unter Pauschalverdacht gestellt und als Sündenbock missbraucht, um von den sozialen Ursachen, die in Elternhaus, Schule, Beruf und Gleichaltrigen liegen, abzulenken. Die öffentliche Medienschelte fällt in der Regel in solchen Fällen recht heftig aus. Der Soziologe Waldemar Vogelgesang sieht dahinter ein enges normatives Medienverständnis der Medienkritiker und weist der Kritik eine bestimmte Funktion zu: „Denn ihre [der Medienkritiker, L. Mikos] erbitterten Reaktionen auf den jugendlichen Gewaltkonsum erinnern bisweilen an Kassandrarufe, deren Lautstärke, so legt die Vorurteilsforschung nahe, die eigenen Ängste und Inkompetenzen im Umgang mit bestimmten medialen Formen der Gewaltdarstellung und medienvermittelten Jugendkulturen offensichtlich überdecken sollen."[5]

Diese aufgeregten öffentlichen Diskussionen dienen eher einer Skandalisierung von Gewalt in den Medien,[6] denn einer sachlichen Diskussion über die Ursachen von Jugendgewalt und der Bedeutung von Medien und medialen Gewaltdarstellungen im Alltag von Jugendlichen. Im Sinne einer sachlichen Diskussion muss zunächst einmal festgestellt werden: „Gewalt ist einer der schillerndsten und zugleich schwierigsten Begriffe der Sozialwissenschaft."[7] Meines Erachtens ist es hilfreich, im Zusammenhang mit der Diskussion um Medien und Gewalt auf fünf Ebenen Differenzierungen einzuführen, wobei sich auf jeder Ebene weitere Ausdifferenzierungen ergeben können:

> Unterscheidung von realer und medialer Gewalt;
> Unterscheidung von verschiedenen Gewaltformen und -mitteln;
> Unterscheidung verschiedener Diskurse über mediale Gewalt;
> Unterscheidung kommunikativer Aneignungsformen;
> Unterscheidung sozialer und lebensweltlicher Formen der Einbettung von medialer Gewalt.

2. Reale versus mediale Gewalt

Grundsätzlich ist zwischen realer Gewalt und medialer Gewalt zu unterscheiden, wobei es sich bei Letzterer um die mediale Darstellung von Gewalt handelt.

2.1 Reale Gewalt

Reale Gewalt kann als ein spezifischer Modus der Interaktion angesehen werden. Man kann versuchen, andere Menschen mit Argumenten zu überzeugen, man kann aber auch Gewalt anwenden. Gewalt ist in der sozialen Realität eine Handlungsalternative unter anderen. „Dadurch, dass der Mensch nicht Gewalt ausüben muss, aber immer gewaltsam handeln kann, gewinnt Gewalt ihren beunruhigenden Charakter: Als eine Handlungsoption, als Möglichkeit des Handelns ist Gewalt jederzeit einsetzbar, sie setzt keine dauerhaft überlegenen Machtmittel voraus, weil ihre Mächtigkeit ganz elementar aus der Verletzbarkeit des menschlichen Körpers resultiert."[8]

Gewalt als eine Form sozialer Interaktion ist in soziale, ökonomische, politische und kulturelle Strukturen eingebettet. Gewalttätige Interaktion ist dadurch gekennzeichnet, dass es einen oder mehrere Täter und ein oder mehrere Opfer gibt, die Schaden an Leib und/oder Leben genommen haben. Grundsätzlich kann man zur genaueren Bestimmung einer gewalttätigen Interaktion die sieben W-Fragen stellen:[9]

> Wer übt Gewalt aus? (Frage nach dem/den Täter/n);
> Was geschieht, wenn Gewalt ausgeübt wird? (Frage nach den Tatbeständen und den Abläufen);
> Wie wird Gewalt ausgeübt? (Frage nach Art und Weise und den eingesetzten Mitteln, z.B. Waffen, sowie Dritten, die Gewalt ermöglichen oder verhindern);
> Wem gilt die Gewalt? (Frage nach den Objekten einer Gewalthandlung, den Opfern);
> Warum wird Gewalt ausgeübt?

(Frage nach den allgemeinen Ursachen und Gründen für die Gewalttat);
> Wozu wird Gewalt ausgeübt? (Frage nach Zielen, Absichten, Zwecken und möglichen Motiven);
> Weshalb wird Gewalt ausgeübt? (Frage nach den Rechtfertigungsmustern und Legitimationsstrategien).

Erst wenn all diese Fragen beantwortet sind, bekommt man ein differenziertes Bild von dem, was vorgefallen ist. Eine weitere Unterscheidung ist an dieser Stelle wichtig: Man kann als Täter oder Opfer Teilnehmer an einer Gewalthandlung sein, man kann aber auch lediglich als Beobachter einer Gewalthandlung beiwohnen. Im ersten Fall ist man direkt beteiligt, im zweiten ist man unbeteiligter Zuschauer. Allerdings muss berücksichtigt werden, ob die Beobachter einer Gewalthandlung nur beobachten oder ob sie den oder die Täter anfeuern oder ob sie versuchen, das Opfer zu schützen bzw. die Täter zu vertreiben. Ferner ist zu beachten, ob die Ausübung der Gewalt speziell auf die Zuschauer zielt, d.h., dass sie nur deswegen stattfindet, weil Zuschauer zugegen sind.

2.2 Mediale Gewalt

Mediale Gewalt kann als eine bestimmte Form der symbolischen Darstellung in den Medien angesehen werden, die sich von anderen Formen der Darstellung unterscheidet. Sie wird als eine möglich erscheinende reale Gewalt innerhalb einer möglich erscheinenden dargestellten Welt von dargestellten Tätern ausgeübt. Grundsätzlich muss dabei zwischen den drei folgenden Formen unterschieden werden:[10]

> abgebildete reale Gewalt,
> inszenierte reale Gewalt und
> inszenierte fiktionale Gewalt.

Bei der *abgebildeten realen Gewalt* handelt es sich um Gewalthandlungen in der sozialen Realität, die für die Darstellung in einem Medium aufbereitet wurden. Es handelt sich um mediale Bearbeitungen von realer Gewalt zum Zwecke der Präsentation für Leser, Hörer oder Zuschauer. *Inszenierte reale Gewalt* tritt dann in den Medien auf, wenn diese gewalttätige soziale Interaktionen im Rahmen von Game- oder Talkshows für ein Publikum inszenieren. *Inszenierte fiktionale Gewalt* liegt dann vor, wenn es sich um eine erfundene Geschichte handelt, die in einem Medium für ein Publikum mit ästhetischen Mitteln aufbereitet wird. Die Inszenierung von realer und fiktionaler Gewalt ist auf ein Publikum gerichtet und speziell für dieses gestaltet.[11] Die Inszenierung von fiktionaler Gewalt muss dabei so erfolgen, dass sie im Rahmen der erzählten und dargestellten Welt glaubwürdig ist, d.h., sie muss als eine Form realer Gewalt innerhalb der Fiktion erscheinen.

Die mediale Gewalt als symbolische Darstellung kann auch nach den jeweiligen Medien und ihren Symbolformen differenziert werden. Gewaltdarstellungen in der gesprochenen Sprache oder als geschriebenes Wort sind abstrakt und zielen auf andere Wahrnehmungsformen und kognitive Verarbeitungen als audiovisuelle Darstellungen, die viel konkreter sind und daher bei den Zuschauern einen intensiveren Eindruck hinterlassen. Außerdem muss zwischen verschiedenen ästhetischen Gestaltungsweisen von medialen Gewaltdarstellungen unterschieden werden. Gewaltdarstellungen in Cartoons, Comics und Zeichentrickfilmen z.B. sind künstlich überhöht und verlassen gar manches Mal die Grenzen des realistisch Erscheinenden.

Es muss daher zwischen Gewalt bzw. Gewalttätigkeit und ihrer Darstellung unterschieden werden. Die Inszenierung und die mediale Bearbeitung von Gewalt folgen den Konventionen der Darstellung, welche in den jeweiligen Genres vorherrschen.[12] Darstellungen von Gewalt in den Medien sind nicht einfach nur als Inhalte zu sehen, sondern als Repräsentationen, die in historische, kultu-

relle und gesellschaftliche Kontexte eingebunden sind.

3. Formen und Mittel der Gewalt

In der medien- und kommunikationswissenschaftlichen Diskussion wird vor allem zwischen personaler und struktureller Gewalt unterschieden, wobei die personale Gewalt noch einmal in physische und psychische differenziert wird. Außerdem kann noch zwischen legitimer und illegitimer, individueller und kollektiver, expressiver und instrumenteller, aktiver und reaktiver, intentionaler und nichtintentionaler sowie manifester und latenter Gewalt unterschieden werden.[13] In der Regel geht es, wenn von Gewalt die Rede ist, um physische Gewalt, wie sie auch die Gewaltkommission des Bundestages definiert hat. Gewalt ist laut dieser Definition die zielgerichtete, direkte physische Schädigung von Menschen durch Menschen.[14]

Andere Formen von Gewalt, die diskutiert werden, z.B. psychische oder strukturelle Gewalt, stellen eine Ausweitung des Gewaltbegriffs dar, der seine Konturen verschwimmen lässt.[15] Es ist gerade ein Kennzeichen der aufgeregten öffentlichen Diskussion, dass sie den Gewaltbegriff ausweitet. So geht es z.B. gerade in der Diskussion über Gewalt an Schulen bzw. unter Schülern und Schülerinnen vor allem um psychische Gewalt, obwohl vollkommen unklar ist, wie und durch welche verbalen Akte es zu einer psychischen Schädigung kommen kann. Die Soziologin Gertrud Nunner-Winkler weist auf einen wesentlichen Unterschied zwischen physischer und psychischer Gewalt hin; sie stellt fest, „dass im prototypischen Fall physische Gewalt monologisch, d.h. vom Täter allein vollzogen werden kann, während psychische Gewalt ein interaktives Geschehen ist, d.h., der Täter ist für den Erfolg auf die Mitwirkung des Opfers angewiesen".[16] Diese Konstellation lässt allerdings Raum für zahlreiche Spekulationen, denn wenn die

Darstellungen von Gewalt in den Medien sind als Repräsentationen zu sehen, die in historische, kulturelle und gesellschaftliche Kontexte eingebunden sind.

MATT GROENING

picture-alliance / united archiv

© thestorysofar | photocase.com

Zur ritualisierten Gewalt gehören spielerische Formen von Gewalt in sportlichen Wettkämpfen sowie spezifische subkulturelle Praktiken.

Folgen einer Gewalttat nicht klar erkennbar sind, fordert dies Vermutungen über mögliche Folgen heraus.

Zugleich fällt an den medien- und kommunikationswissenschaftlichen Bestimmungen von Gewalt und deren Differenzierungen auf, dass der Gewaltbegriff einerseits sehr weit gefasst ist und andererseits in der Regel statisch benutzt wird, d.h., die Kulturabhängigkeit von Gewaltdefinitionen gerät kaum in den Blick. Der Soziologe Peter Imbusch hat dagegen den Versuch unternommen, den Gewaltbegriff und seine Dimensionen zu bestimmen, indem er die bisherige Gewaltforschung (nicht Mediengewaltforschung) aufgearbeitet hat.[17] Er unterscheidet zwischen einem Kernbereich des Begriffs- und Bedeutungsfeldes von Gewalt sowie zwei Randbereichen: der Gewalt im übertragenen Sinn und der Gewalt im ritualisierten Sinn.

Gewalt im übertragenen Sinn meint den metaphorischen Gebrauch des Begriffs, z.B. wenn von einem gewaltigen Ereignis, einer Naturgewalt oder einem gewaltigen Bauwerk die Rede ist. Unter *ritualisierter Gewalt* versteht Imbusch „jene Formen der kommunikativen (geselligen) Gewalt, die wenn überhaupt im Grenzbereich zur

manifesten physischen Gewalt anzusiedeln sind, weil sie gerade keine Zwangseinwirkung auf eine andere Person mit dem Ziel der Überwindung eines Widerstands bzw. einer Schädigung und Verletzung darstellen [...], sondern die Gewalt in eine Handlung oder ein Interaktionsgeschehen als Ritual eingebaut und auf ein anderes Ziel hin ausgerichtet ist. Gewalt ist dabei ganz wesentlich Inszenierung, die entweder über rein symbolisch vermittelte oder ganz ohne Über- und Unterordnungsprozesse gewaltsamer Machtaktionen mit ihren klar erkennbaren Opfer- und Täterrollen und vor allem ohne bösartige Verletzungsabsicht auskommt und auf der Freiwilligkeit und Egalität der Teilnehmer beruht."[18] Zur ritualisierten Gewalt gehören spielerische Formen von Gewalt in sportlichen Wettkämpfen sowie spezifische subkulturelle Praktiken, z.B. Tanzpraktiken wie Pogo beim Punk oder Moshen und Slamdancing bei Hardcore-Konzerten.[19]

Zum Kernbereich des Gewaltbegriffs zählt Imbusch die Dimension der *kulturellen* oder *symbolischen Gewalt.* Sie bezieht sich auf in kulturelle Praktiken (z.B. die Sprache) eingelassene Gewalt und dient dazu, Gewalt zu legitimieren, zu beschönigen, zu verschleiern oder unsicht-

bar zu machen. Dazu gehört z.B. die Herabwürdigung von Personen durch Sprache wie im Wort „Sozialschmarotzer", wodurch ein tatsächliches soziales und ökonomisch bedingtes Machtverhältnis verschleiert wird.

Von diesen Formen der Gewalt sind die Mittel der Gewalt zu unterscheiden. Gewalt kann körperlich angewendet werden, durch Fäuste, Füße, mit dem Kopf. Sie kann mittels Sprache ausgeübt werden. Sie kann mit Waffen ausgeübt werden, von einer einfachen Schere über ein Messer, einen Hammer, eine Pistole, ein Gewehr, einen Raketenwerfer, einen Panzer bis hin zu einer Atombombe. Hier ist zwischen Waffen, die zum Zwecke der Gewaltausübung hergestellt wurden, und Gegenständen, die als Waffen benutzt werden, zu unterscheiden. Mit beiden Arten der Waffenanwendung sind möglicherweise unterschiedliche Intentionen der Gewaltanwendung in unterschiedlichen Situationen verbunden.

All diese Formen und Mittel der Gewalt können in den Medien vorkommen, sowohl in den realen Gewaltdarstellungen als auch in den inszenierten realen und fiktionalen Gewaltdarstellungen. In den fiktionalen Genres sind sie glaubwürdig

Im Horrorfilm werden oft grausamste Metzeleien in aller Ausführlichkeit gezeigt.

in die erzählten sozialen Welten eingebunden. Allerdings lassen sich auch bei den medialen Gewaltdarstellungen verschiedene Formen unterscheiden. So ist die Art der Inszenierung von Gewalthandlungen von den Konventionen des jeweiligen Genres abhängig, zu dem ein Film oder eine Fernsehsendung zählt:[20]

> Im *Thriller* geht es weniger um die explizite Darstellung von Gewalt, als vielmehr um die Inszenierung einer Bedrohung für die Filmfiguren und einer imaginierten Bedrohung für die Zuschauer.

> Im *Horrorfilm*, insbesondere in der Variante des Slasherfilms, werden grausamste Metzeleien in aller Ausführlichkeit gezeigt.

> In *Science-Fiction-Filmen* wird der Kampf der Menschen gegen Außerirdische häufig durch äußerst brutale Aktionen der Aliens motiviert – in diesem Fall hat die Gewalt durch die Aliens eine dramaturgische Funktion.

> In *Familienserien* und *Melodramen* spielen alltägliche physische und psychische Gewalthandlungen im Rahmen von interpersonalen Beziehungsstrukturen eine große Rolle.

> In *Nachrichtenfilmen* werden häufig Opfer gezeigt und nur verbal über Gewalttaten berichtet, da die Kameras selten live dabei sind.

Wie diese Differenzierungen zeigen, muss zwischen den verschiedenen Gewaltformen und -mitteln sowie ihrer spezifischen narrativen Einbettung und ästhetischen Inszenierung in den jeweiligen Medien unterschieden werden.

4. Diskurse über mediale Gewalt

Nicht nur die öffentlichen Debatten, sondern teilweise auch die medienwissenschaftlichen Studien über mediale Gewaltdarstellungen und deren Auswirkungen geraten manchmal in die sogenannten Thematisierungsfallen der Gewaltdiskussion.[21] Ohne Differenzierungen hinsichtlich des Gewaltbegriffs, der Formen und Mittel sowie der situativen Bedingungen von Gewalt, besteht die Gefahr, zu vereinfachen und im Rahmen von Thematisierungsfallen "Gewalt in ihrem Sinngehalt umzudeuten, durch einfache Täter-Opfer-Dichotomien Betroffenheitsdiskurse zu erzeugen oder die komplexen Ursachen von Gewalt auf individuelle Eigenschaften zu reduzieren".[22] Wilhelm Heitmeyer und John Hagan nennen folgende Thematisierungsfallen:

> die *Umdeutungsfalle,* bei der Gewalt "exklusiv personalisiert, generell pathologisiert oder gar biologisiert wird, weil damit von allen sozialen Ursachenzusammenhängen abgesehen und eine moralische Selbstentlastung wie politische Erleichterung von Herrschenden

betrieben wird, die repressiven administrativen Maßnahmen Vorschub leisten"[23];

> die *Skandalisierungsfalle,* in die man gerät, wenn man sich auf spektakuläres Gewaltvokabular einlässt, um in den Medien Aufmerksamkeit zu bekommen;

> die *Inflationsfalle,* die bedeutet, dass der Gewaltdiskurs im Alltag so ausgedehnt wird, "dass der Eindruck entsteht, es gebe kaum noch gewaltarme oder gewaltfreie Zonen";

> die *Moralisierungsfalle,* bei der Gut und Böse klar zugeordnet sind und Betroffenheit erzeugt wird;

> die *Normalitätsfalle,* bei der Gewalt in bestimmten Zusammenhängen als natürlich angesehen wird;

> die *Reduktionsfalle,* bei der einfache Erklärungen und Personalisierungen zur Erklärung der Komplexität des Phänomens herangezogen werden.

In der Debatte über mediale Gewalt lassen sich alle Thematisierungsfallen finden. Das hat seinen Grund unter anderem darin, "dass der Diskurs über Mediengewalt gesamtgesellschaftlich eine norm- und ordnungsgenerierende Funktion übernimmt. Mit der Diskussion um die Gefahren der Gewaltdarstellung in den Medien, so wird argumentiert, hat ein gesellschaftlicher Aushandlungsprozess über moralische Standards eine moderne Ausdrucksform gefunden."[24] Da sind Moralisierungen nicht weit, die oft mit Umdeutung, Reduktion und Skandalisierung einhergehen. Daher kommt Jessica Eisermann zu dem Schluss: "Die Wirkung von Gewalt in den Medien ist offenbar nicht im direkten Einfluss auf das Publikum zu sehen. Sie geht vielmehr von denjenigen aus, die negative Effekte von Gewaltdarstellungen auf andere zu beobachten glauben oder diese erwarten."[25]

In der Diskussion um den möglichen Zusammenhang von medialer Gewalt und der Gewalttätigkeit von Jugendlichen wird die komplexe Thematik entsprechend auf angenommene einfache Wirk-mechanismen reduziert, eine einfache Täter-Opfer-Beziehung hergestellt und das Phänomen im Sinne einer Personalisierung und Pathologisierung umgedeutet. So ist schon bemerkenswert, dass ein großer Teil sozialpsychologischer Wirkungsstudien lediglich die Auswirkungen medialer Gewaltdarstellungen auf Kinder und Jugendliche untersucht. Erwachsene sind viel seltener Gegenstand der Forschung. Offenbar fällt es leichter, ein institutionelles Gewaltverhältnis zwischen den Medien als Tätern und den Kindern und Jugendlichen zu unterstellen, wobei Letztere allzu häufig als „Reaktionsdeppen" gesehen werden.[26]

Die Debatte über mediale Gewalt stellt sich als pädagogischer Diskurs heraus, „in dem das Verhältnis der Erwachsenen zu den Stoffen, Bildern und Geschichten,

mit denen sich Kinder und Jugendliche umgeben, geklärt wird: meistens zu ungunsten der Jüngeren".[27] Das führt dann umso mehr zu moralischer Entrüstung, wenn die vermeintlichen, „unschuldigen" kindlichen Opfer der Medien selbst zu Tätern werden. Denn die Legitimität der Gewaltanwendung liegt bei den Erwachsenen.

Wenn in angemessener Weise über Gewalt in der sozialen Realität und mediale Gewalt diskutiert werden soll, dann müssen die genannten Thematisierungsfallen vermieden werden. Zudem ist nicht nur ein genauer Blick auf die Formen und Mittel realer und medialer Gewalt zu werfen, sondern es gilt auch die Art und Weise, wie mediale Gewalt rezipiert und angeeignet wird, sowie die alltäglichen Gewaltverhältnisse differenziert zu betrachten.

5. Kommunikative Aneignungsformen

Für die Untersuchung der Rezeption und Aneignung medialer Gewalt ist es wichtig, die verschiedenen sozialen Prozesse zu berücksichtigen, die dabei eine Rolle spielen. Dabei ist grundsätzlich zu beachten, dass für das Wirken von Filmen und Fernsehsendungen nicht nur das Wissen der Rezipienten und Rezipientinnen relevant ist,[28] sondern auch seine/ihre Emotionen und Affekte sowie sein/ihr praktischer Sinn. Auch die soziale Kommunikation der Rezipienten/Rezipientinnen spielt eine Rolle.[29] So macht es einen Unterschied, ob eine junge Zuschauerin einen Horrorfilm abends, kurz vor dem Zubettgehen alleine sieht oder zusammen mit Freundinnen und Freunden bei einem geselligen Video-Nachmittag.

In der ersten Rezeptionssituation ist die junge Zuschauerin auf sich und ihre Befindlichkeiten zurückgeworfen. Wenn sie ein ängstlicher Mensch ist und diesen Horrorfilm mehr oder weniger per Zufall eingeschaltet hat, wird sie anders damit umgehen, als wenn sie regelmäßig Horrorliteratur und -filme konsumiert und dies gerne vor dem Einschlafen tut, um sich zu entspannen.

Gerade in einer Gruppe von Gleichaltrigen kann der gemeinsame Konsum von Horrorfilmen rituellen Charakter haben. In der Gruppe kann man sich gegenseitig versichern, „wie stark, mutig und hartgesotten man ist".[30] Zugleich finden Aushandlungsprozesse in der Gruppe statt, bei der sowohl die sozialen Positionen der einzelnen Gruppenmitglieder als auch individuelle Fähigkeiten und Wissen Gegenstand sein können. „Insgesamt bilden die Fans eine alternative Gemeinschaft, in der intensiv Gefühle, Freundschaften und Formen von Kreativität erprobt und erlebt werden können. Es handelt sich um eine Form der persönlichen Sinngebung."[31] Vor allem als kommunikative Ressource sind viele sogenannte Gewaltfilme unter Jugendlichen wichtig. Über sie kann man sprechen und

Ein großer Teil sozialpsychologischer Wirkungsstudien untersucht lediglich die Auswirkungen medialer Gewaltdarstellungen auf Kinder und Jugendliche. Erwachsene sind viel seltener Gegenstand der Forschung.

Jan Djenner/VISUM

> *Im Zusammenhang mit dem Konsum gewalthaltiger Medien durch Kinder und Jugendliche kann nicht einfach von den Medieninhalten auf bestimmte Wirkungen geschlossen werden.*

sich dabei möglichst noch von Erwachsenen abgrenzen. Daraus resultiert unter anderem das Vergnügen der Jugendlichen bei Action-, Science-Fiction- und Horrorfilmen.

6. Soziale und lebensweltliche Einbettung medialer Gewalt

Die Rezeption und Aneignung von medialer Gewalt findet im Rahmen sozialer und lebensweltlicher Zusammenhänge statt, sie kann nicht unabhängig davon gesehen werden. Menschen sind nicht von Geburt an Medienkonsumenten, sie werden dazu im Verlauf ihrer Sozialisation. Menschen sind auch nicht immer und überall Medienkonsumenten, sie werden das in bestimmten Situationen, z.B. im Kino oder vor dem Fernseher. Wenn sie einkaufen gehen, ihrem Beruf nachgehen oder in der Freizeit Sport treiben, sind sie Käufer, Berufstätige oder

Sportler, aber nicht Medienkonsumenten. Die Prozesse, die bei der Rezeption und Aneignung von Medien allgemein und von medialer Gewalt im Besonderen eine Rolle spielen, können daher nur angemessen verstanden werden, wenn die soziale und biographische Situation der Zuschauer im Rahmen ihres lebensweltlichen Kontextes berücksichtigt wird.

In Studien, die sich mit den biographischen Bedingungen der Rezeption von medialer Gewalt befassen, zeigt sich, wie stark die biographischen Erfahrungen der Jugendlichen und ihre Sozialisationsbedingungen zwischen Elternhaus, Schule und Gleichaltrigen sich auf die Rezeption medialer Gewalt auswirken bzw. darauf, ob es eine Vorliebe für mediale Gewalt gibt oder diese abgelehnt wird.[32] Es konnte gezeigt werden, dass die Bewertung „filmischer Gewalthandlungen von filmischen Kontexten" abhängt und eigene

Gewalterfahrungen einen Einfluss auf die Rezeption haben. „Die zu Gewalttätigkeit neigenden Jugendlichen sind in ihrer Gewaltbilligung expliziter und beziehen ihre eigenen Gewalterfahrungen in die Interpretation und Bewertung gewalttätiger Filmhandlungen ein."[33] Wenn die dargestellte Gewalt bei solchen Zuschauern auf Zustimmung stößt, kann die Gewaltbereitschaft bei gewaltbereiten Vielsehern verstärkt werden. Zugleich kann aufgrund der Ergebnisse aber auch festgestellt werden: „Es ist unwahrscheinlich, dass Gewaltbereitschaft im Kindesalter eine Folge medialer Einflüsse ist."[34] Es zeigt sich deutlich, wie die Rezeption von medialer Gewalt in die sozialen und lebensweltlichen Bedingungen eingebettet ist.

Aber selbst dann sind keine generellen Aussagen aufgrund von allgemeinen Zuordnungen nach dem Muster „Kinder aus problematischen Verhältnissen neigen aufgrund eigener Gewalterfahrungen zu Gewalttätigkeiten" möglich. Die Fallstudie von zwei männlichen Jugendlichen aus akademischen Elternhäusern zeigt, wie unterschiedlich sie sich aufgrund der familiären Bedingungen auch in ihren medialen Vorlieben entwickeln: Der eine Jugendliche hat das Medienverhalten seiner Eltern übernommen und lehnt deshalb das Fernsehen generell und Gewaltfilme im Besonderen ab – obwohl er eigene Gewalterfahrungen im Elternhaus gemacht hat. Der andere Jugendliche hat einen eigenen Fernseher und sieht bevorzugt Action-Serien, Cartoons und Sitcoms, auch um gegen die Mutter zu rebellieren.[35]

In einer eindrücklichen Analyse werden in dieser Studie die familiären Beziehungen und Gewalterfahrungen, die gegenwärtigen Haltungen zum Fernsehen und zur Fernsehrezeption insbesondere von Gewaltdarstellungen in ihren biographischen Bedingungen aufgeschlüsselt. Das Fazit der Analyse lautet: „Wenn Medienkompetenz zentraler Bestandteil eines ‚gesellschaftlich handlungsfähigen Subjekts' sein soll, dann kann der Kauf eines Fernsehers und die Rezeption von Gewaltfilmen im Fernsehen in diesem Sinne ein ‚kompetenterer' Umgang mit diesem Medium sein als die bloße Reproduktion der elterlichen Fernsehabstinenz und Ablehnung von Fernsehgewalt."[36]

Gerade im Zusammenhang mit dem Konsum gewalthaltiger Medien durch Kinder und Jugendliche kann daher nicht einfach von den Medieninhalten auf bestimmte Wirkungen geschlossen werden. Denn grundsätzlich gilt: „Wer vor dem Fernseher oder im Kino Gewaltszenen verfolgt, nimmt nicht darin schon an einem Gewaltverhältnis teil."[37]

7. Schlussbemerkung

Die genannten Differenzierungen sind wichtig, wenn man sich mit dem Zusammenhang zwischen Gewaltdarstellungen in den Medien und Gewalt in der

sozialen Realität auseinandersetzt. So können Thematisierungsfallen vermieden, Prozesse der Rezeption und Aneignung medialer Gewalt genauer erfasst, die Formen und Mittel medialer Gewaltdarstellungen differenziert analysiert und letztlich die Ursachen von Jugendgewalt genauer in den Blick genommen werden. Vor allem die Unterscheidung von medialer und realer Gewalt ist wichtig, „denn die Beachtung dieser Unterscheidung ist die Voraussetzung dafür, dass die Komplexität des Verhältnisses von Gewalt und dargebotener Gewalt erkannt und analysiert werden kann".[38] Dabei ist auch zu beachten, dass symbolische Darstellungen in den Medien unter anderem die Funktion haben, uns als Zuschauer zu gestatten, Dinge in der Phantasie durchzuführen, die uns in der sozialen Realität nicht möglich,[39] nicht erlaubt sind oder die sozial nicht geachtet sind, vom Ehebruch über ein ausschweifendes Luxusleben bis eben hin zu Gewalttaten.

Zugleich ist zu berücksichtigen, dass in der soziologischen Forschung zu Gewalt unter Jugendlichen Medien nur eine untergeordnete Rolle spielen, wenn sie denn überhaupt berücksichtigt werden. In seiner Studie zu Gewaltkarrieren von jugendlichen Tätern kommt der Soziologe Ferdinand Sutterlüty zu dem Ergebnis, dass vor allem eigene Gewalterfahrungen in der Kindheit sowie mangelnde soziale Anerkennung als Ursachen für späteres gewalttätiges Handeln gelten können.[40] Dies darf aber nicht zu dem Schluss verleiten, dass jedes Kind, das Gewalt erlebt und das missachtet wird, später zu Gewalttätigkeit neigt.

Gewaltdarstellungen in den Medien sind also in der Regel nicht die Ursache für gewalttätiges Handeln von Jugendlichen in der sozialen Wirklichkeit, sie können aber zu Auslösern werden, wenn der Leidensdruck und die Gewaltbereitschaft bereits vorhanden sind. In der Diskussion um Jugendgewalt sollten nicht vorschnell die Medien als Sündenböcke missbraucht werden, denn das verstellt nur den genauen Blick sowohl auf das komplexe Verhältnis von medialer und realer Gewalt als auch auf die sozialen, ökonomischen oder politischen Ursachen von Gewalt.

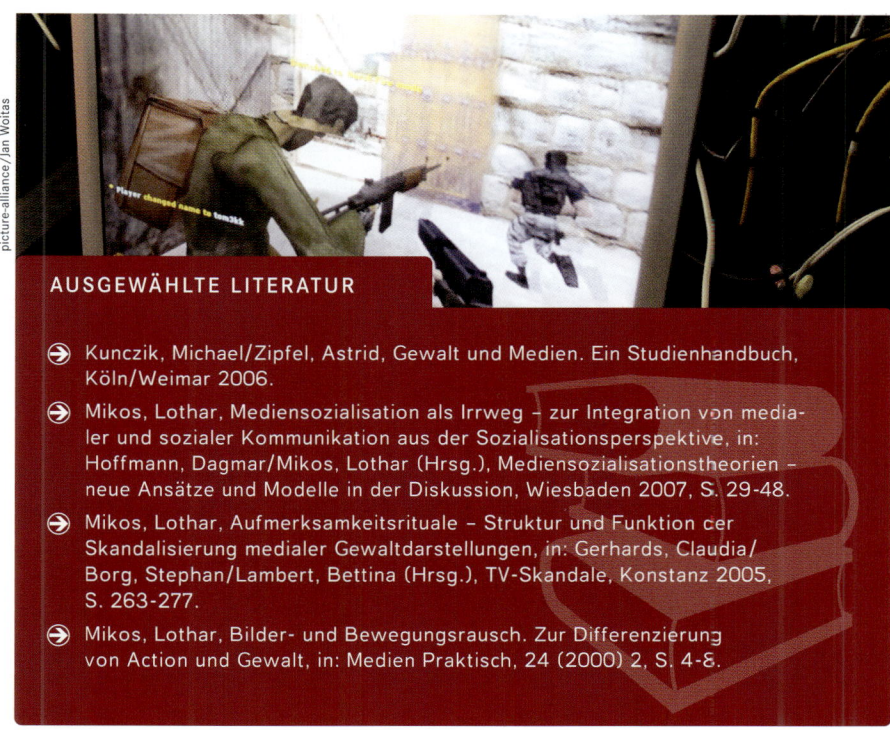

picture-alliance/Jan Woitas

AUSGEWÄHLTE LITERATUR

➔ Kunczik, Michael/Zipfel, Astrid, Gewalt und Medien. Ein Studienhandbuch, Köln/Weimar 2006.

➔ Mikos, Lothar, Mediensozialisation als Irrweg – zur Integration von medialer und sozialer Kommunikation aus der Sozialisationsperspektive, in: Hoffmann, Dagmar/Mikos, Lothar (Hrsg.), Mediensozialisationstheorien – neue Ansätze und Modelle in der Diskussion, Wiesbaden 2007, S. 29-48.

➔ Mikos, Lothar, Aufmerksamkeitsrituale – Struktur und Funktion der Skandalisierung medialer Gewaltdarstellungen, in: Gerhards, Claudia/Borg, Stephan/Lambert, Bettina (Hrsg.), TV-Skandale, Konstanz 2005, S. 263-277.

➔ Mikos, Lothar, Bilder- und Bewegungsrausch. Zur Differenzierung von Action und Gewalt, in: Medien Praktisch, 24 (2000) 2, S. 4-8.

Seminarmodelle und Trainings

Gewaltprävention

Teil ③

Gewaltprävention in der Praxis

Ausgewählte Trainings, didaktische Standards und Wirksamkeit

Siegfried Frech / Ralf-Erik Posselt

1. Gewaltpräventive Trainings und Seminare

Im Mittelpunkt der in den folgenden Beiträgen vorgestellten gewaltpräventiven Trainings und Seminarmodelle stehen der Erwerb von Kompetenzen und die Verinnerlichung von Verhaltensweisen, die einen konstruktiven Umgang mit Gewalt, verletzenden und schädigenden Aggressionen sowie mit Konflikten ermöglichen. Die Trainings erproben und vermitteln auf erlebnis- und erfahrungsorientiertem Wege Handlungs- und Verhaltensmuster, mit denen sich Gewalt und Konflikte thematisieren und bearbeiten lassen. Die Beiträge zu den einzelnen Trainings enthalten jeweils auch didaktisch-methodische Erläuterungen sowie konkrete Hinweise zur praktischen Durchführung. Die Trainings richten sich an Trainerinnen und Trainer in Einrichtungen der Jugend- und Erwachsenenbildung, an Sozialarbeiter und Sozialarbeiterinnen, an Lehrerinnen und Lehrer sowie an Mitarbeiterinnen und Mitarbeiter in friedenspädagogischen und antirassistischen Projekten.

2. Prävention, Intervention und Deeskalation

Trainings, Projekte und Initiativen gegen Gewalt und Rassismus[1] lassen sich – je nach inhaltlicher Schwerpunktsetzung – mit den Stichworten Prävention, Intervention und Deeskalation charakterisie-

ren. *Prävention* meint das vorbeugende Eingreifen, während *Intervention* auf die Bearbeitung bereits vorhandener manifester Störungen abzielt.[2] In Abhängigkeit von den Zielgruppen wird bei *Präventionsmaßnahmen* gemeinhin eine Differenzierung in primäre, sekundäre und tertiäre Prävention vorgenommen.[3] Für die Ebene der sekundären und der tertiären Prävention sowie die der Intervention ist die Frage der professionellen Handhabung zu bedenken, die bei Trainerinnen und Trainern besondere Kompetenzen und Kenntnisse erfordert.[4]

Prävention, als eine vor der Intervention stattfindende Maßnahme, will verhindern, was noch nicht eingetreten ist und muss daher definieren, „was als Störendes oder Abzuwendendes gilt und enthält ein Bild von dem, was als normal anzusehen ist".[5] Wenn nun Prävention mögliche Defizite und Normabweichungen in den Blick nimmt, ist die Gefahr der alleinigen Orientierung an sicherheitsorientierten und ordnungspolitischen Aspekten (z.B. im Bereich der Kriminalprävention) sowie ausgreifender Reglementierung nicht auszuschließen.

Prävention in der (sozial-)pädagogischen Arbeit hingegen berücksichtigt die Lebenswelten von Kindern, Jugendlichen sowie jungen Erwachsenen und geht von bestimmten Prämissen aus: „Abweichungen,

Grenzüberschreitungen, Krisen und kritische Ereignisse bei jungen Menschen sind Ausdruck einer normalen Entwicklung und sollten nicht als Fehlentwicklung stigmatisiert werden."[6] Prävention will daher problematischen biographischen Prozessen sowie der Entfaltung von Risiko- und Gewaltpotenzialen entgegenwirken. Gleichzeitig will sie positive Ressourcen und Selbsthilfepotenziale von Kindern, Jugendlichen und Heranwachsenden stärken. Prävention begnügt sich des Weiteren nicht mit Maßnahmen, die lediglich auf der personalen Ebene greifen, sondern bezieht auch gemeinwesen- und sozialraumorientierte Perspektiven mit ein.[7]

Deeskalation in der (sozial-)pädagogischen Arbeit ist die Klärung eines Konfliktes mit gewaltfreien Mitteln und meint „die Verhinderung oder Unterbrechung direkter Gewaltausübung, soll also destruktive Prozesse unterbrechen, um konstruktive Klärungen zu ermöglichen".[8] Deeskalation vermittelt stets eine eindeutige Alternative zur Gewalt und bedarf pädagogischer Nachbearbeitung. Als Herausgeber möchten wir auf einen Punkt hinweisen, der in Trainings aus unserer Sicht häufig zu kurz kommt: Wir verstehen unter Deeskalation die Verminderung oder Unterbrechung einer Konfliktdynamik, die durch Emotionalität, Einengung der Blickwinkel und Rückgriff auf gewalttätige Verhaltensweisen ge-

Gewalt liegt immer dann vor, wenn Menschen gezielt oder fahrlässig physisch oder psychisch verletzt oder geschädigt werden.

Hartmut Nörenberg

prägt ist. Eine situative Unterbrechung destruktiver Prozesse erfordert stets konstruktive Auseinandersetzungen und Klärungen. Hier kann in der vorherrschenden Seminar- und Trainingspraxis ein gewisses Defizit festgestellt werden: Intervention und Deeskalation wirken als Maßnahmen nur in der gewalthaltigen Situation. Erst die nachfolgende Bearbeitung eines (gewalttätigen) Konflikts macht die Intervention zu einem pädagogischen Lernprozess.[9]

3. Didaktische Standards und die Frage der Wirksamkeit

In der außerschulischen und in der schulischen Bildungsarbeit Tätige sind stark interessiert an Modellen für Trainings und Seminare sowie an praxisorientierten Methoden produktiver und konstruktiver Konfliktbearbeitung. Eine adressatengerechte und der Situation vor Ort angemessene Verwendung der hier vorgestellten

Modelle in der eigenen Bildungsarbeit wird nur dann gelingen, wenn einige grundsätzliche Überlegungen zur Übertragbarkeit von Trainingskonzepten Beachtung finden. Erfolgreiche Trainings zeichnen sich durch didaktische „Eckpunkte" und praxiserprobte Qualitätsstandards aus.

3.1 Transparenter Gewaltbegriff und wissenschaftliche Anschlussfähigkeit

Gewalt und die Grenzen von Gewalt sind nicht immer eindeutig. Zwar gibt es ein breites Einverständnis darüber, dass Gewalt verletzt, schädigt und zerstört – aber wo eine Verletzung oder Schädigung beginnt, kann strittig sein. In der Einführung des vorliegenden Buches haben wir Gewalt wie folgt definiert: Gewalt liegt immer dann vor, wenn Menschen gezielt oder fahrlässig physisch oder psychisch verletzt oder geschädigt werden. Gewalt ist immer an Macht geknüpft. Dazu gehört auch der Bereich der strukturellen und kulturellen Gewalt, also Macht- oder

Ordnungssysteme sowie ökonomische Prinzipien, die materielle, soziale und ideelle menschliche Entwicklungen beeinträchtigen oder verhindern.

Für die (sozial-)pädagogische Praxis und die konstruktive Bearbeitung von Gewalt hat sich die zeitweilige didaktische Reduktion[10] eines weit gefassten Gewaltbegriffs durch zielgruppen- oder themenspezifische Eingrenzungen der Gewalt auf bestimmte Gewaltphänomene (Mobbing, Beleidigungen, sexuell motivierte Gewalt, seelische oder körperliche Verletzungen) bewährt. Gute didaktische Reduktionen zeichnen sich dadurch aus, dass sie es ermöglichen, die Komplexität eines Phänomens kognitiv zu bewältigen, ohne dass damit der Gegenstand banalisiert oder gar dessen Facettenreichtum unzulässig eingeengt wird. Wenn bei Kindern und Jugendlichen eine Konzentration auf den Bereich der personalen Gewalt vorgenommen wird, dürfen darüber die gesellschaftlichen und (sozial-)politischen Dimensionen nicht vergessen werden.

Wirksame und an Nachhaltigkeit orientierte Trainings im Bereich der Gewaltprävention zeichnen sich durch eine hinreichende theoretische Grundlegung, einen klaren bzw. offengelegten Gewaltbegriff, angemessene didaktische Reduzierungen und nachvollziehbare Operationalisierungen der angestrebten Lernziele aus. Ein Kriterium für pädagogisch gehaltvolle Ansätze im Bereich der Prävention und Intervention ist, dass sie wissenschaftlich anschlussfähig sind und „wissenschaftliche Verallgemeinerungen in die Praxis hinein konkret verlängern".[113]

3.2 Frühzeitigkeit der Prävention
Erfolgreiche Präventionsprogramme setzen frühzeitig an. Je früher präventive Maßnahmen einsetzen, desto wahrscheinlicher und effektiver ist die Kompensation von Verhaltensdefiziten. Wenn die primäre Sozialisation in vielen Familien Defizite aufweist, müssen Kindertagesstätten, Jugendarbeit und Schulen kompensatorische Arbeit leisten. Pädagogische und präventive Strategien, die Kinder sozial „nachqualifizieren", sollten daher bereits im frühen Kindesalter beginnen. Die Erfahrung von Geborgenheit sowie von Zuwendung im Sinne positiver Förderung in Familie, Kindergarten, Peergroups, Jugendhilfe und Schule sind von grundlegender Bedeutung. Kinder und Jugendliche nennen neben den Autoritätspersonen in der Familie Erzieherinnen und Erzieher sowie Pädagoginnen und Pädagogen als wichtigste ernsthafte Identifikationsfiguren. Glaubwürdigkeit und die Klärung der Erwartungen, die man aneinander richtet, dienen der Entwicklung sozialen Verhaltens, von Regeln, Sinn und gemeinsamen Werten.

3.3 Differenzierung, Partizipation und Systemspezifizierung
Vor allem solche Trainings und Programme wirken nachhaltig, die an die spezifischen Bedürfnisse, Fragen und

Probleme eines sozialen Raumes und der darin lebenden Menschen angepasst werden. Eine Grundschule im gut bürgerlichen Stadtteil hat sicherlich andere Bedürfnisse als eine Grundschule in einem sozialen Brennpunkt mit einem hohen Anteil von Kindern mit Migrationshintergrund. Standardisierte Präventionsprogramme mit dem Anspruch der flächendeckenden Versorgung sind kaum in der Lage, die erforderliche Differenzierung zu gewährleisten. So wünschenswert sie angesichts ihrer Vergleichbarkeit und einfachen Handhabbarkeit aus der Sicht der (Sozial-)Politik sein mögen: sie gefährden häufig den Erfolg im Einzelnen. Für je unterschiedliche Problemlagen und Risikogruppen müssen differenziert ausgearbeitete Trainingsangebote entwickelt und angeboten werden. Nur durch Partizipation bei der Entwicklung von Themen, Inhalten und Konzepten sowie einen gemeinsamen Zielfindungsprozess (z. B. im Rahmen von Sozialraumanalysen[12]) entsteht eine Identifikation mit dem Trainingsprogramm – eine maßgebliche Voraussetzung für gelingende Prozesse des Lernens und der Verhaltensänderung.

3.4 Grundlegende pädagogische Prinzipien
Seriöse Gewaltpräventionsprogramme zeichnen sich durch *Methodenvielfalt*[13] aus. Empfehlenswert sind interkulturelle, geschlechtsspezifische und dem Alter angemessene, erfahrungsorientierte, interaktive und spielerische Methoden sowie Thematisierungswege, um die Teilnehmenden für das Thema zu öffnen. Manche der Methoden haben die Funktion, die Teilnehmerinnen und Teilnehmer aus ihrem Alltag herauszulösen und zusammenzubinden. Diese Übungen wirken als „Eisbrecher" und können eine vom angestrengten Diskutieren ermüdete Gruppe erneut munter machen.[14] Und zudem sollen manche Übungen ruhig auch Spaß machen.

Ein weiteres grundlegendes Prinzip ist die *Zielgruppenorientierung* als Ausgangspunkt für die Einbindung der Bedürfnisse und Interessen der Seminarteilnehmerin-

nen und -teilnehmer in die Konzeption. Das Gewaltpräventionsprogramm soll und muss für die Teilnehmenden einen benennbaren Nutzen haben. Die damit verbundene *Teilnehmerorientierung* bedeutet, dass Motive, Interessen und Bedürfnisse der Teilnehmenden in Planung und Durchführung des Trainings einbezogen werden. Gefragt ist nicht die streng asketische und intellektuell geprägte Bildungsarbeit, sondern eine Form von Praxis, welche die Teilnehmerinnen und Teilnehmer und vor allem deren „biographische Passung" in den Mittelpunkt ihrer Bemühungen stellt.[15]

Das *Prinzip der Ganzheitlichkeit* meint, die methodisch-didaktische Vermittlung so zu gestalten, dass Kognition, Emotion und Körperlichkeit der Teilnehmenden angesprochen und die zu vermittelnden Inhalte über möglichst alle Sinne wahrgenommen, erfasst und verstanden werden können. Dies wirkt sich auf die „Dramaturgie" des Seminar- oder Trainingsverlaufs aus: Nur durch eine methodisch gut durchdachte Variation von inhaltlichen Themenblöcken, erfahrungs- und erlebnisorientierten Methoden sowie Phasen der Reflexion können kognitive, affektive und körperliche Wege des Lernens beschritten werden. *Subjektorientierung* als grundlegendes Prinzip der Jugend- und Erwachsenenbildung drückt aus, dass die Angebote zwar Ziele, Inhalte und Methoden vorgeben, dass aber die Teilnehmenden entscheiden, ob und inwiefern sie die Angebote annehmen und ob sie gewillt sind, sich persönlich zu verändern.

3.5 Biographisch orientiertes Lernen

Lernen im Allgemeinen und soziales Lernen im Besonderen kann vor allem dann effektiv sein und Verhaltensänderungen bewirken, wenn die persönlichen Erfahrungen und Emotionen der Beteiligten mit einbezogen werden. Dies kann beispielsweise durch die Auseinandersetzung mit tatsächlich erlebten Konflikten im geschützten Erfahrungsraum eines Trainings geschehen: Was mich selbst betrifft, findet meine Beachtung und damit auch meine Bereitschaft, mein Verhalten und meine (Wert-)Haltungen zu reflektieren und zu verändern.

In den vorgestellten Trainings wird nicht „Bildungswissen" vermittelt, sondern

Ganzheitlichkeit meint, die methodisch-didaktische Vermittlung so zu gestalten, dass Kognition, Emotion und Körperlichkeit der Teilnehmenden angesprochen und die zu vermittelnden Inhalte über möglichst alle Sinne wahrgenommen, erfasst und verstanden werden.

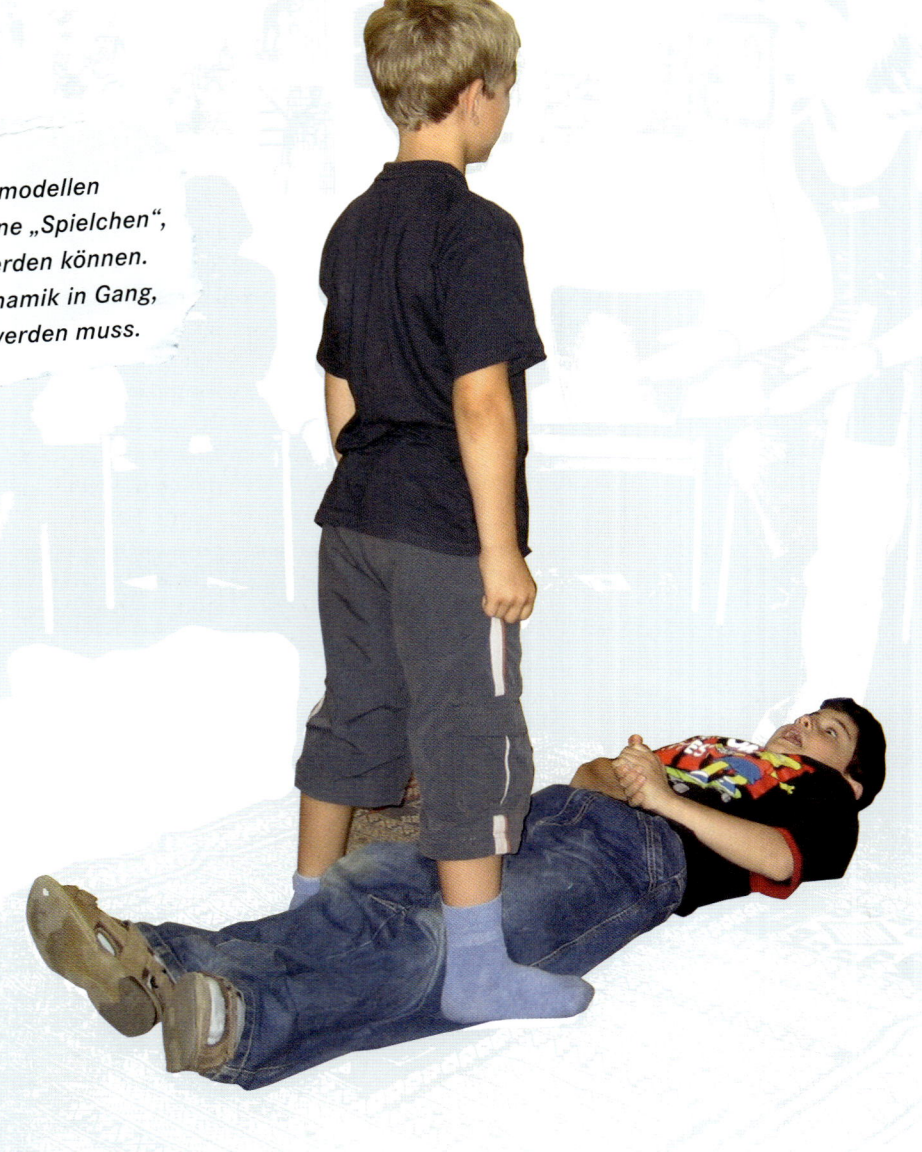

Die in den Trainings und Seminarmodellen beschriebenen Übungen sind keine „Spielchen", die probehalber durchgeführt werden können. Sie bringen in der Regel eine Dynamik in Gang, die aufgefangen und gesteuert werden muss.

zum Teil bei tief greifenden persönlichen Erlebnissen und Verhaltensweisen angesetzt. Deshalb spielt die in solchen Trainings ausgelöste Dynamik eine nicht zu unterschätzende Rolle. Diese Bildungsangebote sind deshalb so spannend und fruchtbar, weil sie sie nicht abstraktes Wissen vermitteln, sondern persönliche Fragen sowie Probleme aufgreifen und diese gemeinsam zu beantworten bzw. zu lösen versuchen. Trotzdem ist eine seriös betriebene Bildungsarbeit kein therapeutischer Prozess, wenngleich gerade bei den Themen Gewalt und Aggression die biographische Dimension eine gewichtige Rolle spielt. Dennoch geht es nicht um die Aufarbeitung und Bewältigung von Lebenskrisen oder die therapeutische Lösung individueller Problemlagen, sondern um bewusstes Verhalten und Handeln. Biographisch orientiertes Lernen sollte nur dosiert eingesetzt werden und bedarf der behutsamen Begleitung.

Die in den Trainings und Seminarmodellen beschriebenen Übungen sind keine „Spielchen", die probehalber durchgeführt werden können. Sie bringen in der Regel eine Dynamik in Gang, die aufgefangen und gesteuert werden muss. Hierzu sind fundierte Kenntnisse über Persönlichkeits- und Gruppenprozesse wichtig. Dass die Seminarleitung über professionelles Know-how – bezogen auf Themen und Methoden, Gruppendynamik und das Seminargeschehen – verfügt, wird vorausgesetzt.

3.6 Berücksichtigung von Genderaspekten

Durch gesellschaftliche Erwartungen und Zuschreibungen, die von biologischen Geschlechtsmerkmalen abgeleitet werden, entsteht eine Ungleichwertigkeit von Mädchen und Jungen, Frauen und Männern. Arbeit mit Mädchen und Frauen, Jungen und Männern hat immer auch zum Ziel, diese Ungleichwertigkeit aufzuheben und gleichberechtigte Teilhabe zu erreichen. Selbstbestimmung als Ziel beinhaltet dann, persönliche Fähigkeiten, Vorstellungen und Wünsche verwirk-

lichen zu können, unabhängig von traditionellen Geschlechterrollen. Gerade weil bei dem Thema Gewalt die Erfahrungen und die Betroffenheit von Mädchen und Jungen sehr unterschiedlich sind, gibt es neben koedukativen Arbeitsformen pädagogische Angebote ausschließlich für Mädchen, für Jungen, für Frauen und für Männer. Voraussetzung für eine gelingende geschlechtsspezifische Arbeit ist die Reflexionsbereitschaft der Moderatorinnen und Moderatoren in Bezug auf ihre weibliche bzw. männliche Identität – auch bezogen auf ihre Berufsrollen.

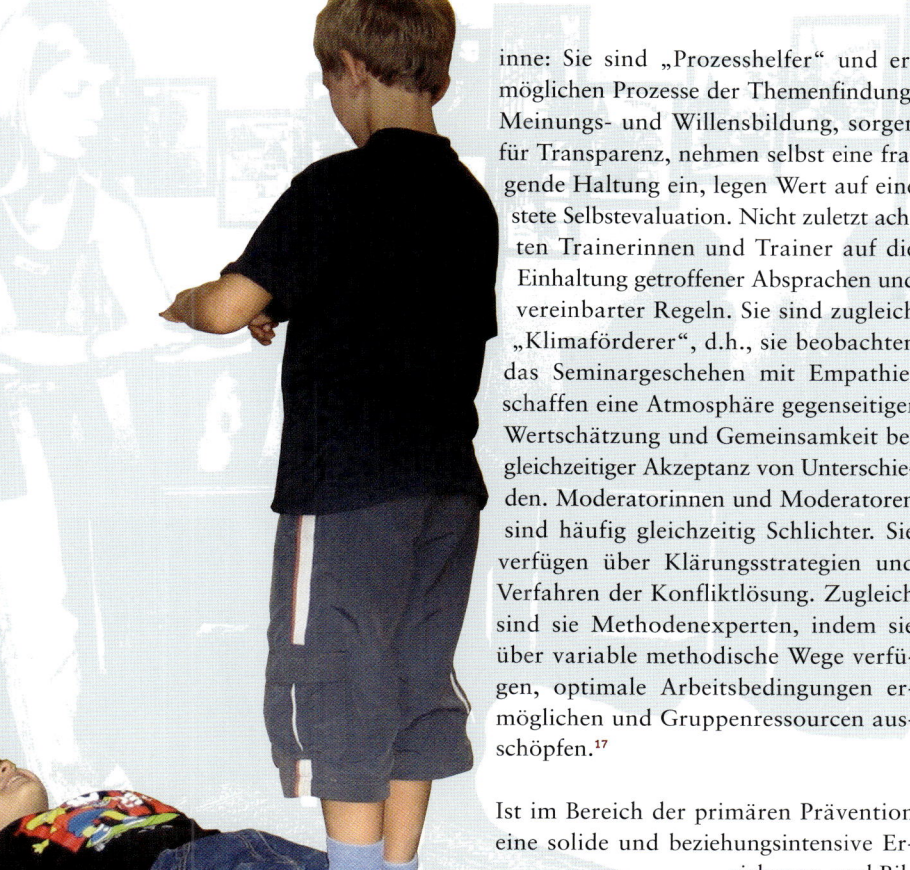

inne: Sie sind „Prozesshelfer" und ermöglichen Prozesse der Themenfindung, Meinungs- und Willensbildung, sorgen für Transparenz, nehmen selbst eine fragende Haltung ein, legen Wert auf eine stete Selbstevaluation. Nicht zuletzt achten Trainerinnen und Trainer auf die Einhaltung getroffener Absprachen und vereinbarter Regeln. Sie sind zugleich „Klimaförderer", d.h., sie beobachten das Seminargeschehen mit Empathie, schaffen eine Atmosphäre gegenseitiger Wertschätzung und Gemeinsamkeit bei gleichzeitiger Akzeptanz von Unterschieden. Moderatorinnen und Moderatoren sind häufig gleichzeitig Schlichter. Sie verfügen über Klärungsstrategien und Verfahren der Konfliktlösung. Zugleich sind sie Methodenexperten, indem sie über variable methodische Wege verfügen, optimale Arbeitsbedingungen ermöglichen und Gruppenressourcen ausschöpfen.[17]

Ist im Bereich der primären Prävention eine solide und beziehungsintensive Erziehungs- und Bildungsarbeit gefragt, die im Prinzip von grundständig pädagogisch Ausgebildeten leistbar ist, sind in den Bereichen der Gewaltprävention, Intervention und Deeskalation vertiefte Kenntnisse und durch Fortbildungen erworbene Qualifikationen notwendig. Grundsätzlich gilt, dass sich Möglichkeiten der präventiven und intervenierenden Arbeit „an den Stärken und Grenzen der einzelnen Pädagogen/innen orientieren"[18]. Zu den grundlegenden Qualifikationen gehören:

> Erkennen, Analysieren und Benennen von Bedrohungs-, Konflikt- und Gewaltsituationen;
> Thematisierung von Gewalt und Rassismus in allen Erscheinungsformen;
> Entwicklung und Erprobung von Flucht- und Interventionsmöglich-keiten in Bedrohungs- und Gewaltprozessen;
> qualifizierte Weiterentwicklung des eigenen Verhaltens- und Handlungsrepertoires;
> Eröffnung von Erfahrungsfeldern, in denen junge Menschen selber herausfinden und begreifen können, welche Ursachen, Wirkungen und Spuren Gewalt hat und hinterlässt;
> Entwicklung und Realisierung von Interventions- und Methodenrepertoires, bei denen Mädchen und Jungen, Jugendliche und Erwachsene selber herausfinden können, was gut und was schlecht für sie ist, welche Regeln, Wege und Lösungen für sie und andere Sinn machen;
> Einbeziehung authentischer Personen, die fähig sind, verletzende und zerstörerische (ebenso wie heilsame und menschenwürdige) Erfahrungen emphatisch zu vermitteln;
> Überprüfung und Korrektur eigener Positionen, Widersprüchlichkeiten und Gewaltpotenziale;
> kollegiale Begleitung, fachliche Beratung und Ermutigung der beteiligten Kolleginnen und Kollegen, damit sie den „aufrechten Gang" auf Dauer durchhalten;
> die Selbstverpflichtung, Gewaltlosigkeit als Prinzip im eigenen Alltag, Leben und in der beruflichen Praxis zu reflektieren und zu praktizieren.

3.8 Der Trainingsverlauf: Struktur wahren und Flexibilität zeigen

Da in Trainings thematisierte und bearbeitete Gewalterfahrungen von Kindern, Jugendlichen, Heranwachsenden und Erwachsenen unterschiedlich sind, kann nicht immer und überall derselbe Trainings- oder Seminarablauf „abgespult" werden. Vielmehr ist eine in unterschiedlich intensive Phasen eingeteilte Vorgehensweise sinnvoll. Phasen- und Verlaufsmodelle können hinreichend Sicherheit für einen variierbaren Ablauf bieten. Gleichwohl muss die Struktur des Trainings offen sein für Interessen und Anliegen der Teilnehmenden. Die klassi-

3.7 Zur Qualifikation der Moderatorinnen und Moderatoren

Trainings- und Seminarkonzeptionen können, selbst wenn sie noch so detailliert beschrieben sind, nicht unabhängig von den Trainerinnen und Trainern, die sie durchführen, gedacht werden. Denn diese bestimmen durch ihre Art der Präsenz, ihre Authentizität und ihr Engagement, durch ihr Lehr- und Lernverständnis und durch ihre thematische Prioritätensetzung wesentlich das Geschehen. Moderatorinnen und Moderatoren haben in Trainings mehrere Funktionen[16]

schen Seminarphasen (Anfang bzw. Startphase, inhaltliche Vertiefungsphasen,
Übergänge, Pausen und Zwischenbilan-
zen, Schluss[19]) werden in gewaltpräventiven Trainings mit erlebnis- und körper-
betonten Methoden angereichert und
müssen sich für die Teilnehmerinnen und
Teilnehmer zu einem Gesamtbild zu-
sammenfügen. Kennzeichnend ist ein
häufiger Wechsel zwischen Phasen der Intensität und Anspannung sowie solchen
der Entspannung und Reflexion.

3.9 Eltern einbeziehen

Weil die Erziehung von Kindern und Jugendlichen die elementare Aufgabe der
Eltern ist, ist es nicht ratsam, Gewaltprävention ohne die Eltern oder gar gegen
sie zu praktizieren. Soziale und persönliche Kompetenzen werden in hohem
Maße im Elternhaus angelegt, verinnerlicht und beeinflusst. Deshalb ist es notwendig, die Eltern einzubeziehen, bei
ihnen für einen kollegialen und konstruktiven Umgang mit dem Thema zu
werben und sie in ihrer Erziehungsaufga-
be zu stärken. Trainings für Eltern, bei
denen ihnen Wertschätzung und Anerkennung ihrer Erziehungsleistungen vermittelt werden, stärken Eltern als zuver-
lässige Partner in der Gewaltprävention.

3.10 Nachhaltigkeit und Kontinuität der Präventionsarbeit

Jede Präventionsarbeit braucht Zeit.
Kurzfristige Aktionen wirken in der Regel nur für kurze Zeit und sind auf Dauer wenig effektiv. Präventive Maßnahmen
brauchen Sorgfalt bei der organisatorischen und sozialen Verankerung. Ziel
ist ihre Verinnerlichung, Verselbststän-
digung und strukturelle Integration. Die
konzeptionelle Verankerung von Gewaltprävention als Querschnittsaufgabe in
Erziehungs- und Bildungseinrichtungen
eröffnet die Chance, sogar bei scheinbar
geringem Anlass, Gewalt neu zu thematisieren und konstruktiv zu bearbeiten.
Konflikte und Gewalt gehören zu unserer
Lebenswelt und zu der unserer Kinder.
Weil Kinder, Jugendliche und (junge) Erwachsene beständig Risikofaktoren für

Gewalttätigkeit (Stresssituationen, Frust,
Langeweile, Einsamkeit, Wutgefühle, Zugehörigkeit zu einer delinquenten Gruppe) ausgesetzt sind, ist Gewaltprävention
nur als andauernde Auseinandersetzung
mit wechselnder Intensität sinnvoll.

3.11 Vernetzung und institutionelle Absicherung im Sozialraum

Gewaltentwicklung hat immer eine Geschichte und einen sozialräumlichen
Hintergrund. Präventive Arbeit darf sich
nicht auf Einzelfälle und nicht ausschließlich auf den Bereich personaler

Gewalt von Kindern und Jugendlichen
konzentrieren, sondern „muss sich im
gesamten kommunalen Nahbereich entfalten".[20] Maßnahmen und Ziele jeglicher Präventionsarbeit sind von den Lebenswelten und konkreten Lebenslagen
der Kinder und Jugendlichen abhängig.
Deshalb sind Maßnahmen nachhaltiger
Gewaltprävention immer sozialräumlich
organisiert und binden im Sozialraum
ansässige Institutionen, Initiativen und
soziale Dienste arbeitsteilig sowie res-
sortübergreifend ein. Diese Netzwerk-
bildung ist für den kollegialen Aus-

tausch, zur konstruktiven Kritik, zur Aufarbeitung von Frustrationen und Misserfolgen und für die Entwicklung aufeinander abgestimmter Maßnahmen unverzichtbar.

Glaubwürdigkeit in der Gewaltprävention entwickelt sich dort, wo unterschiedlichste Menschen möglichst authentisch gemeinsame Perspektiven entwickeln. Eine nachhaltige Wirkung ergibt sich, wenn verschiedene Berufsgruppen (Sozialpädagogen und Sozialpädagoginnen, Polizisten und Polizistinnen, Leh-

rer und Lehrerinnen, Erzieher und Erzieherinnen, Psychologen und Psychologinnen) sowie Eltern an Moderationsteams beteiligt werden. Von besonderer Bedeutung ist, dass Gewaltprävention nicht im luftleeren Raum stattfindet, sondern von der jeweiligen Institution, der Schule, der Trägergruppe und den beteiligten Verantwortlichen gewollt ist. Gewaltprävention muss als gemeinsame Aufgabe verstanden werden und es müssen die für ihre Durchführung und Weiterentwicklung notwendigen Ressourcen bereitgestellt werden.

Weil Kinder, Jugendliche und junge Erwachsene beständig Risikofaktoren für Gewalttätigkeit ausgesetzt sind, ist Gewaltprävention nur als andauernde Auseinandersetzung mit wechselnder Intensität sinnvoll.

3.12 Evaluation

Zur Entwicklung und Sicherung der Qualität von Präventionsprogrammen ist die sogenannte formative bzw. begleitende Evaluation[21] unerlässlich. Im Gegensatz zur summativen bzw. bilanzierenden Evaluation, die am Ende einer Maßnahme stattfindet und oft die Fortsetzung eines Programms bzw. Projekts von den Evaluationsergebnissen abhängig macht, legen formative Verfahren Wert auf die Qualität der Maßnahme. Indem die Moderatorinnen und Moderatoren mit einbezogen werden, kann deren Kompetenz gestärkt und das Programm des Trainings optimiert werden. Dabei geht es um die systematische Entwicklung und Anwendung geeigneter Fragestellungen, Beobachtungen und Rückmeldungen, um die Wirkungen und auftretenden Probleme der Präventionsprogramme zu verbessern. Bereits ins Programm integrierte Feedback-Methoden können sicherstellen, dass Lernprozesse beobachtet sowie Störungen und Missverständnisse erkannt werden und klar wird, welche Themen (noch) bearbeitet werden müssen. Ein Auswertungsgespräch zwischen Moderatorinnen, Moderatoren und den Verantwortlichen für die Lerngruppe nach Abschluss des Trainings ist selbstverständlich. Durch andauernde Selbst- und wenn möglich Fremdevaluation verbessert sich die Qualität der Präventionsarbeit.

Trotzdem bleibt die kritische Frage, inwiefern Evaluationsmaßnahmen der Wirklichkeit der Präventionsarbeit gerecht werden. Die Frage, ob komplexe Prozesse sozialen Lernens, der Einstellungs- und Verhaltensänderung hinreichend operationalisierbar sind, stellt sich gerade bei diesen Trainings. Dies liegt nicht zuletzt daran, dass sich eine „einfache Kausalität zwischen Konzepten, Programmen und Maßnahmen und späteren, insbesondere langfristigen Wirkungen bei den Teilnehmenden nur schwer herstellen lässt".[22]

4. Wirksamkeit und Transferfrage

Alle Autorinnen und Autoren, die im Folgenden Einblicke in ihre Trainings- und Seminararbeit geben, wissen um das Dilemma, dass schulische wie außerschulische Bildung auf mittel- und langfristige Lern- und Veränderungsprozesse setzen und dass Kinder und Heranwachsende Raum benötigen, um neue Ansichten und Erfahrungen auszuprobieren. Trainings im gewaltpräventiven Bereich haben stets mit dem „Wagnischarakter" zu leben, dass es Differenzen zwischen den Seminarinhalten, der Aneignung durch die Adressaten und deren Alltagspraxis geben kann.

Entscheidend für die persönliche Entwicklung von Kindern und Jugendlichen sind die in den Seminaren angestrebten Lernprozesse. Dazu gehört ganz wesentlich, die eigene und die fremde Aggressionsbereitschaft, deren Bedingungen und Auslöser kennenzulernen. In der realen Lebenswelt, außerhalb des pädagogisch betreuten Raumes, ist dieser „spielerische" Umgang mit Aggressionen und Konflikten kaum möglich. Im Rahmen von Trainings kann jedoch an der individuellen Reizschwelle der Jugendlichen gearbeitet werden. Gerade durch die Verdeutlichung dieser Reizschwelle und der dahinter liegenden Bedürfnisse und Motive können Kinder, Jugendliche und junge Erwachsene lernen, eigene „Stopp-Normen" zu entwickeln. Auch dies greifen die vorgestellten Seminarkonzepte auf.

Trainings und Seminare, die zum Erwerb von Kompetenzen für gewaltfreies Handeln beitragen wollen, sehen sich oft dem Vorwurf ausgesetzt, dass diese „Schonraum-Pädagogik" keine Übertragung des erlernten sozialen Verhaltens in alltägliche Situationen garantiert. Dafür werden vor allem zwei Gründe geltend gemacht: Die Auseinandersetzung mit dem Seminarinhalt sei zu kurz und die euphorische Stimmung, die oftmals während solcher Trainings vorherrsche, werde der Brisanz der Realität nicht gerecht. Diese Skepsis hinsichtlich langfristiger Wirkungen ist verständlich und wird gerne als „Gretchenfrage" an diese Trainingsmodelle gestellt.

Solche Vorbehalte sind nicht neu. Wer in der Bildungsarbeit eine gezielte Änderung von Einstellungen und letztlich von Verhaltensweisen erreichen will, begibt sich in ein klassisches (und allseits bekanntes) Konfliktfeld der Pädagogik. Trotz dieses Dilemmas – das übrigens jeder Erzie-

Hartmut Nörenberg

Kinder und Jugendliche benötigen Zeit, Raum und Atmosphäre, um neue Ansichten und Erfahrungen auszuprobieren.

hungs- und Bildungsbemühung inne-
wohnt – müssen der sozialerzieherische
Gehalt und die präventive Wirkung dieser Trainings positiv gewürdigt werden.
Präventive Arbeitsformen dürfen keinesfalls wegen der nicht unmittelbar sichtbaren Erfolge eine Geringschätzung erfahren. Die Alternative wäre letztlich,
nichts zu tun! Die Grenzen präventiver
Angebote müssen uns dabei jedoch immer bewusst sein: Mit Gewaltprävention
können wir vieles, aber kaum strukturelle
Ursachen für Gewalt beseitigen.

5. Darstellungsraster der Trainings

Die Trainings- und Seminardesigns verdeutlichen exemplarisch Möglichkeiten
gewaltpräventiver Arbeit. Die praxis-
erprobten Modelle können – wenn bestimmte Bedingungen (s. o.) beachtet
werden – in der eigenen Bildungsarbeit
eingesetzt, gegebenenfalls modifiziert
oder durch Module und Übungen anderer Trainings ergänzt werden. Die Beiträge ermöglichen einen Einblick in die
Praxis der außerschulischen und der
schulischen Bildungsarbeit, geben zugleich vielfältige Anregungen zur Reflexion und zur Weiterentwicklung der eigenen Arbeit und folgen in ihrer Darstellung einem einheitlichen Raster:

> Die pädagogische Konzeption und
  die didaktischen Grundlinien des
  Trainings bzw. Seminars werden
  geschildert.
> Das jedem Training zugrunde liegende
  Verständnis von Gewaltprävention,
  Intervention und Deeskalation wird
  erläutert.
> Neben einer kurzen Beschreibung
  der angestrebten Lernziele nehmen die
  didaktisch-methodischen Erläuterungen sowie die Übungen und Methoden breiten Raum ein.
> Erfahrungen, Erfolge und Wirksam-
  keit werden in aller Regel erörtert. Im
  Sinne einer kritischen Reflexion schildern die Autorinnen und Autoren die
  Schwierigkeiten und „Klippen"
  einzelner Übungen und Methoden.

Hartmut Nörenberg

AUSGEWÄHLTE LITERATUR

➔ Gewalt Akademie Villigst (Hrsg.), Spiele, Impulse und
Übungen zur Thematisierung von Gewalt und Rassismus
in der Jugendarbeit, Schule und Bildungsarbeit, Band 1,
Villigst 1996.

➔ Gewalt Akademie Villigst (Hrsg.), Impulse und Übungen
zur Thematisierung von Gewalt und Rassismus in der
Jugendarbeit, Schule und Bildungsarbeit, Band 2, Villigst
2003.

➔ Gewalt Akademie Villigst (Hrsg.), Übungen & Impulse zur
Thematisierung von und Sensibilisierung für Gewalt und
Rassismus in der Jugendarbeit, Schule und Bildungsarbeit. Neue Übungen aus der Praxis von Trainer/innen
der Gewalt Akademie Villigst, Villigst 2007.

➔ Günther Gugel, Gewalt und Gewaltprävention.
Grundfragen, Grundlagen, Ansätze und Handlungsfelder
von Gewaltprävention und ihre Bedeutung für die
Entwicklungszusammenarbeit, Tübingen 2006.

➔ Korn, Judy/Mücke, Thomas, Gewalt im Griff, Band 2:
Deeskalations- und Mediationstraining, Weinheim/
Basel 2000.

➔ Schröder, Achim/Merkle, Angela, Leitfaden Konflikt-
bewältigung und Gewaltprävention. Pädagogische
Konzepte für Schule und Jugendhilfe, Schwalbach/
Ts. 2007.

„Kraftprotze und Zickenalarm"

Gewaltsensibilisierung und Deeskalations-training mit interkulturellem Ansatz

Sevgi Kahraman-Brust

1. Vielfalt der Kulturen und Identitäten

Bevor ich ein Training mit einer Klasse oder Gruppe durchführe, treffe ich mich mit den verantwortlichen Pädagogen/Pädagoginnen und arbeite mit ihnen einen Fragenkatalog durch. Oft kommt es nach dem formellen Teil zu einem lockeren Gespräch, in dem das „eigentliche Thema" angesprochen wird. Die Pädagogen und Pädagoginnen stellen Fragen zu den kulturellen Eigenheiten, religiösen Gebräuchen und zum sozialen Umfeld der Kinder und Jugendlichen, die sich auch in der dritten Generation den Werten des Heimatlandes verbunden fühlen. Sie nutzen bei solchen Gesprächen auch die Gelegenheit, ihre Schwierigkeiten im Umgang mit deren Eltern zu schildern.

Kommunikationsprobleme, Unsicherheiten im Umgang mit „Kopftuchmädchen" und kleinen „Paschas", die sich besonders den weiblichen Pädagogen gegenüber häufig sehr respektlos verhalten, sind einige der Themen. In Klassen, in denen teilweise 60 Prozent der Kinder und Jugendlichen einen Migrationshintergrund haben, entstehen häufig Konflikte, die nicht einfach und schnell zu lösen sind. Bei einer Klassenstärke von bis zu 30 Jugendlichen und einem Anteil von mindestens vier bis acht unterschiedlichen Ethnien ist ein tagtäglicher „Kultur-Crash" unausweichlich.

Die Jugendlichen reagieren empfindlich, wenn es um Ehre und Familie geht.

Schimpfwörter, die gegen sie selbst, ihre Familienmitglieder, ihre Religionszugehörigkeit oder das Heimatland gerichtet sind, haben häufig eine explosive Wirkung. Was innerhalb der Schule nicht „beredet" werden kann, wird außerhalb „zu Ende" geführt.

Mädchen können schnell in eine Opferrolle geraten. Sie stehen unter dem be-

Bei einer Klassenstärke von bis zu 30 Jugendlichen und einem Anteil von mindestens vier bis acht unterschiedlichen Ethnien ist ein tagtäglicher „Kultur-Crash" unausweichlich.

Kruell//laif

sonderen Schutz ihrer Familie. Es ist schwierig, die Eltern davon zu überzeugen, dass sie ihre Töchter nicht von schulischen Veranstaltungen wie Schulsport, Klassenfahrten oder von der Teilnahme an nachmittäglichen Arbeitsgemeinschaften ausschließen dürfen. Es ist oft zu beobachten, dass Mädchen mit Migrationshintergrund unter sich bleiben und auch nach der Schule selten bei ihren deutschen Freundinnen anzutreffen sind. Besuche von Freizeitzentren oder Discobesuche kommen für sie meist nicht infrage.

Durch die Schule oder Berufsausbildung haben die Jugendlichen intensive Kontakte zu deutschen Gleichaltrigen und passen sich daher der deutschen Realität immer mehr an: Sie entwickeln Erwartungen und Forderungen, die häufig mit

den Vorstellungen ihrer Eltern nicht im Einklang stehen. Diese Beobachtungen mache ich häufig bei Mädchen, die in Familien aufwachsen, in denen Tradition und Religion einen hohen Stellenwert haben.

1.1 Berührungsängste zwischen Schule und Elternhaus

Die Zerrissenheit der Eltern spiegelt sich häufig im Integrationsverhalten ihrer Kinder wider. Migranteneltern machen ihre Integrationsbemühungen teilweise vom Schul- oder Berufserfolg ihrer Kinder abhängig. Die Option einer Remigration ist scheinbar größer denn je: In Gesprächen mit Jugendlichen mit Migrationshintergrund höre ich häufig: „Wenn ich hier den Schulabschluss nicht schaffe, dann gehe ich in die Heimat; mein Onkel oder meine Tante werden mir dort schon helfen." Diese Perspektive wird von vielen Eltern stark unterstützt.

Begegnungen zwischen Eltern und Pädagogen bzw. Pädagoginnen ergeben sich meistens aus einem negativen Anlass, z.B. um das Fehlverhalten der Kinder zu besprechen und sich gegenseitig Versprechen zu geben, dass sich das Verhalten bald bessern wird. Lehrerinnen und Lehrer beklagen sich nach solchen Gesprächen meistens über die mangelnden Sprachkenntnisse der Eltern, dass diese nicht zum Gespräch erscheinen würden oder dass die guten Vorsätze vom letzten Gespräch im „Sande verlaufen" seien. Die Eltern sind oft beschämt, dass sie immer wieder in die Schule „zitiert" werden und können die Probleme, welche die Lehrerinnen und Lehrer mit ihren Kindern schildern, nicht nachvollziehen.

Die Eltern leben in ständiger Angst, dass ihnen die eigenen Kinder fremd werden. Sie beobachten ihre Kinder und nehmen natürlich wahr, dass diese sehr früh die Werte der traditionellen Erziehung infrage stellen und der Ansicht sind, dass die Erziehungsmaßnahmen ihrer Eltern mit den deutschen Erziehungsmethoden nicht konkurrieren können.

„Ein schwerwiegendes Problem ist der Verlust der Identität, dem meistens durch ein übermäßiges Beharren auf Traditionen und Werte des Heimatlandes entgegengewirkt wird. Eltern kultivieren traditionelle Vorstellungen, sehen diese als Bindeglied zu ihrer eigenen Kindheit und Jugend und halten an Sitten und Gebräuchen fest, die oftmals selbst in ihren Heimatländern schon überholt sind. Das Beharren auf dem Überlieferten wirkt sich in einer Situation, wo gerade Flexibilität und Anpassung erforderlich sind, äußerst hemmend und konfliktverstärkend aus."[1] Hinzu kommt: „Jugendliche brauchen Eltern als ‚Identifikationsobjekte'. Sie sind darauf angewiesen, in ihnen verlässliche Vorbilder für ihr eigenes Verhalten zu finden und erwarten, dass sie ihnen vorleben, wie sie sich verhalten sollen."[2] Jugendliche mit Migrationshintergrund erleben jedoch die eigenen Eltern in vielen Situationen hilflos und werden von ihnen bei privaten und sehr persönlichen Situationen um Hilfe gebeten. So müssen sie manchmal ihre Mutter zum Arzt begleiten oder dem Vater beim Ausfüllen von Formularen helfen. Hierdurch wird die gewohnte hierarchische Familienstruktur infrage gestellt und die Jugendlichen nehmen eine höhere Rangposition ein, die mit der traditionellen Elternrolle kollidiert.

1.2 Die „neuen" Mütter

Sehr gute Erfahrungen konnte ich bei einem mehrtägigen Training mit einer Gruppe türkischstämmiger Frauen machen. Hierbei musste ich meine muttersprachlichen Kenntnisse unter Beweis stellen. Die 26 Teilnehmerinnen waren Frauen aus drei Generationen. Allein der Erfahrungsaustausch zwischen Frauen der ersten Generation und Frauen, die durch ihre kürzliche Heirat mit einem Migranten der dritten Generation nach Deutschland gekommen waren, war sehr spannend. Es gab viele Parallelen in der Eingewöhnungsphase: Heimweh nach der Familie, das Gefühl von Einsamkeit und Unsicherheit im neuen Lebensumfeld. Zugleich bestanden aber auch große Unterschiede in den Erwartungen an die

Deutschen und an die eigenen Landsleute, sowie Unterschiede im Sprachlernverhalten und in der Kindererziehung.

Die Frauen der ersten Stunde wollten nur eine Arbeitsstelle und so viel Geld verdienen, dass sie ihre Familien in der Heimat unterstützen konnten. Um schnell Geld zu sparen, verzichteten sie auf viele Annehmlichkeiten, heirateten teilweise sogar sehr spät. Die „neuen" Frauen gehen in einen Deutschkurs, erziehen ihre Kinder mit mehr Verantwortungsbewusstsein, ohne die eigenen kulturellen Wurzeln zu vergessen. Die Erfahrung mit diesen Frauen hat mir Mut gemacht, intensiver am interkulturellen Ansatz meiner Trainings für Kinder und Jugendliche zu arbeiten und diese auszubauen.

2. Das Training

In den letzten drei Jahren habe ich eine Trainingsform entwickelt, die ich sowohl mit kulturell homogenen als auch mit heterogenen Gruppen durchführen kann. Im Serviceangebot der Regionalen Arbeitsstelle zur Förderung von Kindern und Jugendlichen aus Zuwandererfamilien im Kreis Unna biete ich interkulturelle Konflikttrainings und Antirassismustrainings an. Zielgruppen sind Schülerinnen und Schüler der Sekundarstufen I und II, Pädagogen und Pädagoginnen aus Schule und Jugendhilfe sowie andere interessierte Gruppen.

Wenn ich eine Anfrage für ein Training erhalte, besuche ich die betreffende Einrichtung, um mit dem Kontaktpartner ein Vorbereitungsgespräch zu führen. Bei diesem Treffen versuche ich, die Schule und die Klasse bzw. Gruppe kennenzulernen. Die wichtigsten Fragen für mich sind:
> Welche Wünsche und Hoffnungen werden mit dem Training verbunden?
> Welche inhaltlichen Schwerpunkte sollen mit der Klasse oder Gruppe erarbeitet werden?

Das Vorbereitungsgespräch soll klären, ob der Schwerpunkt auf den Themen Gewalt, Mobbing, mangelndes Sozialverhalten, Rassismus oder Antisemitismus liegt.

Die wichtigsten Fragen bei einem präventiven Trainingkonzept sind:
> Wie hoch ist die Gesamtschülerzahl? Wie viele Schülerinnen und Schüler haben einen Migrationshintergrund? Wie groß ist das Lehrerkollegium? Wie viele Lehrerinnen und Lehrer haben einen Migrationshintergrund?
> Ist die Schulleitung über dieses Treffen informiert und ist der Einsatz eines Trainers/einer Trainerin akzeptiert?
> Welche Kontakte gibt es zu den Eltern?
> Welchen Schwerpunkt soll das Training haben?
> Was erwartet die Schule von einem Training?
> Wurde die Klasse über das Training informiert?

Ich führe auch nach einem Konfliktfall Trainings durch. Dafür lasse ich mir den Hergang des Konflikts und die nachfolgenden Reaktionen der Beteiligten und der Schule erzählen:
> Was hat sich ereignet, wie lange liegt der Vorfall zurück?
> Wer waren die Beteiligten?
> Welche Maßnahmen wurden unternommen und welche Konsequenzen wurden gezogen?
> Wurde die Polizei eingeschaltet?
> Wie verhalten sich die Beteiligten zu Zeit?
> Wurden strukturell verändernde Maßnahmen eingeleitet?

Der präventive Einsatz von Trainings ist jedoch sinnvoller und nachhaltiger als ein Training, das nach einem Konflikt stattfindet. Die kreative Arbeit mit einer Klasse und die gemeinsame Entwicklung von Strategien gegen Gewalt macht mehr Spaß und ist effektiver als ein Training, das nach einem Konflikt durchgeführt wird. Nicht selten empfinden Schülerinnen und Schüler diese Art der Maßnahme als eine Bestrafung.

3. Seminardurchführung und Methoden
Das Methodenprogramm eines Trainings ist auf die jeweilige Gruppe und die vorher abgesprochenen Schwerpunkte zugeschnitten. Die Übungen (vgl. M 1) habe ich aus folgenden Trainingsprogrammen zusammengestellt: Gewalt Akademie Villigst, Managing Diversity, Interkulturelle Kommunikation und Trainings.[3] Einige der Übungen sind auch unter anderen Namen bekannt.

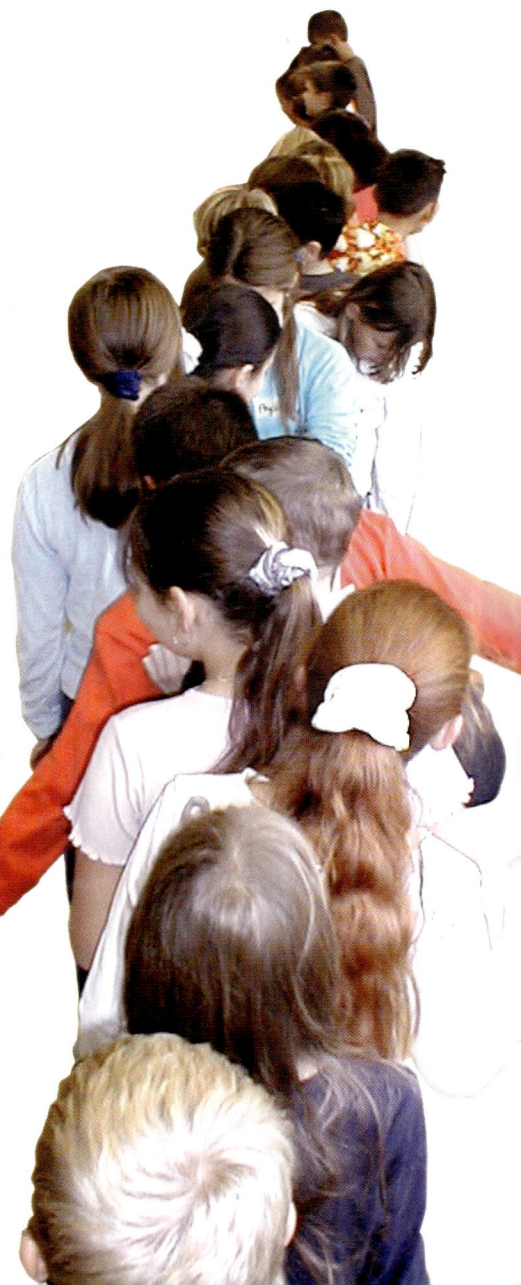

M 1: ABLAUF UND ZIELE DES TRAINIGS

U 1: Das ist mein Platz – In diesem spielerischen Einstieg sind eine rasche Wahrnehmung, Reaktionsfähigkeit und kommunikative Kompetenzen gefragt. Zudem wird die Teamfähigkeit der Seminargruppe auf die Probe gestellt.

U 2: Der Stein der Weisen – Diese Übung schult genaues Wahrnehmen, dient dem Kennenlernen und stellt die Individualität der Teilnehmer und Teilnehmerinnen in den Mittelpunkt des Seminargeschehens.

U 3: Die Geschichte meines Namens – Die (kulturelle) Identität ist an den eigenen Namen gebunden. Gefördert werden in dieser Übung die Selbstwahrnehmung und das Selbstwertgefühl.

U 4: Ähnlichkeiten und Unterschiede – Diese spielerische Variante dient – ausgehend von der individuellen Unverwechselbarkeit der Teilnehmenden – der Suche nach Gemeinsamkeiten und Ähnlichkeiten, offenbart eigene Stärken sowie die der anderen.

U 5: Stuhlkarussell – Eine positive Gruppendynamik ist wichtig für das Gelingen von Trainings. Im „Stuhlkarussell" geht es um Geschicklichkeit, aber auch um strategisches Handeln bei gleichzeitigem Vertrauen in die einzelnen Teilnehmer und Teilnehmerinnen der Gruppe.

U 6: Supermann und Superfrau! – Diese ebenfalls körperorientierte Übung dient vornehmlich der gegenseitigen Vertrauensbildung und vermittelt das Gefühl, sich auf andere verlassen zu können.

U 7: Standpunkte: Ja/Nein – Dieses „Meinungsbarometer" verlangt eindeutige Positionen, verdeutlicht andere Standpunkte, fordert Respekt vor abweichenden Meinungen und schult den respektvollen Umgang miteinander.

U 8: „Blindes" Vertrauen – Diese körperorientierte Übung dient wie Übung 6 der gegenseitigen Vertrauensbildung und vermittelt das Gefühl, sich auf andere verlassen zu können.

U 9: Tabuzonen – Durch eine Zuordnungsübung sollen die Teilnehmerinnen und Teilnehmer für männliche und weibliche Tabuzonen im interkulturellen Kontext sensibilisiert werden.

U 10: Die Geschichte von Petra – Dadurch, dass die Handlungsträger der Geschichte unterschiedliche Namen zugeschrieben bekommen, offenbaren sich unterschiedliche kulturelle Standards, aber auch Stereotypen, verschiedene Werte und Normen, die in den Mittelpunkt der Reflexion gestellt werden.

Das ist mein Platz!

Alle Teilnehmerinnen und Teilnehmer sollen sich innerhalb kürzester Zeit auf einer Linie aufstellen. Dies soll nach bestimmten Kriterien geschehen, z. B.:

- nach der Körpergröße;
- nach der Schuhgröße;
- nach der Haarfarbe;
- nach dem Geburtsdatum.

Während des Übungsverlauf ist auf Folgendes zu achten:

- Wie reagiert die Gruppe auf die Anweisungen?
- Wie ist der allgemeine Umgangston?
- In welchen Sprachen wird kommuniziert?

Oft ist zu beobachten, dass Jugendliche mit Migrationshintergrund in ihrer Muttersprache besser zurechtkommen. Allerdings müssen sie schnell umschalten können, um die Aufgabe mit der gesamten Gruppe erfolgreich zu lösen. An diesem Punkt sind Entscheidungen für den Verlauf des Trainings zu treffen:

- Das Training wird in deutscher Sprache durchgeführt.
- Alle Übungen werden nach der Devise „einer für alle, alle für einen; gemeinsam gegen Ausgrenzung und Gewalt" erarbeitet.

U2

Der Stein der Weisen

U3

Die Geschichte meines Names

Der Trainer/die Trainerin hat Kiesel-steine unterschiedlicher Größe und Farbe in ein Körbchen gelegt und er-zählt eine Geschichte, in der die Steine eine „geheimnisvolle" Rolle spielen. Jeder dieser Steine besitze magische Kräfte, die sich auf den Besitzer oder die Besitzerin übertragen. Nun werden die Teilnehmenden gebeten, ohne hin-zusehen, einen Stein aus dem Korb herauszusuchen. Alle Teilnehmer und Teilnehmerinnen schauen sich ihren Stein genau an und versuchen, ihn mit eigenen Worten zu beschreiben. Wichtig sind besondere Merkmale wie Farbbe-schaffenheit, die Form oder Risse und Einkerbungen. Schnell stellt sich heraus, dass kein Stein dem anderen gleicht, dass jeder Stein etwas Einzigartiges hat. Kann man im übertragenen Sinne behaupten, dass diese Steine uns Men-schen widerspiegeln? Welche Merkmale der Steine können wir mit unseren eigenen in Vergleich setzen? Gibt es zwei gleiche Menschen in dieser Gruppe?

Die Botschaft dieser Übung ist: Es ist gut, dass es Unterschiede gibt. Niemand möchte eine Kopie von jemand anderem sein. Und wichtig ist es auch, dass wir jeden Menschen so akzeptieren wie er ist. Vorraussetzung hierfür ist, genau hinzuschauen und keine voreiligen Schlüsse zu ziehen, sondern die eigene Wahrnehmung immer wieder zu über-prüfen. Mit älteren Schülerinnen und Schülern kann zudem eine Diskussion über die Manipulation durch Schönheits-operationen oder die Versuche von Menschen, ihre Hautfarbe zu verändern (Michael Jackson oder der Besuch von Solarien) geführt werden.

Am Ende der Übung erklärt die Trainerin/ der Trainer den Teilnehmenden, dass der Stein ihr persönlicher Glücksstein für die nächsten Tage sei, dass sie ihn bis zum Ende des gemeinsamen Pro-gramms behalten, ab und zu an ihn den-ken, ihn hin und wieder in die Hand nehmen und betrachten sollen.

Diese Übung wird zum Abschluss des Trainings wieder aufgenommen. Alle Steine werden eingesammelt und kom-men verdeckt unter einem Tuch in das Körbchen. Die Teilnehmerinnen und Teilnehmer sollen durch bloßes Fühlen ihren eigenen Stein finden. Alle dürfen den Stein als Erinnerung an das Training behalten.

Jede/r Teilnehmende bekommt die Gelegenheit, auf eine Tafel oder einen großen Bogen (farbiges) Papier mit bunten Stiften so groß wie möglich ihren/seinen Namen zu schreiben und sich der Gruppe nach folgenden Stich-punkten vorzustellen:

- Was ist die Geschichte deines Namens? Kennst du die Bedeutung? Wer hat ihn dir gegeben? Aus welchem Land stammt er?
- Gab es besondere Begebenheiten oder Situationen wegen deines Namens?
- Magst du ihn, oder wie würdest du lieber anders heißen?
- Hast du einen Spitznamen?
- Wie möchtest du von uns genannt werden?

Je nach Teilnehmerzahl kann diese Einheit länger oder kürzer dauern. Niemand sollte dazu gedrängt werden, jede Frage zu beantworten. Die „Geschichte meines Namens" erlaubt insbesondere in multikulturell zusam-mengesetzten Gruppen interkulturel-les Lernen über Namen und ihre Bedeutung in Bezug auf die jeweilige Herkunftskultur.

Archiv space5

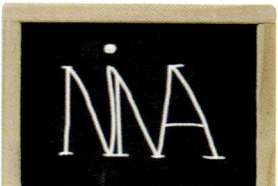

Archiv bube concept

U4

Ähnlichkeiten und Unterschiede

Die Teilnehmenden erhalten einen Fragebogen. Jeder Teilnehmer/jede Teilnehmerin beantwortet zunächst mit einem kurzen Stichwort die Fragen in der Spalte „Du". Es sollten nach Möglichkeit alle Fragen beantwortet werden. Wenn jemand allerdings keine Haustiere hat, dann bleibt die entsprechende Spalte frei.

Im nächsten Schritt werden die Teilnehmerinnen und Teilnehmer aufgefordert, andere zu finden, die eine Frage in gleicher Weise beantwortet haben. Sie lassen diesen/diese in der Spalte „Wer noch" unterschreiben und müssen gegenzeichnen. Jede/r Teilnehmende darf bei einem anderen Teilnehmer/ einer anderen Teilnehmerin nur einmal unterschreiben. Wer zuerst sieben Gleichgesinnte gefunden hat, ruft laut **„Stopp"**.

Bei der anschließenden Auswertung können folgende Fragen helfen:

❯ Was für ein Gefühl habe ich, wenn ich das Ziel, sieben Unterschriften zu sammeln, erreicht habe oder wenn ich es nicht erreicht habe?
❯ Warum konnte ich nicht so viele Unterschriften sammeln?
❯ Habe ich wirklich Aussagen, die sonst keiner in dieser Gruppe hat?
❯ War ich nicht aktiv genug bei meiner Suche?
❯ Habe ich die Aufgabe verstanden?

Bei dieser Übung kann die Dynamik der Gruppe sehr gut beobachtet werden. Manchmal kommen in den Gruppen überraschende Verbindungen zutage, die bisher noch nicht gesehen worden sind. Teilnehmer/Teilnehmerinnen, die ganz wenige Überschneidungen auf ihren Fragebogen nachweisen können, haben einen besonderen Stellenwert in der Gruppe. Es ist wichtig, dass die Trainerin/der Trainer sie vor eventuellen verletzenden Kommentaren schützt.

SEITE **233**
ARBEITSBLATT →

Anleitung:
Fülle den Fragebogen aus und begib dich auf die Suche nach Personen, die die gleiche Antwort gegeben haben. Lass dir das mit einer Unterschrift bestätigen.

	Du	Wer noch?
Geburtsmonat		
Zahl der Familienmitglieder		
Was liebst du am meisten an dem Ort, an dem du lebst?		
Geburtsort		
Hobbys/Interessen		
Lieblingsmusik/Band		
Lieblingsfilm		
Dein liebstes Reiseziel		
Lieblingsessen		
Fremdsprachenkenntnisse		
Was gefällt dir am besten an Deutschland?		
Haustiere		
Was bringt dich zum Lachen?		
Dein Lieblingsunterrichtsfach		
Deine Schuhgröße		
Wenn du heute irgendwo anders sein könntest, wo möchtest du dann sein?		

Stuhlkarussell

Sevgi Kahraman-Brust

Alle Teilnehmenden nehmen sich einen Stuhl und stellen sich mit diesem zu einem Kreis auf. Die Stühle bilden den Innenkreis, die Sitzflächen zeigen zu den Teilnehmenden. Jede Teilnehmerin/jeder Teilnehmer kippt seinen Stuhl so auf zwei Beinen, dass dieser in der Balance ist. Die Teilnehmenden versuchen, sich im Uhrzeigersinn in Bewegung zu setzen, sodass sie den Stuhl ihres Nachbarn zu fassen bekommen, bevor dieser umfällt. Wenn ein Stuhl umgefallen ist, muss die Gruppe neu starten.

Für eine Auswertung sind folgende Fragen relevant:

❯ Welche Strategien werden eingesetzt?
❯ Welche Teilnehmer/Teilnehmerinnen zeigen ihre Dominanz?
❯ Wird jemandem aus der Gruppe die „Leitung" zugesprochen?
❯ Ist der Kommunikationsstil für die Lösung förderlich oder hinderlich?
❯ Wie lange dauert es, bis es klappt?

Gruppendynamische Prozesse sind wichtig, um die eigene Position innerhalb einer Gruppe immer wieder auszuloten. Ein Teilnehmer/eine Teilnehmerin, der/die sonst innerhalb dieser Gruppe das Sagen hat, muss in der Lage sein, jemand anderem diese Position zu überlassen, damit die Gruppe das Ziel erreichen kann.

Supermann und Superfrau

Diese Übung ist eine Herausforderung für die „superstarken" Mädchen und Jungen. Dass die Teilnahme freiwillig ist, sollte hervorgehoben werden. Wegen des engen Körperkontaktes ist es wichtig, dass diese Übung mit einer gleichgeschlechtlichen Gruppe durchgeführt wird.

Die Übung funktioniert folgendermaßen: Es werden vier Stühle zu einem Viereck zusammengestellt. Auf jedem Stuhl nimmt ein Teilnehmer/eine Teilnehmerin so Platz, dass er/sie mit seinem Nacken auf dem Oberschenkel des/der anderen liegt. Wenn alle eine genügende Körperspannung erzeugt haben, können die Stühle weggezogen werden, ohne dass die Teilnehmerinnen und Teilnehmer umfallen.

Tipp: Die Beine sollten ab den Knien im rechten Winkel auf den Boden gestemmt werden. Die Teilnehmenden umfassen einander mit ihrem rechten Arm, um sich gegenseitig zu stützen. Ein gespannter Oberkörper ist wichtig.

Kräftemessen zwischen Jugendlichen gehört zum Alltag. Das Ausloten von Stärke und Macht wird im Schulalltag oft negativ beurteilt. Diese Übung zeigt, dass es auch positive und lustvolle Erlebnisse haben kann. Wichtig ist das gemeinsame Erlebnis. Der Erfolg wird meist mit einem spontanen Applaus honoriert.

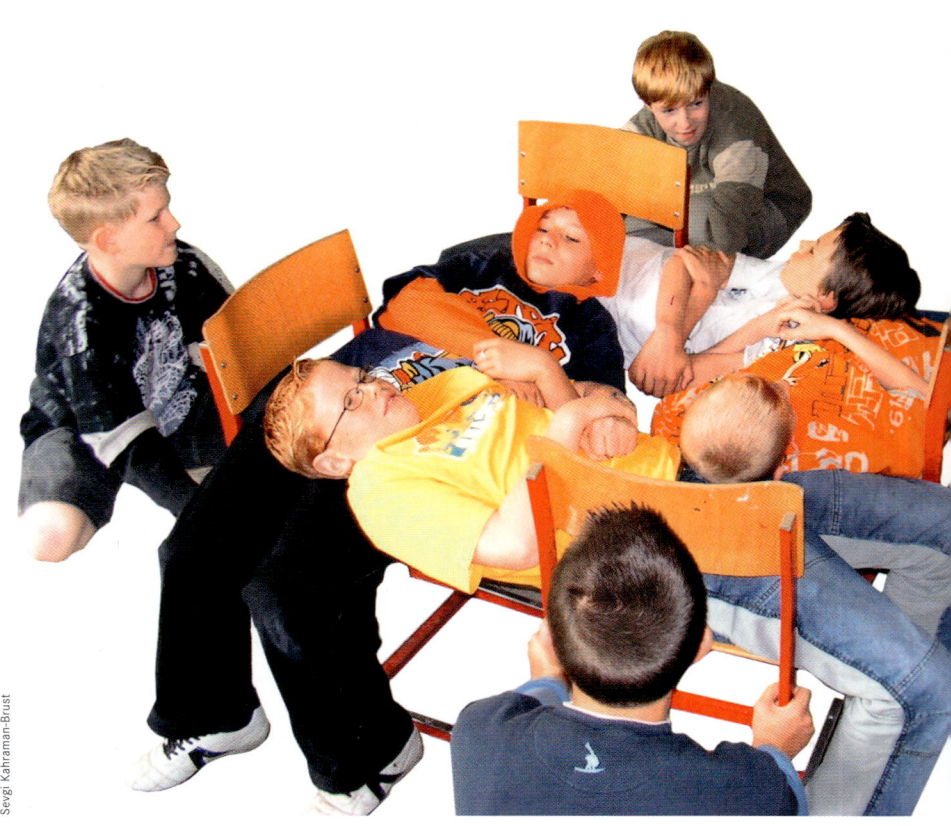

Sevgi Kahraman-Brust

U7

Standpunkte: Ja/Nein

Die Trainerin/der Trainer kennzeichnet die eine Ecke des Raumes mit einem Blatt, auf dem „Ja" steht, die gegenüberliegende mit einem Blatt, auf dem „Nein" steht. Die Gruppe versammelt sich zwischen diesen beiden Polen.

Die Trainerin/der Trainer ruft nun jeweils ein Statement in den Raum, die Teilnehmenden entscheiden sich, ob die Aussage für sie zutrifft und positionieren sich bei „Ja" oder „Nein". Ein scherzhaft gemeintes Statement – z. B. „Ich bin ein Mädchen." – zu Beginn löst die verkrampfte Atmosphäre und macht die Regeln für die Übung deutlich.

Die Statements sollten auf die jeweilige Gruppe abgestimmt sein. Möglich sind z. B.:
- Ich gehe gern zur Schule.
- Meine Muttersprache ist deutsch.
- Ich bin stolz auf meine Eltern.
- Ich wurde schon mal geschlagen.
- Frauen sollten nur Hausfrauen sein.
- Ich habe mich schon mal mit jemandem geprügelt.
- Ich bin schon mal wegen meines Aussehens beleidigt worden.

Diese Übung führt dazu, dass die Teilnehmenden ihren Standpunkt und damit die Zugehörigkeit zu einer Gruppe ständig wechseln. Manche Teilnehmer/Teilnehmerinnen machen die Erfahrung, ganz alleine oder nur mit sehr wenigen anderen auf einer Seite zu stehen, und spüren in der Regel, dass es unangenehm ist, zu einer Minderheit zu gehören.

U8

„Blindes" Vertrauen

Die Gruppe teilt sich in Zweierteams auf. Jeweils eine/r der Partner lässt sich die Augen verbinden. Die Aufgabe des/der „Sehenden" ist es, den blinden Partner/die blinde Partnerin nur durch Antippen durch den Raum zu führen. Bei dieser Übung darf nicht gesprochen werden! Der/die „Sehende" darf seinen Partner/seine Partnerin auch über kleinere Hindernisse klettern lassen oder durch den Schulgarten führen, ohne das eine Primel zertreten wird. Treppen sind eine Vertrauenssache und für beide Partner eine Herausforderung. Es darf gewechselt werden.

Eine andere Variante sieht so aus:
Der/die Blinde wird durch Zurufe zu einem Ziel (Schokoriegel) dirigiert.

Spaß macht es, wenn die Kommandos dem Partner/der Partnerin in der jeweils eigenen Muttersprache oder in Englisch oder Französisch zugerufen werden.

Hinweis: Wenn die Signale nicht deutlich genug abgesprochen worden sind, können nicht nur Irritationen entstehen; es besteht sogar Verletzungsgefahr. Deshalb sollte sich die Trainerin/der Trainer genügend Zeit nehmen, um die Signale gemeinsam mit der Gruppe zu bestimmen.

Archiv: Gewalt Akademie Villigst / SOS-Rassismus-NRW

Tabuzonen

Bitte benote alle Körperzonen
mit Noten von 1 (erlaubt) bis 6 (verboten).
Wo würdest du dich in ganz normalen
Alltagssituationen (z.B. in der Schule,
am Arbeitsplatz, im Jugendzentrum)
anfassen lassen?

- ◯ **Kopf**
- ◯ **Gesicht**
- ◯ **Hals**
- ◯ **Schulter**
- ◯ **Brust**
- ◯ **Arme**
- ◯ **Bauch**
- ◯ **Po**
- ◯ **Hand**
- ◯ **Geschlechtsteile**
- ◯ **Oberschenkel**
- ◯ **Knie**
- ◯ **Unterschenkel**
- ◯ **Fuß**

Alle Teilnehmenden bekommen ein
Arbeitsblatt: die männlichen Teilnehmer
eines, auf dem die Körperzonen eines Mannes eingezeichnet sind, die weiblichen Teilnehmerinnen eines mit den Körperzonen
einer Frau. Die Teilnehmenden werden
gebeten, das Arbeitsblatt nach den eigenen
Bewertungsmaßstäben in der angegebe-
nen Skala auszufüllen. Danach teilt sich
die Gruppe in zwei geschlechtshomogene
Gruppen, die jeweils von einem weiblichen
bzw. männlichen Trainer begleitet werden.

Alle Teilnehmenden bewerten die Tabuzonen mit Schulnoten von eins bis sechs.
Jeder Teilnehmende arbeitet allein, die
Bögen bleiben anonym. Beide Gruppen
ermitteln getrennt die Durchschnittsnoten
für die einzelnen Körperteile. Schon jetzt
wird deutlich, welche meiner Körperzonen
für das andere Geschlecht tabu sind.

Die weiblichen Teilnehmerinnen mit mus-
limischer Prägung begründen die Ablehnung von Berührung mit dem Bedürfnis,
die eigene Ehre zu schützen. Auch nicht-
muslimische Mädchen wollen nicht gegen
ihren Willen angefasst werden, allerdings
mit dem Hinweis darauf, dass sie selbstbewusst oder emanzipiert sind. Grundsätzlich ist es wichtig, innerhalb der gleichgeschlechtlichen Gruppe eine moderierte
Aussprache zu führen, bevor die Gesamtgruppe sich zu einer Auswertung trifft.

Sevgi Kahraman-Brust

Fclgendes Erlebnis erzählte mir ein Junge: H. ist in Deutschland geboren und 15 Jahre alt. Seine Eltern stammen aus Marokko. Beim letzten Heimaturlaub haben ihn seine Cousins zum Flanieren in die Stadt mitgenommen.

„Also, mein Cousin hakt sich voll fest bei mir ein, so wie die Mädchen das so machen. Da hab ich mir noch nichts dabei gedacht. Als ich mich losmache, legt er plötzlich seinen Arm um meine Schulter. Zuerst habe ich mich gewundert, aber ich habe gesehen, dass die anderen Jungs auch so herumlaufen, aber mir war das total blöd, das hat sich komisch angefühlt. Ich hab mich aber auch nicht getraut, was zu sagen. Ich dachte, wenn mich die Kollegen in Deutschland so sehen, dann denken die ich bin ‚schwul'."

Dieses Erlebnis zeigt, wie sehr die kulturellen Geflogenheiten des Heimatlandes nach einem Integrationsprozess in einem anderen Land „anders" bewertet werden. Erfahrungen ähnlicher Art sollten mit den Jugendlichen aufgearbeitet werden.

SEITE **234 /235** →
ARBEITSBLATT

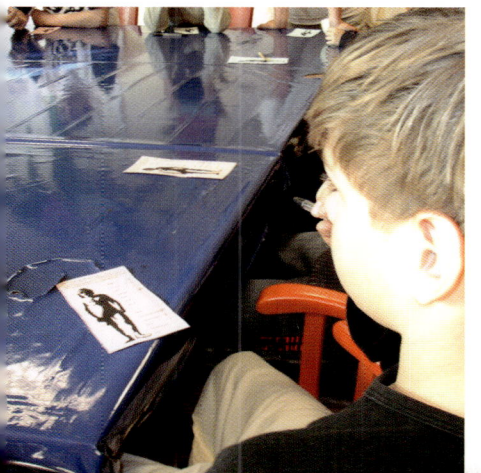

Bitte benote alle Körperzonen mit Noten von 1 (erlaubt) bis 6 (verboten). Wo würdest du dich in ganz normalen Alltagssituationen (z.B. in der Schule, am Arbeitsplatz, im Jugendzentrum) anfassen lassen?

◯ **Kopf**

◯ **Gesicht**

◯ **Hals**

◯ **Schulter**

◯ **Brust**

◯ **Arme**

◯ **Bauch**

◯ **Po**

◯ **Hand**

◯ **Geschlechtsteile**

◯ **Oberschenkel**

◯ **Knie**

◯ **Unterschenkel**

◯ **Fuß**

Jede Teilnehmerin/jeder Teilnehmer bekommt die „Geschichte von Petra" (es gibt auch eine türkische Übersetzung) als Arbeitsblatt (vgl. M 2). Die Personen in dieser Geschichte sollen in eine „Sympathie- bzw. Antipathieskala" gebracht werden. Die Zahl „1" kennzeichnet das Merkmal „sympathisch", die Zahl „5" am unteren Ende der Skala die Zuschreibung „unsympathisch". In Kleingruppen von vier bis fünf Personen sollen sich die Teilnehmenden über ihre jeweilige Rangfolge austauschen, sie begründen und versuchen, innerhalb der Gruppe zu einem Konsens über die Reihenfolge zu kommen.

Dafür sollte zehn bis 15 Minuten Zeit gegeben werden. Im Anschluss daran finden sich alle in der Großgruppe zusammen, um folgende Fragen zu erörtern:
- ❯ Wie stark unterschieden sich die Wertungen in der Kleingruppe voneinander?
- ❯ Kam es zu einem Konsens? Wie wurde er erzielt?
- ❯ Welche allgemeinen (gesellschaftlichen, kulturellen, religiösen) Werte und Normen verbergen sich hinter den Wertungen?

Variation: Die in der Geschichte vorkommenden Personen bekommen türkische Namen, z. B.: Papatya (Petra), Murat (Matthias), Cemal (Christian), Nuri (Norbert), Bekir (Boris).

Nachdem die Teilnehmenden einen Konsens in der Bewertung der Personen gefunden haben, bekommen sie die Aufgabe, den Personen türkische Namen zu geben und nun erneut eine Bewertung vorzunehmen. Es ist auch eine weitere Runde mit gemischtnationaler Namensgebung möglich, die weibliche Figur bekommt z. B. einen türkischen und ihr Freund einen deutschen Namen.

Die Übung zeigt, dass die ethnische Zugehörigkeit das Verhalten lenkt. Die Entscheidung für eine Sympathiereihenfolge hängt stark davon ab, welchem Kulturkreis eine Teilnehmerin/ein Teilnehmer angehört und welche Namen die Personen in der Geschichte bekommen. In den Diskussionen kommen einige der Konfliktfelder ins Gespräch. Die Aussagen einiger Teilnehmer/Teilnehmerinnen sind:
- ❯ „Eine Petra kann so was machen, aber eine Papatya, kann ich mir nicht vorstellen."
- ❯ „Ich find den Boris gut, der hat wenigstens seine Freundin verteidigt."
- ❯ Eine türkische Mutter: „Ich habe mir gerade vorgestellt, dass es evtl. meine Tochter sein könnte, da habe ich Angst bekommen."

M 2: DIE GESCHICHTE VON PETRA

Es war einmal eine Frau, die hieß Petra. Sie und Matthias liebten sich. Matthias lebte auf der einen Seite des Flusses, Petra auf der anderen. Der Fluss, der die beiden Liebenden trennte, war voll von Menschen fressenden Krokodilen. Petra wollte über den Fluss, um mit Matthias zusammen zu sein. Unglücklicherweise war die einzige Brücke weggeschwemmt worden. Sie ging zu Christian, einen Bootskapitän, um zu fragen, ob er sie hinüberbringen könnte. Christian meinte, er würde sich freuen, ihr helfen zu können, aber nur, wenn sie eine Nacht mit ihm verbringen würde. Petra weigerte sich, ohne zu zögern, und ging zu Norbert, einem Freund, um ihm ihre Notlage zu erklären. Norbert jedoch wollte mit der ganzen Sache überhaupt nichts zu tun haben. Norbert antwortete: "Ich verstehe dein Problem, aber es ist dein Problem, nicht meins." Nun fühlte Petra, dass sie nur die Alternative hat, auf Christians Bedingungen einzugehen. Christian erfüllte sein Versprechen und brachte sie in die Arme von Matthias. Als sie nun Matthias von ihrem „Seitensprung" erzählte, wies dieser sie mit Verachtung ab. Die tief betrübte und deprimierte Petra wandte sich an Boris, um ihm von ihrer traurigen Geschichte zu erzählen. Boris, der mit Petra Mitleid hatte, nahm sich darauf Matthias zur Brust, um ihn brutal zu schlagen. Petra freute sich sehr, als sie sah, wie Matthias Gerechtigkeit widerfuhr. Als die Sonne sich am Horizont näherte, konnte man Petra hören, wie sie Matthias auslachte.[4]

AUSGEWÄHLTE LITERATUR

- ➔ Hinz-Rommel, Wolfgang, Interkulturelle Kompetenz. Ein neues Aufforderungsprofil für die soziale Arbeit, Münster/New York 1994
- ➔ Johann, Ellen/Michely, Hildegard/Springer, Monika, Interkulturelle Pädagogik. Methodenhandbuch für sozialpädagogische Berufe, Berlin 1998.
- ➔ Losche, Helga, Interkulturelle Kommunikation. Sammlung praktischer Spiele und Übungen, 4. Aufl., Augsburg 2005.

4. Ein letztes Wort

Wichtig sind eine einfache direkte Ansprache, deutliche Anweisungen und eine schlichtende Moderation. Viele Migrantengruppen empfinden Augenkontakt als verunsichernd und provokativ. Das ist eine kulturtypische Eigenheit, die beachtet werden sollte. Ich biete jedem, der Fragen zu den Übungen oder Trainings mit interkulturellem Ansatz hat, meine Hilfe an. Ich bin auch gerne bereit, bei der Entwicklung von neuen Übungsideen und der Auswertung von interkulturellen Trainings mitzuarbeiten.

Mit Mobbing umgehen

Nicole Marjo Gerlach

1. Ist Mobbing in der Schule ein beachtenswertes Phänomen?

Untersuchungen in Deutschland deuten darauf hin, dass in weiterführenden Schulen durchschnittlich einer von sieben Schülern manchmal und eines von 25 Kindern ein- oder mehrmals pro Woche schikanösen Handlungen ausgesetzt ist.[1] Nach Expertenschätzungen kommen in Deutschland damit 500.000 mal pro Woche schikanöse Mobbingattacken auf Schüler und Schülerinnen vor.[2] In Österreich sollen jährlich ca. zwölf Prozent der Kinder mindestens einmal Opfer von Mobbingattacken sein.[3]

Diese Zahlen stimmen nachdenklich und sollten ernst genommen werden. Es besteht daher keineswegs Anlass, Mobbing in der Schule klein zu reden bzw. von Seiten der Schule das Thema zu unterschätzen, zu ignorieren oder gar zu verharmlosen. Aber genauso wenig sollte man gleich in Panik verfallen und hinter jedem Gewaltausbruch und jeder Aggression, hinter jeder Auseinandersetzung, jedem Streit, jedem Triezen oder jedem Konflikt gleich einen Mobbingfall sehen. Mit dem Phänomen Mobbing sollte vielmehr planvoll und umsichtig sowie insbesondere für die Institution Schule auch nachhaltig umgegangen werden, d.h., Ziel sollte sein, eine schulinterne Anti-Mobbing-Kultur aufzubauen.

Die meisten haben den Begriff „Mobbing" zwar schon einmal gehört. Aber gerade weil dieser Begriff fast inflationär gebraucht wird, haben viele nur ein diffuses Bild von Mobbing. Nur wenige ha-

ben eine konkrete Vorstellung davon, was Mobbing in der Schule wirklich bedeutet. Was ist also Mobbing tatsächlich? Wann spricht man von Mobbing und wo

liegt der Unterschied zum bloßen Ärgern aus Spaß, den täglichen Neckereien und dem üblen Scherz? Warum sprechen die einen von Mobbing, die anderen von

500.000 mal pro Woche schikanöse Mobbingattacken auf Schülerinnen und Schüler. Diese Zahlen stimmen nachdenklich und sollten ernst genommen werden.

ullstein bild – INTRO/Ausserhofer

Mobbing funktioniert nur im Rahmen einer Bezugsgruppe. Jedes Mitglied der Gruppe ist daher irgendwie beteiligt.

Bullying oder manche von Bossing? Und was gibt es sonst noch für systematische Attacken? Und wer ist bei Mobbing verantwortlich? Wo liegen Ursachen und welche Ansatzpunkte für Interventionen gibt es?

2. Was ist Mobbing?

Mobbing ist Gewalt an einer Person innerhalb ihrer sozialen Bezugsgruppe (Schulklasse, Wohngruppe, Arbeitsteam, Verein, Mannschaft usw.). Die soziale Bezugsgruppe wird zum Instrument der Gewalt. Diese Gruppe quält und schädigt eine einzelne Person über einen langen Zeitraum gezielt durch psychische und körperliche Gewalt, soziale Manipulation, Verleumdung, Ausschluss und Verbreitung von Gerüchten. Das Opfer hat meist nur geringe Chancen, sich aus seiner sozialen Bezugsgruppe zu lösen und ist damit der Gewalt dieser Gruppe ausgeliefert, bis jemand diese Prozesse durchbricht.

Mobbing funktioniert also nur im Rahmen einer Bezugsgruppe. Jedes Mitglied der Gruppe ist daher irgendwie beteiligt.

Dabei gibt es ganz unterschiedliche Rollen. Da sind zum einen der/die mobbende Täter/Täterin und das gemobbte Opfer. Es gibt zudem immer direkte und aktive Gehilfen bzw. Mittäterinnen und Mittäter (Assistenten), die meist nicht von selbst mit Mobbinghandlungen anfangen, aber diese, sobald der Täter damit beginnt, durch Anfeuern oder Beteiligung unterstützen. Und immer werden wir zuschauende Personen finden, die hinsehen oder bewusst wegsehen, um keine Stellung beziehen zu müssen. Es gibt Menschen, die schweigen oder sich zum Teil amüsieren, wenn das Opfer mal wieder gepeinigt wird. Manchmal gibt es auch Personen, die Zivilcourage zeigen und eingreifen. Sie haben es aber schwer, solange die schweigende Menge groß ist.

Hat sich ein Mobbingprozess und haben sich damit die Rollen der Beteiligten verfestigt, steht das Opfer vor einer Gruppensituation, aus der es aus eigener Kraft nicht mehr herausgelangt. Jedes Gruppenmitglied hat ein ganz eigenes Interesse daran, die einmal verfestigte Gruppensituation nicht zu ändern oder gar aufzubrechen. Bis auf das Opfer haben alle

Interesse daran, dass das Mobbing in der bestehenden Konstellation und Situation fortgesetzt wird. So können Täter und Täterinnen durch ihre Mobbinghandlungen auf der Bühne „Schulklasse" ihren Status in der Gruppe sowie ihre Machtposition in der Klasse täglich sichern und verbessern. Mitläufer können sich bei Tätern beliebt machen. Zuschauer können, aus Angst selbst Opfer zu werden, froh sein, dass das Opfer Zielscheibe ist. Mobbing ist damit nicht nur begrifflich etwas ganz anderes als ein Konflikt. Mobbing dürfte auch nur selten aus einem Konflikt entstehen. Im Unterschied zum Konflikt hat Mobbing System und ist zugleich System.

Wenngleich nur ein Teil der Klasse aktiv mobbt, ist doch die ganze Klasse involviert und beteiligt. Hierin liegt zugleich eine große Chance. Diejenigen im Klassenverband, die eigentlich bereit wären, gegen Mobbing einzuschreiten (wenn sie nur könnten), müssen gestärkt werden. Zugleich sind Mobbingvorkommnisse in der Klasse immer mit der ganzen Klasse zu bearbeiten. Die Gruppe muss die Chance haben, zu begreifen, was tatsäch-

Das Märchen von ... der klassischen Außenseiterin, die zwangsläufig zum Mobbingopfer wird, gilt als widerlegt.

Kruell/laif

lich vorgefallen ist. Jedem muss die Möglichkeit eingeräumt werden, zu erkennen, wo sein ganz persönlicher Anteil liegt, was schief gelaufen ist und wie was hätte verhindert werden können. Nicht zuletzt muss der Gruppe die Möglichkeit eröffnet werden, das Negativereignis für alle persönlich umzupolen und hieraus für die Zukunft eine positiv besetzte Chance werden zu lassen.

3. Kommt es auf Täter und Opfer an?

Mobbing in der Schule gehört zum Schulalltag – allerdings nicht in allen Klassen. Warum scheinen manche Klassen keine oder kaum Mobbingprobleme zu haben, während Mobbing in anderen Klassen an der Tagesordnung zu sein scheint? Die Begründung, das läge an den Tätern und Täterinnen oder gar am Opfer selbst, die in einer Klasse vorhanden seien, in der anderen Klasse dagegen nicht, greift zu kurz. Zudem zielt eine solche Sichtweise auf einen klassischen Täter-Opfer-Typus ab, obwohl sich die Wissenschaft mittlerweile darin einig ist, dass es weder ein typisches Opfer- noch ein typisches

Täterprofil gibt.[4] Das Märchen vom typischen Sonderling oder der klassischen Außenseiterin, der/die wegen seines/ihres Verhaltens oder Aussehens oder einer vermeintlichen Abweichung vom Normalen (Frage: Was ist normal und wer definiert eigentlich verbindlich, was normal ist?) zwangsläufig als Mobbingopfer infrage kommt und zum Opfer wird, gilt als widerlegt.

Eine solche Einschätzung führt zudem dazu, dass dem Opfer letztlich sogar selbst die Verantwortung für die von ihm zu ertragenden Mobbingattacken zugeschoben wird. Noch schlimmer ist allerdings, dass eine solche Sichtweise sich Begründungsmuster der Täter bzw. Täterinnen zu eigen macht. Gäbe es das klassische Opfer wirklich, müsste sich diese Risikogruppe einfach nur ändern oder fortgebildet werden (z.B. in klassischen Selbstbehauptungs- oder Deeskalationstrainings) und es gäbe kein Mobbing mehr. Dass dem nicht so ist, ist offensichtlich. Und sollte es ein Opfer tatsächlich einmal schaffen, seine Opferrolle abzustreifen, stellt sich die Frage: Ist damit Mobbing in der Klasse tatsächlich abgestellt oder wird es ein neues Opfer geben?

Die Problematik einer opferbezogenen Sichtweise wird auch daran deutlich, dass sogar Opfer in Mobbingsituationen fälschlicherweise immer wieder die Schuld bei sich suchen und erfolglos probieren, sich zu ändern, vermeintlich anzupassen, anders zu verhalten oder gar anzubiedern. Das ist nutzlos. Egal, wie sich das Opfer verhält, den Mobbingprozess wird es kaum durchbrechen. Es ist ganz wichtig, dem Opfer klar zu machen, dass es selbst nie Schuld am Mobbing hat. Bei jeder Bearbeitung von Mobbingvorkommnissen hat Opferschutz daher höchste Priorität. Bis heute ist vielen Verantwortlichen in der Schule und vielen Eltern oft gar nicht bewusst, dass jeder oder jede Opfer von Mobbing werden kann und dass es häufig nur vom Zufall abhängt, wer in einer Klasse in die Opferrolle gelangt und wem diese Rolle auf Dauer zugesprochen wird.

Mobbingprozesse innerhalb einer Klasse entwickeln sich. Sie erscheinen keineswegs plötzlich auf der Bildfläche. Da es sich um Gruppenprozesse handelt, können sie auch von der internen Gruppenstruktur entweder begünstigt oder behindert werden.

Ein Mobbingfall lässt sich nicht allein dadurch lösen, dass die unmittelbaren Täter/Täterinnen der Schule verwiesen werden. Wer meint: „Hauptsache weg und wir sind das Problem los", verschiebt ohne zu bearbeiten, handelt kurzsichtig und denkt zu monokausal. Auf welche andere Schule, welche andere Klasse oder welches Kind wird das Problem dann verlagert? Und hat sich dort, wo nun scheinbar Ruhe herrscht, das Problem tatsächlich in Luft aufgelöst? Hat sich die Einstellung der Gruppe zum Opfer nun tatsächlich um 180 Grad gedreht, nur weil plötzlich kein unmittelbarer Täter bzw. keine unmittelbare Täterin mehr vorhanden ist?

Auch dem gut gemeinten Ratschlag, das Opfer bei Mobbingvorkommnissen sofort von der Schule oder aus der Klasse zu nehmen, sollte nur in Ausnahmefällen gefolgt werden. Diese Reaktion kann allenfalls nach ausgiebiger Überprüfung des Einzelfalls unter Opferschutzgesichtspunkten sinnvoll sein. Denn vielfach setzt eine solche Maßnahme falsche Signale. Die Täter/Täterinnen und Gehilfen erfahren so, dass Mobbing der richtige und schnelle Weg ist, eine unliebsame Person loszuwerden. Die übrigen Klassenmitglieder merken, dass Mobbing erfolgreich ist und auch von der Schule als Verhaltensform akzeptiert wird, denn diese war schließlich mit dem Weggang des Opfers einverstanden. Da das Opfer nicht mehr da ist, ist in den Augen der meisten Mitschüler die Ursache für Unannehmlichkeiten (z.B. Befragung, Ordnungsmaßnahmen) und für die Unruhe in der Klassengemeinschaft ebenfalls nicht mehr vorhanden. Zugleich wird damit verhindert, dass sich jedes Klassenmitglied mit seiner ganz persönlichen Verantwortung und seiner Rolle bei dem Mobbingfall auseinandersetzen muss.

Und letztlich stellt sich aus Sicht des Opfers bzw. seiner Eltern die Frage, ob das Opfer nicht etwas Falsches lernt, nämlich: Weggehen und Flüchten ist die einzige Möglichkeit, sich vor Mobbingattacken zu schützen. So oder so: Besteht die Intervention einzig darin, das Opfer aus der Gruppe herauszunehmen, verhindert dies, dass Täter, Mittäter, Zuschauer, Lehrpersonal und Eltern ihr Verhalten reflektieren und ändern.

4. Gibt es einfache Lösungen?

Bei Mobbing gibt es keine vermeintlich schnelle und einfache Lösung. Der Prozess einer Mobbingintervention braucht immer Zeit. Denn genauso lange wie es dauert, bis sich ein negatives Verhalten etabliert hat, dauert der Veränderungsprozess. Mobbingintervention kann und darf also keine Tagesveranstaltung bleiben. Der Umgang mit Mobbing ist ein Prozess.

Gleichwohl suchen Schulen oft einen Königsweg, um ein Mobbingproblem schnell und ohne viel Aufwand zu lösen. Lehrer und Lehrerinnen möchten leicht umzusetzende Lösungen für folgende Fragen: Was mache ich denn eigentlich konkret, wenn ich Mobbing bemerke? Wie kann ich sicher sein, dass meine Einschätzung der Lage richtig ist? Wie verhalte ich mich gegenüber dem Opfer und wie kann ich ein adäquates Gespräch mit ihm führen? Was mache ich mit den Mobbern und Mobberinnen und wie thematisiere ich das Geschehen?

Zwar gibt es keine allgemeingültigen Antworten auf solche Fragen, es gibt jedoch verschiedenste Methoden und unterschiedlichstes Handwerkszeug, um sich der Problematik zu stellen. Mittlerweile findet sich eine ganze Pädagogik gegen Mobbing in der Schule. Ratsuchende können zwischen verschiedenen Konzepten und unterschiedlichen Anbietern wählen. Positiv ist selbstverständlich, dass der Beratungsbedarf gegenwärtig vom Markt aufgegriffen wird. Noch vor wenigen Jahren sah dies in Deutschland ganz anders aus.

Schwierig wird es aber da, wo der Eindruck erweckt wird, es gäbe einen Königsweg, oder wo über vermeintlich allgemeingültige Interventions- und Präventionskonzepte gesprochen wird; denn jeder Mobbingfall ist einzigartig und jede spezifische Schulsituation ist anders. Und je nach der konkreten Situation vor Ort und den beteiligten (einzigartigen) Menschen können ganz unterschiedliche Interventionen sinnvoll sein: von „härteren", direkteren, konfrontativen Konzepten und Methoden bis zu eher „weicheren", einfühlsameren Interventionen. Zudem ist nicht jedes Konzept und jede Methoden für jeden Anwender/jede Anwenderin gleichermaßen gut geeignet; auch bei ihnen gibt es je nach Persönlichkeit unterschiedliche Vorlieben. Daher müssen diejenigen, die intervenieren wollen, ihren ganz persönlichen Interventionsplan zusammenstellen.

Eine nachhaltige Mobbingintervention oder Mobbingprävention sollte aber immer so ausgestaltet sein, dass am Ende in der Klasse und der Schule als solcher

> Mobbingprozesse erkannt und thematisiert werden können (Erzählkultur);
> Betroffenheit hergestellt wird und damit Veränderungsprozesse in Gang gesetzt werden;
> gruppendynamische Prozesse aufgedeckt und verdeutlicht werden;
> ein Beitrag zur Persönlichkeitsentwicklung und Persönlichkeitsstärkung geleistet wird;
> Zusammenleben ermöglicht und gestaltet wird; und nicht zuletzt
> eine Organisationentwicklung in Gang gesetzt wird, die dazu führt, dass Mobbing in der betreffenden Organisation keinen Platz mehr findet.

Meines Erachtens ist es bei einer ganzheitlichen Mobbingintervention sinnvoll, immer alle der oben genannten Bereiche anzusprechen. Nur so kann eine Annäherung an die Komplexität des Phänomens erreicht und eine aktive und nachhaltige Bearbeitung in der Institution erreicht werden. Ziel sollte es sein, die Menschen in einer Organisation – und damit die Organisation selbst – nachhaltig resistent gegen Mobbing zu machen.

5. Warum ist es wichtig, Betroffenheit herzustellen?

Wer Mobbingvorkommnisse innerhalb einer Schulklasse lediglich allgemein anspricht und die Gruppe lediglich „zur Rede" stellt und „anklagt", steht oft vor der Schwierigkeit, dass die Schüler und Schülerinnen das Thema nicht auf sich und ihr Verhalten beziehen. Gleichzeitig führt jede Anklage zu einer reflexartigen Verteidigung der Angeklagten sowie möglicherweise auch dazu, dass heimlich weitergemobbt wird. Die zur Rede gestellten Jugendlichen fühlen sich nicht persönlich betroffen. Sie finden nicht, dass sie ungerecht und brutal mit ihrem Mitschüler oder ihrer Mitschülerin umgehen. Sie sind vielmehr teilweise offen, teilweise versteckt der Auffassung, dass das Opfer doch mehr oder weniger wertlos sei und deshalb in erniedrigender Art und Weise behandelt werden dürfe. Sie sehen keinerlei Veränderungsbedarf.

Warum sollten sie auch? Nicht nur, dass sich das „System Mobbing" in ihren Augen schon längere Zeit in der Gruppe dauerhaft etabliert und damit bewährt hat. Spätestens in der Phase, in der ein ganz bestimmtes Opfer zunächst unmerklich und später immer offensichtlicher systematisch und dauerhaft schikaniert wird, ohne dass diese Angriffe von den Mitschülern und Mitschülerinnen unterbrochen werden oder gegen die unfairen Attacken Stellung bezogen wird, ist das „Kind in den Brunnen gefallen". In der Endphase bestimmen die Täter bzw. Täterinnen und Gehilfen das Sozialgefüge und die sozialen Normen in der Gruppe. Im Extremfall fühlen sich die Mitschüler und Mitschülerinnen dann nicht mehr für das Opfer verantwortlich, begreifen es immer weniger als Mensch und Individuum, sondern sehen in ihm einen entmenschlichten Störfaktor.

Wenn zudem trotz der Thematisierung von Mobbingvorkommnissen Konsequenzen (z.B. Ordnungsmaßnahmen und Gruppenaufarbeitung) ausbleiben und es damit am notwendigen Veränderungsdruck fehlt, bleibt die gut gemeinte Interventionshandlung nur Makulatur.

Zielsetzung präventiver Maßnahmen gegen Mobbing muss daher sein:
> Die unmittelbar Mobbing ausübenden Schülerinnen und Schüler sowie die mittelbar beteiligten Mitschülerinnen und Mitschüler müssen wissen und spüren, was Mobbing ist und welche Folgen es haben kann.
> Sie müssen erfahren, dass Mobbing kein Kavaliersdelikt ist, sondern eine durchaus strafbare Handlung, mit der Gewalt gegenüber anderen ausgeübt wird.
> Sie müssen betroffen gemacht werden, indem ihr Unrechtsbewusstsein angesprochen wird.
> Die Täter/Täterinnen müssen einsehen, dass ihr Handel grundlegend falsch ist.
> Die Täter/Täterinnen müssen gleichzeitig offen werden für Verhaltensänderungen.
> Die Täter/Täterinnen müssen Konsequenzen erfahren, wenn sie ihr Verhalten nicht ändern (z.B. durch schulische Ordnungsmaßnahmen).

Im Extremfall fühlen sich die Mitschüler und Mitschülerinnen nicht mehr für das Opfer verantwortlich, begreifen es immer weniger als Mensch und Individuum, sondern sehen in ihm einen entmenschlichten Störfaktor.

Hub//laif

6. Was kann ich als Einzelner/Einzelne tun?

Für eine einzelne Person ist es schwierig, nachhaltig etwas gegen Mobbing in der eigenen Institution bzw. Organisation zu unternehmen. Faustregel ist, dass ich genauso viel Mitstreiter gegen Mobbing haben sollte, wie die Mobber Assistenten haben. Trotzdem bin ich als Einzelperson bei Mobbingprozessen stets gefordert, aktiv zu werden, einzugreifen, Stellung zu beziehen, meine Missbilligung deutlich auszusprechen und den Mobbern Grenzen aufzeigen. Man sollte sich immer klar machen, dass das eigene Verhalten stets am Anfang eines Veränderungsprozesses innerhalb einer Organisation steht.

Im Folgenden zunächst einige Vorschläge für Sofortmaßnahmen bei Mobbing:

> Ruhe bewahren und zielgeleitet vorgehen, indem zunächst ein erster Übersichtsplan aufgestellt wird. Dabei ist zu überlegen: Wer kann wie betroffen sein? Wer ist wie mit ins Boot zu holen?
> Intensive Gesprächen mit dem Opfer, den Eltern und anderen Bezugspersonen wie Freunde/Freundinnen oder Lehrerinnen und Lehrer führen.
> Das Opfer sinnvoll unterstützen (Bsp. Mobbingtagebuch) und sich bei jedem Vorgehen mit dem Opfer rückkoppeln bzw. absprechen.
> Gespräche mit Mobbern/Mobberinnen und sonstigen Beteiligten (evtl. Elterninfo und Absprachen mit Eltern) führen.

> Klares und sofortiges Eingreifen mit dem Ziel, Mobbing sofort zu stoppen, d.h., eindeutige Botschaften im Sinne einer Null-Toleranz-Strategie aussenden (Es gibt keine Rechtfertigung für Mobbing! Mobbing ist Gewalt und wird hier nicht geduldet!).
> Einen Interventions- und Arbeitsplan aufstellen.

Für Letzteren ist zu überlegen, wie und auf welcher Ebene einzugreifen ist:
> Ein Mediationsverfahren einleiten und gemeinsame Gespräche mit Tätern und Opfern durchführen? Achtung: Der Opferschutz hat oberste Priorität!
> Ordnungsmaßnahmen ergreifen?

M 1: VERHALTEN IN MOBBINGSITUATIONEN – ALS OPFER

Bist du Mobbing ausgesetzt, denke immer daran:
- Niemand hat das Recht, dich zu quälen!
- Es ist nicht deine Schuld!
- Tue nichts, was du nicht wirklich willst!
- Die Mobber werden nicht aufhören, wenn du tust, was sie verlangen!
- Oft wird es dann noch schlimmer!
- Es gibt immer Menschen, die dir helfen!

Das solltest Du tun:
- Beschließe, etwas gegen deine unerträgliche Situation zu unternehmen!
- Suche dir eine/n Vertraute/n (Eltern, Geschwister, Freunde/Freundinnen, Vertrauenslehrer/-lehrerinnen, Schulpsychologen/-psychologinnen)!
- Erzähle ihr/ihm von den Mobbingattacken, die du erlebst!
- Beratschlagt gemeinsam, was ihr dagegen unternehmen wollt!
- Entwickelt einen Plan!
- Schreibe ein Tagebuch!
- Mach jeden Mobbingangriff öffentlich!
- Verbünde dich mit Verantwortlichen, die dich unterstützen können und wollen!
- Bestehe auf eine Veränderung deiner Situation!

M 2: VERHALTEN IN MOBBINGSITUATIONEN – ALS VERTRAUTE/VERTRAUER

Sie wollen dem Mobbingopfer helfen?
- Zuhören!
- Das Opfer stärken, loben und sich bedanken, dass es mir sein Vertrauen schenkt!
- Mit dem Anvertrauten verantwortungsbewusst umgehen!
- Die nächsten Schritte absprechen!
- Die Absprachen in die Tat umsetzen!
- Nach Verantwortlichen und Verbündeten suchen!
- Gemeinsam Strategien zum Umgang mit den Tätern entwickeln!

Je nach Mobbingsituation verschiedene Maßnahmen durchführen:
- Gespräche mit der sozialen Bezugsgruppe, um Betroffenheit und den Wunsch nach Veränderung abzufragen!
- Anti-Mobbing-Training mit der sozialen Bezugsgruppe!
- Ordnungsmaßnahme für den/die Täter!
- Reintegration des Opfers und der Täter/Täterinnen in die soziale Bezugsgruppe!
- Anti-Mobbing-Präambel erarbeiten!
- Entscheidungsträger einbeziehen und an ihre Verantwortung erinnern!
- Mobbing thematisieren, aktuell und in Zukunft!

> Ein fallbezogenes Mobbinginterventionstraining initiieren?
> Maßnahmen für die Zukunft überlegen?
> Mit Kollegen und Kolleginnen kooperieren.
> Betroffenheit in der Gruppe herstellen.
> Einleitung von positiven Gruppenprozessen, Begleitung der Gruppe und Versuch der Reintegration der Beteiligten ins soziale System.

In M 1 bis M 3 sind einige Vorschläge für Verhaltensmöglichkeiten in Mobbingsituationen zusammengestellt.

U1

→

Mobbingprozesse erkennen und thematisieren können
Statuentheater oder wer beteiligt sich eigentlich wie am Mobbing?

Kurzbeschreibung

Ziele:
❯ die Rollen einzelner Mitglieder einer sozialen Gruppe, in der Mobbing stattfindet, verdeutlichen, erklären, zuordnen und aufdecken;
❯ klären, welches Verhalten der Mitglieder einer sozialen Bezugsgruppe Mobbingprozesse fördern oder hemmen kann.

Technische Hinweise und Vorbereitung:
Die Teilnehmenden bilden Gruppen mit vier bis sechs Personen. Vor der Übung müssen Rollenabzeichen hergestellt werden. Die Dauer hängt von der Darstellungs- und Reflexionsfreude der Teilnehmenden ab.

M 3: VERHALTEN IN MOBBINGSITUATIONEN – ALS BEOBACHTER/ BEOBACHTERIN

Du beobachtest Mobbing und möchtest etwas dagegen tun?!
❯ Schaue hin und handle!
❯ Mache Mobbing zum allgemeinen Thema!
❯ Führe eine Mobbing-Fragebogen-Aktion durch!
❯ Signalisiere Gesprächsbereitschaft!
❯ Missbillige das Verhalten der Täter/Täterinnen und der lachenden Zuschauer deutlich und immer!
❯ Schaffe Betroffenheit!
❯ Schalte Verantwortliche und Bezugspersonen ein!
❯ Suche gemeinsam mit anderen nach Möglichkeiten, die Mobbingsituation zu verändern!
❯ Bist du Schutzbeauftragte/r der Opfers, verlange eine Änderung der Situation und signalisiere deine Mitarbeit!
❯ Gewinne das Vertrauen des Opfers!
❯ Informiere das Opfer über dein Vorgehen!

Diese Übung eignet sich für die erste konkretere Auseinandersetzung mit Mobbing. Standbilder können dabei in unterschiedlichsten Trainingsphasen immer wieder zu Situationsklärung eingesetzt werden. Die Methode Standbild soll die verschiedenen Rollen und ihre Auswirkungen in Mobbingprozessen verdeutlichen. Die Übung läuft folgendermaßen ab:

Schritt 1: Beschreiben, wer am Mobbingprozess beteiligt ist, und die einzelnen Rollen erläutern:
❯ Wer sind die Täter/innen und wie verhalten sie sich?
❯ Wer sind die Assistenten/Assistentinnen bzw. Verstärker/innen und wie verhalten sie sich?
❯ Wer sind die Zuschauer/innen, die nur lachend/auslachend dabei stehen, und wie verhalten sie sich?
❯ Wer sind die Zuschauer/innen, die gelähmt und desinteressiert sind, und wie verhalten sie sich?
❯ Wer sind die Eingreifer/innen und wie verhalten sie sich?
❯ Wer sind die Mobbingopfer und wie verhalten sie sich?

Schritt 2: Mit den Teilnehmenden die Eigenschaften der unterschiedlichen Rollen präzisieren.

→→→

Hartmut Nörenberg

Betroffenheit herstellen
Auf der anderen Seite

Kurzbeschreibung
Ziele:
- Rollen- und Sichtwechsel herbeiführen,
- sich wie ein/eine Außenseiter/in fühlen,
- Gruppendynamiken verdeutlichen,
- Veränderungsprozesse in Gang setzten,
- Betroffenheit herstellen.

Schritt 3: Je fünf Teilnehmer sollen zusammen eine Mobbingsituation als Standbild darstellen. Das läuft folgendermaßen ab: Eine/r der fünf Teilnehmenden ist Regisseur/in und formt die anderen zu dem Standbild. Die Zuschauer bekommen zuvor festgelegte „Rollenabzeichen" aus Pappe bzw. Papier (z.B.: Pfeil für Täter, Stern für Eingreifer). Sie haben die Aufgabe, diese den einzelnen Personen im Standbild zuzuordnen (alles nonverbal). Der Trainer/die Trainerin fragt anschließend die Darsteller und Darstellerinnen, ob die Rollen richtig verteilt wurden.

Schritt 4: Die Darsteller/innen werden neu gestellt. Kriterium ist jetzt, das Opfer aus seiner Opferrolle zu befreien.

Schritt 5: Die Zuschauer und der Trainer/ die Trainerin überprüfen, ob das Kriterium erfüllt worden ist. Der Trainer/die Trainerin fragt die einzelnen Akteure, wie sie sich in ihrer neuen Position fühlen. Es wird überprüft, ob das neue Standbild und die damit verbundenen Positionen für alle an der Situation Beteiligten angenehm sind! Eventuell platziert sich die Gruppe noch einmal neu.

Schritt 6: Reflexion mit folgenden möglichen Leitfragen:
- Woran habt ihr die verschiedenen Rollen erkannt?
- War die Rollenverteilung immer eindeutig, wenn nicht, warum?
- Hat eine Veränderung stattgefunden, welche?

- Was hat dem Mobbingopfer geholfen?
- Was hat den anderen Beteiligten geholfen?
- Was braucht eine Gruppe, in der Mobbing stattfindet, um den Prozess zu stoppen?

Die Akteure werden befragt, wie sie sich in ihren Rollen gefühlt haben. Hat sich dies während der Positionsveränderung bzw. Rollenveränderung im Standbild verändert und wie war das? Welche Position bzw. Rolle hat sich besser angefühlt?

Variation: Die Situationen können auch im Rollenspiel dargestellt werden.

Hinweis: Niemals das tatsächliche Opfer die „Opferrolle" spielen lassen. Ob die Mobbingsituation einige Male gestellt wird oder ob die Gruppe sich darüber austauscht, muss situativ entschieden werden.

Auf den Boden des Seminarraums wird eine Linie gezogen (z.B. mit Kreppklebeband, einer langen Schnur oder Kreide). Damit wird der Seminarraum in zwei Seiten geteilt. Alle Teilnehmenden stehen auf einer Seite. Die Trainer/Trainerinnen lesen nun einzelne Lebenssituationen vor. Diejenigen Teilnehmer und Teilnehmerinnen, die diese Situation kennen bzw. selbst erlebt haben, wechseln die Seite. Die Trainer/Trainerinnen warten einen Augenblick und geben dann ein Zeichen, dass sich alle Teilnehmenden wieder auf die Ausgangsseite begeben sollen. Anschließend lesen sie die nächste Situation vor.

Es wechseln z.B. diejenigen Personen die Seite, die:
- kein Fleisch essen,
- schon mal einen blauen Brief bekommen haben,
- ein Instrument spielen können,
- keinen Partner/keine Partnerin haben,
- mehr als zwei Sprachen sprechen,
- verliebt sind,
- Einzelkinder sind,
- deren Eltern getrennt sind,
- keinen Vater mehr haben,
- keine Mutter mehr haben,
- fast täglich Gewalt erleben,
- mehr als drei Geschwister haben,
- aus der Heimat flüchten mussten,
- schon mal mit dem Gesetz in Konflikt geraten sind,

Technische Hinweise und Vorbereitung:
Die Übung eignet sich für die ganze Gruppe;

benötigt werden Kreppklebeband (oder eine Schnur oder Kreide) und Eigenschaftskarten.

Es sollten 45 Minuten eingeplant werden.

© Juna.knipsolina | photocase.com

❯ in ihrer Familie mit Alkoholsucht zu tun haben,
❯ eine Behinderung haben,
❯ schon mal sehr krank waren,
❯ einen nahestehenden Menschen durch Tod verloren haben,
❯ zugeschaut haben, als jemand geschädigt wurde, obwohl er/sie hätte eingreifen können,
❯ die Gewalt gesehen oder erlebt haben und keine Chance hatten, etwas dagegen zu unternehmen,
❯ schon mal ausgelacht wurden,
❯ sich schon mal einsam gefühlt haben,
❯ sich beobachtet gefühlt haben.

Mit dieser Übung werden die Teilnehmenden für die vielschichtige Gefühlswelt von Menschen sensibilisiert. Sie entdecken, dass hinter der Fassade die Gefühle ganz andere sind, als es für den Betrachter erkennbar ist. Menschen zeigen nicht immer ihre Gefühle. Wenn wir sensibel darauf achten, können wir manchmal erkennen, dass der Scherz, den wir machen, andere verletzt. Viele Menschen lachen, wenn ihnen etwas peinlich ist, vielleicht würden sie am liebsten weglaufen. Wir und unsere Teilnehmerinnen und Teilnehmer müssen lernen, bewusster und sensibler mit den eigenen und den Gefühlen anderer umzugehen.

Variation: Die Teilnehmenden sitzen im Stuhlkreis und stehen auf, wenn eine der beschriebenen Situationen auf sie zutrifft. Die Lebenssituationen sollte auf die Gruppe abgestimmt werden.

Hinweis: Es ist den Teilnehmenden freigestellt, ob sie sich „outen" oder nicht. Es wird nicht mit Nachdruck überprüft, wer wie ehrlich ist. Darauf sollten die Trainer/Trainerinnen zu Beginn ausdrücklich hinweisen.

Die Auswertung erfolgt im Stuhlkreis mit den nachstehenden Leitfragen:
❯ Waren eigentlich alle ehrlich?
❯ Wie war das, alleine auf einer Seite zu stehen?
❯ Was habt ihr erlebt, gefühlt?
❯ Wo hast du dich unwohl bzw. wohl gefühlt?
❯ Was hättest du dir gewünscht?

Hartmut Nörenberg

Gruppendynamische Prozesse aufdecken und verdeutlichen

Vorurteil und Brandmarken

Kurzbeschreibung

Ziele:
Die Teilnehmer und Teilnehmerinnen sollen erleben, dass Vorurteile sich verselbstständigen können: Wer als Versager, Clown, Experte, Sportler eingeschätzt und auch so behandelt wird, hat schnell sein Markenzeichen oder Brandmal weg (vgl. M 4). Es soll sichtbar gemacht werden, dass eine Person, die mit einem Vorurteil belegt wird, diesem nicht entfliehen kann.

Technische Hinweise und Vorbereitung:
Die Diskussionsgruppe kann vier bis zwölf Personen umfassen. Der Rest der Gruppe beobachtet, was geschieht.

 Im Vorfeld müssen die benötigten Schilder mit einer entsprechend langen Schnur und Text hergestellt werden. Jedes Schild ist an der oberen Kante um 90 Grad nach vorne abgeknickt, als Sichtblende.

 Als Zeitfenster für die Diskussionsrunde sollten zehn bis 15 Minuten eingeplant werden. Die Auswertung nimmt ca. 15 Minuten in Anspruch.

Die Übung kann Mobbingmechanismen verdeutlichen und ist geeignet für Teamtrainings, Konflikttrainings und Seminare über Gesprächsführung. Die Teilnehmenden erfahren, wie man über Spitznamen bzw. zugeschriebene Verhaltensweisen und Eigenschaften seine Rolle erhält und spielt.

Neun Personen sitzen im Kreis, jede/r hat ein Schild umgehängt, das sie/ihn mit einem bestimmten "Etikett" versieht (alternativ können die Teilnehmenden auch ein Stirnband tragen). Jede/r kann das "Etikett" der anderen acht Teilnehmenden lesen, nur das eigene nicht. Die restlichen Teilnehmer und Teilnehmerinnen schauen zu und beobachten, was passiert:

Schritt 1: Die Teilnehmenden erhalten Schilder mit folgenden Bezeichnungen:

Person 1: "Spießer"
Person 2: "Verlierer"
Person 3: "Chef"
Person 4: "Experte"
Person 5: "Clown"
Person 6: "Sündenbock"
Person 7: "Intrigant"
Person 8: "Besserwisser"
Person 9: "Arbeitstier"

Schritt 2: Der Trainer/die Trainerin stellt der Diskussionsrunde ein "gruppennahes" Problem.

Beispiel 1: Wir müssen uns langsam auf ein Ziel für unseren nächsten Ausflug einigen. Außerdem müssen wir die Arbeitsaufgaben für die Planung und Durchführung verteilen.

Beispiel 2: Es wird unregelmäßig in die Klassenkasse eingezahlt, 50 Prozent der Gelder stehen noch aus. Dieses Geld wird aber für den kommenden Ausflug gebraucht. Wie sollen wir das Geld auftreiben? Dafür müssen wir eine Lösung finden.

Das Problem soll nun innerhalb der Runde erörtert werden. Wahrscheinlich werden die Teilnehmenden in der Anfangsphase bemüht sein, das Thema sachlich zu lösen. Nach und nach werden sie sich aber gegenseitig so behandeln, wie es auf dem Schild des/der Einzelnen steht. Die Beträge des Clowns werden wahrscheinlich gar nicht ernst genommen, dem Sündenbock wird die Schuld zugeschoben, der Chef wird bei Entscheidungen immer angeschaut, der Besserwisser wird angeraunt, dass er immer alles besser wisse.

Die Teilnehmenden beginnen, sich entsprechend der ihnen zugeschriebenen Rolle zu verhalten, obwohl sie diese nicht kennen, denn sie werden durch das Verhalten der anderen in diese Rolle gedrängt. Die Gruppe weicht immer stärker von der sachlichen Problemlösung ab und gerät immer tiefer in zwischenmenschliche Konflikte. Niemand spricht mehr von der Problemlösung. Die Teilnehmenden beschäftigen sich nur noch mit dem Beweis der vermeintlichen Vorurteile.

Variation: Die Bezeichnungen auf den Schildern können variiert werden: z.B. Kreativling, Schönling, Prinzessin, Künstler/in, Taugenichts, Faulenzer/in, Jungenschwarm, Mädchenschwarm, Streber/in, Verpisser/in, Klassensprecher/in, Petze/r, Großmaul, Klassenbeste/r, Besserwisser/in.

Hinweis: Manche Teilnehmer und Teilnehmerinnen sind zu taktvoll, um die jeweils anderen acht Personen mit Vorurteilen zu belegen. Dann sollte der Trainer/die Trainerin zusätzlich jedem/r eine Anweisung ins Ohr flüstern: "Behandele den anderen so, wie es auf seinem Schild steht". Das Diskussionsthema sollte immer eine gruppenbezogene Problemstellung beinhalten.

Die Auswertung geschieht mit folgenden Leitfragen:
❍ Was ist im Verlauf der Diskussion passiert?
❍ Wie ist es den Diskussionsteilnehmern/innen ergangen?
❍ Warum habt ihr die Problemlösung aus den Augen verloren?
❍ Warum habt ihr die Teilnehmer/Teilneh-

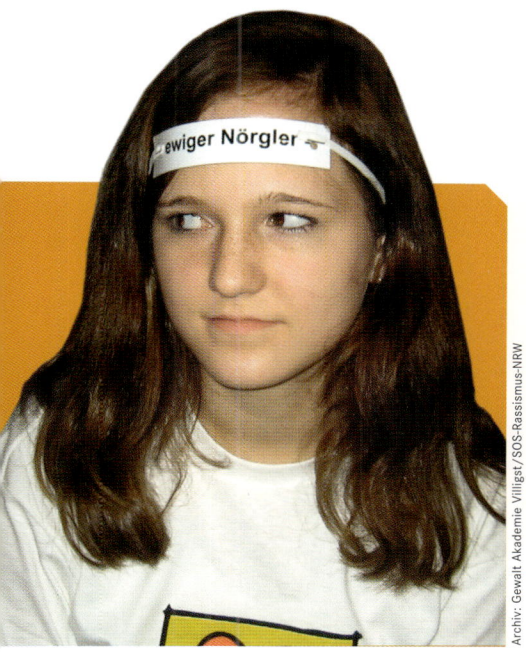

ewiger Nörgler

Archiv: Gewalt Akademie Villigst / SOS-Rassismus-NRW

→

Wernet/Jaif

Persönlichkeit entwickeln

Baum im Wind

Kurzbeschreibung

Ziele:

❂ einen Standpunkt finden,
❂ Selbstwahrnehmung durch persönliche Entspannungstechniken fördern,
❂ Ich-Stärke entwickeln.

merinnen entsprechend der Rollenzuweisung auf ihren Schildern behandelt?

❂ Wie sind die Teilnehmerinnen und Teilnehmer wirklich?
❂ Warum haben die Teilnehmer/Teilnehmerinnen sich entsprechend der Behandlung durch ihre Gesprächspartner und -partnerinnen verhalten?
❂ Wie beeinflussen Vorurteile Menschen?
❂ Warum haben und brauchen wir Vorurteile?
❂ Wie sollten wir mit Vorurteilen umgehen?

SEITE 237
ARBEITSBLATT →

M 4: DIE MACHT DES VORURTEILS

Die Lehrerin sagt zu einem Schüler, der mal wieder mit einem Witz den Unterricht gestört hat: „Du gehörst auch zu der Familie der Komiker". Alle lachen und von diesem Tage an wird dieser Schüler von seinen Mitschülern und Mitschülerinnen mit dem Spitznamen „Komiker" angesprochen. Seinen Taufnamen benutzt eigentlich niemand mehr. Der Name wird plötzlich Programm. Der „Komiker" findet sich in seine Rolle und stört regelmäßig mit seinen Witzen den Unterricht. Er ist recht beliebt, weil er immer so lustig ist. Aber so richtig ernst nimmt ihn auch keiner. Welche Rolle hätte er ohne diesen Spitznamen in der Klasse gehabt? Wie wäre seine schulische Entwicklung dann verlaufen?!

Die Übung eignet sich gut für den Einstieg in die Körperarbeit, zur Ich-Stärkung, zur Auflockerung, zur Ritualisierung und um Aufmerksamkeit herzustellen:

Schritt 1: Alle Teilnehmenden verteilen sich im Raum und breiten ihre Arme zu einem T aus, um den Abstand zu den anderen zu bestimmen – keiner darf den anderen dabei berühren! Es darf kein Hindernis wie ein Stuhl oder eine Wand in ihrer unmittelbaren Nähe stehen. Nachdem sichergestellt ist, dass jeder genug Platz hat, können die Teilnehmenden die Arme wieder hängen lassen.

Schritt 2: Die Trainer/Trainerinnen erklären den Teilnehmenden, dass sie sich vorstellen sollten, sie seien Bäume, die mitten auf einem Feld stehen und mit den Wurzel ganz fest im Boden verankert sind. Kein Wind und kein Sturm kann sie entwurzeln.

Schritt 3: Die Trainerinnen/Trainer gehen nun herum. Sie schubsen die menschlichen Bäume im Schulterbereich und versuchen, diese aus dem Gleichgewicht zu bringen. Damit überprüfen sie, wie fest und wie stark im Gleichgewicht die Teilnehmenden stehen. Dabei loben sie diejenigen, die gut stehen, und fordern die anderen auf, sich hieran ein Beispiel zu nehmen. Die Trainer/Trainerinnen geben Tipps, wie man sicherer stehen kann: z.B. die Beine weiter auseinander stellen oder im Oberkörper flexibel bleiben.

Schritt 4: Es folgt die Erklärung der Trainer/Trainerinnen:

„Wenn der Ast starr ist, bricht er beim leichtesten Wind ab.
Wenn die Wurzeln nicht weit verzweigt sind, dann wird der Baum beim Sturm entwurzelt.
Stellt euch vor, eure Füße sind die Wurzeln.
Sie wachsen in den Boden, ihr steht in leichter Grätsche nicht breiter als eure Hüfte.
Geht leicht in die Knie.
Konzentriert euch auf eure Füße.
Das nennt sich grounding!
Habt ihr das?
Als Nächstes konzentriert ihr euch auf den Stamm, also euren Bauch.
Spürt mal euren Bauchnabel.
Er ist eure Mitte.
Gefunden?
Da ist euer Mittelpunkt, euer Zentrum und centring.
So und jetzt zusammen: grounding und centring.
Nicht die Schultern verkrampfen, locker bleiben, vergesst nicht zu atmen."

(Die Trainer/Trainerinnen gehen herum und testen, ob die Teilnehmenden besser stehen und geben entsprechende Kommentare).

„Der Baum hat ja auch eine Krone.
Merkt ihr wie ihr mit Euren Augen als Krone über alles hinwegschauen könnt?"

→→→

Hartmut Nörenberg

U5

Positionierung am JA-Pol und NEIN-Pol

Kurzbeschreibung

Ziele:

- eine eigene Position finden,
- sich mit dem Thema „Grenzen und Bedingungen für Freundschaft" auseinandersetzen,
- sich klar darüber werden, wie solidarisch man Freunden gegenüber sein muss,
- persönliche Standpunkte zum Problemkomplex Freundschaft entwickeln: Petzen, Verrat, Verteidigung, Zusammenhalten, einer für alle und alle für einen – Wo und wann mache ich nicht mehr mit?

Schritt 5: Die Trainer/Trainerinnen erklären weiter:
„Fokussiert einen Punkt im Raum auf Höhe eurer Augen. Schaut genau auf diesen Punkt. Egal von welcher Seite der Wind kommt, bewegt eure Augen nicht von diesem Punkt weg. Konzentriert euch auf eure Füße, spürt euren Bauchnabel und haltet den anvisierten Punkt im Auge!"

(Die Trainer/Trainerinnen testen nochmals die Standfestigkeit der Teilnehmenden und geben gegebenenfalls Kommentare, ob die Teilnehmenden richtig und fest stehen.)

Schritt 6: Als Variation und Fortsetzung können die Teilnehmenden nun auch gegenseitig ihre Standfestigkeit testen: Dazu lehnt sich Teilnehmer/in A gegen die Schulter von Teilnehmer/in B, der/die fest steht (Schulter an Schulter). A versucht nun mit viel Druck gegen die Schulter von B diesen/diese von seinem/ihrem Standpunkt zu verdrängen. B wendet die erarbeiteten Ausgleichsbewegungen (grounding, centring, focusing) an. B darf dabei keinen großen Gegendruck erzeugen. Es geht hier allein um die Standfestigkeit und Beweglichkeit von B und nicht um ein Kräftemessen, d.h., selbst wenn A plötzlich keinen Druck mehr gegen die Schulter von B ausübt, darf B nicht umfallen. Danach werden die Rollen getauscht und ein gegenseitiges Feedback gegeben.

Diese Übung lässt sich gut einsetzen, wenn man in ein Thema einsteigen will oder ein Meinungsbild innerhalb der Gruppe erstellen möchte.

Im Raum werden zwei große Blätter in jeweils zehn Meter Entfernung voneinander platziert. Auf dem einen Blatt findet sich in dicken Lettern die Aufschrift „JA", auf dem anderen Blatt die Aufschrift „NEIN". Mit diesen beiden Aussagen werden zwei Pole markiert: Der JA-Pol und der NEIN-Pol. Zwischen diesen Polen spielt sich nun die Freundschaft ab.

Schritt 1: Alle Teilnehmenden stehen genau zwischen diesen beiden Polen. Sie sollen sich zu der Frage nach den Bedingungen von Freundschaft positionieren. Die Trainer/Trainerinnen lesen dazu verschiedene Statements zum Thema Freundschaft vor, z.B:

- Freundschaft ist für mich sehr wichtig.

Archiv space5

- Für meine Freunde würde ich alles tun.
- Lieber falsche Freunde als keine Freunde.
- Durch Freunde ist man mächtig.
- Ein/e Freund/in sollte immer zuhören.
- Die Vorstellung, von meinen Freunden nicht mehr gemocht zu werden, macht mir Angst.
- Über Freunde lästert man.
- Ein/e Freund/in sollte mich verstehen.
- Wenn es mir schlecht geht, sollten meine Freunde für mich da sein.

Schritt 2: Nachdem ein Statement vorgelesen wurde, positionieren sich die Teilnehmenden zwischen den beiden Polen. Je mehr sie einem Statement zustimmen bzw. je stärker sie es ablehnen, desto näher sollen sie sich an den Ja- bzw. Nein-Pol stellen. Es ist auch möglich, in der Mitte stehen zu bleiben. Nach jedem Statement stellen bzw. positionieren sich die Teilnehmenden neu.

Schritt 3: Nachdem jede/r ihren/seinen Standpunkt gefunden hat, fragen die Trainer/Trainerinnen einzelne Teilnehmer/Teilnehmerinnen, warum sie gerade dort stehen. Die Antwort sollte unkommentiert bleiben.

Schritt 4: Zuletzt bitten die Trainerinnen/Trainer die Teilnehmenden stehen zu bleiben und im Stillen zu überlegen: Wo hat Freundschaft Grenzen?

Technische Hinweise und Vorbereitung:

 Es müssen zwei Blätter mit der Aufschrift „JA" bzw. „NEIN" vorbereitet werden; der Abstand zwischen diesen muss an der Gruppengröße ausgerichtet werden.

Für die Positionierung muss man ca. 20 Minuten einplanen, für die Auswertung ebenfalls 20 Minuten.

Variation: Die Teilnehmenden schreiben im ersten Schritt persönliche Statements zum Thema Freundschaft auf Karten und ordnen diese dem JA- /Nein-Pol zu. Im zweiten Schritt diskutiert die Gruppe über die Zuordnung und ordnet gegebenenfalls um.

Hinweis: Die Statements sollten der jeweiligen Gruppe angepasst werden. Die Trainer/Trainerinnen sollten zu einem Statement möglichst diejenigen Teilnehmer bzw. Teilnehmerinnen befragen, die auf konträren Positionen stehen. Damit können unterschiedliche Sichtweisen innerhalb einer Gruppe gut und plastisch herausgearbeitet werden. Es ist darauf zu achten, dass jeder Teilnehmer/jede Teilnehmerin mindestens einmal befragt wird.

Die Auswertung findet im Stuhlkreis statt. Folgenden Grundsatzfragen werden gestellt und bearbeitet:

❯ Wie ist es euch im Verlauf der Positionierung ergangen?

❯ Wie war es, alleine mit seiner Meinung zu stehen und damit die eigene Position deutlich zu machen?

❯ Wie kommt es, dass in einer so homogenen Gruppe die Bedingungen für Freundschaft so unterschiedlich gestellt werden?

❯ Wo sind die Grenzen zwischen Solidarität, Petzen und Bürgerpflicht im Falle eines Vergehens der Freunde?

Hartmut Nörenberg

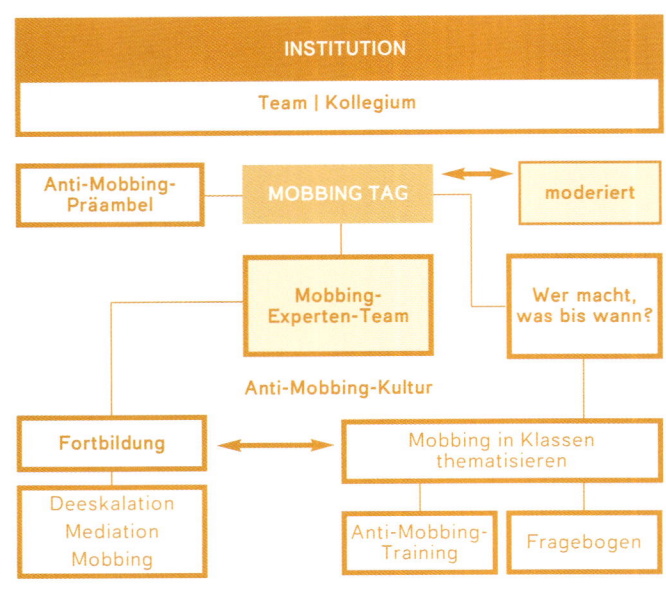

picture-alliance/dpa

ABB.I: MOBBING ZUM THEMA MACHEN

INSTITUTION

Team | Kollegium

Anti-Mobbing-Präambel

MOBBING TAG

moderiert

Mobbing-Experten-Team

Wer macht, was bis wann?

Anti-Mobbing-Kultur

Fortbildung

Mobbing in Klassen thematisieren

Deeskalation Mediation Mobbing

Anti-Mobbing-Training

Fragebogen

Quelle: Nicole M. Gerlach, Mobbing - Ein Praxis- und Methodenhandbuch, Gewaltakademie Villigst/Schwerte 2005, S. 9.

7. Wie etabliere ich eine dauerhafte Anti-Mobbingkultur?

Im Folgenden wird ein Überblick über mögliche Handlungs- und Vorgehensweisen gegeben, mit denen sich innerhalb einer Organisation eine dauerhafte Anti-Mobbing-Kultur implementieren lässt (vgl. Abbildung 1). In einer ersten Phase, wird zunächst versucht, die Grundlage für eine Anti-Mobbing-Kultur zu legen. Dies kann folgendermaßen geschehen:

> Die Leitungsebene erklärt sich einverstanden, dass Mobbing innerhalb und auf allen Ebenen der Institution thematisiert wird.
> Leitung und Kollegium arbeiten mit externen Experten und Moderatoren mit dem Ziel, Informationen zu erhalten und Definitionen von Mobbing zu erarbeiten.
> Eine gemeinsame Anti-Mobbing-Präambel wird als Leitbild für die Organisation erarbeiten und verabschiedet.
> Für die Zukunft werden organisationsintern zuständige Personen/ Experten (Mobbing-Interventions-Team/Mobbing-Experten-Team – MIT/MET) benannt, z.B. Beratungslehrer/innen, Schulsozialarbeiter/innen, und mit entsprechenden Kapazitäten (Zeitbudget, Raum, usw.) ausgestattet. Damit wird gleichzeitig die Bedeutung der Aufgabe für die Organisation verdeutlicht.
> Ein konkreter Handlungsplan ist abzusprechen, um zu klären, welche Personen was bis wann machen.

In einer zweiten Phase, sind die verschiedenen Akteure zu qualifizieren, indem das MIT sich fortbilden lässt (Themenspektrum: Deeskalation, Mediation, Gesprächsführung, Mobbing), Mobbing in jeder Klasse thematisiert wird durch: allgemeine Information (zwei Unterrichtsstunden), Durchführen einer Fragebogenaktion (drei Unterrichtsstunden inkl. Auswertung), Durchführen eines Anti-Mobbing-Trainings (ein bis zwei Projekttage).

AUSGEWÄHLTE LITERATUR

➔ Arbeitsgemeinschaft Kinder- und Jugendschutz (AJS) – Landesstelle NRW (Hrsg.), Mobbing unter Kindern und Jugendlichen – Informationen für Schule, Jugendhilfe und Eltern, 3. Aufl., Köln 2006.

➔ Gerlach, Nicole M., Mobbing – Ein Praxis- und Methodenhandbuch, Gewaltakademie Villigst/Schwerte 2005.

➔ Olweus, Dan, Gewalt in der Schule. Was Kinder und Eltern wissen sollten – und tun können, 3. Aufl., Bern u.a. 2002.

Lauter Zicken und Schlägerweiber?!

Gewaltpräventive Arbeit mit Mädchen

Kerstin Brockamp

1. Mädchen und junge Frauen als Gewalttäterinnen

Mädchen und Frauen als Gewalttäterinnen zu sehen, erscheint fast undenkbar angesichts der alltäglichen Gewalt, der sie als Opfer ausgesetzt sind. Diskussionen zu diesem Thema bewegen sich häufig zwischen Bagatellisierung und Dramatisierung: Zum einen tauchen Mädchen in Statistiken und Veröffentlichungen zu Gewalttaten eher als eine Randerscheinung auf, zum anderen werden sie

vor allem in der öffentlichen Diskussion als besonders brutale Schlägerweiber dargestellt, deren Gewalttätigkeit mittlerweile der von Jungen in nichts mehr nachsteht.

Einen Gefallen tun wir gewalttätigen Mädchen und Frauen weder mit Dramatisierung oder Bagatellisierung noch mit einer Sicht, in der sie auf den Opfer-

status reduziert sind: Ohne eine Auseinandersetzung mit ihrem gewalttätigen Verhalten haben sie kaum die Chance, Rechtfertigungsmuster aufzugeben und gewaltfreie Handlungsalternativen zu erproben. Zudem ist die Gefahr groß, dass sie aufgrund fehlender pädagogischer Alternativen schneller und härter strafrechtlich belangt werden als männliche Gewalttäter.[1]

picture-alliance/dpa – Peter Raider/CHROMORANGE

Wernet/laif

2. Geschlechtersensible Arbeit mit Mädchen und jungen Frauen zur Thematisierung von Gewalt

Ziel einer geschlechtersensiblen Anti-Gewalt-Arbeit muss es sein, Gewalt und Weiblichkeit zusammen zu denken. Mädchen und junge Frauen müssen einen Raum finden, in dem sie sich mit ihren Gefühlen wie Wut und Ärger verstanden fühlen, wo sie aber gleichzeitig auch mit ihrem gewalttätigen Verhalten konfrontiert werden. In der gewaltpräventiven Arbeit mit Mädchen und Frauen sollte vor dem Hintergrund ihrer Stellung in der Geschlechterhierarchie zudem die „konventionelle weibliche Sozialisation kritisch in den Mittelpunkt gerückt werden, um so die Entwicklung von alternativen […] Verhaltensmustern zu fördern".[2]

Das in diesem Beitrag vorgestellte Tagesseminar für Mädchen und junge Frauen ist auf dem Hintergrund der Fortbildungsveranstaltung „Lauter Zicken und Schlägerweiber?!" der Landesstelle Jugendschutz Niedersachsen entstanden. Im Mittelpunkt des Seminars stehen Ansatzpunkte für die präventive Arbeit sowie Methoden für den Umgang mit aggressiven Situationen unter Mädchen und jungen Frauen. Dabei geht es unter anderem um die Entstehung von Gewalt und um den Umgang mit aggressiven Impulsen. Im Rahmen dieser Seminare soll „erst einmal Bewusstsein und Sensibilität

geschaffen werden für die Tatsache, dass auch Mädchen brutal und aggressiv vorgehen können und Wut nicht ‚unweiblich' ist".[3] Den Erfahrungen und Themen der Teilnehmerinnen muss hierbei ebenso Platz eingeräumt werden wie den pädagogischen Zielvorstellungen der Trainerinnen (z.B.: Wie lerne ich, mich selbstbewusst und gewaltfrei zu behaupten?).

Die Übungen und Methoden des hier vorgestellten Tagesseminars für (gewalttätige) Mädchen und Frauen können je nach Zielgruppe, Zeitvorgabe und Ziel der eigenen Arbeit ergänzt oder vertieft werden. Kenntnisse über bestimmte Methoden wie aktivierende Übungen („warm ups") oder einzelne Seminarabschnitte abschließende Übungen („cool downs") werden vorausgesetzt und hier nicht weiter erwähnt. Im Literaturverzeichnis finden sich hierzu Hinweise.[4]

3. Ablauf des Seminars

Das Seminar ist für einen Tag konzipiert. Es besteht in der Regel aus vier Teilen: Begrüßung und Vorstellung, den Themenblöcken „Eskalation von Gewalt" und „Deeskalation von Gewalt" sowie den abschließenden Block „Kooperation und Auswertung". Die optimale Zahl der teilnehmenden Mädchen und/oder jungen Frauen beträgt 20, maximal 25 Personen. Im Kasten M 1 ist der Ablauf detailliert wiedergegeben.

M 1: ABLAUF DES SEMINARS

09.00 – 10.00 Uhr
Begrüßung und Vorstellung
> **U 1:** Vorstellungsrunde anhand von Frauen-Bildern
> (alternativ: **U 2:** Kennenlernen I: Stilles Partnerinterview)
> Organisatorisches

10.00 – 12.30 Uhr
Themenblock I:
Eskalation von Gewalt
> Einstieg:
  U 3: „Stehe schweigend auf, …"
> Rahmenbedingungen schaffen:
  U 4: Gesprächsregeln entwickeln
> Auseinandersetzung mit dem Thema: **U 5:** Was ist Gewalt?
> **U 6:** Kennenlernen II: Gewalt-Biographie
> **U 7:** „Das Blatt wenden": Vorteile von Gewalt/ Gewaltlosigkeit
> **U 8:** Eskalationsspirale

13.30 – 16.00 Uhr
Themenblock II:
Deeskalation von Gewalt
> Auseinandersetzung mit dem Thema:
> **U 9:** Distanz und Nähe
> **U 10:** Die Stuhlgasse

16.15 – 17.00 Uhr
Kooperation und Auswertung
> **U 11:** Das Eismeer
> **U 12:** Abschlussrunde: Was nehme ich mit?

U1

Vorstellungsrunde anhand von Frauen-Bildern

Kurzbeschreibung

Ziel: die Teilnehmerinnen kommen in Bewegung, lernen sich kennen, teilen etwas von sich mit;

Bilder von Mädchen und Frauen;

🕐 15 Minuten.

In der Mitte des Stuhlkreises sind Bilder verteilt. Die Teilnehmerinnen werden gebeten, aus diesen dasjenige herauszusuchen, welches sie am meisten anspricht. Anschließend stellt sich jede Teilnehmerin kurz mit Namen vor und erzählt, warum sie am Seminar teilnimmt und aus welchem Grund sie das jeweilige Bild ausgewählt hat. Zudem äußern die Teilnehmerinnen, was sie besonders gut können bzw. über welche Stärken sie verfügen.

Das Aussuchen der Bilder führt zu einer Aktivierung und ersten Kontaktaufnahme der Teilnehmerinnen untereinander. In der Vorstellungsrunde formulieren sie Erwartungen an das Seminar und müssen gegebenenfalls auch schon eigenes, gewalttätiges Handeln offenbaren. Das Aussuchen eines Bildes ermöglicht einen ersten Einblick in die eigene Wahrnehmung von Weiblichkeit. Zudem kann diese Übung ein erster Schritt zu einem wachsenden Selbstbewusstsein und/oder einem realistischeren Selbstbild werden. Erfahrungsgemäß werden in der Vorstellungsrunde kaum persönliche Stärken hervorgehoben. Dies fällt vor allem gewalttätigen Kindern und Jugendlichen schwer.

Wie bei vielen Übungen kann sich die Seminarleitung entscheiden, prozessorientiert zu arbeiten und bestimmte Inhalte oder Äußerungen aus der Vorstellungsrunde aufzugreifen und in das Training zu integrieren (z.B. Selbst- und Fremdbild, Erwartungen und Befürchtungen, was es bedeutet, ein Mädchen bzw. eine Frau zu sein).

U2

Kennenlernen I: Stilles Partnerinterview

Kurzbeschreibung

Ziel: Kennenlernen, Wahrnehmung und Empathie stärken;

🕐 ca. 20 Minuten.

Bei dieser Alternativübung zur zuvor beschriebenen Vorstellungsrunde (vgl. U 1) sucht sich jede Teilnehmerin eine Partnerin, die sie etwas besser kennenlernen möchte. Dann beobachten sie einander, ohne miteinander zu reden und versuchen, vorgegebene Fragen still für sich zu beantworten (z.B.: Hat sie einen zweiten Vornamen? Welche Hobbies hat sie? Was macht sie Sonntagnachmittags? Spielt sie ein Instrument? Was macht sie besonders wütend?). In einer anschließenden Reflexionsrunde werden die „stillen" Antworten paarweise thematisiert und auf ihre Stimmigkeit hin überprüft.

Diese Übung erhöht nicht nur die Wahrnehmungsfähigkeit und Empathie, sondern sie ermöglicht auch, darüber zu diskutieren, wonach ich andere Menschen bewerte, und zu erkennen, dass Äußerlichkeiten täuschen können.

Sonja Krebs/allmdi.net

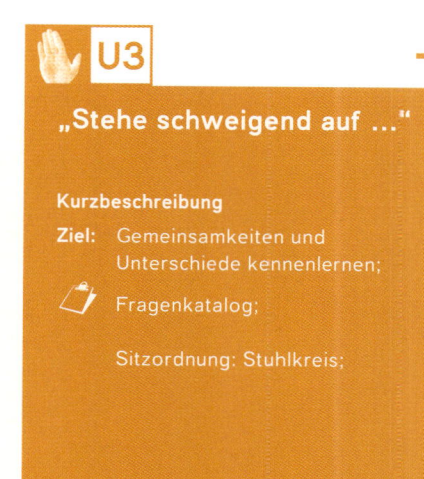

U3   →

„Stehe schweigend auf ..."

Kurzbeschreibung

Ziel: Gemeinsamkeiten und Unterschiede kennenlernen;

Fragenkatalog;

Sitzordnung: Stuhlkreis;

🕐 15 Minuten.

Die Teilnehmerinnen sollen in dieser Übung zu bestimmten Aussagen Stellung beziehen. Dafür werden sie gebeten, immer dann schweigend aufzustehen, wenn eine Aussage auf sie zutrifft. Anschließend setzen sie sich wieder. Je nach Gruppe und Kontext kann das „Outen" ein großes Problem sein oder werden.

Mögliche Aussagen sind:

Steh schweigend auf,

❯ wenn du schon mal jemanden angebrüllt hast;

❯ wenn du dich schon mal nicht ernst genommen gefühlt hast;

❯ wenn du schon mal gelästert hast;

❯ wenn dir schon mal jemand körperlich wehgetan hat;

❯ wenn du schon mal über jemanden gelacht hast;

❯ wenn du dich schon mal ausgegrenzt gefühlt hast;

❯ wenn du dich schon einmal hässlich gefühlt hast;

❯ wenn du schon mal jemandem körperlich wehgetan hast;

❯ wenn schon mal jemand über dich gelacht hat;

❯ wenn du dich schon mal diskriminiert gefühlt hast;

❯ wenn du dich schon einmal ausgenutzt gefühlt hast.[5]

❯❯❯

Gesprächsregeln entwickeln

Kurzbeschreibung

Ziel: Regeln entwickeln; Sinn von Regeln verdeutlichen; Verknüpfung von Gefühlen und Handlungen sichtbar machen;

www.digitalstock.de

🕐 ca. 15 Minuten.

Die Teilnehmerinnen können in dieser Übung zu den Handlungen und Erlebnissen in ihrem Leben „Stellung beziehen", ohne diese vor dem Plenum verbalisieren zu müssen. Sie erfahren, dass sie mit ihren Erfahrungen „nicht alleine stehen". Sie merken, dass es vielleicht Mut kostet, bestimmte Dinge zuzugeben, dass darauf aber- zumindest im geschützten Raum des Seminars – keine negativen Konsequenzen wie Gelächter oder Ausgrenzung folgen.

Oliver Ruether / Deepol

Die Teilnehmerinnen finden sich in Zweiergruppen zusammen. Eine Teilnehmerin aus jeder Kleingruppe erzählt nun ihrer Partnerin für ca. eine Minute etwas ihr Wichtiges. Die andere hat die Aufgabe, nicht zuzuhören. Nach einer Minute werden die Rollen getauscht.

In der Reflexionsrunde werden folgende Fragen bearbeitet:

❯ Wie habt ihr euch gefühlt, als euch nicht zugehört wurde?

❯ Welche Strategien habt ihr angewendet, um nicht zuzuhören?

Bei aggressiven Mädchen finden wir selten ein gut ausgeprägtes Regelverstehen oder -handeln. In der Übung erfahren die Teilnehmerinnen sehr schnell, dass Gefühle wie Wut und Enttäuschung bei ihnen ausgelöst werden, wenn ihnen nicht zugehört wird. An dieser Stelle kann ihnen deutlich werden, dass bestimmte Gefühle (z.B. nach Regelverletzungen) zu Konflikten oder Streit führen können.

Die gesammelten Strategien des „Nicht-Zuhörens" können in das Gegenteil umgewandelt werden, d.h., die Strategie: „Ich höre nicht zu, indem ich immer weggucke", wird von den Teilnehmerinnen anschließend durch positive Verhaltensweisen wie: „Ich gucke dich an" oder „Ich bin still", ersetzt. Es hat sich in all den Seminaren immer wieder gezeigt, dass die Teilnehmerinnen motiviert und gewillt sind, eigenständig formulierte Regeln einzuhalten.

Im Anschluss an diese Übung muss sich die Gruppe auf Regeln einigen, die über die Gesprächsregeln hinausgehen (z.B.: „Ich übe keine Gewalt aus."). Empfehlenswert ist eine Ich-Formulierung, um zu vermeiden, dass sich Teilnehmerinnen von den Regeln distanzieren. Verständliche und klare Regeln erleichtern zudem eine mögliche Konfrontation bei einer Übertretung oder Verletzung.

Die Teilnehmerinnen erhalten in dieser Übung die Möglichkeit, zu partizipieren. Sie werden mit ihren Wünschen und Bedürfnissen ernst genommen und erfahren, warum es Sinn macht, für das Zusammenleben Vereinbarungen zu treffen.

Viele Jugendliche und Kinder sind es gewohnt, dass ihre Grenzverletzungen oder Regelverstöße nicht geahndet werden. Aber auch Konsequenzen, die in keinem inhaltlichen oder zeitlichen Bezug zur Regelverletzung stehen, sind kontraproduktiv. Denn sie haben kein besseres Regelverständnis oder -lernen zur Folge, sondern ermöglichen eine größere Distanzierung vom eigenen Handeln und somit die Verfestigung von Rechtfertigungsstrategien („Die andere hat angefangen." oder „Das machen doch alle so.").

Was ist Gewalt?

Kurzbeschreibung

Ziel: bewusst machen, was Gewalt für mich und andere ist; Konsensentscheidungen erfahrbar machen;

 Metaplankarten, Stifte, Metaplanwand.

Ohrfeige

Anschreien

Einschliessen

Messerstecherei

Jede Teilnehmerin überlegt sich drei Eigenschaften von Gewalt und schreibt diese auf drei Zettel. Dann werden Zweiergruppen gebildet, in denen eine einvernehmliche Einigung auf drei Eigenschaften erzielt werden muss. Danach finden sich jeweils zwei Zweiergruppen zusammen und einigen sich wiederum auf drei Eigenschaften. Jede Vierergruppe stellt dann ihr Ergebnis an der Metaplanwand vor. Anschließend werden Eigenschaften zusammengefasst und mit Überschriften bzw. Oberbegriffen versehen.

Mit dieser Übung kann verdeutlicht werden, wie Entscheidungen zustande kommen – hier am Beispiel der Konsensfindung. Die Mädchen und Frauen erfahren und lernen, dass sie über ihre eigenen Vorstellungen verhandeln und sich einbringen können. Sie werden ernst genommen und ihre Wünsche fließen in die abschließende Definition mit ein. Dieser Prozess des Aushandelns bringt es mit sich, dass ab und an Partikularinteressen zugunsten eines Konsenses zurückgestellt werden müssen. Die Teilnehmerinnen lernen zudem, sich in immer größer werdenden Gruppen zu behaupten – ohne dabei ihre Wünsche mit Gewalt durchzusetzen.

Inhaltlich bietet diese Übung eine Grundlage für die pädagogische Arbeit mit den Teilnehmerinnen: Gewalttätige Mädchen und Frauen rechtfertigen ihr destruktives Verhalten, indem sie nach gewalttätigen Vorkommnissen z.B.

abstreiten, dass es sich um Gewalt gehandelt hat. Eine Sensibilisierung für die verschiedenen Facetten von Gewalt kann im Rahmen dieser Übung erreicht werden. Um die Teilnehmerinnen zudem mit ihren gewalttätigen Verhaltensweisen konfrontieren zu können, sollte zu Beginn eines jeden Seminars als gemeinsame Arbeitsgrundlage eine Definition von Gewalt erfolgen.

GEWALT...

GEWALT... MACHT ANGST!

GEWALT... BEFREIT!

GEWALT... ZERSTÖRT

Archiv bube concept

U6

Kennenlernen II

Biographische Analyse: Gewalt-Biographie

In Seminaren, die sich über zwei Tage erstrecken, ist es empfehlenswert, mit den Teilnehmerinnen lange Interviews über ihr bisheriges Leben zu führen, sie kennenzulernen, eine Vertrauensbasis zu schaffen und ihnen erste Zusammenhänge zu verdeutlichen (z.B.: Kann ich meine Zukunftswünsche verwirklichen, wenn ich weiter gewalttätig bin?). Diese biographische Arbeit ermöglicht es, den Mädchen und jungen Frauen individuell aufzuzeigen, welchen Zusammenhang es zwischen ihrer Rolle als Opfer und ihrer Täterinnenrolle gibt und wie

sie Gewalt erlernt haben (vgl. Abbildung 1). Damit kann ihnen verdeutlicht werden, dass sie die Chance haben, gewalttätiges Verhalten wieder zu verlernen.

Da Gewalttäterinnen zum Zeitpunkt einer pädagogischen Intervention häufig immer noch Opfer von Gewalt sind (z.B. im häuslichen Bereich), ist es an dieser Stelle wichtig, nicht nur die eigene Gewalttätigkeit in den Blick zu nehmen, sondern gemeinsam in der Gruppe zu erarbeiten, wo und wie die Mädchen sich Unterstützung und Hilfe holen können.

ABB. 1: GEWALTBIOGRAPHIE

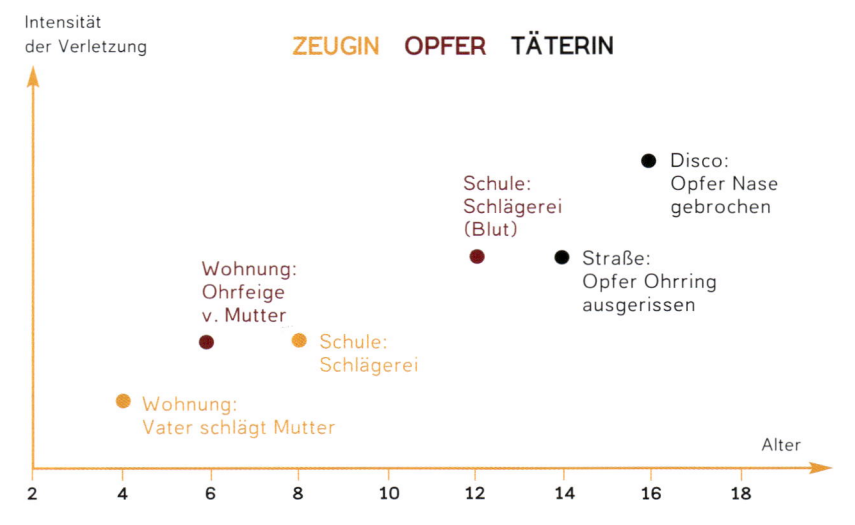

Quelle: Kerstin Brockamp

U7

„Das Blatt wenden": Vorteile von Gewalt/Vorteile von Gewaltlosigkeit

Kurzbeschreibung

Ziel: erkennen, dass Gewalt Vorteile hat, Gewaltlosigkeit jedoch auch; Gemeinschaftserfahrungen ermöglichen; sichtbar machen, dass ich als Gruppe etwas verändern kann; Gruppenprozesse verdeutlichen;

Die Übung besteht aus drei Schritten:

1. Zu zweit, d.h. in Partnerarbeit, werden mögliche „Vorteile von Gewalt" diskutiert, auf Metaplankarten geschrieben und auf die orange markierte Seite der Plane geklebt. Anschließend lesen sich alle die Karten der anderen Teilnehmerinnen durch. Daran kann sich unter der Leitfrage „Warum ist es wichtig, die Vorteile von Gewalt zu kennen?" eine Diskussion anschließen.

2. Wiederum zu zweit werden dann mögliche „Vorteile von Gewaltlosigkeit" gesammelt, aufgeschrieben und auf die grün gekennzeichnete Seite der Plane geklebt. Dann gibt es wieder die Möglichkeit, sich die Stellungnahmen der anderen durchzulesen. In einer sich anschließenden Gesprächsrunde könnte auf die Zielvorstellung des Seminars Bezug genommen bzw. ein Zusammenhang zu den Zielen, nämlich die Vorteile von Gewaltlosigkeit erkennen und gewaltfrei leben zu wollen, hergestellt werden.

3. Alle Teilnehmerinnen werden gebeten, sich auf die orange Seite der Plane zu stellen. Ihre Aufgabe ist, dass sie am Ende alle auf der grünen Seite der Plane stehen, ohne dass auch nur eine Teilnehmerin den Boden berührt hat. Es gibt keine Hilfsmittel wie Stühle und Tische. Die Teilnehmerinnen müssen mit viel Geschick, gegenseitiger Hilfe, Körpereinsatz und Kreativität die Plane wenden, um auf die grüne, die „gewaltfreie" Seite zu gelangen.

U8

Eskalationsspirale

Kurzbeschreibung

Ziel: typische Gewaltverläufe
entdecken und durchbrechen
können; Handlungsalternativen
erkennen;

Flipchart.

Metaplankarten, Stifte,
Klebeband, eine orange-grüne
reißfeste Plane (ca. zwei auf
drei Meter groß);

🕐 30 bis 45 Minuten.

Gewalttätige Mädchen sehen erhebliche Vorteile in ihren Taten. Erst wenn den Pädagoginnen und Pädagogen dieser – oft individuell variierende – positive Nutzen bekannt ist, können sie genau hier mit ihrer präventiven und/oder intervenierenden Arbeit ansetzen, also mit Hilfe der vielfältigen Vorteile von Gewaltlosigkeit einen positiven und zukunftsorientierten Gegenpol schaffen.

Die Übung „Das Blatt wenden" bietet nun die Gelegenheit, diese Situation („Gewalt hat einfach zu viele Vorteile, wir schaffen es doch nie, ohne auszukommen.") sowie die Chance der positiven Veränderung und Entwicklung zu visualisieren: Die Teilnehmerinnen schaffen es gemeinsam als Gruppe, aus einer „Fülle an Gewalt" eine große Sammlung an positiver „Gewaltlosigkeit" zu machen. Nach anfänglichen Irritationen („Das geht doch gar nicht!" oder „Das schaffen wir doch nie!") und gescheiterten Versuchen („Wir springen alle gleichzeitig hoch und einer wendet dabei die Plane!") gelingt es der gesamten Gruppe, die Plane zu wenden. Für eine zu Anfang wenig hoffnungsvolle Situation ist eine Lösung gefunden worden – und dies wurde möglich, weil alle Teilnehmerinnen ihre Fähigkeiten und Fertigkeiten mit eingebracht haben, weil sie einander zugehört haben und sich ausreden ließen, weil sie stellenweise vertrauensvoll andere haben handeln lassen oder weil sie mitgemacht haben, auch wenn sie das genaue Ziel noch gar nicht kannten.

Die Seminarleitung zeichnet auf Flipchartpapier eine Spirale auf, benennt die Eskalation an einem Beispiel (z.B. Messerstecherei) und erarbeitet dann mit den Teilnehmerinnen, wie es dazu kommen konnte. In einem zweiten Schritt werden mögliche „Ausgänge" (z.B. wegschauen, weggehen, Distanz herstellen) erarbeitet.

In einem weiteren Schritt wird der Transfer in den Alltag der Teilnehmerinnen vollzogen. Sie werden befragt, wie sie mit anderen Kindern und Jugendlichen Streit bekommen. Eine Antwort ist immer: „durch Beleidigungen". An dieser Stelle ist es möglich, unter dem Motto „Mein schlimmstes Schimpfwort" eine kurze Abragerunde

abzuhalten. Den Teilnehmerinnen wird bewusst, wie viele unterschiedliche Möglichkeiten der Beleidigungen es gibt und dass es individuell sehr unterschiedlich sein kann, was jemand als beleidigend empfindet und was nicht.

Danach wird eine „typische" Verlaufsform der Gewalteskalation, möglichst an einem konkreten Beispiel aus der eigenen Lebenswelt, gemeinsam entwickelt. Die Teilnehmerinnen erkennen die einzelnen Stufen und merken, dass die Gewalttat am Ende der Eskalation nicht „einfach so" passiert, sondern einen Vorlauf hat, den sie entscheidend mitgestalten. Daran anschließend werden Vorschläge gesammelt, wie eine mögliche Eskalation zu vermeiden ist. Hier wird deutlich, dass es im Grunde leicht und

➤➤➤

© Maria Vaorin | photocase.com

Distanz und Nähe

Kurzbeschreibung

Ziel: Die Distanz zu anderen Menschen räumlich bestimmen; das eigene Bedürfnis nach Abstand wahrnehmen und ausdrücken.

gefahrlos ist, bereits zu einem frühen Zeitpunkt aus der Gewalteskalation auszusteigen.

An dieser Stelle kann jede Teilnehmerin eine eigene Gewalthandlung mit Hilfe einer Eskalationsspirale (vgl. Abbildung 2) Schritt für Schritt visualisieren. In längeren Trainingseinheiten können die einzelnen Etappen der Eskalation auch in Szene gesetzt werden (z.B. mit der „Täterin" als Regisseurin, die von außen nun beobachten kann, welche Handlungen sie real ausgeführt hat, oder mit einem Rollenwechsel, bei dem sich die „Täterin" in die Rolle des

Opfers begibt). Mögliche Auswege aus der Gewalt sollten ebenfalls gespielt werden (nun spielt die „Täterin" sich wieder selbst und kann in einem geschützten Raum neue Handlungsalternativen ausprobieren und reflektieren).

Ein Vorteil von Rollenspielen ist, dass Widersprüche oder Rechtfertigungsstrategien der Mädchen sehr viel schneller sichtbar werden, denn die anderen Spielerinnen decken Legitimationsstrategien auf und konfrontieren sich damit untereinander. Damit wird eine Konfrontation seitens der Trainerinnen häufig überflüssig.

Nachdem Paare gebildet wurden, stellen sich A und B in großem Abstand zueinander auf. A geht nun langsam auf B zu. B hat die Aufgabe, ein deutliches „Stoppsignal" zu setzen, wenn der Abstand zu A noch so weit ist, dass sie sich gerade noch wohl fühlt. Die Übung sollte schweigend erfolgen. Nach einer kurzen Reflexion werden die Rollen getauscht.

Alternativ kann folgende Übung durchgeführt werden: Die Mädchen bewegen sich frei durch den Raum – eine oder zwei Teilnehmerinnen (oder die Gruppenleitung) laufen mit, suchen sich aber immer wieder eine Teilnehmerin aus, der sie hinterher schleichen, die sie provozieren oder beleidigen. Aufgabe ist es, auf die eigenen Gefühle zu achten („Wann wird es mir unangenehm?") und das Verhalten der "Provokateurinnen" gewaltfrei zu stoppen.

Die sich anschließende Auswertung kann sich an folgenden Leitfragen orientieren:

❯ Sind unsere Gesten, unsere Mimik eindeutig?

❯ Bin ich mir sicher, wie nah mir jemand kommen darf?

❯ Was fühle ich, wenn mir jemand zu nahe gekommen ist?

❯ Fällt es mir schwer, nicht laut zu werden?

ABB.2: DIE ESKALATIONSSPIRALE

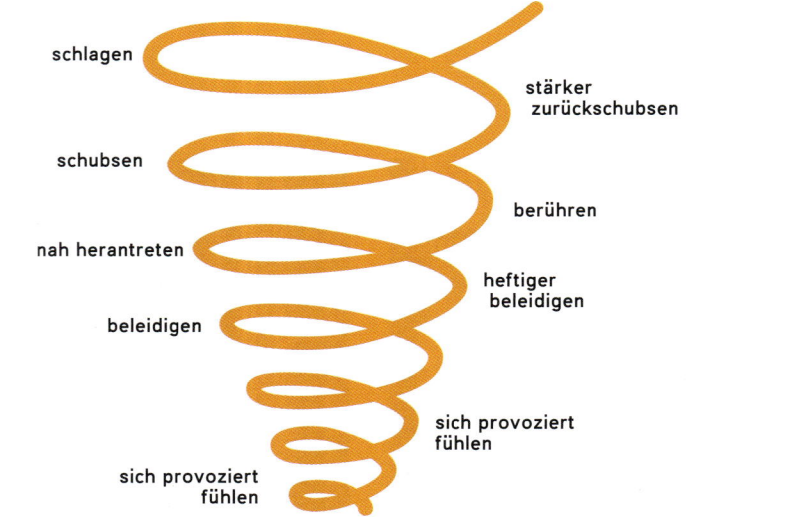

schlagen

stärker zurückschubsen

schubsen

berühren

nah herantreten

heftiger beleidigen

beleidigen

sich provoziert fühlen

sich provoziert fühlen

Quelle: Kerstin Brockamp

© diluvium | photocase.com

U10

Die Stuhlgasse

Kurzbeschreibung

Ziel: Eskalationen aus dem Wege gehen; auf Gefühle achten; alternatives Verhalten in Bedrohungssituationen erproben;

Stühle;

25 Minuten.

Archiv space5

Wichtig ist, dass keine Bewertung der Wünsche nach Nähe oder Distanz erfolgt. Es geht nur um das Bewusstmachen eigener und fremder Wünsche und um gegenseitige Achtung.

Diese Übung bietet sich sehr gut als Vertiefung zum Thema „Eskalation und Deeskalation" an. Viele Eskalationen entstehen, weil wir in Situationen geraten oder uns begeben, in denen uns andere Menschen näher sind, als wir es möchten. Vielfach merken wir auch nicht, dass wir uns aufregen oder uns unwohl fühlen, wenn uns jemand körperlich zu nahe kommt. Unsere Reaktionen sind dann manchmal unbedacht, entstehen aus einer Reflexbewegung des sich Schützenwollens heraus, und wir neigen in solchen Situationen eher zu aggressiven Verhaltensweisen.

In dieser Übung geht es deshalb vor allem darum, in sich hinein zu fühlen und herauszufinden, was wir fühlen, wann wir anfangen, uns aufzuregen oder uns unwohl fühlen, wen wir aus welchen Gründen näher an uns heranlassen können und wie es sich anfühlt, Abstand herzustellen.

Viele Mädchen und Frauen haben während ihrer Kindheit gelernt, ihren eigenen Gefühlen zu misstrauen und die anderer über ihre eigenen zu stellen. Für sie ist es besonders wichtig, dass sie den eigenen Gefühlen trauen und für sie unangenehme Situationen beenden können, ohne gewalttätig zu werden.

Mit acht oder mehr Stühlen wird eine Stuhlgasse gebildet; auf den letzten Stuhl wird ein Stift gelegt. Am Ende der Stuhlreihe werden zwei oder drei freiwillige Teilnehmerinnen postiert, die bedrohliche Haltungen einnehmen und Drohungen ausstoßen sollen. Zuvor verlässt ca. ein Viertel der Gruppe den Raum. Die Teilnehmerinnen werden einzeln in den Raum geholt; jede erhält die Aufgabe, den Stift am Ende der Gasse zu holen. Die Stuhlgasse soll so lose ausgerichtet sein, dass Teilnehmerinnen, die plötzlich der Mut verlässt oder die sich der Übung nicht gewachsen sehen, auch neben dieser oder zwischen den Stühle gehen können. Die meisten werden jedoch versuchen, durch die Gasse an das Ziel zu gelangen.

Das Auswertungsgespräch kann sich an folgenden Leitfragen orientieren:[6]

❯ Wie erging es dir (wie fühltest du dich) bei der Übung?

❯ Warum hast du die Übung verweigert?

❯ Hast du dich bedroht gefühlt?

❯ Wie ist die Bedrohung spürbar geworden?

❯ Was war der Konflikt?

❯ Wurde Gewalt angewendet?

❯ Warum hast du diesen Weg gewählt?

❯ Was würdest du demnächst anders machen?

❯ Möchtest du es noch einmal versuchen?

❯ Was haben die anderen beobachtet und wahrgenommen?

Diese Übung schafft eine Atmosphäre, die uns meist nicht unbekannt ist: Wir geraten in eine Situation, die wir nur schlecht einschätzen können („Was wollen die anderen von mir?", „Was erwartet mich da?") und in der wir eine vermeintlich konkrete Aufgabe bekommen, die wir meinen, erfüllen zu müssen. Nur allzu oft unterdrücken wir dann angesichts von äußeren Umständen oder Zwängen unser „Bauchgefühl". Die Stuhlgasse schafft zudem oft einen derartigen „Tunnelblick", dass viele Teilnehmerinnen hinterher schildern, sie hätten gar keine andere Möglichkeit gesehen, als durch diese hindurch zu gehen, auch wenn sie sich bedroht gefühlt hätten – gerade gewalttätige Jugendliche schildern dies aus ihren Lebensweltbezügen sehr oft. Sie hätten doch diese oder jene Straße runtergehen müssen, eine andere Möglichkeit gäbe es doch nicht. Und selbst wenn sie sich von Umstehenden oder Provokateuren bedroht gefühlt hätten, so ginge es doch keinesfalls, diesen aus dem Wege zu gehen, einen Umweg zu machen oder sogar wieder kehrtzumachen.

Erwachsene tun sich mit dieser Sichtweise oft schwer, nehmen besagte Jugendliche es doch eher in Kauf, sich zu schlagen als auszuweichen. Auch die Ergebnisse vorangegangener Übungen (Nähe erzeugt Aggressivität, deeskalierend handeln und auf Provokationen nicht einsteigen, nicht diskutieren) werden in dieser Übung schnell vergessen und durch altbekannte Lösungsversuche ersetzt („Ich gehe immer den direkten Weg!", „Ich lass mir doch von

❯❯❯

© Fromy | photocase.com

Das Eismeer

Kurzbeschreibung

Ziel: Kooperation, Kommunikation, Vertrauen;

📓 Zeitungspapier;

Raum: ausreichend Platz.

denen nicht den Weg vorschreiben!", „Ich sage denen erst einmal, wie blöd ich ihr provozierendes Verhalten finde!").

Diese Übung kombiniert auf einfache aber eindeutige Art und Weise die verschiedensten Übungen miteinander und bietet die Möglichkeit, das eigene Konfliktverhalten zu reflektieren – z.B. ob ich in dem Moment wirklich deeskalierend agieren möchte oder ob mir andere Dinge wichtiger sind – und neue Handlungsalternativen auszuprobieren (Was spricht dagegen, die Durchführung der Übung abzulehnen, da ich mich zu bedroht oder zu unwohl fühle?).

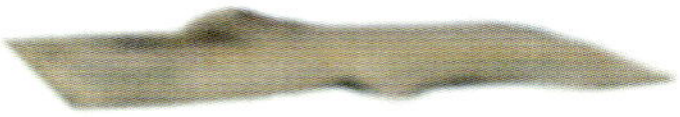

Zeitungspapier wird so im Raum verteilt, dass nur zwei Blatt Papier etwas enger beieinander liegen. Alle anderen Zeitungsseiten müssen so weit voneinander entfernt sein, dass niemand hinüberspringen oder -gehen kann. Dann versammeln sich die Teilnehmerinnen an einer Stelle des Raumes. Als gemeinsames Ziel wird z.B. vereinbart, dass alle die gegenüberliegende die Tür erreichen sollen. Die Seminargruppe hat dann gewonnen, wenn alle durch diese Tür kommen und keine dabei den Boden berührt (auch keine möglicherweise vorhandene Tische o.Ä.). Ein Blatt darf nur bewegt werden, wenn niemand auf ihm steht.

Die Teilnehmerinnen werden am Anfang nicht gleich erkennen, wie sie diese Aufgabe bewältigen können.

Die Lösung – auf die sie natürlich selbst kommen sollen – ist, dass sich zu Beginn zwei Teilnehmerinnen auf eine der beiden enger zusammenliegenden Seiten stellen und die andere als Brücke zum nächsten Blatt verwenden. Im weiteren Verlauf werden alle Teilnehmerinnen mit frei gewordenen Zeitungsseiten „abgeholt".

Diese Übung ist gerade zum Ende eines Seminars sehr sinnvoll, um bisher Gelerntes in die Tat umzusetzen oder zu vertiefen (z.B.: Hören wir einander zu? Äußere ich meine Gefühle, ohne jemanden zu beleidigen?). Und auch das starke Gemeinschaftsgefühl, das entsteht, wenn es alle gemeinsam durch die Tür geschafft haben (und die letzten mit Applaus empfangen werden), ist hoch einzuschätzen.

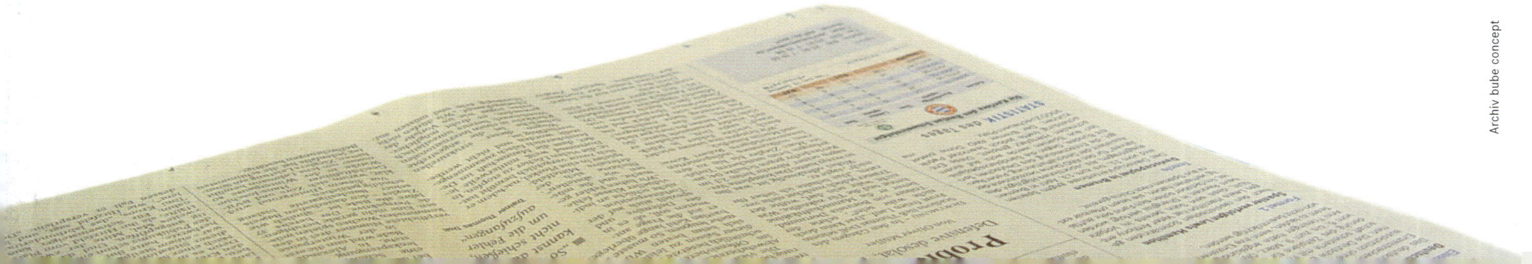

Archiv bube concept

U12

**Abschlussrunde:
Was nehme ich mit?**

In der Abschlussrunde werden die Teilnehmerinnen gebeten, mitzuteilen, was sie an neuen Eindrücken oder Gedanken aus diesem Seminar mit nach Hause nehmen. Dieser Abschluss ermöglicht es ihnen, aus der Fülle dessen, was sie im Seminar erlebt haben, für sich ein persönliches Fazit zu ziehen. Hierbei ist vor allem der konkrete Nutzen für die einzelnen Mädchen und Frauen wichtig – vor ihnen liegt nun die (vielleicht) schwierige Aufgabe, im realen Leben neues Verhalten auszuprobieren. Um dies selbstbewusst und authentisch zu schaffen, ist es wichtig, dass sie selbst erkennen und benennen können, in welchen Bereichen sie positive Veränderungen erreicht haben und wo sie noch Grenzen spüren.

4. Fazit

Die hier vorgestellten Methoden, mit Mädchen und jungen Frauen zu arbeiten, können lediglich ein kleiner Auszug aus einer Vielzahl an guten und sinnvollen Methoden sein, die neben der Kategorie Geschlecht auch andere Faktoren mit berücksichtigen müssen, die bedeutsam für die Teilnehmerinnen sind. Ein weiterer wichtiger Bestandteil einer gelingenden Anti-Gewalt-Arbeit ist, dass die Trainerinnen und Trainer ihre eigene Haltung reflektieren. Eine authentische Auseinandersetzung während des Seminars beginnt immer mit einer empathischen Haltung ihrerseits den Mädchen und jungen Frauen gegenüber. Zu verstehen, was die Gewalthandlungen der Teilnehmerinnen verursacht und auslöst, ist hierbei ebenso bedeutsam wie die Auseinandersetzung mit eigenen Gewaltanteilen oder mit den eigenen Vorstellungen von Weiblichkeit.

Gewaltpräventive Arbeit mit Mädchen und jungen Frauen kann nur erfolgreich sein, wenn die Verschränkung ihres Opfer- und Täterseins pädagogisch bearbeitet wird. Nur wenn Mädchen realisieren, wie beides ineinander greift, „können sie Scham- und Schuldgefühle hinter sich lassen, ihre Aggressivität annehmen und nach konstruktiven Wegen der Konfliktlösung und des Umgangs mit […] physischen und psychischen Energien suchen".[7]

Gleichzeitig müssen pädagogische Fachkräfte jedoch die Ausübung von Gewalt ablehnen, Täterinnen mit den Folgen ihrer Taten konfrontieren, ihnen ihre Widerstände und Widersprüche aufzeigen und sie darin unterstützen, neue Einsichten zu entwickeln. Im Hinblick auf einen ernst genommenen Opferschutz können wir Kindern und Jugendlichen die Entscheidung nicht selbst überlassen, ob sie sich gewalttätig verhalten wollen oder nicht. Wir können ihnen auch nicht die Entscheidung überlassen, ob sie sich mit ihren Gewalttaten auseinandersetzen wollen oder nicht. Es bestärkt eine Täterin in ihrer Legendenbildung, wenn man ihre Rechtfertigung für ihr gewalttätiges Handeln einfach hinnimmt. Sie wird auch in Zukunft keinen Grund sehen, ein Verhalten zu ändern, welches ihr Vorteile wie Macht, Spaß, Entlastung oder Ansehen in ihrer Clique bringt.

Gehen wir des Weiteren davon aus, dass gewalttätiges Handeln von Mädchen und jungen Frauen als eine funktionierende Handlungsstrategie angesehen wird, um z.B. Opfererfahrungen zu verhindern oder ihnen vorzubeugen, dann müssen wir mit ihnen gemeinsam Handlungsalternativen entwickeln, die sowohl ihrem Selbstbehauptungswunsch wie auch unserem Wunsch nach Gewaltfreiheit entgegenkommen.

AUSGEWÄHLTE LITERATUR

→ Bruhns, Kirsten/Wittmann, Svendy, „Ich meine, mit Gewalt kannst du dir Respekt verschaffen". Mädchen und junge Frauen in gewaltbereiten Jugendgruppen, Opladen 2002.

→ Gewalt Akademie Villigst (Hrsg.), Spiele, Impulse und Übungen zur Thematisierung von Gewalt und Rassismus in der Jugendarbeit, Schule und Bildungsarbeit, Band 1 und 2, Villigst 1996/2003.

→ Grüner, Thomas/Hilt, Franz, Bei Stopp ist Schluss! Werte und Regeln vermitteln, 6. Aufl., Lichtenau 2005.

→ Hoppe, Hartmut/Hoppe, Siegried, Klotzen Mädchen! Spiele und Übungen für Selbstbewusstsein und Selbstbehauptung, Mülheim an der Ruhr 1998.

→ Micus, Christiane, Friedfertige Frauen und wütende Männer? Theorien und Ergebnisse zum Umgang der Geschlechter mit Aggression, Weinheim/München 2002.

→ Silkenbeuner, Mirja, Im Spiegel ihrer Lebensgeschichte. Gewalttätiges Verhalten Jugendlicher und Geschlechtszugehörigkeit, Stuttgart 2000.

Eine alltägliche Situation auf einem Schulhof in einer Pause: Alles sieht friedlich aus, allgemeines Durcheinanderreden, Herumlaufen oder Herumstehen.

Kampfesspiele als Methode der Gewaltprävention mit Jungen

Uwe Ihlau

1. Rauflust oder Gewalt?

Eine alltägliche Situation auf einem Schulhof in einer Pause: Alles sieht friedlich aus, allgemeines Durcheinanderreden, Herumlaufen oder Herumstehen. Plötzlich ertönen aus einer Ecke des Schulhofs laute Töne, böse Worte und schon liegen zwei Schüler auf dem Boden. Der eine versucht, dem anderen den Arm auf den Rücken zu drehen und das Gesicht nach unten zu drücken. Als Aufsichtsperson schreiten Sie ein und beenden die Auseinandersetzung. Die beiden Kontrahenten schubsen sich noch einmal und behaupten: „Das war doch nur Spaßkloppe!" Meinen die beiden Jungen das ernst? Oder ist das nur eine Ausrede? Was ist dran an diesem Satz? Wo beginnt der Ernst, wo hört der Spaß auf? Wo verläuft die Grenze zwischen „Gewalt" und „keine Gewalt"? Kann „Kampf" etwas mit „Spaß" zu tun haben?

Im Folgenden möchte ich einige Antworten auf diese Fragen geben und meine Erfahrungen mit dem Konzept „Kampfesspiele als Methode der Gewaltprävention mit Jungen" vorstellen. Idee und Konzeption dieses Trainings, das sich spezifisch an Jungen wendet, gehen auf Josef

Riederle vom Bildungsinstitut „Kraftprotz" (Kiel) zurück. Die in der Bildungspraxis erprobten „Kampfesspiele" werden von Josef Riederle auch als Fortbildung für Multiplikatoren angeboten.

Ich werde wesentliche Elemente und Übungen beschreiben, die sich bei der Umsetzung dieses Konzepts als wichtig herausgestellt haben. Zu erwähnen ist, dass Josef Riederle aus dem Bereich Sport bzw. Kampfsport kommt. Meine Zugänge zur Jungenarbeit und Gewaltprävention liegen dagegen in der Spiel- und Erlebnispädagogik. Das Element „Boxen", das auch Bestandteil der Kampfesspiele sein kann, habe ich bisher nicht eingesetzt.

Die Kampfesspiele sind für die Jungenarbeit konzipiert worden, also für die geschlechtsreflektierte, pädagogische Arbeit von (Fach-)Männern mit Jungen. Das Konzept kann aber auch von Frauen, die in gemischtgeschlechtlichen Teams mit Jungen arbeiten, angewendet werden. In Fortbildungen mit gemischtgeschlechtlichen Gruppen erlebe ich bei der Vermittlung und dem Ausprobieren der Kampfesspiele immer wieder spannende Prozesse zwischen Männern und Frauen, die für die Verständigung der beiden Geschlechter (beispielsweise in einem Team) im Hinblick auf geschlechtsspezifische Gewalterfahrung und Gewaltprävention sehr hilfreich sein können.

2. Der Begriff „Kampfesspiele"
Diese Wortschöpfung mag zunächst sehr künstlich und merkwürdig anmuten. Die beiden Begriffe Kampf und Spiel scheinen zunächst überhaupt nicht zusammen zu passen.

Die Bedeutung des Begriffes „Kampf" reicht von der Beschreibung einer militärischen Auseinandersetzung feindlicher Truppen bis hin zur handgreiflichen Auseinandersetzung zwischen zwei oder mehreren Personen. Wenn Kampf in diesem Wortsinn benutzt wird, werden damit „Härte, Unbarmherzigkeit und Zerstörung" assoziiert.

Kampf wird aber auch im Sinne von „Wettstreit mit anderen Menschen" verwendet. In dieser eher „sportlich-kämpferisch" gemeinten Bedeutung bekommt der Begriff dann positive Zuschreibungen. Es ist z.B. ein natürliches Bedürfnis von Jungen, wie auch von Mädchen, ihre Kräfte zu messen. Der Unterschied in der Bedeutung des Kämpfens für Jungen und Mädchen besteht allerdings darin, dass für Jungen das Ringen und Raufen häufig als Möglichkeit gesehen wird, mit anderen Jungen Kontakt aufzunehmen, ohne gleich als „schwul" gebrandmarkt zu sein. Hier dient der Kampf dazu, sich selbst zu spüren, letztlich also der Selbstvergewisserung.

Demgegenüber steht das „Spiel": Es wird häufig missverstanden und als eine „Tätigkeit ohne Zweck" beschrieben – im Gegensatz zur „Arbeit". Hier liegen Wortbedeutungen wie „Leichtigkeit und Beliebigkeit" nahe. Das soll nun mit „Kampf" zusammenpassen und sogar ein pädagogisches Konzept widerspiegeln? Wie wichtig das Spielen für die Entwicklung von Kindern und Jugendlichen ist, wird durch ein Zitat von Johann Wolfgang von Goethe deutlich: „Nur da wo ein Mensch spielt, ist er wirklich Mensch." In dieser Einordnung bekommt das „Spiel" eine zentrale Funktion, es liefert Impulse für wichtige Lernerfolge (vgl. auch M 1).

In diesem Sinn erlebe ich auch den Anspruch der Kampfesspiele: Sie sollen Hilfestellung geben zur Selbstfindung von Jungen, indem sie einen Rahmen für eine faire und von gegenseitigem Respekt geprägte Begegnung bilden, um gemeinsam mit Gleichaltrigen innerlich wachsen zu können.

Der Begriff der Aggression spielt bei den Kampfesspielen eine zentrale Rolle, allerdings nicht in seiner häufig verwendeten Wortinterpretation von „verletzen" oder „beschädigen" in Verbindung mit Handlungen wie „schlagen, schimpfen oder drohen", sondern in seiner ursprünglichen lateinischen Bedeutung *aggredi*: „herangehen" und „angreifen". In diesem Kontext wird der Aspekt der „Motivation" wichtig, wird Aggression als „Motor einer Handlung" verstanden. Ein bestimmtes Thema „in Angriff zu nehmen" bedeutet eben nicht, dies mit dem Ziel zu tun, einen anderen herabzusetzen oder zu schädigen. Aggressives Verhalten ist zunächst oft ein Versuch, ein bestimmtes Problem zu lösen oder Beachtung durch andere zu finden. Die Kampfesspiele haben den Anspruch, Jungen zu vermitteln, dass es gut und wichtig ist, aktiv zu sein und Initiative zu ergreifen, bei gleichzeitiger Beachtung von Regeln des Respekts und der Fairness.

M 1: SPIELTHEORIEN

Spiel, aus kulturanthropologischer Sicht betrachtet, leistet einen entscheidenden Beitrag zur Selbstvergewisserung, Selbstverortung und Selbstdarstellung. Gerade weil Spiele nicht das gewöhnliche oder eigentliche Leben sind, erlauben sie, aus dem Alltag herauszutreten und körperliche und kreative Aktivitäten sanktionsfrei zu erproben und auszuleben.

Spieltheoretische Ansätze hingegen deuten das Spiel als Ausfluss eines Kraftüberschusses der Spielenden. Ein wiederum anderer Ansatz betont die „Einübungstheorie", d.h., das kindliche Spiel ist eine Vorwegnahme der Lebenssituation der Erwachsenen in einer Sphäre, die noch ohne die Sanktionen und/oder Konsequenzen des Ernstfalls auskommen darf.

www.digitalstock.de

3. Der Leitgedanke der Kampfesspiele

Wichtige Fähigkeiten, die sich Jungen in ihrer Entwicklung zum erwachsenen Mann aneignen müssen, sind unter anderem Empathie sowie die adäquate Einschätzung der eigenen Stärken und Schwächen. Dies bedeutet, dass die eigene Kraft dazu eingesetzt werden muss, Grenzen auszutesten, um sie spüren zu können. Dafür ist es zunächst einmal notwendig, diese Grenzen wahrzunehmen, zu definieren, zu erklären und zu verstehen. Das Beschreiben, Erklären und Überprüfen von Regeln in der Gruppe sind daher wichtige Bestandteile der Kampfesspiele. Ein zweiter Aspekt, das Erspüren der eigenen Grenzen, ist für Jungen oft eine neue Erfahrung. Sie neigen zu Selbstüberschätzung und Selbstüberforderung.

Der Leitgedanke der Kampfesspiele ist: Beim Kämpfen können eine ganze Reihe wichtiger Prozesse angestoßen werden, die zum inneren Wachstum von Jungen führen können. Voraussetzung ist allerdings, dass das Umfeld stimmt und die Regeln klar sind: Beim Kämpfen spürst du deine Kraft, kommst richtig ins Schwitzen und deinem Gegenüber dabei auch ziemlich nahe; Kontakt entsteht. Und obwohl es „richtig zur Sache geht", ist es möglich, ohne Verletzungen und Schmerzen aus dem Kampf herauszukommen.

3.1 „Gebt euch eure ganze Kraft"

Dieser Satz hat bei den Kampfesspielen eine zentrale Bedeutung. In ihnen sollen sich die Jungen mit der ganzen Kraft spüren, die ihnen zur Verfügung steht. Sie sollen sich nicht zurücknehmen müssen und auf „Sparflamme" kämpfen, aus Angst, den anderen zu verletzen. Damit dieser Anspruch realisiert werden kann, ist ein Seminardesign notwendig, das die für die jeweilige Gruppensituation passenden Übungen umfasst und gleichzeitig ständig die Regeln (insbesondere die Stopp-Regel) in Erinnerung ruft.

Wenn sich unterschiedlich starke, große oder erfahrene Kämpfer gegenüberstehen, ist es möglich, sich eines zusätzlichen pädagogischen Werkzeuges zu bedienen: des „Handicaps" (hier gemeint als bewusst eingesetzte Einschränkung für einen Kämpfer). Ein Beispiel: Beim „Hahnenkampf", einem Kampf, bei dem beide Partner auf einem Bein hüpfend versuchen müssen, den anderen aus dem Gleichgewicht zu bringen, bekommt der eine Kämpfer das Handicap, den anderen nur mit der linken Hand wegschubsen zu dürfen. Die rechte Hand muss am Gürtel bleiben. Durch diesen „Kunstgriff" wird es möglich, dass auch Jungen sehr unterschiedlicher Konstitution oder unterschiedlichen Alters ihre ganze Kraft geben können und doch ein fairer Kampf entsteht. Wichtig dabei ist, den vermeintlich stärkeren Partner zu fragen, ob der Vorschlag des speziellen Handicaps für ihn akzeptabel ist oder ob er unter diesen Bedingungen nicht gegen diesen Partner antreten möchte.

Wichtige Fähigkeiten, die sich Jungen in ihrer Entwicklung zum erwachsenen Mann aneignen müssen, sind unter anderem Empathie sowie die adäquate Einschätzung der eigenen Stärken und Schwächen.

Ein wichtiges Element für den Umgang in der Gruppe sind Rituale. Sie werden hauptsächlich vor und nach den einzelnen Kampfesspielen durchgeführt, sind Ausgangspunkt und Endpunkt dieser Begegnung. Die eingesetzten Rituale sind kurz und wortlos. Sie betonen das Besondere des Moments und dienen dazu, das Erlebte stärker ins Bewusstsein zu bringen. Ähnlich wie alltägliche Begrüßungsrituale (z.B. das Händeschütteln beim Begrüßen), haben sie die Funktion, einen ersten Kontakt zwischen zwei Menschen herzustellen. Die speziellen Rituale, die bei den Kampfesspielen eingesetzt werden, sollen nicht nur den körperlichen Kontakt herstellen, sondern zu einem „bewussten in die Augen Schauen" führen. Dies ist etwas, was vielen Jungen schwerfällt und ein besonderes Zeichen der „echten" Kontaktaufnahme bedeutet.

Anders als bei den eher beiläufigen Begrüßungsritualen wie dem „auf die Schulter klopfen" bei der Begegnung zweier Jungen, sollte der Trainer Wert auf eine bewusste und ernstgemeinte Handlung legen, die mit der Botschaft verbunden ist: Ja, du, mein Gegenüber bist gemeint! Diese Ernsthaftigkeit ist wichtig, weil viele Jungen das Kämpfen auf der Straße oder auf dem Schulhof in einer Atmosphäre ohne viel Respekt und Achtung erleben. Im Rahmen der Kampfesspiele wird über die Rituale dagegen Wertschätzung für und Achtsamkeit gegenüber dem Partner transportiert.

Die einzelnen Kampfesspiele (Übungen) sind nicht alle neue Erfindungen oder neue Spiele. Es sind teilweise alte Bekannte, die Sie vielleicht aus Ihrer Kindheit kennen oder in Ihrer pädagogischen Praxis teilweise selbst einsetzen (z. B. „Rüben ziehen"). Wichtiger als die Entwicklung neuer Spiele und Übungen ist der pädagogische Rahmen, in den diese Spiele gestellt werden und durch den sie eine neue Bedeutung gewinnen. So muss viel Zeit und Sorgfalt in die Entwicklung eines partnerschaftlichen und vertrauensvollen Gruppenklimas investiert werden,

damit die Kampfesspiele ihre Wirkung entfalten können.

Im Folgenden möchte ich auf zwei weitere besondere Elemente der Kampfesspiele eingehen, den Schiedsrichter und den Ring.

3.2 Der Schiedsrichter

Eine wichtige Rolle bei der Durchführung der Kampfesspiele hat der Schiedsrichter. Er wacht über die Einhaltung der Regeln und verkörpert das Prinzip „Gerechtigkeit". In der Anfangsphase nimmt der Trainer diese Rolle wahr. Er ist die natürliche Autorität in der Gruppe und prägt maßgeblich die Gruppendynamik. Spannend wird es, wenn im Laufe des Prozesses diese Kompetenz an die Teilnehmer abgegeben wird, wenn sie die „Wächter-Funktion" übernehmen. Dann zeigt sich, ob die Akzeptanz in der Gruppe funktioniert, wie gut es dem Trainer gelungen ist, eine eigenverantwortlich handelnde Gruppe zu entwickeln.

In dieser Phase wird besonders deutlich, wie wichtig Fairness ist.

Wenn einzelne Jungen die Schiedsrichterfunktion übernehmen und einen Regelverstoß nicht wahrnehmen, sind alle gefordert, sich einzuschalten. Und zwar nicht mit dem Ziel, dem Schiedsrichter vorzuwerfen, dass er diesen Regelverstoß nicht gesehen hat, sondern um immer wieder das faire Kämpfen zu thematisieren. Die Fairness und damit der gegenseitige Respekt sowie der Spaß werden so zu wichtigeren Werten als das Gewinnen bzw. Verlieren.

Die Ernsthaftigkeit im Rahmen der Kampfesspiele ist wichtig, weil viele Jungen das Kämpfen auf der Straße oder auf dem Schulhof in einer Atmosphäre ohne viel Respekt und Achtung erleben.

Siegfried Kuttig

Bei allen gewalttätigen Auseinandersetzungen gibt es Täter und Opfer, Sieger und Verlierer.

3.3 Der Ring

Der Ring, der aus den nicht kämpfenden Teilnehmern gebildet wird, übernimmt zwei Aufgaben: Er dient erstens der Sicherung der Kämpfenden und bindet zweitens diejenigen, die nicht kämpfen, aktiv in das Geschehen ein, indem sie Verantwortung für die Kämpfenden übernehmen. Diese Aufgabe muss der Trainer sehr deutlich machen und gegebenenfalls häufiger wiederholen, weil dies für viele Jungen ungewöhnlich ist. Normalerweise empfinden sie sich nur dann als wichtig, wenn sie selbst im Mittelpunkt stehen.

Die Sicherung durch den Ring ist deshalb notwendig, weil sich die Wahrnehmung der Kämpfenden in der Mitte des Ringes verändert. Sie sind sehr angespannt und mit ihrer „Scheuklappen-Wahrnehmung" nur auf ihren Gegner fixiert. Deswegen markiert der Ring das Spielfeld, genauer gesagt, die Grenzen des Spielfelds. Im Raum stehen möglicherweise Stühle oder andere Gegenstände, an denen sich die Kämpfenden verletzen könnten.

Die zweite Aufgabe des Ringes ist es, einen Beitrag für einen fairen Kampf zu leisten. Sobald absehbar ist, dass es ein deutliches Ungleichgewicht bei den Kämpfern gibt, kann der Ring lautstark den Schwächeren anfeuern und ihn so unterstützen. Dies kann enorme Kräfte mobilisieren und einem Kampf neue Impulse geben. Diese Konstellation spiegelt spielerisch die häufig anzutreffenden Verhältnisse in der Realität wider.

3.4 Die Ruhephasen

Ein integraler Bestandteil des Konzepts der Kampfesspiele sind gemeinsame Entspannungs- und Ruhephasen. Diese Phasen sind genauso wichtig wie das Auspowern und Kräftemessen. Denn auch Jungen haben das Bedürfnis nach Ruhe und Entspannung; dies wird häufig nur überlagert von dem Druck, sich zu präsentieren und zu inszenieren. Eine Jungengruppe bietet den Vorteil, dass dieses „Imponiergehabe" nicht notwendig ist, denn die entsprechenden Adressantinnen (die Mädchen) sind ja nicht im Raum.

Für die Ruhepausen kann der Trainer die Jungen auffordern, sich gemeinsam auf eine Matte zu legen und einer Geschichte zu lauschen oder sie nacheinander weiter zu erzählen – was, je nach Alter der Jungen und Zusammensetzung der Gruppe, vom Trainer sicher einigen Mut erfordert. Auch der Einsatz von Musik oder Übungen wie die Tennisballmassage sind gut geeignet. Denn zum einen ist es ein weit verbreitetes Klischee, dass „alle Jungen kämpfen wollen". Es gibt in jeder Gruppe auch die ruhigeren Jungen, denen diese Phasen gegebenenfalls mehr zusagen als die aktiven Phasen. Zum anderen ist es für die sehr dominanten oder körperlich ständig auffälligen Jungen eine wichtige Erfahrung, dass sie auch akzeptiert werden, wenn sie ein wenig „Luft ablassen" und es sich erlauben, ihre ruhigeren Seiten zu zeigen.

4. Kampfesspiele zur Gewaltprävention?

Bei gewalttätigen Auseinandersetzungen, egal ob verbal oder körperlich, verdeckt oder offen, gibt es Täter und Opfer, Sieger und Verlierer. Auch wenn diese scheinbar klaren Zuordnungen bei genauerer Betrachtung häufig verschwimmen, übernimmt ein „Täter" zumindest immer den Versuch, sich über sein „Opfer" zu erheben und Macht über sein „Opfer" auszuüben.

Obwohl die Kampfesspiele häufig Wettbewerbscharakter haben, geht es bei ihnen gerade nicht darum, den Unterlegenen in einem schlechteren Licht erscheinen zu lassen und abzuwerten. Die Kategorien „Sieg" und „Niederlage" sind nicht die entscheidenden Werte, vielmehr stehen „Fairness" und „Spaß" an der kraftvollen Begegnung mit meinem Gegenüber im Vordergrund. Dahinter steht die Erfahrung: Ich muss nicht über den Weg der Gewaltausübung meine Kraft ausspielen, um Befriedigung daraus zu ziehen. Die Erkenntnis lautet: Gewalt und Kraft sind zunächst einmal zwei verschiedene Dinge.

So wird ein zentraler Aspekt der Gewalt thematisiert: Die Verletzung eines anderen oder meiner Person kann durch das Ignorieren und Überschreiten von Grenzen verursacht werden. Insbesondere für Jungen ist es eine wichtige Erfahrung, ihre eigenen Grenzen und die ihres Gegenüber wahr- und ernst zu nehmen. Bei den Kampfesspielen werden diese Grenzen ständig thematisiert. So wird schnell deutlich, dass es in Gruppen gut gelingen kann, durch gemeinsame Verabredungen ein gelingendes Miteinander zu schaffen. Trotzdem können immer wieder Situationen entstehen, in denen sich individuelle Grenzen verschieben, sich dann doch jemand beleidigt oder verletzt fühlt. Der Trainer kann diesen Prozess dadurch begleiten, dass er zwischendurch immer wieder nachfragt (z.B.: "Du hast da einen roten Fleck am Arm, hast du dich gerade verletzt?" oder "Das war gerade ja ganz schön heftig, war denn da Gewalt im Spiel?").

Ein weiterer wichtiger Aspekt im Zusammenhang mit Gewaltprävention ist der Folgende: Während der Kampfesspiele ist eine hohe mentale und körperliche Präsenz gefordert. Ähnlich wie bei einer gewaltträchtigen Auseinandersetzung liegt ein "Knistern" in der Luft. Häufig ergibt sich daraus für den vermeintlich Schwächeren eine Art Lähmung: Er starrt auf sein Gegenüber und ist nicht in der Lage, einen klaren Gedanken zu fassen und in der aktiven Rolle zu bleiben. Einige Kampfesspiele sind von der Anlage her ähnlich aufgebaut wie die klassische, oben beschriebene, Schulhofprügelei:

Zwei Jungen stehen sich gegenüber und ein Kreis von Gleichaltrigen, der Ring, rahmt die beiden ein.

Diese Zuschauer spielen eine wichtige Rolle, denn sie unterstützen in der Realität meistens den vermeintlich Stärkeren, den späteren "Gewinner", um von vorneherein auf der sicheren Seite zu sein. Dies verunsichert den Schwächeren zusätzlich. Im Rahmen der Kampfesspiele macht der "Schwächere" durch das oben beschriebene unterstützende Verhalten des Ringes nun die Erfahrung, doch seine ganze Kraft mobilisieren zu können und aktiv zu bleiben, sich nicht gleich in seine "Opferrolle" zu fügen. Diese Erfahrung der Wachheit und Präsenz kann im Alltag sehr hilfreich sein, wenn die Jungen in die Lage versetzt worden sind, diese Fähigkeiten bei Bedarf abrufen zu können.

Der dritte wichtige Aspekt liegt in der Bearbeitung der Themen "Beschämung, Gesichtsverlust und Ehre". Vorkommnisse wie Beleidigungen, Herabsetzungen und Ehrverletzungen sind häufige Auslöser für Gewaltsituationen, insbesondere bei Jungen mit Migrationshintergrund. Anschließende körperliche Auseinandersetzungen verschärfen dann die Situation weiter. Die Beteiligten drohen in einer eskalierenden Gewaltspirale aus Beleidigungen und sich steigernder körperlicher Gewalt zu versinken.

Durch die Kampfesspiele wird den Jungen vermittelt, wie hilfreich es ist, erst gar nicht in einen gewaltträchtigen Konflikt einzusteigen oder sich selbst die Erlaubnis geben zu können, rechtzeitig einen Ausstieg aus der Gewaltspirale zu finden. Gleichzeitig wird bei allen Spielen, die Wettbewerbscharakter haben und bei denen es um Gewinnen geht, darauf geachtet, dass der Gewinner und der Verlierer direkt nach dem Kampf einander ihre Wertschätzung zeigen. Dies ist umso wichtiger, je intensiver die Kämpfe waren, denn umso größer ist beim Verlierer die Gefahr des Gesichtsverlustes.

Ein Beispiel für ein qualitativ hochwertiges Zeichen der Wertschätzung ist folgendes Ritual: Beide Partner stehen sich gegenüber, schauen sich in die Augen und reichen sich die linke Hand, und zwar so, dass sie die Daumenwurzel umfassen. Dann legen sie jeweils ihre rechte Hand schützend auf den Handrücken der linken Hand des Partners und verbeugen sich leicht. Einige Jungen haben auch das Bedürfnis, einen Satz wie "Danke, es war ein fairer Kampf" oder "Danke, ich habe deine ganze Kraft gespürt" zu sagen. Der Trainer ist bei diesem Ritual mit seiner ganzen Aufmerksamkeit dabei und fördert so die Vermittlung der gegenseitigen Wertschätzung.

Im Folgenden beschreibe ich nun einige Übungen, mit denen ich sehr gute Erfahrungen gemacht habe.

Für auffällige Jungen ist es eine wichtige Erfahrung, dass es akzeptiert wird, wenn sie ein wenig "Luft ablassen" und es sich erlauben, ihre ruhigeren Seiten zu zeigen.

U1 – U3: Übungen zum Einstieg

 **U1**

Abklatschen

Das Begrüßungsritual „Abklatschen" eignet sich sehr gut zu Beginn jeder Übung: Ein Junge hält beide Hände mit den Handflächen nach oben vor seinen Körper (empfangende Haltung), der andere schlägt mit beiden Händen mit den Handflächen auf die unteren Hände (gebende Handlung), beide wechseln die Positionen (geben und nehmen) und klatschen sich zum Abschluss auf Schulterhöhe mit senkrechten Händen und offenen Handflächen ab. Dieses Ritual kann auch mit viel Energie durchgeführt werden, dann gibt es direkt warme Hände. Wichtig dabei: Augenkontakt herstellen und die Begrüßung nicht nur flüchtig im Vorübergehen durchführen, sondern sich vor dem anderen hinstellen.

 **U2**

Online

Die Übung „Online" (Aufnahme von Körperkontakt) eignet sich wie die folgenden Übung „Störsender" (Stimme laut und deutlich einsetzen) gut für die Anfangsphase:
Alle Teilnehmer stellen sich auf eine Linie (Kreppbandstreifen) und schauen in eine Richtung. Nun bekommen sie die Aufgabe, sich nach verschieden Kriterien (z.B. alphabetische Reihenfolge der Vornamen) zu sortieren, ohne beim Platzwechsel neben die Linie zu treten.

 U3

Störsender

Es gibt einen „Sender" (ein Teilnehmer) und mehrere „Empfänger" (8 bis 10 Teilnehmer), die sich in einem Abstand von zehn bis 15 Metern (je nach Raumgröße) hinstellen und sich anschauen. Dazwischen steht eine Reihe „Störsender" (vier bis fünf Teilnehmer) in einer Entfernung von ca. einem Meter vom Sender. Der Sender soll sich ein zusammengesetztes Substantiv (wie Kuckucksnest oder Lampenschirm) ausdenken und dieses so laut rufen, dass die Empfänger es hören können. Die Störsender versuchen, dies zu verhindern, indem sie zeitgleich laut schreien oder klatschen. Der Spielleiter kann dem Sender auch ein besonderes Wort vorgeben, das die Empfänger wahrscheinlich nicht kennen (wie Ankerrolle oder Segellatte)

U4 – U6: Übungen zur Körperwahrnehmung und Körpersensibilisierung

Die zweite Phase des Trainings mit Übungen zur Körperwahrnehmung und -sensibilisierung ist besonders wichtig, um ein vertrauensvolles Gruppenklima zu entwickeln. Die hier vorgestellten Übungen sind zugleich Aufwärmübungen. Jungen machen solche Übungen häufig nicht gerne, sie sind aber sehr wichtig, um Verletzungen wie Bänderzerrungen zu vermeiden. Gleichzeitig dienen sie als Partnerübungen dem Kennenlernen.

 **U4**

V-Brücke

Zwei Teilnehmer stehen sich mit Blickkontakt gegenüber, halten sich im Handgelenksgriff fest und stellen die Füße so, dass sich ihre Fußspitzen berühren. Beide halten sich mit angezogenen Armen im Gleichgewicht. Langsam verlagern nun beide ihr Gewicht nach hinten, bis die Arme gerade sind. Die Körper sind ebenfalls gerade und angespannt. In einer anderen Variante öffnen die beiden Teilnehmer dann einen Arm oder gehen in die Knie. Zwei Teilnehmer sichern jeweils hinten ab.

 U5

Bodensitzkniebeuge – Rücken an Rücken aufrichten

Je zwei Teilnehmer setzen sich Rücken an Rücken auf den Boden, ohne sich unterzuhaken. Haben die Paare ihre Position gefunden, sollen sie versuchen, aus dieser Stellung heraus aufzustehen, ohne die Hände auf dem Boden aufzustützen. Dazu müssen sich die Partner gegenseitig unterstützen.

 U6

Schubsen und Nachgeben in Parallelstand

Zwei Teilnehmer stehen sich mit etwa einer Armlänge Abstand gegenüber. Die Füße stehen schulterbreit auseinander und im Parallelstand (kein Ausfallschritt). Beide Spieler winkeln die Ellbogen an und legen ihre Handflächen an die des Mitspielers. Auf Kommando versuchen sie sich gegenseitig aus dem Gleichgewicht zu bringen.

Hartmut Nörenberg

U7 – U11: Die Kampfesspiele

In der dritten Phase folgen nun die eigentlichen Kampfesspiele. Hier ist wichtig, dass der Schiedsrichter die Durchführung des R tuals und die Hilfestellung des Rings sicherstellt. Es ist oft sinnvoll, „Hilfs-schiedsrichter" zu benennen, damit diese beispielsweise auf sensible Körperregionen achten.

 **U7**

Schiebekampf in Boxerstellung

Zwei Teilnehmer stehen sich gegenüber und fassen sich gegenseitig an den Schultern. Achtung: Die Daumen nicht in das Schlüsselbein bohren, sondern möglichst mit den Fingern und der ganzen Hand auf die Schultern legen. Jeder versucht, den anderen zurückzudrängen (Linien markieren oder Ziel definieren). Anmerkung: Manche Spieler fühlen sich sicherer, wenn sie sich an den Oberarmen fassen.

Hartmut Nörenberg

Hartmut Nörenberg

U8

Rückenschieben

Zwei Teilnehmer stehen Rücken an Rücken und versuchen, sich gegenseitig über eine Markierung zu schieben, ohne sich unterzuhaken. Achtung: Es besteht die Gefahr, dass sich ein Teilnehmer wegdreht und der andere nach hinten fliegt. Daher ist seitliche Hilfestellung wichtig.

U9

Opel GT Spiel

Zwei Teilnehmer stehen sich in Parallelstellung gegenüber und fassen sich mit der rechten Hand im Armdrückgriff (Daumenwurzel umfassen). Jeder versucht, durch rührende Bewegungen (nicht durch Reißen) den anderen aus dem Gleichgewicht zu bekommen. Wer zuerst den Fuß bewegt oder auf den anderen fällt, hat verloren.

U10

Hahnenkampf

Zwei Teilnehmer stehen sich gegenüber, die Arme werden vor der Brust gekreuzt. Jeder hüpft auf einem Bein und versucht, den anderen aus dem Gleichgewicht zu bringen. Die Hände können auch zum Schubsen gebraucht werden. Es entsteht dann noch mehr Dynamik. Egal welcher Variante man folgt: Bei dieser Übung ist der sichernde Ring sehr wichtig!

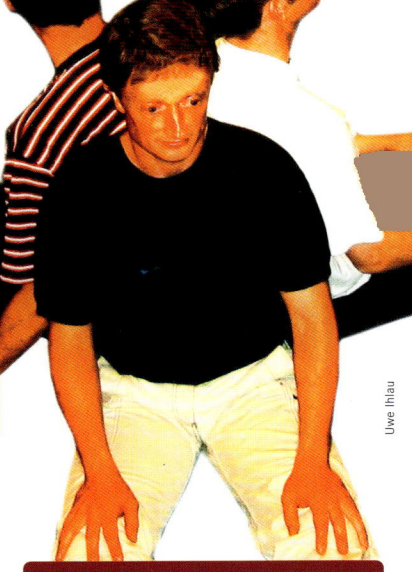

Uwe Ihlau

U11

Dreieckskampf

Dies ist einer der Lieblingskämpfe vieler Jungen und er läuft so ab: Drei Teilnehmer sitzen sternförmig mit ausgestreckten Beinen Rücken an Rücken, die Hände liegen auf den Oberschenkeln. Die Spieler einigen sich darauf, wer als Erster versucht, aufzustehen. Nachdem das Startsignal gegeben ist, steigt die Spannung. Die erste Person versucht, in den Stand zu kommen, und die beiden anderen versuchen, ihn daran zu hindern. Doch das Spiel beginnt erst in dem Moment, wenn der Spieler, der aufzustehen versucht, sich bewegt. Von diesem Moment an läuft die Zeit (ein bis zwei Minuten).

Faire Kämpfer lassen dem Einzelnen immer wieder eine Chance, indem sie z.B. „Schwitzkastenpositionen" nach kurzer Zeit wieder aufgeben oder ein verkeiltes Bein wieder frei geben. Das macht dann allen auch mehr Spaß. Vorsicht ist bei der ersten Bewegung geboten, damit kein Ellbogenstoß erfolgt.

Ruhephasen mit angeleiteten Gedankenreisen, Geschichten oder Massagen sind hier nicht mit aufgeführt, aber wichtiger Bestandteil von Übungseinheiten. Auf ihre Bedeutung wurde bereits hingewiesen.

Zum Ende einer Einheit ist ein Abschlussritual mit der ganzen Gruppe ratsam. Es ist ein deutliches Zeichen, dass die Zeit in der geschützten Gruppe mit den in ihr geltenden Regeln beendet ist und dass eine neue Phase für jeden Jungen beginnt.

AUSGEWÄHLTE LITERATUR

➔ Riederle, Josef, Kampfesspiele machen Spaß und unterstützen Jungen in ihrer persönlichen Entwicklung, Schwerte 2006.

➔ Schmack, Dieter/Neutzling, Rainer (Hrsg.), Kleinen Helden in Not – Jungen auf der Suche nach Männlichkeit, Reinbek 2000.

➔ Sturzenhecker, Benedikt/Winter, Reinhard (Hrsg.), Praxis der Jungenarbeit – Modelle, Methoden und Erfahrungen aus pädagogischen Arbeitsfeldern. Praxis für die Jugendarbeit, München 2002.

Deeskalationstraining Gewalt

Ralf-Erik Posselt

1. Vorbemerkungen

Deeskalationstrainings gehen davon aus, dass Gewalt zu unserem Alltag gehört. Durch die Thematisierung von Gewalt kann erreicht werden, dass Menschen Verantwortung für ihr Verhalten und ihr Handeln übernehmen und sich entscheiden, gewalttätiges Handel zu verringern oder gar darauf zu verzichten.

Das hier vorgestellte Training zur Deeskalation von Gewalt basiert auf Impulsen, Übungen und Methoden, die Wege zur konstruktiven Bearbeitung von Gewalt eröffnen sollen. Das Training ist von seinem Ergebnis her offen, weil die Teilnehmenden selbst erproben und entscheiden sollen und müssen, was ihnen dabei hilft, Konflikt-, Bedrohungs- oder Gewaltsituationen (an Körper und Seele) gesund zu bestehen. Die Übungen bieten die Möglichkeit, kritische Alltagserfahrungen gemeinsam neu zu thematisieren und zu kommunizieren. Sie ermöglichen zudem, Verständigungsarbeit über die Frage einzuleiten, welche gesellschaftlichen Regeln tauglich sind und deshalb auch für alle gelten sollen. Damit soll ein konsensfähiges Fundament für ein angemessenes und couragiertes Verhalten in Konflikt-, Bedrohungs- und Gewaltsituationen geschaffen und erprobt werden.

2. Ziele des Trainings

Gewalt ist ein Kommunikationsmittel, das jedem Menschen zur Verfügung steht und für das – oder gegen das – sich jeder Mensch immer wieder neu entscheiden kann und muss. Gewalt als (verletzende, schädigende, zerstörerische) Tat birgt immer die Frage nach ihrer Rechtfertigung in sich. Jeder Versuch, Gewalt zu legitimieren, wertet andere Menschen ab und leugnet die Gleichwertigkeit und Würde des (anderen, verletzten) Menschen.

Auch Courage (als der Mut und die Fähigkeit, in Krisensituationen zu intervenieren) steht jedem Menschen offen, ihre Anwendung ist aber mit der Entscheidung verbunden, sie zu praktizieren – oder eben nicht. Diese oft blitzschnelle Entscheidung ist abhängig von dem Wis-

Jeder Versuch, Gewalt zu legitimieren, wertet andere Menschen ab und leugnet die Gleichwertigkeit und Würde des (anderen, verletzten) Menschen.

Auch Courage (als der Mut und die Fähigkeit, in Krisensituationen zu intervenieren) steht jedem Menschen offen, ihre Anwendung ist aber mit der Entscheidung verbunden, sie zu praktizieren – oder eben nicht.

sen, was ich selber will und kann, dem Wissen, was in Krisensituationen zu tun ist, und von dem Wissen, dass man sich in Konflikt-, Bedrohungs- und Gewaltsituationen auf sich selbst verlassen kann.

Interventionsberechtigung ist die einer Person (heimlich) zugeschriebene Erlaubnis, in einem Konflikt- oder Streitfall regelnd einzugreifen, Konflikt-, Bedrohungs- und Gewaltsituationen zu erkennen, beim Namen zu nennen und unmittelbare Schritte zur gewaltfreien Lösung einzuleiten. Dabei spielen Fähigkeiten wie Konflikte konstruktiv bearbeiten zu können, eine klare Sprache sowie ein sicheres Auftreten eine wichtige Rolle. Alle Erfahrungen zeigen, dass die Interventionsberechtigung erlernt, eingeübt

und ausprobiert werden muss, damit sie, wenn sie gebraucht wird, auch erfolgreich eingesetzt werden kann.

Menschen besitzen die Fähigkeit, sich trotz starker emotionaler Impulse gegen die eigene Untätigkeit, gegen das Wegschauen, gegen eigene Fluchtreflexe und sogar gegen die eigene Lust auf Gewalt zu entscheiden. Dies sogar dann, wenn unsere Entscheidung, gewaltfrei einzugreifen und zu intervenieren, mit scheinbaren Nachteilen für uns verbunden ist, den eigenen Interessen widerstrebt oder ihnen (zumindest vorläufig) entgegensteht.

Im Deeskalationstraining überprüfen wir, begreifend (das hat was mit den

Händen zu tun), erfahrend (das hat etwas mit Bewegung zu tun), verstehend (das hat etwas mit Stehen und Standfestigkeit zu tun), wie Gewalt (und ihre scheinbare Legitimation) funktioniert, was wir tun können, um die Gewaltspirale zu durchbrechen und ob bzw. wie wir den verantwortlichen Umgang mit Gewalt und Gewaltverzicht (als ein Verhalten leitendes Motiv) bei uns und anderen verinnerlichen können. Dabei geht es darum,

> Gewalt und Rassismus erkennen und beim Namen nennen zu können,
> Interventionsberechtigung in Konflikt-, Bedrohungs- und Gewaltsituationen zu erwerben,
> Selbstvertrauen und -sicherheit zu entwickeln,

> Gewalt wirksam zu deeskalieren und dabei auf erprobte, verinnerlichte Fähigkeiten zurückgreifen zu können, um Gewaltfreiheit erfolgreich, nachhaltig und überprüfbar wirksam werden zu lassen.

3. Das Training

Mit dem Deeskalationstraining liefern wir Impulse und Übungen, um Gewalt zu thematisieren. Was wir nicht liefern sind Lösungen und fertige Rezepte gegen Gewalt und Menschenverachtung – die gibt es nämlich nicht. Auch sparen wir uns viele didaktische Hinweise, weil wir pädagogisch Verantwortlichen die Entscheidung nicht abnehmen können, welche Übung zu welcher Zeit, in welcher Situation, an welchem Ort, mit welcher Gruppe ausprobiert werden kann. Pädagogisch Verantwortliche haben für günstige Rahmenbedingungen, eine stimmige Didaktik und ein positives Lernklima zu sorgen. Unser Training haben wir sowohl mit Mädchen und Jungen aller Altersgruppen, mit Jugendlichen, Erwachsenen, Multiplikatoren und Profis in der Präventionsarbeit erfolgreich praktiziert. Erfolgreich war und ist es vor allem dann, wenn das Verhalten des Trainers oder der Trainerin mit den in diesem Training vermittelten Botschaften übereinstimmt (Authentizität).

Das ca. zweitägige Training baut sich in vier Schritten auf (vgl. M 1):

1. Gewalt erkennen und beim Namen nennen können;
2. Sensibilisierung für körperliche, seelische, verbale und andere Grenzen, Grenzüberschreitungen und Verletzungen;
3. Körpersprache ausprobieren und einsetzen;
4. Training zum Verhalten und Handeln in Konflikt-, Bedrohungs- und Gewaltsituationen.

Zu jedem Schritt werden im Folgenden eine Reihe von Übungen vorgestellt. Wie viele durchgeführt werden können, hängt von der zeitlichen Dauer des Trainings ab.

M 1: ABLAUF DES SEMINARS

Schritt 1: Gewalt erkennen und beim Namen nennen können
> U 1: Einstieg: Widerstehen können
> U 2: Bahnhofsattacke
> U 3: Erste Gewaltdefinition
> U 4: Auf der Linie
> U 5: Gewalt–Barometer und Konsensfindungsprozess Gewaltdefinition

Schritt 2: Sensibilisieren für körperliche, seelische, verbale und andere Grenzen, Grenzüberschreitungen und Verletzungen
> U 6: Das Elefanten- und das Trampelspiel
> U 7: Sensibilisierung für den eigenen und den fremden Körper
> U 8: Garten der Düfte
> U 9: Körpergefühl entwickeln – „Nordseewellenreiten"
> U 10: „Blindes" Vertrauen
> U 11: Guten-Tag-Übung
> U 12: Die Glotzer-Übung
> U 13: „Den machen wir fertig!"
> U 14: Mittel zur Gewaltvermeidung
> U 15: „Ugha-Ugha"

Schritt 3: Körpersprache ausprobieren und einsetzen
> U 16: Aufeinander zubewegen
> U 17: Neutrale Körperhaltung
> U 18: Selbstsicherheit, Aggressivität, Angst und Unsicherheit
> U 19: Körpersprache und Körpergefühl stärken
> U 20: Stopp-Schrei-Übung
> U 21: Wenn Augen sprechen könnten

Schritt 4: Training zum Verhalten und Handeln in Konflikt-, Bedrohungs- und Gewaltsituationen
> U 22: Die Kürbisübung
> U 23: In der Bahnhofshalle
> U 24: Auf dem Schulhof
> U 25: Zuschauer (Geheimnisse der Gewalt)
> U 26: Die Übung mit dem Ei

U 1 – U 5: Gewalt erkennen und beim Namen nennen können

U1

Einstieg
Widerstehen können

Wer Gewaltfreiheit erfolgreich praktizieren will, braucht „festen Grund unter den Füßen" und eine solide Position. Wer in Krisensituationen widerstehen will, muss wieder-stehen-lernen, muss widerstehen können, auch dann, wenn der Wind etwas härter ins Gesicht weht. Genau dies wird als Einstieg in diesem Training ausprobiert. Die Teilnehmenden werden gebeten, sich im Raum so aufzustellen, dass sie einander nicht berühren. Sie sollen einen guten Stand finden, damit sie nicht gleich umfallen, wenn der Trainer/die Trainerin sie provoziert und anrempelt.

Danach geht die Trainerin/der Trainer durch den Raum und schubst die Teilnehmenden sanft an. Falls jemand zur Gegenwehr greift, lohnen sich schon leichtere herausfordernde Provokationen: „Aha, du packst mich also an ... du suchst also Streit ... du willst also was auf die Nase" usw.

Fragen zur Reflexion:
- ❯ Welche praktisch-technischen Möglichkeiten haben wir, um tatsächlich fest zu stehen: Fußstellung, Körperhaltung?
- ❯ Ist es besser, den Körper stramm und starr (wie Beton) zu halten oder empfiehlt sich Beweglichkeit und Flexibilität in den Hüften, Knien, dem ganzen Körper?
- ❯ Wie verhält sich eigentlich die Natur, der Baum, das Gras, wenn der Sturm tobt?
- ❯ Können und wollen wir uns überhaupt dem Sturm aussetzen oder wäre die Flucht eine Alternative?
- ❯ Wie verhalten sich Körper und Geist (Vernunft) in solchen Konflikt- und Bedrohungssituationen zueinander?
- ❯ Stimmt mein eigenes Verhalten mit meiner Vernunft überein?
- ❯ Verhalte ich mich in Konflikt- und Bedrohungssituationen eher deeskalierend oder eher eskalierend?

U2

Bahnhofsattacke

Der Trainer/die Trainerin wendet sich mit etwa folgenden Worten an die Teilnehmenden: „Stellt euch vor, wir alle hier in diesem Raum wären gar nicht hier, sondern zum Beispiel im Hauptbahnhof von Dortmund. Wir wären Reisende, die auf ihren Zug oder Freund warten, und sitzen, laufen oder stehen irgendwo herum. Ganz plötzlich taucht ein übler Kerl auf, der deutlich zu erkennen gibt, dass heute mit ihm nicht zu spaßen ist. Was kann man in einer solchen Situation machen?"

Suchen Sie sich als Trainer/Trainerin nun einen Teilnehmer (oder eine Teilnehmerin) für diese Übung aus. Stellen Sie sich mit einem Abstand von ca. fünf Meter einander gegenüber auf und erklären Sie noch einmal, dass Sie beide sich jetzt im Hauptbahnhof entgegenkommen und begegnen und dass der Teilnehmer das Interesse hat, gesund den Hauptausgang oder den Zug zu erreichen.

Wichtig: Sprechen Sie den Teilnehmer direkt an und stellen Sie klar, dass es sich bei dieser Übung nur um ein Spiel handelt, dass Sie (selbst, wenn es hart auf hart kommt) nicht zuschlagen würden (ebenso wie Ihr Gegenüber) und dass Sie beide laut „Stopp" rufen und die Übung abbrechen werden, wenn die Situation gewalttätig werden oder eskalieren sollte. Anschließend werden die anderen Teilnehmenden aufgefordert, sehr aufmerksam zu beobachten, was passieren wird. Es kann sein, dass alles sehr schnell geht, dass wie in einem Kurzfilm oder Blitzlicht die Gewalt sichtbar wird, eskaliert und kaum einer gemerkt hat, was wirklich passiert ist.

Und nun beginnt die Übung: Sie gehen auf den Teilnehmer zu, versperren ihm mit Ihrem Körper den Weg, stoppen ihn und überfallen ihn mit einem leicht provozierenden Redeschwall, z.B.: „He, Alter, wie spät ist es denn?" „Was siehst du denn so fertig aus?" „Wo willste denn hin, bleib doch mal eben stehen!" „Haste mal nen Euro?" Dabei fassen Sie den Teilnehmer nicht an, sondern „baggern" ihn vielmehr mit dem Bauch und (sanfteren) Schulterbewegungen in die dem Ausgang gegenüberliegende Ecke. Nach einigen ergebnislosen Protesten verschafft sich der verdatterte Teilnehmer in der Regel Respekt, indem er den Angreifer anfasst, aus dem Weg drückt oder sogar mit den Händen wegzuschubsen versucht. Genau dies ist der Zeitpunkt, um laut „Stopp" zu rufen, die Übung abzubrechen und darauf hinzuweisen, dass nun unter Umständen der erste Schlag durch den Angreifer erfolgt wäre.

Fragen an alle:
- ❯ Was ist hier eigentlich passiert?
- ❯ Wie hat der Teilnehmer auf den Konflikt reagiert?
- ❯ Waren Eskalationsstufen zu erkennen?
- ❯ Wer hat hier eigentlich wen bedroht, wer hat wen zuerst angefasst und wie würde zum Beispiel ein Richter nachher reagieren?

© eris23 | photocase.com

Hinweis: In aller Regel (aber eben nicht immer) „klappt" diese Übung, weil die „angegriffene" Person zu früh selber die Eskalationsschraube anzieht und den Angreifer anfasst – und damit genau jene Schwelle überschreitet, die dieser proviziert hat.

Bei dieser Übung und an dieser Stelle geht es noch nicht um konkrete Lösungsmöglichkeiten, sondern eher darum, dass die Teilnehmenden ein „Aha-Erlebnis" haben. Es geht um eine neu zu entwickelnde Optik, in der mögliche Verhaltens- und Handlungsspielräume in normalen Alltagssituationen sowie in Konflikt- und Bedrohungssituationen sichtbar werden. Diese Übung kann übrigens auch in der Schlussphase des Trainings durchgeführt werden und soll dort die Frage eröffnen, was ich machen kann, wenn ich in einen solchen Konflikt, in eine solche Bedrohungs- oder Gewaltsituation komme.

U3

Erste Gewaltdefinition

Die Teilnehmenden werden gebeten, eine erste Definition von Gewalt zu formulieren. Sie sollen – kurz, knackig, prägnant – das Wesen der Gewalt (Woran erkenne ich Gewalt?) in max. zwei bis drei Sätzen schriftlich auf einer kleinen Karte definieren.

Die Definitionen werden nicht vorgestellt, sie dienen einzig und allein den Teilnehmenden dazu, ihre eigene Entwicklung während des Trainings zu verfolgen. Erst nach dem Seminar soll diese Arbeitskarte wieder hervorgeholt werden, um zu überprüfen, ob und was sich durch das Training verändert hat.

U4

Auf der Linie

Auf dem Boden wird mit einem Tau oder einem Kreppband eine (längere) Linie markiert, auf die sich alle Teilnehmenden mit beiden Füßen stellen. Aufgabe ist es nun, sich zum Beispiel nach dem Vornamen alphabetisch zu sortieren (andere Möglichkeiten: Alter, Größe, Herkunft usw.): Anne ganz an den Anfang und Zlatko ans Ende. Die Teilnehmenden dürfen jedoch beim Sortieren die Linie nicht verlassen, d.h., mindestens ein Fuß muss immer auf der Linie stehen. Bis alle korrekt stehen, sind alle in die Situation gekommen, sich auf der Linie zu begegnen, um aneinander vorbei zu kommen. Die Teilnehmenden müssen miteinander kommunizieren, um die Reihenfolge der Namen herauszufinden. Bei dieser Übung wird spielerisch Kontakt aufgenommen, die Konzentration auf die Aufgabe lenkt von möglicher Ängsten ab.

Auswertungsfragen:
- Wer gibt Regeln vor?
- Wie regelt sich der Konflikt?

www.digitalstock.de

Gewalt–Barometer
und Konsensfindungsprozess Gewaltdefinition

Gewalt-Barometer

Diese Übung ist in hohem Maße geeignet, aufzuzeigen, dass in unserer Gesellschaft nur noch ein mangelhafter und bruchstückhafter Konsens zu so wichtigen Themen wie Gewalt besteht. Viele Menschen haben begonnen, nach eigenem Gutdünken zentrale Begriffe und Inhalte umzudeuten, um ihnen eine eigene, günstige, aktuell passende neue Bedeutung zu geben. Vergessen wird dabei offensichtlich, dass Menschen sich immer wieder miteinander verständigen (verstehen) müssen, um auf Dauer in Frieden leben zu können.

Hinweis: Diese Übung soll weniger zur Harmonie unter den Teilnehmenden beitragen als vielmehr einen massiven Konflikt sichtbar machen: den Konflikt nämlich, dass sie sich über die Bedeutung eines so zentralen Begriffs wie Gewalt nicht einigen können. Dieser Konflikt kann und sollte während der Übung sogar durch den Trainer/die Trainerin noch eskaliert werden. Gerade weil das möglichst einvernehmliche Verständnis von Gewalt (als das älteste aller Mittel zur Bearbeitung von Konflikten) zu den Fundamenten jeder zivilen Gesellschaft gehört, macht es Sinn, diesen inszenierten Konflikt nicht zu früh zur Ruhe kommen zu lassen.

Für die Übung werden im Raum zwei große Blätter mit der Aufschrift „Gewalt" und „keine Gewalt" ca. sechs Meter auseinander auf den Boden gelegt. Damit werden zwei gegensätzliche Pole markiert. Die Teilnehmenden erhalten eine Karte mit einem Statement und sollen ihr Statement zwischen den beiden Polen „Gewalt" und „keine Gewalt" ablegen. Wenn dieser erste Schritt getan ist, beginnt der zweite: Die Übung ist erst beendet, wenn jede Teilnehmerin/jeder Teilnehmer mit der Position aller Statements einverstanden ist. Dazu hat jede und jeder das Recht, diese zu verlegen und die entstandene Reihenfolge zu verändern. Während der nun einsetzenden Auseinandersetzung kann der Trainer/die

Trainerin mit provozierenden Anfragen durchaus mitmischen, er/sie sollte jedoch die exakte Platzierung der einzelnen Statements den Teilnehmenden überlassen. Spätestens nach ca. 15 Minuten sollte die Übung abgebrochen werden.

Bei dieser Übung gibt es nur eine Regel: Platz nehmen (oder den Raum verlassen) darf man erst wieder, wenn damit erklärt wird, dass die nunmehr vorhandene Reihenfolge der beschriebenen „Gewalt(handlungen)" in Ordnung ist.

Auswertungsfragen:
- ❯ Wie kommt es eigentlich, dass eine so homogene Gruppe, wie die hier versammelte, sich nicht einigen kann?
- ❯ Ist es möglich, dass hier jede/r seine eigene, private Gewaltdefinition mit sich herumträgt, praktiziert und sich entsprechend verhält?
- ❯ Gibt es „gute" und „schlechte" Gewalt?
- ❯ Ist bei dieser Übung Gewalt ausgeübt worden?
- ❯ Wäre es möglich (Wer traut sich?) zum Beispiel mit einer roten Kordel eine Markierung vorzunehmen, die exakt „Gewalt" von „keine Gewalt" trennt?

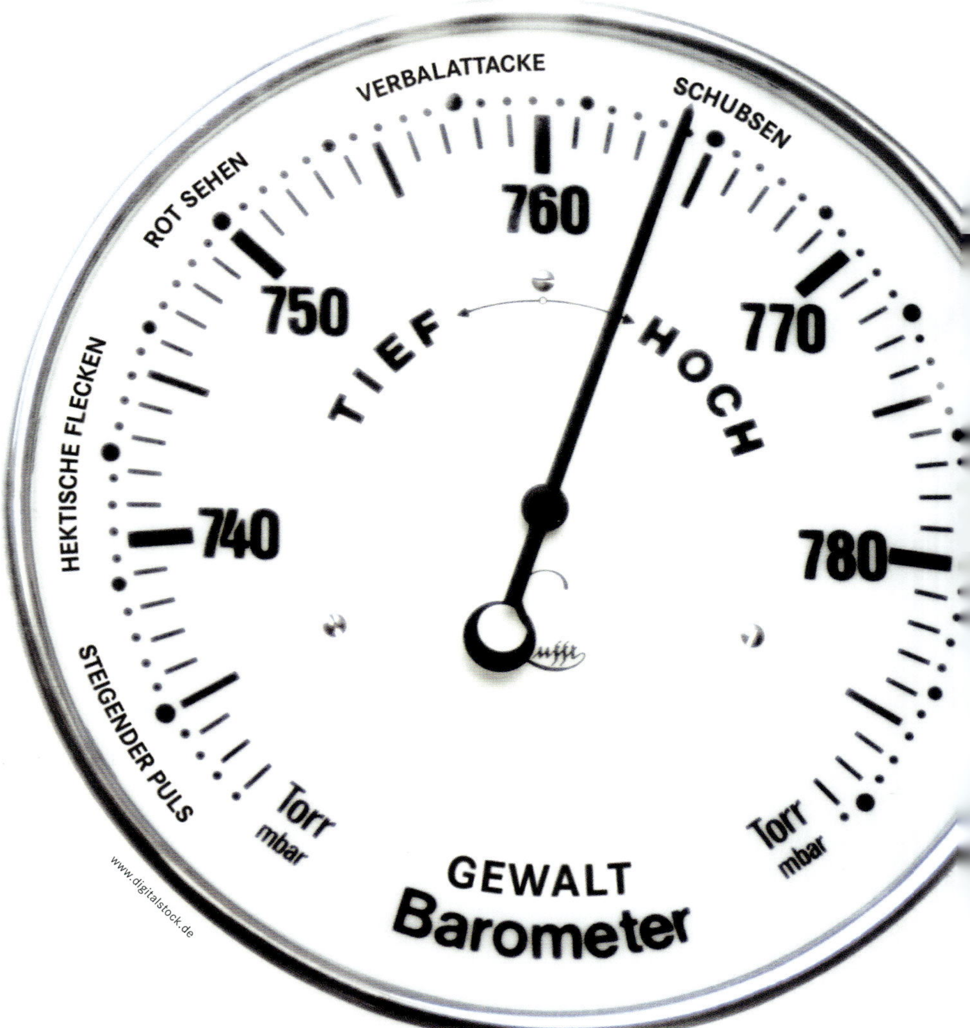

VERBALATTACKE   SCHUBSEN
ROT SEHEN
760
750   770
TIEF   HOCH
HEKTISCHE FLECKEN
740   780
STEIGENDER PULS
Torr   Torr
mbar   mbar
GEWALT
Barometer
www.digitalstock.de

GEWALT	Keine GEWALT	Ein Mutter, die ihr Kind vor einem LKW von der Straße reißt und ihm dabei sehr weh tut.	Ein Rettungs-schwimmer, der einen Ertrinkenden an den Haaren aus dem Wasser zieht.
Ein türkische Frau mit einem Kopftuch.	Stauffenberg, weil er Adolf Hitler töten wollte.	Ein Vater, der nie zu Hause ist.	Der Direktor einer Firma, die ihren Giftmüll in Entwick-lungsländer schickt.
Ein Skater mit 30 km/h in der Fußgängerzone.	Ein Profiboxer.	Ein Metzger, der ein Kälbchen zu Wurst und Kälber-braten verarbeitet.	Ein 58-jähriger Lehrer, der Jugendliche nicht mehr ertragen kann.
Ein Porschefahrer mit 215 km/h auf der Autobahn.	Ein Lehrer, der seine Schüler als dämlich bezeichnet.	Ein Politiker, der Flüchtlinge Asyl-schmarotzer nennt.	Eine Prostituierte.
Ein Autofahrer mit Blitzstart an einer Ampel.	Ein Mann, der seine Freundin überreden möchte, mit ihm zu schlafen, obgleich sie schon NEIN gesagt hat.	Ein Vater, der seinem Kind wegen schlechten Benehmens einen Klaps gibt.	Ein „Freier" im Bordell.

→→→

Ein Mädchen, das ihrem Freund einen Knutschfleck macht.	Ein Junge, der sich die Fingernägel abbeißt.	Ein Arbeitsloser, der „schwarz" arbeitet.	Ein Obdachloser, der eine Bank ausräumt.
Ein Vater, der seine Pornofilme vor seinem Sohn versteckt.	Ein Arzt (Chirurg), der wegen Blinddarm-entzündung den Bauch aufschneidet.	Ein Mann nimmt (klaut) sich, weil er Hunger hat, im Supermarkt ein Brot.	Ein Tierfreund, der die Fensterscheibe eines Pelzgeschäftes einschlägt.
Ein Polizist nimmt dir wegen Falschparkens 15 Euro ab.	Schumi, weil er seine Steuern nicht in Deutschland zahlt.	Ein Polizist mit einem Gummiknüppel.	Rambofilme.
Ein Nachbar versteckt Flüchtlinge vor der Polizei.	Ein 14-Jähriger, der raucht.	Ein Berufssoldat.	Denk' dir selber weitere Rollen aus!

Konsensfindungsprozess Gewaltdefinition

Für diese Übung erhalten die Teilnehmer und Teilnehmerinnen folgende Anweisungen:

Jede Teilnehmerin/jeder Teilnehmer sucht sich eine/n andere/n, eher vertrautere/n Partnerin/Partner mit dem Auftrag aus, gemeinsam eine Definition von Gewalt zu entwickeln. Das gemeinsame Ergebnis sollte nicht länger als drei Sätze sein; am besten ist es, wenn die gemeinsame Definition nur aus einem Satz oder gar nur aus drei bis fünf Wörtern besteht. Für diese Aufgabe stehen ca. drei Minuten zur Verfügung.

Danach tun sich zwei Zweiergruppen zusammen, um aus den beiden Definitionen gemeinsam eine neue zu entwickeln. Dafür stehen ca. vier Minuten zur Verfügung.

Wenn eine Viergruppe fertig ist, sucht sie sich eine andere (fertige) Vierergruppe, um – nun zu acht – eine gemeinsame Definition zu formulieren. Dafür stehen ca. fünf Minuten zu Verfügung; insgesamt dürfen für diese drei Schritte nicht mehr als zwölf Minuten aufgewendet werden.

Im folgenden Schritt werden die einzelnen Gruppen gebeten, jeweils ihr Ergebnis (ohne jede weitere Erklärung oder Kommentar) vorzutragen. Der Trainer/die Trainerin sammelt unter der Überschrift „Gewalt" strikt (nur) alle benannten Verben und notiert sie (verdeckt oder offen) untereinander auf einer Wandtafel. Zur besseren Veranschaulichung kann hier folgendes Beispiel der genannten Verben vorgestellt werden:

Gewalt: beeinträchtigt, überschreitet Grenzen, belästigt, beleidigt (fügt Leid zu), zerstört, tötet, tut weh, macht kaputt, kränkt, verletzt, ärgert, benachteiligt, schädigt, eskaliert, verhindert ...

Der Trainer/die Trainer sollte diesen Handlungsschritt erklären und begründen;

dies könnte etwas so klingen: „Ich habe nur die von euch genannten Verben notiert. Alle diese Verben sind eine erste gemeinsame Definition, auf die ihr euch wohl alle einlassen könnt. Trotzdem ist diese Definition noch zu lang und für Krisensituationen ungeeignet."

Nach dieser Erklärung macht es Sinn, die einzelnen Verben noch einmal vorzulesen, zu betonen, möglicherweise zu reflektieren und auf ihre umgangssprachliche Bedeutung einzugehen. So könnte z.B. das Verb „tötet" herausgegriffen werden, denn dieses ist zwar nicht falsch, aber es reicht allein nicht zur Definition von Gewalt aus. Schon lange vor einer Tötung kann viel Gewalt passieren (und als Gewalt beim Namen genannt werden) und nicht jede Gewalttat muss zum Tode führen.

Oder, um noch ein weiteres Beispiel zu nennen, das Verb „beeinträchtig: Es ist urscharf, weil es erst in einem bestimmten Zusammenhang und in Verbindung mit einem weiteren Verb (schädigt, verletzt usw.) den Zusammenhang zur Gewalt herstellen. Die Geburt eines Kindes etwa beeinträchtigt in der Regel die Nachtruhe der Eltern, muss oder kann deswegen aber noch nicht zwingend als Gewalttat bezeichnet werden – sie könnte es, wenn zum Beispiel das Geschrei des Kindes ergänzend als „nervtötend" bezeichnet wird. An diesem Beispiel wird durchaus der wichtige Faktor „subjektives Empfinden" von Gewalt deutlich: Was von dem/der einen als Gewalttat empfunden wird (schreiendes, nervtötendes Kind), kann von einer/m anderen auch als exaktes Gegenteil angesehen werden.

Da die Definition, die sich aus der Anein-

anderreihung der Verben ergeben hat, noch zu lang ist, bittet der Trainer/die Trainerin die Teilnehmenden nun, daraus ein oder maximal zwei Verben auswählen, die nach ihrer Meinung zutreffend und umfassend Gewalt charakterisieren. Die Teilnehmerinnen und Teilnehmer nennen nach kurzem Nachdenken die von ihnen ausgewählten Verben, der Trainer/die Trainerin markiert das jeweilige Verb mit einem Strich (am Rande des jeweiligen Verbs). Anhand der Zahl der einzelnen Striche kann eine Rangordnung erkannt und entsprechend eine neue und präzisere Definition entwickelt werden (z.B.: „Gewalt tut weh, verletzt, zerstört, schädigt und beleidigt."). Im Verlauf des Trainings kann und sollte diese Definition immer wieder als Messlatte bei auftretenden Unsicherheiten eingesetzt und thematisiert werden.

Archiv: Gewalt Akademie Villigst/SOS-Rassismus-NRW

U6 – U15: Sensibilisieren für körperliche, seelische, verbale Grenzen, Grenzüberschreitungen und Verletzungen

 **U6**

Das Elefanten- und das Trampel-Spiel

Beide Spiele stammen aus der Tradition des gewaltfreien Widerstands und lehnen sich an die Milgram-Experimente der 1970er Jahre zur Gehorsamsbereitschaft an.[1] „Ganz normale, nette Menschen", so erkannte damals Stanley Milgram, die nur schlicht ihre Aufgaben erfüllen und keinerlei persönliche Feindseligkeiten empfinden, können Menschen misshandeln und zu Handlangern in einem grausigen Prozess werden. Schlimmer noch: Selbst wenn ihnen die zerstörerischen Folgen ihres Handelns vor Augen geführt und klar bewusst gemacht werden, so verfügen doch nur vereinzelte Menschen über genügend Standfestigkeit, um der Autorität Widerstand entgegenzusetzen.

Das Elefanten- und das Trampel-Spiel sind spielerische Übungen zum „Aufspüren" eigener Gewalttätigkeit. Sie eignen sich besonders gut für Jugendliche und junge Erwachsene; sie beginnen mit einem Gespräch über die Frage, wie sich alltägliche Gewalt äußert und ob es so etwas in unserem eigenen Verhalten ebenfalls gibt. Beim ersten Anzeichen, dass der Gesprächsfluss zu stocken beginnt, sollte die Diskussion durch diese Übungen unterbrochen werden.

Das Elefanten-Spiel

Es empfiehlt sich, alle härteren Gegenstände (Uhren, Brillen, Gürtelschnallen, Schuhe) abzulegen. Die Teilnehmenden teilen sich auf: Eine größere Gruppe spielt den Elefanten. Ihre Mitglieder setzen sich zusammen auf den Boden, halten und klammern sich aneinander fest, sodass aus der Elefantengruppe eine in sich geschlossene Einheit, „ein Elefant" entsteht. Die andere, kleinere Gruppe hat die Aufgabe, den Elefanten wieder auseinanderzunehmen, indem sie zieht, kitzelt usw.

Grundsätzlich gilt: Keine Gewalt. Dies bedeutet, dass das jeweilige Maß an „Kraftaufwand" (Kraft ist nicht Gewalt!) von jedem selbst verantwortet werden

muss. Jede Teilnehmerin bzw. jeder Teilnehmer kann jederzeit den eigenen Einsatz reduzieren, verändern oder beenden. Es wäre möglich, den Elefanten z.B. durch Kitzeln, Liebkosungen, Verlockungen aufzulösen; das Gegenteil ist aber in der Regel der Fall. Nach anfänglichen zaghaften Versuchen beginnen die Elefantenjäger kräftig zu ziehen und der Elefant beginnt heftiger zusammenzuhalten und zu stöhnen. Gerade die Elefanten-Leute scheinen plötzlich Lust dabei zu empfinden, wenn ihnen das Bein oder der Arm lang gezogen wird.

Unverzichtbar ist es bei dieser Übung, das „Spiel" durch „Regeln" zu begleiten. Dazu sollte ein größeres Plakat mit der Überschrift „Regeln" und den beiden Untertiteln „nicht erlaubt ist" sowie „Tabus" aufgehängt werden. Schon vor dem Spiel können nun Regeln (Haare ziehen, kneifen, spucken, treten, boxen, Kleidung zerreißen etc. ist verboten) und Tabus (Geschlechtsteile, Hals usw.) benannt werden. Während des Elefantenspiels hat außerdem jede/r die Aufgabe, die Pflicht und das Recht, jederzeit laut „Stopp" zu rufen, wenn Gewalt auftaucht. Bei einem „Stoppruf" unterbricht der Trainer/die Trainerin sofort das Spiel, das Stopp wird begründet, als neue Regel formuliert, auf dem Plakat fixiert (z.B.: Arme umdrehen, kratzen, würgen) und weiter geht es. Auch als Trainer/Trainerin sollten Sie im Zweifelsfall „Stopp" rufen und den Kampf unterbrechen, um erkennbare verletzende Grenzüberschreitungen zu formulieren und beim Namen zu nennen. Genau darum geht es bei dieser Übung: Gewalt beim Namen zu nennen und daraus für alle gültige Regeln abzuleiten und zu realisieren!

Die Entwicklung von Regeln ist notwendig und sinnvoll, weil die Teilnehmenden in diesem Spiel die unmittelbare Erfahrung machen, dass gemeinsam abgestimmte, ausgehandelte (und eingehaltene) Regeln gut für sie sind, dass sie

sinn- und wertvoll sind. Durch die Wiederholung (Übung) solcher und ähnlicher (Kampfes-)Spiele verinnerlichen sie mit der Zeit das gemeinsame Regelwerk.

Diejenigen, die bei dieser Übung lieber nicht mitmachen wollen, können als „UN-Blauhelme" mit in das Spiel eingebaut werden. Wichtig ist dabei, auch mit ihnen Regeln zu vereinbaren: nicht in das Spiel eingreifen, keine Kommentare abgeben, nicht anfeuern oder unterstützen, damit sie gezielt beobachten und nach dem Spiel berichten können (z.B. darüber, dass i.d.R. die Elefanten während des Spiels vergessen, „Stopp" zu rufen und stattdessen „Au" oder „Äh" schreien und sich nachher beschweren, dass Gewalt passiert sei - obwohl sie diese durch ein rechtzeitiges „Stopp" hätten beenden können).

Reflexion:
- War Gewalt im Spiel?
- Hat jemand Zerrungen, Prellungen, Verletzungen?
- Warum ist dieser oder jener Arm so rot?
- Pulsiert das Herz, was ist mit der Atmung, war das nun ein Spiel, Ernst oder was?
- Warum haben manche Elefanten nicht losgelassen, als Schmerz ins „Spiel" kam?
- Welche Wirkungen hatten bei dieser Übung Elemente wie „körperliche Nähe", gewinnen wollen, Zusammengehörigkeitsgefühl und vorgegebene „Spiel-Regeln"?
- Hat Gewalt Lust gemacht?
- Was war spaßig bei dieser Übung?
- Welche Erfahrungen haben die Elefantenjäger/innen gemacht, haben sie Gewalt (und wenn ja, warum) oder nur Kraft angewandt?
- Welche Signale erhielten sie von den Elefanten?
- Was haben die UN-Beobachter erlebt?

Hinweis für die Praxis: Wir haben dieses Elefantenspiel mit Leuten (fast) aller Altersgruppen „gespielt". Dabei kann es passieren, dass einige tatsächlich härtere Ge-

walt ausüben. Dies sollte sofort zur Unterbrechung führen und zur Fragestellung, ob
es sich hier um ein Spiel oder um eine
Schlägerei handelt. Warum wurde Gewalt
von wem ausgeübt, wie wurde diese erfahren? Was ist denkbar, um aus diesem
Spiel ein „richtiges" Spiel zu machen?

Das Trampelspiel

Dieses Spiel macht vor allem als Folge-
übung zum Elefantenspiel Sinn, wenn Teilnehmer bzw. Teilnehmerinnen immer noch
die eigene Gewalttätigkeit leugnen und
diese anderen, z.B. der Trainerin/dem
Trainer, „in die Schuhe schieben" wollen,
weil „die ja das Spiel angefangen" haben.

Es geht bei dieser Übung zum einen um
Vertrauen, zum anderen um die Entwicklung von Eigenverantwortung gerade auch
dann, wenn die „Lust" am Spiel die Vernunft und die Verantwortung für das eigene Verhalten zu verwischen droht.

Die Teilnehmenden bilden für die Übung
zwei etwa gleich große Gruppen:

Die Mitglieder von Gruppe 1 legen sich im
Kreis auf den Boden und strecken Arme
und Beine auseinander (wichtig: Arme und
Beine dürfen nicht zu dicht beieinander
oder zu dicht am Körper sein, Finger nicht
spreizen).

Die Mitglieder von Gruppe 2 erhalten den
Auftrag, sich zwischen die Liegenden zu
stellen und im Uhrzeigersinn vorsichtig
über sie zu steigen. Dabei sollen sie auch
zwischen die Arme und Beine der Liegenden treten.

Es gibt nur eine Regel: über die Liegenden
steigen, ohne sie zu berühren oder sie gar
zu verletzen. Wer glaubt, diese Regel nicht
einhalten zu können, kann bei diesem
Spiel nicht mitmachen.

Der/die Anleiter/in ermuntert nach der ersten gemächlichen Runde die Mitglieder
der 2. Gruppe, schneller und schneller zu

werden. Um diese Aufforderung zu unterstützen, hebt er/sie langsam die Stimme,
wird lauter und bestimmter in der Aufforderung; dabei kann auch ein Topf o.Ä. genutzt werden, um den Takt (lauter) zu steigern. Anschließend erfolgt ein Wechsel –
die vorher „Trampelnden" werden nun zu
den „Liegenden".

Reflexion:

❂ Wie war es: unten zu liegen – oben
zu gehen?
❂ Was glaubt ihr, warum wir diese Übung
gemacht haben?
❂ Ab wann hättest du „das Spiel" nicht
mehr mitgemacht?
❂ Was hätte man tun können, um die
Spielregel einzuhalten?
❂ Was war wichtiger: Die Lust am Spiel,
der Befehlston, der Takt, die Stimmung,
die eigene Verantwortung …?

Hartmut Nörenberg

Sensibilisierung für den eigenen und fremden Körper

Diese Übung eignet sich besonders gut, um Grenzen und Grenzüberschreitungen in Bezug auf Körperkontakte sichtbar zu machen. Sie hat ihren didaktischen Platz insbesondere im Zusammenhang mit Trainingsschritten und Übungen, die unangenehme Körperkontakte signalisieren sollen oder zum Inhalt haben. Diese Übung und die nachfolgenden Spiele (U 8 bis U 10) haben zum Ziel, durch Selbst- und Fremdwahrnehmung Respekt vor der Körperlichkeit von Männern und Frauen zu entwickeln, der besonderen Sensibilität von Männern und Frauen für ihre je eigenen Körperzonen nachzuspüren und insbesondere die Tabuzonen von Männern und Frauen (in ganz normalen Alltagssituationen) zu thematisieren und beim Namen zu nennen.

Die Übung funktioniert so: Die Teilnehmer und Teilnehmerinnen bewerten ihre eigenen Körperzonen auf einem Arbeitsblatt unter der Fragestellung: Wo würde ich mich in normalen Alltagssituationen nicht anfassen lassen?

Anschließend nehmen die männlichen Teilnehmer und die weiblichen Teilnehmerinnen getrennt voneinander eine Gesamtauswertung vor. Dabei ist es sinnvoll, je einen Teilnehmer/eine Teilnehmerin zu bitten, die Regie in der Gruppe zu übernehmen. Das Sammeln und Addieren aller Einzelnoten und Teilen durch die Anzahl der Teilnehmer/Teilnehmerinnen ergibt die Gesamtnote für die jeweilige Körperzone. Der Vergleich und die Beratung der weiblichen und männlichen Noten ist alleine schon spannend. Denkbar ist dabei auch die Berechnung der jeweiligen Gesamtnote aller weiblichen und männlichen Teilnehmenden je Körperzone.

Oftmals werden im weiteren Verlauf des Trainings bei körperlichen Kontakten die vorhandenen Bewertungen und Noten spaßvoll-spielerisch zur Sprache gebracht. Im Anschluss an diese Übung sollte unbedingt eine Spielphase, z.B. „Garten der Düfte" (U 8), folgen, in der die von den Teilnehmerinnen und Teilnehmern vorgenommenen Bewertungen reflektiert und spielerisch erprobt werden können.

SEITE **234/235** ARBEITSBLATT →

Garten der Düfte

In vielen Läden erhält man heute Fläschchen mit Duftstoffkonzentraten. Empfehlenswert für diese Übung sind zum Beispiel je ein Fläschchen mit Bananen-, Zitronen- oder Apfelgeruch. Außerdem benötigt man für jede Teilnehmerin/jeden Teilnehmer einen Bierdeckel (oder einen kleinen Pappstreifen) und eine Augenbinde. Musik im Hintergrund, zuweilen etwas lauter, macht Sinn, weil die Teilnehmenden sich still und blind verständigen sollen, aber sich meistens nicht dran halten. Außerdem eignet sich bei diesem Spiel der Einsatz eines Schaumstoffschlägers oder Ähnliches ganz gut, damit der Trainer/die Trainerin als „Sittenwächter/in" für „Recht und Ordnung" sorgen kann.

Für dieses Spiel teilen Sie die Bierdeckel in drei Haufen und betropfen jeden Deckel eines Haufens mit einem der drei Duftstoffe. Sie bitten die Teilnehmerinnen und Teilnehmer, sich in einem großen Kreis aufzustellen und sich die Augen zu verbinden. Dann geben Sie ihnen jeweils einen Bierdeckel. Aufgabe der Spieler/Spielerinnen ist es, blind und ohne ein Wort zu sagen, mindestens zwei Partner/Partnerinnen mit demselben Geruch (also z.B. Banane, Zitrone oder Apfel) zu „erriechen" und festzuhalten. Die wichtigste Regel bei diesem Spiel ist, ohne Verletzung der Tabuzonen Po, Brust und Geschlechtsteile den Körperkontakt zu den eigenen Duftpartnern und -partnerinnen herzustellen.

Archiv: Gewalt Akademie Villigst/SOS-Rassismus-NRW

Manchmal protestieren bei dieser Übung einige Personen (in der Regel Jungen) und behaupten, „dass dies blöd sei, mit den Geschlechtsteilen – da würde doch nie ein vernünftiger Mensch so einfach hinpacken". Die gesellschaftliche Realität und die Berichte über sexuellen Missbrauch und Übergriffe sprechen allerdings eine ganz andere Sprache. Der oftmals zu hörende Verweis, dass es sich bei dem Respekt vor den genannten Tabuzonen „eigentlich doch um eine Selbstverständlichkeit" handelt, ist so richtig wie er falsch ist. Deutlicher kann dies in solchen Diskussionen oft werden, wenn Sie sich direkt an die teilnehmenden Frauen mit der Frage wenden: „Stimmt es eigentlich, dass der Respekt von Männern gegenüber den Tabuzonen der Frau eine Selbstverständlichkeit ist?"

U9

Körpergefühl entwickeln – Nordseewellenreiten

Archiv: Gewalt Akademie Villigst/SOS-Rassismus-NRW

Alle Mitspieler/Mitspielerinnen legen sich nebeneinander (wie Ölsardinen) auf den Boden. Auf Kommando drehen sich alle gleichzeitig nach rechts (oder links). Die/der jeweils Letzte der Reihe legt sich quer auf die Mitspieler/Mitspielerinnen (= Nordseewellen) und wird so nach vorne transportiert. Dort angekommen, reiht sie/er sich in die Welle ein. Am besten funktioniert dieses Spiel auf einer leicht abschüssigen Wiese.

Hartmut Nörenberg

U10

„Blindes" Vertrauen

Die Teilnehmenden teilen sich in Paare auf. Der/die eine schließt die Augen und lässt sich von dem/der anderen an der Hand in Kurven und eventuell über Hindernisse, die dem/der „Blinden" genau beschrieben werden, durch den Raum führen.

Weitere Varianten: Nur der Zeigefinger berührt den Finger des/der anderen und alles geschieht ohne Sprache oder beide verbindet nur ein Tau; lustig wird es, wenn z.B. ein Blindenführer eine/n Blinde/n nur mit Sprache und ohne Körperkontakt nach draußen führen muss; der/die Blinde soll z.B. einen Stein oder einen Grashalm suchen, aufheben, mitbringen und im Seminarraum auf einem Teller ablegen.

U11

Guten Tag-Übung

In dieser und den drei folgenden Übungen (U 12 bis U 14) geht es darum, über Aha-Erlebnisse und die eigene Betroffenheit den Blick auf alltägliche und den Teilnehmenden nicht unbekannte Formen psychischer, physischer und struktureller (ungerechte Ordnungssysteme, Prinzipien, Gesetze) Gewalt zu lenken, um diese erkennen, differenzieren und beim Namen nennen zu können.

Wenngleich „Betroffenheits-Pädagogik" nicht zu Unrecht in die Kritik geraten ist, weil noch zu oft geglaubt wird, allein über Betroffenheit eine Immunisierung und eine Verhaltenskorrektur erreichen zu können, können wir dennoch nicht gänzlich darauf verzichten. Selbst betroffen oder beteiligt zu sein, birgt in sich die Chance, scheinbar bisher eher belanglose Zusammenhänge mit neuen Augen zu sehen. Oft (aber eben nicht automatisch) entwickeln sich aus „Betroffenheit" Gefühle der Solidarität, des Widerstands, der Wut. Diese Gefühle zuzulassen, zu thematisieren und daraus einen konstruktiven Lösungsweg zu entwickeln, ist Aufgabe der Reflexionsphase.

Bei der „Guten Tag-Übung" laufen alle Teilnehmenden im Raum durcheinander und begrüßen sich herzlich, erkundigen sich nach dem Woher, dem Wohl und Wehe und drücken ihr freundliches Gefühl zueinander aus. Nur eine Teilnehmerin/ein Teilnehmer nicht; diese/r wurde, als die Regeln des Spiels vereinbart wurden, hinausgeschickt und wird, nachdem er/sie zurückgekehrt ist, von allen „geschnitten"; er/sie ist quasi Luft und existiert nicht. Diese Übung sollte mehrmals mit unterschiedlichen „Außenseitern/Außenseiterinnen" stattfinden.

Auswertungsfragen:
- Wie haben sich die Außenseiter/Außenseiterinnen bzw. die Teilnehmenden gefühlt?
- War Gewalt im Spiel?
- Was tat weh?
- Hat diese Verletzung einen Namen?

U12

Die Glotzer-Übung

Alle Teilnehmerinnen und Teilnehmer sitzen oder stehen in einem großen Kreis, nur eine/r nicht; er/sie kommt herein und wird von allen stumm angestarrt, beobachtet – bis es brenzlig zu werden droht (wenn die Stimmung ernsthaft genug ist).

Auswertungsfragen:
- Welche Gefühle entwickeln sich bei dem/der Angestarrten?
- War Gewalt im Spiel?

die bildstelle/BE&W AGENCJA

U13

„Den machen wir fertig!"

Bei dieser Übung geht es darum, „hinter dem Rücken" einer Teilnehmerin/eines Teilnehmers über diese/n zu reden. Ein Freiwilliger bzw. eine Freiwillige wird vor die Tür geschickt (ohne genau zu wissen, was gleich passiert), die anderen verteilen sich im Raum. Wenn das „Opfer" wieder hereingekommen ist, soll es sich so aufstellen, dass es keinen Blickkontakt zu den anderen Teilnehmenden hat. Diese laufen dann in einer Kreisbewegung hinter dem Opfer vorbei und stellen ihm jeweils eine eher niederträchtige Frage: Wie siehst du denn heute aus? Wo hast du denn diese Hose her? Hast du dich eigentlich in dieser Woche schon gewaschen?

Hinweis: Als Trainer/Trainerin sollten Sie bei dieser Übung in unmittelbarer Nähe des Opfers stehen bleiben. Sie können zwar als Erste/r losgehen, um den „Reigen" zu beginnen, sollten dann aber das Opfer im Auge behalten, um die Übung sofort abzubrechen, wenn es zu hart wird. Viele ältere Pädagogen und Pädagoginnen lehnen diese Übung aus ihrer Erfahrung heraus und manchmal mit der Begründung ab, dass diese viel zu hart sei. Bedenken Sie in der Tat, dass Sie hier in Bezug auf das „Maß der Dinge" didaktische Verantwortung tragen. Gleichwohl erscheint heute die Alltagsrealität junger Menschen um ein Mehrfaches härter als diese Übung.

Erfahrungen mit dieser Übung haben gezeigt, dass häufig Teilnehmende in der „Täter- /Täterinnen"-Rolle diese Übung nach einiger Zeit mit der Bemerkung abbrechen, dass sie das miese Gefühl als Täter/Täterin nicht mehr ertragen wollen. Neben der Wahrnehmung von verbaler und psychischer Gewalt gehört die gefühlsmäßige „Immunisierung" gegen die eigene Gewaltakzeptanz und die oft heimliche Komplizenschaft mit der Gewalt („Ich hätte nicht gedacht, dass das so schlimm ist.") zu den Zielen dieses Trainings.

U14

Mittel zur Gewalt-Vermeidung

Jeder hat schon Gewalt erlebt und kennt aus eigenen Erfahrungen bessere und schlechtere Möglichkeiten und Mittel, um mit Gewalttätigkeiten umzugehen und Streit oder Gewaltsituationen zu entschärfen. Es wurden schon während der Definitionsphase (vgl. U 3) Eigenschaften der Gewalt beim Namen genannt. Was jetzt interessiert, sind folgende Fragen:

❯ Welche Eigenschaften und Verhaltensweisen kennen wir, die Gewalt verhindern, nicht entstehen lassen oder deeskalieren können?

❯ Was sind die besten Mittel gegen Gewalt?

Mit den Teilnehmenden wird ein Brainstorming zu der Frage durchgeführt: „Was – glaubst du – ist das beste Mittel, über das eigentlich jeder Mensch verfügt, damit Gewalt erst gar nicht entsteht?" Die Teilnehmenden sollen einen Moment die Augen schließen, sich auf die Frage konzentrieren und dann reihum die Antwort, die ihnen als Erste in den Sinn gekommen ist, äußern (ohne weitere Kommentare).

Die genannten „Mittel", Eigenschaften oder Verhaltensweisen sollten auf einem Plakat an der Wand gesammelt werden und während des Seminars hängen bleiben. Häufig werden Begriffe wie: Vertrauen, Liebe, Sprache, Selbstbewusstsein, Stärke, sicheres Auftreten, Respekt, Anerkennung, genannt (vgl. auch M 2). Schön wäre es, diese Sammlung im Verlauf des Trainings weiterzuführen. Die genannten Begriffe signalisieren in aller Regel ein hohes Maß an Friedfertigkeit. Zur Vertiefung könnte nun eine Seminarphase einsetzen, in der die Teilnehmenden sich in Kleingruppen erzählen, welche Erfahrungen sie mit ihrem „Mittel" gemacht haben. Dabei sollen sie einen dieser Berichte auswählen, um diesen dann später im Plenum vorzustellen.

Hinweis: Manchmal äußern sich an dieser Stelle Teilnehmer oder Teilnehmerinnen, um (oft verschlüsselt) über eigene Gewalterfahrungen als Opfer zu berichten. Es empfiehlt sich, sehr sorgsam mit solchen Berichten umzugehen, da während eines Trainings individuelle Opfererfahrungen kaum aufgearbeitet werden können. Von daher sollte hier unter Umständen ein/e Moderator/in eingreifen, um über ein eher persönliches Gespräch (professionelle) Hilfe anzubieten. Die Trainingsgruppe ist in aller Regel nicht die richtige Gruppe zur Aufarbeitung von individuellen Misshandlungs-, Ohnmachts- und Gewalterfahrungen.

Zur weiteren Vertiefung können nun Spielphasen eingebaut werden, um die Tragweite und Wichtigkeit der oben genannten Mittel zu eröffnen. Dazu als nächstes eine Übung zur Thematisierung der Wirksamkeit von Sprache.

M 2: WAS KANN GEWALT VERHINDERN? – EINE CHECKLISTE ALS BEISPIEL*

Was Kinder und Jugendliche brauchen, um nicht gewalttätig zu werden:

❯ Geborgenheit, mindestens eine vertraute Partnerbeziehung,
❯ Zusammengehörigkeitsgefühl,
❯ Selbstwertgefühl,
❯ Begleitung in die (berufliche) Zukunft,
❯ Klärung von Zukunftserwartungen,
❯ über gesellschaftliche Widersprüche reden,
❯ (ab und zu) Orientierung,
❯ jemanden, der/die mich stark macht,
❯ Raum zum Auspowern, Zeit für Irrwege und Atmosphäre, um wieder Ruhe zu finden.

* Diese Checkliste hat die Jugendclique „Die Ruhrkanacker" während eines Gewalt-Deeskalationstrainings im Jahr 1998 entwickelt. Die Mitglieder der Clique sind der Meinung, dass sie selbst in Schwierigkeiten kommen würden und in Krisensituationen möglicherweise auf Gewalt als Lösungsmittel zurückgreifen könnten, wenn eine oder mehrere dieser Bedingungen wegfallen bzw. nicht erfüllt werden.

© aussi97 | photocase.com

 ## U15

„Ugha-Uhga"

Zu Beginn dieses Spiels werden die Teilnehmenden gebeten, sich in die Urgeschichte der Menschen zurückzufinden, in die Zeit, als diese anfingen, erste Worte zu formulieren, um miteinander ins Gespräch zukommen. Zunächst – so erzählen Sie – verwendeten die Menschen nur ein einziges Wort: „Ugha". Nach einer gewissen Weile verdoppelten sie dieses Wort zu „Ugha-Ugha".

Nun erklären Sie den Teilnehmerinnen und Teilnehmern, dass es bei diesem Spiel um die Frage geht, wie es kam, dass die Menschen damals, obwohl sie wirklich nur sehr wenige Worte zur Verfügung hatten, sich nicht gegenseitig totgeschlagen haben.

Um das herauszufinden, suchen sich die Teilnehmenden je eine/n eher vertraute/n Partnerin/Partner und verständigen sich, wer im Raum bleibt und wer hinausgeht. In der Zwischenzeit verteilen Sie auf einem Tisch Gummibärchen oder Ähnliches. Dann erklären Sie den im Raum Verbliebenen ihre Aufgabe: Sie müssen ihren Partner/ihre Partnerin, nachdem er/sie den Raum wieder betreten hat, dazu bewegen, beide Schuhe oder einen Schuh und einen Strumpf auszuziehen. Während der Kommunikation darf nur das Wort „Ugha" verwendet werden. Alles andere wie Gestik, Mimik usw. ist erlaubt. Diejenigen, die den Raum verlassen hatten, erhalten den Auftrag, ihren Partner bzw. ihre Partnerin dazu zu bewegen, sich von dem vorbereiteten Tisch ein bestimmtes Gummibärchen in den Mund stecken zu lassen. Auf gar keinen Fall dürfen sie das Gummibärchen selbst in den Mund stecken, um dem Partner/der Partnerin zu signalisieren, was getan werden soll. Und natürlich dürfen auch sie nur das Wörtchen „Ugha" verwenden.

 ## U16

Aufeinander zubewegen

Der Trainer/die Trainerin bittet die Teilnehmenden, sich zu zweit zusammenzufinden. Die Paare sollen sich in einiger Entfernung voneinander aufstellen. Nun werden die Teilnehmer gebeten, dass sie langsam aufeinander zugehen, bis die persönliche Grenze des Angenehmen erreicht ist. Dies sollen sie dem Gegenüber mit einem Signal oder Stopp-Ruf deutlich machen.

Auswertungsfragen:
❯ Wie nah darf mir ein Fremder/eine Fremde kommen?
❯ Ab wann wird es mir unangenehm?
❯ Warum darf er/sie nicht näher kommen?

Diese Fragen zielen darauf ab, dass jeder Mensch einen persönlichen Schutzraum braucht und besitzt.

www.digitalstock.de

U17

Neutrale Körperhaltung

Der Trainer/die Trainerin stellt sich mit einer überzogen unnatürlichen Körperhaltung in die Raummitte. Die Teilnehmenden werden gebeten, die „Marionette" (d.h. den Trainer/die Trainerin) so auszurichten, dass sie bequem stehen kann und keine Bedrohung von ihr ausgeht. Nach mehreren Versuchen entschließen sich die Teilnehmenden in der Regel für folgende Haltung: eine eher beckenbreite Fußhaltung, Knie leicht gebeugt, Hände und Arme seitlich der Hosennaht, Kopf geradeaus gerichtet. In dieser Haltung wirkt ein Mensch weder ängstlich noch aggressiv und er steht zugleich bequem.

Hinweis: Diese Übung macht besonders Jugendlichen Spaß, da sie den Trainer/die Trainerin auf „nette" Weise quälen können. Allerdings macht es Sinn, den manchmal merkwürdigen Anweisungen zu folgen, da die Jugendlichen häufig ihr Spiegelbild in dem Trainer/der Trainerin sehen. Im Alltag fühlen Menschen sich oft bedroht, kennen aber nicht den Grund dafür. Diese Übung soll verdeutlichen, dass Körpersprache sehr viel mit Gewalt zu tun hat, aber auch deeskalierend wirken kann.

U18

Selbstsicherheit, Aggressivität, Angst und Unsicherheit

Während dieser Übung durchquert ein Teilnehmer/eine Teilnehmerin den Raum, währenddessen er/sie von den anderen Teilnehmenden beobachtet wird. Aufgabe ist es, zunächst nur mit Hilfe des Körpers Selbstsicherheit, Aggressivität, Angst und Unsicherheit zu signalisieren. Anschließend übernimmt ein anderer Teilnehmer bzw. eine andere Teilnehmerin diese Rolle usw.

Nachdem ausschließlich mit dem Körper Selbstsicherheit, Aggressivität und Unsicherheit signalisiert wurden, werden danach nur noch mit der Mimik Signale gegeben. Wichtig ist, dass den Teilnehmern und Teilnehmerinnen vorher nicht gesagt wird, welchen Eindruck sie wiedergeben sollen; die anderen sollen es erraten. Die Teilnehmenden sollen erleben, wie einfach, wichtig und sinnvoll es sein kann, bewusst den Körper oder die Mimik einzusetzen. Durch die Rückmeldungen erfahren sie unverzüglich, ob die gewählten Signale eindeutig waren.

Hartmut Nörenberg

U19

Körpersprache und Körpergefühl stärken

Menschen haben in Gewalt-, Bedrohungs- und Konfliktsituationen nicht genügend Zeit, über mögliche Verhaltensweisen nachzudenken, um dann die vermutlich erfolgreichste auszuwählen und anzuwenden. Sie ergreifen in solchen Situationen vielmehr auf verinnerlichte Körpersprache, auf Ahnungen und Intuition zurück. Von daher macht es Sinn, in Ruhe das eigene Verhalten sowie das der anderen zu studieren. Dies betrifft vor allem das eigene Verhaltensrepertoire in Konfliktsituationen. Je mehr Situationen ich schon erfolgreich gemeistert und reflektiert habe, umso größer ist mein verinnerlichtes Verhaltensrepertoire. Obwohl wir uns beim Training in einer Laborsituation befinden, besteht die Chance, dass die Teilnehmenden für sich erfolgreiche Verhaltensmuster erkennen, herausfiltern, ausprobieren und im (Unter-) Bewusstsein speichern.

Für die Übung werden die Teilnehmenden gebeten, jeweils ein Paar mit jemandem zu bilden, den/die sie möglichst schon kennen und gut leiden können. Dann stellen sie sich in einem größeren Raum im Abstand von ca. fünf Metern voneinander auf. Dabei bilden die Teilnehmerinnen und Teilnehmer zwei sich gegenüberstehende Reihen. Die Leute auf der einen Seite werden nun zu „Angreifer/innen" erklärt, die anderen zu sich wehrenden „Opfern".

Die Angreifer/innen sollen zunächst eine völlig normale Haltung einnehmen. Die Opfer sollen sich stabil aufstellen und während der ganzen Übung stehen bleiben, damit sie bei dem nun zu erwartenden Angriff (es kommt nicht zu Körperkontakten!) nicht „einknicken". Die Opfer werden dann gebeten, sich eine Geste zu überlegen, mit der sie nicht nur kurzfristig eine/n Angreifer/in stoppen können, sondern die sogar noch deeskalierend wirkt. Sie sollen zudem vor ihrem geistigen Auge auf dem Boden eine Linie zwischen sich und dem

Angreifer/der Angreiferin markieren, einen Punkt, bei dem sie diesen/diese mit ihrem Signal stoppen.

Den Angreifern und Angreiferinnen wird klar gemacht, dass es bei dieser Übung nicht um einen tatsächlichen Angriff geht, dass es also zu keinem Körperkontakt kommen soll und dass sie, selbst wenn sie kein Signal empfangen, etwa 30 Zentimeter vor ihrem Opfer stehen bleiben sollen.

Nachdem der Trainer/die Trainerin das Signal gegeben hat, bewegen sich die Angreifenden auf ihre Opfer zu und werden von diesen gestoppt. Wenn alle fertig sind, sollen die Paare sich kurz darüber austauchen, wie gut oder schlecht die Geste/das Signal mit der Hand gewirkt hat. Danach ist es sinnvoll, dass die Teilnehmenden wieder ihre Ausgangsposition (in gegenüberstehenden Reihen) einnehmen und der Trainer bzw. die Trainerin die Opfer bittet, die von ihnen verwendete Geste für alle sichtbar zu wiederholen. Danach wird versucht, gemeinsam die möglichen Wirkungen der einzelnen Gesten zu deuten.

Hinweis: Die Trainerin/der Trainer darf nicht bewertend eingreifen. Allerdings sollte er/sie bei gewalthaltigen Gesten der Opfer die Frage stellen, ob hier schon Gewalt intendiert wurde und was der folgende Schritt (Eskalation) des Angreifers/der Angreiferin sein würde.

Diese Übung wird mehrfach variiert. Dabei geht es zuerst um die Hände, die Füße und Beine, den Kopf, den Körper (ohne Hände), das Gesicht, die Stimme, später um die Kombination einzelner Körperteile und danach erst um die Körperhaltung insgesamt. Wichtig ist, dass möglichst nacheinander unterschiedliche Körperteile und -haltungen ausprobiert werden. Diese Übung basiert darauf, dass die Teilnehmenden voneinander lernen und durch Ausprobieren und Reflektieren mit der Zeit immer couragierter auftreten.

U20

Stopp-Schrei-Übung

Bei dieser kurzen Übung stehen die Teilnehmenden im Kreis und beginnen mit einer ersten Atemübung. Sie sollen darauf achten, was passiert, wenn sie schreien wollen und vorher tief ausatmen. Alle atmen nun tief ein, dann tief aus und brüllen dann, auf das Zeichen des Trainers/der Trainerin hin, „Stopp!". Anschließend geht es andersherum: Die Teilnehmenden atmen erst tief aus, dann tief ein und schreien dann, auf das Zeichen hin, wieder „Stopp!".

U21

Wenn Augen sprechen könnten

Erneut stellen sich „Angreifende" und „Opfer" (vgl. U 19) einander gegenüber. Beide Gruppe sollen möglichst jede körperliche Äußerung vermeiden und nur noch mit den Augen Kontakt aufnehmen. Die Angreifer und Angreiferinnen bewegen sich ganz langsam auf den Partner bzw. die Partnerin zu und konzentrieren sich darauf, deren Stoppsignal wahrzunehmen. Die Opfer konzentrieren sich auf die Angreifenden und versuchen, sie an einer ganz bestimmten Stelle zum Stehen zu bringen. Wie schon gesagt: Der Kontakt und die Kommunikation darf nur noch über die Augen stattfinden. Es sollte auch unterbleiben, die Wimpern zu bewegen oder mit dem Auge zu zwinkern. Diese Übung sollte mehrmals durchgeführt werden.

U22–U26: Training zum Verhalten und Handeln in Konflikt-, Bedrohungs- und Gewaltsituationen

Wichtig ist, bei den nachfolgenden Übungen mit leichteren Übungsvarianten zu beginnen. Erfahrungsgemäß ist die Hemmschwelle der Teilnehmenden, sich zu öffnen, zu Beginn dieser Trainingsphase noch sehr hoch. Also Mut zusprechen und direkt ansprechen! Manchmal lohnt es sich, ohne große Vorrede zu beginnen und einen eher robusten Teilnehmer direkt in das Spiel und die „Anmache" zu verwickeln. Nach dieser Phase und einer Reflexionsphase können die Übungen vertieft werden.

Archiv: Gewalt Akademie Villigst/SOS-Rassismus-NRW

Archiv: Gewalt Akademie Villigst/SOS-Rassismus-NRW

U22

Die Kürbisübung

Hermann Bredehorst

In dieser Übung beanspruchen unterschiedliche Gruppen einen einzelnen Kürbis. Nahe liegend scheint als mögliche Lösung zunächst, den Kürbis in drei Teile zu teilen. Allerdings entwickeln sich im Laufe der Auseinandersetzung eine ganze Reihe weiterer Möglichkeiten, mit dieser Situation umzugehen und so vielleicht den realen Bedürfnissen der einzelnen Gruppen näher zu kommen.

Bei dieser Übung wird die gesamte Lerngruppe in sechs Kleingruppen aufgeteilt:

1. Gruppe: Beobachter-/Beobachterinnengruppe
Regieanweisung: Die Gruppe beobachtet aus einiger Entfernung das Geschehen, ohne einzugreifen. Sie macht Beobachtungen über die Dynamik des Geschehens (notiert wichtige Beobachtungen) und spiegelt erst in der Reflexionsrunde die gemachten Beobachtungen zurück. Wie hat sich der Prozess entwickelt? Gab es dominierende, herrische, gewalttätige, egoistische, konstruktive, lösungsorientierte, unterwürfige, abwertende Initiativen der Beteiligten?

2. Gruppe: Gemüsehändler Herr und Frau Bulanik
Regieanweisung: Herr und Frau Bulanik stehen in ihrem Laden, der mit prächtigsten Gemüsesorten gefüllt ist. Wegen Lieferproblemen haben sie allerdings nur noch einen einzigen Kürbis im Angebot.

3. Gruppe: Familie Öztürk (Vater, Mutter, Tochter)
Regieanweisung: Die Familie steht im Gemüseladen und möchte den Kürbis abholen, den man ihr versprochen hat, weil Vater Öztürk die Heizung der Bulaniks kostenlos repariert hat. Mutter Öztürk braucht den Kürbis, weil am Freitag Gäste kommen und sie die Kerne trocknen, salzen und zum Knabbern anbieten möchte. Etwas anderes als diese Kürbiskerne hätte sie wegen der knappen Zeit nicht und Gäste sind ihr heilig.

4. Gruppe: Amerikanische Schüleraustauschgruppe
Regieanweisung: Auch die amerikanische Schüleraustauschgruppe befindet sich im Laden und einer der Schüler hat den Kürbis unter den Arm genommen, um zu bezahlen – egal wie viel er kostet. Die Schüler brauchen den Kürbis unbedingt, weil heute Halloween ist und sie ihren deutschen Austauschpartnern versprochen haben, einen ausgehöhlten Kürbis als gespenstisches Monster mitzubringen.

5. Gruppe: Alteingesessene Frauengruppe
Regieanweisung: Die Frauengruppe gehört zur Stammkundschaft des Gemüseladens. Schon vor Wochen hat sie einen Kürbis bestellt und zugesagt bekommen. Traditionell zelebrieren und verspeisen die Frauen am heutigen Tag eine Kürbissuppe.

6. Gruppe: Polizeiobermeisterin Wilhelms mit Polizeimeister John
Regieanweisung: Die beiden Polizisten, die für ihre Bürgernähe bekannt und im Stadtteil zu Hause sind, stehen nicht weit vom Gemüseladen entfernt und passen auf, dass nichts Unrechtes geschieht.

Dieses Rollenspiel ist eine sogenannte Dilemma-Situation und will die Grundgedanken konstruktiver Konfliktlösung spielerisch thematisieren. Abhängig von den (Spiel-)Regeln, für die sich eine oder mehrere der agierenden Gruppen entscheiden, kann der hier geschilderte Konflikt konstruktiv oder destruktiv angegangen werden (vgl. auch M 3). Grundsätzlich bieten sich acht mögliche Prinzipien bzw. Regeln[2] an, um diesen Konflikt zu lösen bzw. zu deeskalieren:

Regel 1: Beziehe dich auf die Bedürfnisse und nicht auf die Positionen.

Regel 2: Unterscheide zwischen den Menschen und dem Problem.

Regel 3: Überlege dir mehrere Handlungsmöglichkeiten, bevor du dich entscheidest. Durchdenke nicht nur deinen eigenen Schritt, sondern eine Reihe von möglichen Lösungen und Gegenschritten.

Regel 4: Achte darauf, dass die Lösung moralischen Kriterien genügt.

Regel 5: Es gibt immer mehrere Wahrheiten: deine, ihre und vielleicht andere!

Regel 6: Beachte die Angemessenheit von Mittel und Ziel.

Regel 7: Halte dich an Prinzipien und baue darauf deine Strategie auf. Verfolge nur solche Ziele, die sowohl für dich wie auch für die andere Seite gut sind.

Regel 8: Macht ist die Fähigkeit, die eigenen Ziele zu erreichen. Dies heißt nicht, andere zu bestrafen.

Anmerkungen zur Beratung nach dem Rollenspiel, zur Wiederholung der Übung und zur Reflexion: Folgende Schritte können in Konfliktfällen neue kreative Lösungen hervorbringen.

1. Schritt: klären, ob tatsächlich ein Konflikt vorliegt, d.h. die Bedürfnisse aller Beteiligten prüfen. (Frage in der Kürbis-Übung: Wollen alle einen ganzen Kürbis oder gibt es unterschiedliche Bedürfnisse, z.B. eine Person möchte Fruchtfleisch, die

→→→

andere die Kerne, die dritte die Schale? Kann nicht all diesen Bedürfnissen entsprochen werden, gibt es also gar keinen Konflikt?) Sind die Bedürfnisse nicht miteinander zu vereinbaren, kann also nicht allen Bedürfnissen gleichermaßen entsprochen werden, dann:

2. Schritt: alle Annahmen überprüfen und alternative Lösungsmöglichkeiten suchen; die Situation verändern. (Frage in der Kürbis-Übung: Gibt es Möglichkeiten, an weitere Kürbisse zu kommen?) Wenn das nicht möglich ist, dann:

3. Schritt: die Bedürfnisse aller Beteiligten gleichmäßig einschränken (Kompromiss). Wenn das nicht möglich ist, dann:

4. Schritt: so wenig Beteiligte wie möglich einschränken (Mehrheitsbeschluss).

Beim Übertragen dieser Konfliktlösungsschritte auf den anstehenden Aushandlungsprozess ist Folgendes zu bedenken: Ein Großteil aller (scheinbaren und tatsächlichen) Konflikte lässt sich wahrscheinlich über die Schritte 1 und 2 lösen. Nur im Notfall sollte der 4. Schritt zur Anwendung kommen; denn bei Mehrheitsbeschlüssen wird es vermutlich immer eine unzufriedene Minderheit geben, die Entscheidungen und entsprechende Vorgehensweisen nicht mitträgt und möglicherweise dagegen steuert.

Alle Teilnehmer und Teilnehmerinnen befinden sich (im Raum) in der „Bahnhofshalle". Plötzlich taucht eine Clique von „Randalierern" (zwei oder drei Leute, „bewaffnet" zum Beispiel mit Encounterbats/Schaumstoffschlägern) auf. Jede/r soll nun einmal durch diese Gruppe, die sich in der Mitte des Raumes „bedrohlich" postiert hat, hindurch laufen und über Sprache, Mimik und Körpersprache deutlich signalisieren: „Mit mir nicht!" Mit der Zeit werden die „Randalierer" weniger zaghaft, sie beginnen, einzelne Passanten/Passantinnen „anzubaggern". Immer wenn es Stress gibt (weil die Passanten/Passantinnen sich möglicherweise zu helfen wissen), brechen sie ihre „Anmache" ab und suchen sich ein neues

---

M 3: DESTRUKTIVE UND KONSTRUKTIVE KONFLIKTAUSTRAGUNG[3]

1. Destruktive Konfliktaustragung

Anstatt das gemeinsame Problem anzugehen, wird die andere Person als das Problem angesehen. Hier wird Konflikt negativ verstanden, etwa in dem Sinne „Mir steht etwas im Wege", und zwar der Gegner, konkret der andere Mensch oder die andere Partei. Konflikt bedeutet Unvereinbarkeit und die Quelle der Unvereinbarkeit ist die Gegenseite. Konflikt ist dann Gelegenheit, die andere Seite zu verändern - denn die hat es nötig! Die Konfliktaustragung ist dadurch gekennzeichnet, dass der „Gegner" verlieren muss, wenn die eigene Seite gewinnen soll. Wichtiger als das Ja zu einer Konfliktlösung wird die Niederlage der anderen Seite. Der anderen Seite „erlauben", zu gewinnen, solange sie auch selbst gewinnen, ist den Konfliktbeteiligten nicht möglich.

2. Konstruktive Konfliktaustragung

Konflikte konstruktiv auszutragen, bedeutet, zusammenzuarbeiten, d.h. eine Lösung für das Problem zu suchen, die sicherstellt, dass alle gewinnen. Alle Konfliktbeteiligten übernehmen Verantwortung für das Problem und suchen gemeinsam nach einer Lösung. Damit beide Seiten gewinnen können, ist die Bereitschaft, die eigenen Interessen voll einzubringen, erforderlich, verknüpft mit der gleich hohen Bereitschaft, kooperativ zu sein und kooperativ zu handeln.

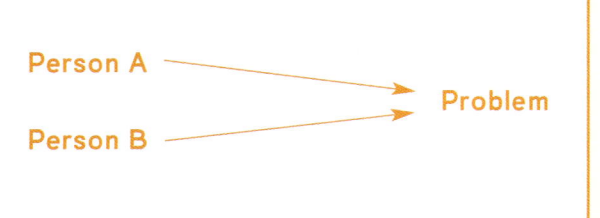

Opfer. Je nach Spannung und Stimmung kann diese Übung länger dauern (z.B., indem jede/r einzeln angebaggert wird).

Reflexionsphase:
❯ Was wurde beobachtet?
❯ Gab es etwas Besonderes?
❯ Was für Gefühle waren spürbar?
❯ Hatten bestimmte Verhaltensweisen und eigene Stimmungen oder Gefühle Auswirkungen auf die entsprechende Konfliktsituation?
❯ Gab es eine Strategie?
❯ Hat jemand eine neue oder andere Idee?

Als Trainer/Trainerin sollten Sie sich mit gut gemeinten Ratschlägen und Rezepten zurückhalten, da dies zu schnell und zu leicht als Hinweis auf „richtiges Verhalten" bewertet wird. Bei diesen Übungen gibt es nur sehr eingeschränkte Kriterien für falsch und richtig. Wichtig ist allein, was die Teilnehmenden für sich selbst als günstig, gut, geeignet oder ungünstig, schlecht, ungeeignet herausfinden, formulieren und ausprobieren.

M 4: ZEHN RATSCHLÄGE ZUM VERHALTEN UND HANDELN IN BEDROHUNGS- UND GEWALTSITUATIONEN

Wenn jemand bedroht oder angegriffen wird:

❯ Vorbereiten!
Bereite dich auf mögliche Bedrohungssituationen seelisch vor: Spiele Situationen für dich allein und im Gespräch mit anderen durch. Werde dir grundsätzlich klar darüber, zu welchem persönlichen Risiko du bereit bist. Es ist besser, sofort die Polizei zu alarmieren und Hilfe herbeizuholen, als sich nicht für oder gegen das Eingreifen entscheiden zu können und gar nichts zu tun.

❯ Ruhig bleiben!
Panik und Hektik vermeiden und möglichst keine hastigen Bewegungen machen, die reflexartige Reaktionen herausfordern könnten. Wenn ich „in mir ruhe", bin ich kreativer in meinen Handlungen und wirke meist auch auf andere Beteiligte beruhigend!

❯ Aktiv werden!
Wichtig ist, sich von der Angst nicht lähmen zu lassen. Eine Kleinigkeit zu tun ist besser, als über große Heldentaten nachzudenken. Wenn du Zeuge/in von Gewalt bist: Zeig, dass du bereit bist, gemäß deinen Möglichkeiten einzugreifen. Ein einziger Schritt, ein kurzes Ansprechen, jede Aktion verändert die Situation und kann andere dazu anregen, ihrerseits einzugreifen.

❯ Verlass die dir zugewiesene Opferrolle!
Wenn du angegriffen wirst: Flehe nicht und verhalte dich nicht unterwürfig. Sei dir über deine Prioritäten im Klaren und zeige deutlich, was du willst. Ergreife die Initiative, um die Situation in deinem Sinne zu prägen: Schreib dein eigenes Drehbuch!

❯ Halte den Kontakt zum/r Angreifer/in!
Stelle Blickkontakt her und versuche, Kommunikation herzustellen bzw. aufrechtzuerhalten.

❯ Reden und zuhören!
Teile das Offensichtliche mit, sprich ruhig, laut und deutlich. Hör zu, was dein/e Gegner/in bzw. Angreifer/in sagt. Aus seinen/ihren Antworten kannst du deine nächsten Schritte ableiten.

❯ Nicht drohen oder beleidigen!
Mach keine geringschätzigen Äußerungen über den/die Angreifer/in. Versuche nicht, ihn/sie einzuschüchtern, ihm/ihr zu drohen oder Angst zu machen. Kritisiere das Verhalten, aber werte ihn/sie persönlich nicht ab (klar in der Sprache – mäßigend im Ton).

❯ Hole dir Hilfe!
Sprich nicht eine anonyme Masse an, sondern einzelne Personen. Dies gilt sowohl für Opfer als auch für Zuschauer/innen. Sie sind bereit zu helfen, wenn jemand anderes den ersten Schritt macht oder sie persönlich angesprochen werden.

❯ Tu das Unerwartete!
Fall aus der Rolle, sei kreativ und nutze den Überraschungseffekt zu deinem Vorteil aus.

❯ Vermeide möglichst jeden Körperkontakt!
Wenn du jemandem zur Hilfe kommst, vermeide es möglichst, den/die Angreifer/in anzufassen, es sei denn, ihr seid in der Überzahl, sodass ihr jemanden beruhigend festhalten könnt. Körperkontakt ist in der Regel eine Grenzüberschreitung, die zu weiterer Gewalt führen kann. Wenn nötig, nimm lieber direkten Kontakt zum Opfer auf.

Aktives gewaltfreies Verhalten ist erlernbar. Indem wir uns unsere Ängste und Handlungsgrenzen bewusst machen, erfahren wir gleichzeitig mehr über den Bereich, der zwischen diesen Grenzen liegt. Oft unterschätzen wir die Vielfalt unserer Möglichkeiten. In Rollenspielen und konkreten Übungen zum Umgang mit direkter Gewalt können wir neue kreative Antworten auf Konfliktsituationen entdecken. Trainingsprogramme zur Gewaltdeeskalation bieten uns die Chance, bisher ungewohntes Verhalten auszuprobieren, einzuüben und auf seine Wirkungen hin zu überprüfen.

U24

Auf dem Schulhof

Eine Schlägerei auf dem Schulhof. Zwei Schüler prügeln sich, 20 andere glotzen und bilden einen Ring. Du intervenierst von außen ... aber wie?

Arbeitsfragen:

❯ Welches Verhalten erscheint/ist erfolgreich?
❯ Welche Wirkungen haben Drohungen, Verbote, Strafen?
❯ Verlagert sich der Konflikt durch die Intervention auf den Schulweg, auf später oder müssen andere, „Schwächere" daran glauben?
❯ Wie verhält sich nach eurer Erfahrung das beaufsichtigende Personal, z.B. in der Schule, bei sichtbaren Konflikten, Bedrohungen, Gewalttätigkeiten?
❯ Wann und wie schreiten sie ein – was passiert dann?
❯ Gibt es Mediation, Konfliktbearbeitung, Streitschlichter/innen - oder wird versucht, alles „unter den Teppich zu kehren"? Findet Auseinandersetzung statt?
❯ Ist es denkbar, mit Kindern und Jugendlichen über Regeln zu diskutieren, wie man einen Kampf fair und mit Grenzen führt?
❯ Welche Regeln gelten zur Zeit? Welche wären gerade noch akzeptabel?
❯ Gibt es harmlose Raufereien?

U25

Zuschauer
(Geheimnisse der Gewalt)

Zwei Teilnehmer/Teilnehmerinnen schlagen sich mit Schaumstoffschlägern (Encounterbats/Batakas) die Hucke voll (Regeln: nicht ins Gesicht und in die Genitalien). Vor Beginn dieser Übung werden sie allerdings aus dem Raum geschickt. Mit den anderen wird folgende Absprache getroffen: Alle bilden um die zwei „Schläger" einen festen Kreis, der aus zwei „Fangruppen" besteht: Die eine Hälfte der Teilnehmenden hält zu dem einen „Schläger", z.B. Alex, die anderen zur anderen Schlägerin, z.B. Edda.

Wichtig ist nun, dass alle „Zuschauer" auf die Signale des Trainers/der Trainerin aufpassen und reagieren: Wenn der Kampf losgeht, unterstützt (durch Anfeuerungsrufe) jede Gruppe ihren „Schläger". Nach ca. zehn Sekunden gibt der Trainer/die Trainerin (im Hintergrund für die "Fans" sichtbar) das Signal für einen Stimmungswechsel: Circa fünf Sekunden unterstützen nun alle (beiden Gruppen) nur Alex; danach ca. fünf Sekunden nur Edda; danach herrscht ca. fünf Sekunden absolute Ruhe und dann werden die beiden „Schläger" wieder heftig, so als wäre nichts gewesen, von ihrer jeweiligen Fangruppe angefeuert.

Auswertungsfragen:

❯ Was ist passiert?
❯ Welche Wirkungen hatte das Verhalten der Zuschauer/innen – wie schätzen diese ihre Wirkung ein?
❯ Wer steuert eigentlich Schlägereien; die Gewalttäter/innen oder die Zuschauer/innen?
❯ Wie verhält es sich in der Realität?

Nachdem die Teilnehmerinnen und Teilnehmer nun eine Reihe von Bedrohungs- und Gewaltsituationen erprobt haben (und alle sich mindestens einmal erfolgreich selbst behauptet haben), kann es Zeit sein, von den Teilnehmenden benannte und selbst erlebte Situationen „durchzuspielen" und zu reflektieren. Bewerten Sie als Trainer/Trainerin nie die Lösungsversuche, sondern lassen Sie die Teilnehmenden den Wert oder Sinn des eigenen Verhaltens einschätzen!

Ob eine Verhaltens- oder Handlungsmöglichkeit richtig ist oder nicht, hat immer mit der jeweiligen Situation, der aktuellen „Stimmung", den besonderen Umständen des Ortes, der handelnden Person zu tun. Stärkung erfahren Menschen in Trainings vor allem durch den von ihnen geschaffenen Raum, die Zeit und die Atmosphäre, die es ihnen möglichen machen, einzeln und gemeinsam ihre Möglichkeiten zu (er)finden, zu erproben und zu reflektieren.

Die Übung mit dem Ei

Diese Übung will eigene Peinlichkeit inszenieren und thematisieren. Dies soll den Teilnehmenden helfen, sogar in (heftigeren) Krisensituationen handlungsfähig zu bleiben sowie sich selbst und andere (unter Inkaufnahme eigener Peinlichkeit) zu schützen. Die „Übung mit dem Ei" bezieht sich auf kritische Bedrohungs- oder Gewaltsituationen und basiert auf einer Erkenntnis sowie einer ebenso verrückten Geschichte (vgl. M 5).

Die Erkenntnis, dass man, wenn man in Bedrohungs- und Angriffssituationen aus der Rolle fällt, etwas Unerwartetes, Ungewöhnliches tut, den Überraschungseffekt zur Deeskalation nutzen kann, ist durchweg bekannt. Nur: Wie verinnerlichen wir bei den Teilnehmenden die Fähigkeit, in kritischen Situationen Ungewöhnliches, Unerwartetes zustande zu bringen und zu praktizieren?

Die „Übung mit dem Ei" geht so: Gegen Ende eines Trainings (wenn die Leute zeigen wollen und sollen, „was sie drauf haben") gibt der Trainer/die Trainerin jedem Teilnehmer/jeder Teilnehmerin Eier (am besten ist je ein Sechserpack mit Karton). Dann gehen diese in eine Fußgängerzone und los geht es: Jede/r hat den Auftrag, in den nächsten 20 Minuten seine Eier an Passanten und Passantinnen zu verkaufen; der Erlös ist für die Finanzierung des Trainings bestimmt.

Bei der Übung geht es um die Fähigkeit:

- scheinbar das eigene Gesicht verlieren zu können,
- sich selbst zum Narren zu machen,
- sich blamieren zu dürfen,
- eigene Eitelkeiten zu überwinden,
- sich selbst zurück- oder herabsetzen zu können,
- sich klein zu machen,
- in kritischen Situationen, Bedrohungen und Gewalt entschärfen zu können.

M 5: DIE GESCHICHTE ZUR „ÜBUNG MIT DEM EI"

„In einer Einkaufspassage habe ich eine verrückte Geschichte erlebt. Aus mir unbekannten Gründen gerieten dort einige Männer in Streit und gingen sich schon an die Wäsche, als plötzlich mit lauter Stimme eine Frau auf sich aufmerksam machte. Sie öffnete ihre Einkaufstasche, nahm eine Schachtel mit zehn Eiern heraus, um diese daraufhin zu einem besonders günstigen Sonderpreis zu verkaufen. Dabei drängelte sie sich zu den Kampfhähnen durch, erklärte denen etwas über das Verfallsdatum frischer Eier und die gefährlichen Mangel- und Ausfallerscheinungen bei Menschen, wenn sie zu wenig Eier essen […] sie brachte die Männer und die Umstehenden völlig aus dem Konzept […] und überhaupt, sei der Erlös aus den Eiern für die Selbsthilfegruppe gewalttätiger Männer in der Stadt gedacht […]."[4]

AUSGEWÄHLTE LITERATUR

➔ Blum, Heike/Beck, Detlev, Wege aus der Gewalt. Trainingshandbuch für MultiplikatorInnen in der Jugendarbeit, Bonn 2003.

➔ Gewalt Akademie Villigst (Hrsg.), Spiele, Impulse und Übungen zur Thematisierung von Gewalt und Rassismus in der Jugendarbeit, Schule und Bildungsarbeit, Band 1, Villigst 1996.

➔ Gewalt Akademie Villigst (Hrsg.), Spiele, Impulse und Übungen zur Thematisierung von Gewalt und Rassismus in der Jugendarbeit, Schule und Bildungsarbeit, Band 2, Villigst 2003.

➔ Gewalt Akademie Villigst (Hrsg.), Übungen & Impulse zur Thematisierung von und Sensibilisierung für Gewalt in der Jugendarbeit, Schule und Bildungsarbeit. Neue Übungen aus der Praxis von Trainer/innen der Gewaltakademie Villigst, Villigst 2007.

➔ Gugel, Günther, Wir werden nicht weichen. Erfahrungen mit Gewaltfreiheit, Tübingen 1996.

➔ Posselt, Ralf-Erik. Gewalt löst keine Probleme. Villigster Trainingshandbuch zur Deeskalation von Gewalt und Rassismus, Villigst 2000.

Hartmut Nörenberg

www.digitalstock.de

NEIN zu Stammtischparolen! Ein Argumentationstraining

Siegfried Frech / Renate Metzger

Alle Lehrer sind faul und haben nur Ferien

Zieht die Mauer wieder hoch!

Haben sie (Afrikaner) auch Radio?

Euro ist Teuro

Frauen gehören an den Herd (Kinder, Küche, Kirche!)

Arbeitslose sind nur zu faul zu arbeiten!

Alle Polen klauen

Hartmut Nörenberg

1. Idee und Konzeption

Ein Argumentationstraining ist ein Lernarrangement, das im Bereich der Kurzzeit-Pädagogik angesiedelt ist und das für gewöhnlich eineinhalb oder zwei Tage dauert. Trotz begrenzter Zeitdauer geht die Konzeption solcher Trainings davon aus, dass Methoden konstruktiver Konfliktbearbeitung und zivilcouragiertes Verhalten im Rahmen eines zweitägigen Workshops trainiert werden können.[1] Selbstsicherheit und die prompte Verfügbarkeit angemessener Verhaltensweisen – so die Grundannahme – sind erlernbar, d.h., je öfter eine Person sich in einer Situation befunden hat, in der sie aktiv einschreiten und schwierige Momente gut bewältigen konnte, desto größer ist die Wahrscheinlichkeit, dass Selbstsicherheit und Handlungsroutine zunehmen.

Konzeption und Idee dieser Argumentationstrainings gehen auf Klaus-Peter Hufer, Fachbereichsleiter für Geistes- und Sozialwissenschaften der Kreisvolkshochschule Viersen und Dozent an den Universitäten Bochum und Essen, zurück.[2] Diese Trainings waren vor mehr als zehn Jahren ein erster Versuch, Rhetorik, Selbstsicherheitstraining und politische Bildung miteinander zu verbinden. Inzwischen haben sich mehrere Varianten von Argumentationstrainings in der außerschulischen Bildungsarbeit etabliert.[3] Argumentationstrainings sind inzwischen ein fester Bestandteil des Methodenrepertoires der politischen Bildung.

Die von uns durchgeführten Trainings orientieren sich an dem von Klaus-Peter Hufer entwickelten und vorbildlich dokumentierten Seminarmodell.[4] Sein diesbezügliches Buch versteht sich ausdrücklich als Anleitung für die Bildungsarbeit und kann als „Steinbruch" verwendet werden, um je nach Alter und Erwartungen der Teilnehmerinnen

und Teilnehmer sowie der geplanten Dauer des Trainings Sequenzen auszuwählen. Die eine oder andere Sequenz wurde von uns aufgrund praktischer Erfahrungen modifiziert und mit ergänzenden bzw. vertiefenden Seminarinhalten angereichert.

2. Zielsetzungen und angestrebte Kompetenzen

Der nachfolgende Werkstattbericht verdeutlicht als Erstes ein didaktisches Grundverständnis dieses Lernarrangements: Politische Bildung lebt nicht (nur) davon, dass Experten vom Katheder herab Orientierung verleihen. Die streng asketische und intellektuell geprägte politische Bildungsarbeit ist im Rahmen solcher Trainings fehl am Platze. Im Mittelpunkt stehen vielmehr die Teilnehmerinnen und Teilnehmer, die biographischen Erfahrungen, Erwartungen und Kompetenzen, die sie mitbringen bzw. fördern wollen.

Ein Argumentationstraining (vgl. M 1) gegen Stammtischparolen verfolgt mehrere (Lern-)Ziele. Die Teilnehmerinnen und Teilnehmer erfahren eigene Stärken und erkennen Grenzen in verbalen Konfrontationen, d.h., ein solches Training will zu zivilcouragiertem Verhalten anregen, Hilfen für sinnvolles Argumentieren geben, aber auch Grenzen verbaler Erwiderungen und möglicher Strategien aufzeigen. Im Laufe des Workshops erweitert sich für die Teilnehmenden das Spektrum der persönlichen und verbalen Verhaltensmöglichkeiten, d.h., ein Argumentationstraining will auf praktischem Wege Handlungsformen und angemessene Argumentationsstrategien aufzeigen. Mithin geht es um den Erwerb kommunikativer Kompetenzen. Gleichzeitig erhalten die Teilnehmerinnen und Teilnehmer Sachwissen und Hintergrundinformationen, um die hinter Stammtischparolen liegen-

M 1: WAS IST EIN ARGUMENTATIONSTRAINING?

„Ein Argumentationstraining ist eine Art Werkstatt, ein Labor, eine offene Lernsituation. Das Lernen geschieht hier nicht durch Belehrung, sondern durch das gemeinsame Üben und die spielerische Auseinandersetzung der Beteiligten mit der Realität. Hier bekommt man auch – aber keineswegs nur – Wissen geliefert, vorrangig erfährt man Neues durch das Ausprobieren und gemeinsame Nachdenken. Der Prozess bestimmt den Lernweg und das Lernergebnis, und an diesem Prozess sind alle beteiligt. [...] Beim Argumentationstraining werden politische Erklärungen, Argumente, Schlagwörter und Parolen auf ihre emotionale Basis und Wirkung und sachliche Angemessenheit hin überprüft und eventuelle Gegenstrategien erprobt. [...] Inhaltlich ist das Argumentationstraining zwischen politischer Psychologie, Rhetorik, Selbsterfahrung und politischer Grundinformation angesiedelt." [5]

Siegfried Frech/Renate Metzger

den Motive und Faktoren besser verstehen zu können.

Im Rahmen dieser Trainings arbeiten wir in aller Regel mit Jugendlichen, die aufgrund ihrer Erfahrungen mit Stammtischparolen in der Familie, in der Schule oder im Freundeskreis ein grundsätzli-

ches Interesse am Erlernen und Anwenden möglicher Handlungsstrategien haben. Als ideale Adressatengruppe haben sich Schülerinnen und Schüler der Sekundarstufe II bzw. Jugendliche und junge Erwachsene, die in lokalen Initiativen gegen Rechtsextremismus und Fremdenfeindlichkeit engagiert sind, erwiesen.

M 2: DER WORKSHOP IM ÜBERBLICK

Seminarbeginn und Einstieg
> Begrüßung u. Vorstellung der Trainer
> Formalia/Gepflogenheiten
> Partnerinterviews der Teilnehmenden
> Vorstellung der Teilnehmenden im Plenum

Annäherung an das Thema/Vertiefung
> Sammlung von Stammtischparolen im Brainstorming-Verfahren
> Kennzeichen von Stammtischparolen/Inhaltliche Erarbeitung
> Auswahl von Parolen zur Weiterarbeit

Rollenspiele und Auswertung
> Rollenspiele (Innen- und Außenkreis)
> Auswertung der Rollenspiele und
> Vertiefung: Kennzeichen von Stammtischparolen

Inhaltliche Auseinandersetzung (I)
> Beschäftigung/Auseinandersetzung mit inhaltlichen Aspekten von Stammtischparolen
> Erarbeitung von Argumenten/Gegenargumenten (in Kleingruppen)
> ggf. Rollenspiele mit anschließender Auswertung

Inhaltliche Auseinandersetzung (II)
> Beschäftigung/Auseinandersetzung mit psychologischen, soziologischen Hintergründen:
> Vorurteile, Aggression und Gewalt, Autoritarismus und Gehorsamsbereitschaft

Gegenstrategien/Gesprächstechniken
> Rhetorische Grundkenntnisse und Übungen: Schlagfertigkeit, Überzeugen, Durchsetzungsfähigkeit
> ggf. Rollenspiele mit anschließender Auswertung

Sammlung von Gegenstrategien
> Sammlung von Gegenstrategien
> Konklusion und Seminarauswertung

3. Der Verlauf eines Argumentationstrainings

Die durchgeführten Trainings erstreckten sich in aller Regel über eineinhalb oder zwei Tage. Nach mehrjähriger Erfahrung mit diesem Training raten wir davon ab, ein Argumentationstraining in Kursform – etwa an mehreren Abenden – durchzuführen. Solche Workshops leben von Gruppenprozessen, die sich erst im Laufe des Trainings entwickeln, und den informellen Begegnungen jenseits des offiziellen Programms. Ideal ist es aus unserer Sicht, zwei Tage für die Durchführung zu veranschlagen.

Nachfolgend beschreiben wir in knapper Form die einzelnen Seminarsequenzen und verweisen bei weiterem Interesse auf die einschlägige Literatur.

3.1 Seminarbeginn und Einstieg

Nach einer kurzen Begrüßung und Erläuterung formaler Gepflogenheiten (z.B. Tagungsstätte, Seminarverlauf und Seminarzeiten) erfolgt die Vorstellung der Teilnehmerinnen und Teilnehmer. Anstatt in einer Vorstellungsrunde, die reihum erfolgt, machen sich die Teilnehmenden durch Partnerinterviews (vgl. M 3) einander bekannt.

Neben den biographischen Angaben wird bei den Interviewfragen Wert darauf gelegt, die Einstellungen zum Seminarthema („Warum und wo bin ich mit Stammtischparolen konfrontiert worden?"), die Motive zur Teilnahme und die Erwartungen zu ermitteln.

Die von den Teilnehmenden geäußerten Motive bewegen sich häufig in einem Spektrum, das vom Bedürfnis nach einem Mehr an Selbstsicherheit in verbalen Auseinandersetzungen, einem gesteigerten Interesse an kommunikativen Strategien über den Wunsch nach emotionaler Kontrolle bis hin zu einem großen Interesse an Hintergrundinformationen und Sachwissen reicht.

Nach der wechselseitigen Vorstellung im Plenum ist es empfehlenswert, den Cha-

rakter des Seminars (vgl. M 1) sowie die Rolle und Aufgaben der Seminarleitung bzw. der Trainer und Trainerinnen zu definieren. Für das Gelingen ist es unverzichtbar, die Teilnehmenden auf ihren aktiven Part hinzuweisen und den Workshop-Charakter eines Argumentationstrainings zu verdeutlichen. Aufgrund der didaktischen Struktur des Trainings, das wesentlich vom Prozess und den eingebrachten Inhalten der Teilnehmenden lebt, hat die Seminarleitung die Aufgabe, zu moderieren und gegebenenfalls „sanft" zu lenken (vgl. M 4).

3.2 Einstieg in das Thema/Sammeln von Stammtischparolen

In dieser Phase, die wir gemeinhin mit der umgangssprachlichen Formulierung, nun „endlich die Sau rauslassen zu können", umschreiben, werden die Teilnehmenden gebeten, im Brainstorming-Verfahren Stammtischparolen zu nennen. Damit diese Sequenz in einer störungsfreien und offenen Atmosphäre verlaufen kann, ist die Verständigung auf einige Grundregeln für das Brainstorming-Verfahren notwendig (vgl. M 5).

Die einzelnen Parolen werden für alle gut sichtbar auf Metaplankarten geschrieben, nach einer ca. halbstündigen Sammelphase laut vorgelesen, unter Umständen aufgrund von Nachfragen aus dem Plenum erläutert, sodann nach thematischen Schwerpunkten geordnet und auf eine Wandzeitung aufgeklebt.

Die gesammelten Stammtischparolen sind in aller Regel ein Indikator für aktuelle allgemeine politische Stimmungen und Missempfindungen. In den Parolen spiegelt sich der „Zeitgeist" und Ungeist der hinlänglich bekannten rechtsextremistischen, fremdenfeindlichen und rassistischen, nationalistischen, frauenfeindlichen und sexistischen Stammtischparolen wider. Die Bilanz dieser Sammelphase ist eine brisante Gemengelage gängiger Vorurteile und Klischees, gepaart mit Parolen, die eine gehörige Portion Politik- und Parteienverdrossenheit enthalten.

M 3: PARTNERINTERVIEW

„Partnerinterviews werden häufig als Vorstellungsübung verwendet, um ein erstes Kennen lernen zu ermöglichen. Die Teilnehmerinnen und Teilnehmer befragen sich dabei gegenseitig in Zweiergruppen. Die Befragung kann frei oder nach einem zuvor ausgeteilten (oder an die Wand projizierten) Raster geschehen. Die Interviews finden gleichzeitig und im selben Raum statt. Bei Partnerinterviews sollten nicht nur formale biographische Daten gegenseitig abgefragt werden (Alter, Wohnort, Beruf), sondern auch Meinungen und Einstellungen zu seminarrelevanten Aspekten. Für die Interviews sollten etwa 10-15 Minuten zur Verfügung stehen. Nach der Interviewphase werden die Teilnehmerinnen und Teilnehmer im Plenum von ihrer jeweiligen Partnerin/ihrem Partner vorgestellt."[6]

M 4: SEMINARREGELN

1. Es gibt in diesem Seminar keine „Belehrung".
2. Prozess und Inhalt hängen ganz entscheidend von den Aktivitäten aller ab.
3. Die Gruppe erarbeitet die Ergebnisse, wobei diese offen und ungewiss sind.
4. Die Gruppe ist sich einig, dass sie sich nicht immer einig sein muss.
5. Die Trainerin/der Trainer steuert als „Begleiterin/ Begleiter" und „Moderatorin/Moderator" die einzelnen Phasen des Seminars.[7]

M 5: BRAINSTORMING

„Das Brainstorming (‚der Gehirnsturm') wurde Anfang der 50er Jahre als kreative Problemlöse-Methode vom amerikanischen Werbefachmann Alex F. Osborn entwickelt und wurde schnell zu einer Standardmethode in der Bildungsarbeit. Ohne Zensur und äußere Hemmnisse sollen Einzelne oder Gruppen zu einem Thema (Problem) Gedanken assoziieren (bzw. Einfälle produzieren). [...] Brainstorming nutzt das Wissen einer Gruppe auf optimale Weise, indem es ermöglicht, dass vorhandenes Wissen offen geäußert wird. Brainstorming bedarf einer störungsfreien Umgebung sowie einer spannungsarmen und offenen Gruppenatmosphäre. [...] Die Hauptwirkung von Brainstorming liegt im sogenannten Synergieeffekt, dem produktiven Zusammenwirken verschiedener Sichtweisen und Erfahrungen und der damit verbundenen Mobilisierung bislang unbewusster Einfälle."[8]

Regeln für das Brainstorming-Verfahren: [9]
❯ Alle sind gleichberechtigt, sich zu äußern.
❯ Die Äußerungen sollen knapp und kurz gefasst sein.
❯ Keine Idee bzw. Äußerung darf kritisiert werden.
❯ Nachfragen sind (zunächst) nicht erlaubt.
❯ „Killerphrasen" sind nicht gestattet.
❯ Niemand braucht sich für seine Beiträge zu entschuldigen.

Hartmut Nörenberg

3.3 Inhaltliche Auseinandersetzung: Kennzeichen von Stammtischparolen

Im Anschluss an diese Phase erarbeitet die Seminargruppe – quasi auf einer Metaebene – in einem Kreisgespräch erste Kennzeichen und Gemeinsamkeiten solcher Parolen und erörtert die Frage, warum es so schwer fällt, sich mit diesen Parolen „vernünftig" auseinanderzusetzen (vgl. M 6).

3.4 Auswahl von Parolen für die weitere Beschäftigung

Die Teilnehmerinnen und Teilnehmer treffen vor den nun folgenden Rollenspielen zunächst eine Auswahl und markieren mit Klebepunkten auf der Wandzeitung diejenigen Parolen, die sie am meisten interessieren und mit welchen sie sich im weiteren Verlauf des Trainings beschäftigen möchten. Jeder/jede hat die Möglichkeit, drei bzw. fünf Punkte zu vergeben – und zwar entweder verteilt auf die Parolen oder „kumuliert" auf eine oder zwei Parolen. So entsteht eine „Hitliste", die einen Rückschluss auf die Interessenlage der Seminargruppe erlaubt und die inhaltlichen Schwerpunkte des weiteren Verlaufs bestimmt.

3.5 Rollenspiele und Auswertung

Nach einer kurzen Einführung in die Methode des Rollenspiels und Hinweise auf die mit dieser Methode zu erreichenden Lerneffekte simulieren die Teilnehmenden in einem Rollenspiel einen „typischen" Stammtisch. Wir halten uns dabei an das nachfolgende Verfahren: Sechs Teilnehmerinnen bzw. Teilnehmer führen die Diskussion, wobei drei die Apologeten der Parole und drei deren Widersacher darstellen. Die einen vertreten also die Tendenz des ausgewählten Spruchs, die anderen halten dagegen. Die übrigen Teilnehmenden werden als Beobachter und Protokollanten in das Geschehen involviert. Sie sitzen im Kreis um die Diskutanten und werden gebeten, ihre Wahrnehmungen unter den im Kasten angeführten Gesichtspunkten (vgl. M 7) mitzuschreiben.

Nach dem Rollenspiel werden zunächst die „Stammtischbesucher" (der „Innenkreis") gebeten, ihre Eindrücke, Stimmungen und Gefühlslagen zu schildern. Anschließend können die Teilnehmer des „Außenkreises" (die Beobachter) ihre Beobachtungen darlegen. In diesem Plenumsgespräch bietet sich eine inhaltliche Vorgabe als Gesprächsleitfaden an. Gesucht werden erste Antworten auf die im Kasten zusammengestellten Fragen (vgl.

M 6: WARUM IST ES SO SCHWIERIG, SICH MIT STAMMTISCHPAROLEN AUSEINANDERZUSETZEN?

Die **Kennzeichen** von „Stammtischparolen" sind:
- ihre verkürzte Sicht,
- schlagwortartige Zuspitzung,
- Verallgemeinerung,
- Heftigkeit,
- Plattheit,
- Plumpheit,
- Aggressivität,
- ihr absoluter Anspruch, die Abwertung von Andersdenkenden und Andersaussehenden.

Die **Schwierigkeit** im Umgang mit ihnen besteht in:
- ihrem aufgeladenen emotionalen Gehalt,
- der hinter ihnen stehenden Gewalt,
- der Angst, die sie auslösen und verursachen,
- der Erregung (und Wut), die man selbst verspürt,
- der Schwierigkeit, schnell die passenden Argumente zu finden,
- ihrem Ausschließlichkeitsanspruch, mit dem sie vorgetragen werden.[10]

Hartmut Nörenberg

M 8), die – auf Folie oder als Wandzeitung präsentiert – einen Leitfaden für das Gespräch ergeben:

3.6 Inhaltliche Auseinandersetzung und Vertiefung (I)

In dieser Seminarsequenz, die in aller Regel eine gehörige Portion Zeit in Anspruch nimmt, erfolgt die intensive Beschäftigung und Auseinandersetzung mit den Inhalten der Parolen, den dargebotenen Argumenten und politisch gebotenen Gegenargumenten sowie den psychologischen bzw. sozialpsychologischen und politischen Hintergründen. Dies ist die Stelle der „klassischen" politischen Bildungsarbeit. Gerade weil die Teilnehmenden nachfragen, wie dieses oder jenes Argument zu bewerten sei, welche Fakten denn nun richtig seien, und vor allem, was man bestimmten Aussagen entgegensetzen könne, bietet sich eine inhaltliche Beschäftigung mit den jeweiligen Themen an. Spätestens im Anschluss an die Rollenspiele wird den Teilnehmenden nämlich klar, dass fundiertes Argumentieren die Kenntnis von Sachwissen voraussetzt! Wir verzichten auch in dieser Phase weitgehend darauf, die zu bearbeitenden Themen referierend oder gar im Monolog zu behandeln.

Die Teilnehmerinnen und Teilnehmer arbeiten in der Folge in Kleingruppen und versuchen mit bereitgestellten Materialien, Gegenargumente für Stammtischparolen zu finden. Diese Gegenargumente werden in prägnanten Sätzen schriftlich festgehalten und sind die Grundlage für die im späteren Verlauf erneut stattfindenden Rollenspiele. (Im Anschluss an diese Phase kann gegebenenfalls erneut ein Rollenspiel folgen.) Für die Seminarleitung bedeutet dies, dass sie einen erheblichen Fundus an Materialien bereitstellen und mit diesem Fundus möglichst viele Themen (Ausländerpolitik, Sozialpolitik und Sozialabbau, Arbeitslosigkeit, Politikverdrossenheit, Sexismus, Fremdenfeindlichkeit und Rassismus, Nationalsozialismus, Rechtsextremismus) abdecken muss. Hat man keine Tagungsstätte mit einer gut sortierten Bibliothek, ist eine umfangreiche (und vor allem frühzeitig zu beginnende) Sammlung von diversen Handbüchern, Arbeitsheften, statistischen Unterlagen, Texten und Materialien sinnvoll.[12]

3.7 Inhaltliche Auseinandersetzung und Vertiefung (II)

Die Beschäftigung mit Stammtischparolen führt häufig zu der Frage nach individual- und sozialpsychologischen Motiven, nach Hintergründen und soziologischen Erklärungsansätzen. Diese Phase ist die eigentlich „klassische" Seminarsituation, in der die Seminarleitung in Form von (Kurz-)Vorträgen Wissen und Informationen vermittelt. Ansprechende Medien und teilnehmerorientierte Methoden sorgen hierbei für den notwendigen Wechsel der Arbeitsformen. Sinnvoll erscheint uns die Beschäftigung und inhaltliche Auseinandersetzung mit folgenden Themen:

Vorurteile, Klischees und Stereotypen: Entstehung, Wirkungen und die Funktion von Vorurteilen stehen im Mittelpunkt dieser Phase. Klassische Beispiele aus der Psychologie in Form von knapp gehaltenen Texten und kurzweiligen Bildern, die das Zustandekommen von (Vor-)Urteilen und Einstellungen erklären und sich zudem für den Selbsttest eignen, dienen der Veranschaulichung und bieten genügend Stoff für Diskussion.[13]

Aggression und Gewalt: Die Rollenspiele verdeutlichen in aller Regel, dass im Laufe der Auseinandersetzungen Erregung, Lautstärke und Anspannung zunehmen können. Hier sind Aggressionen im Spiel.

M 7: BEOBACHTUNGSAUFGABEN

1. Welche Argumente und Gegenargumente werden geäußert?
2. Wie ist die emotionale Stimmung?
3. Welche Beziehungen sind zwischen den Beteiligten erkennbar?
4. Wo sind gesprächsstrategisch interessante Situationen?
5. Wie ist die Körpersprache und Mimik der Beteiligten?

M 8: AUSWERTUNGSFRAGEN

Emotionale Ebene:
- Welche Gefühle, Stimmungen waren vorhanden?
- Bei wem traten sie wie auf, wie unterschieden sie sich bei den Einzelnen?
- Gab es Situationen der Eskalation?
- Kamen Aggressionen auf?
- Konnten sie verhindert werden?
- Wie war das Verhältnis der beiden Teilgruppen untereinander?

Rhetorische Ebene:
- An welchen Punkten konnten sich Argumente oder Gegenargumente durchsetzen?
- Wann und wie wurden sie abgeblockt?
- An welchen Stellen hätte man etwas anders/besser machen können?
- Welche körpersprachlichen Ausdrucksweisen waren erkennbar?

Inhaltliche Ebene:
- Welche Argumente und inhaltlichen Positionen wurden vorgetragen?
- Welche waren gut?
- Bei welchen konnte nicht qualifiziert erwidert werden?
- Was hätte man hier sagen können?
- Welches Argument fehlte?[11]

Doch was sind Aggressionen? Im Rahmen dieser Phase erörtern wir weit und eng gefasste Aggressionsbegriffe und stellen als Input verschiedene Erklärungsansätze für die Entstehung von Aggressionen (Triebtheorie, Frustrations-Aggressionstheorie, Lerntheorie) zur Diskussion.[14]

Gehorsamsbereitschaft und „autoritäre Persönlichkeit": Oft liegt Stammtischparolen ein Weltbild zugrunde, das Merkmale autoritären Denkens und Verhaltens zeigt. Unter den Stichworten „Gehorsamsbereitschaft" sowie „autoritäre Persönlichkeit" stellen wir mit dem be-

kannten Milgram-Experiment und den „Studien zum autoritären Charakter" von Theodor W. Adorno in der gebotenen Kürze zwei wissenschaftliche Untersuchungen vor.[15] Zu empfehlen ist die Verwendung des von der Bundeszentrale für politische Bildung herausgegebenen Films „Abraham – Ein Versuch", der die deutsche Variante des Experiments von Stanley Milgram dokumentiert.[16]

3.8 Gegenstrategien/ Gesprächstechniken

Das zentrale Interesse bei einem Argumentationstraining gilt natürlich den Gegenstrategien und der Frage, wie man sich in prekären Situationen der verbalen Eskalation verhalten soll. Immer wieder erlebten wir im Rahmen zahlreicher Trainings, dass die Teilnehmenden nach konkreten und vor allem praktischen Tipps fragten. Deshalb erweiterten wir unsere Trainings um einen rhetorischen und gleichzeitig praktischen Baustein. Diese, sich auf rhetorische Überlegungen und Übungen konzentrierende Seminarsequenz ist eine Modifikation, die von Klaus-Peter Hufer nicht explizit erwähnt wird. Unter der Überschrift „Schlagfertigkeit, Überzeugen, Durchsetzungsfähigkeit" führt ein fachkundiger Referent in elementare rhetorische Kenntnisse ein, welche die Teil-

---

M 9: WELCHES VERHALTEN IST ZU EMPFEHLEN?

Einsicht in die eigene Situation: In der Konfrontation mit Stammtischparolen ist immer der/die in der Defensive, der/die sich davon abgrenzen will.

Es ist ausgesprochen schwierig, Gegenargumente zu vertreten. Im Gegensatz zu den zugespitzten Schlagworten und Parolen sind die dahinter stehenden Themen umfangreich, komplex und differenziert. Daher gibt es auf Parolen so gut wie keine Gegenparolen.

Logik und direktes Nachfragen können wirkungsvolle Gegenstrategien sein.

Zu bezweifeln ist die Überzeugungskraft von zutreffenden Informationen, denn aufgrund der kognitiven Dissonanz, die sie

erzeugen, werden sie nicht wahrgenommen, sondern einfach „umgedreht" und passend gemacht.

Belehrung schafft Abwehr. Pathetisch oder moralisierend vorgetragene Gegenpositionen provozieren Widerstand.

Humor entspannt; ohne billig zu sein, kann der eine oder andere heitere Akzent (ein passender Witz, eine Portion Selbstironie) das Klima mildern.

Jede Form von Überheblichkeit muss vermieden werden.[17]

M 10: BLITZLICHT

„Ein ‚Blitzlicht‘ stellt eine Moment-
aufnahme des Seminargeschehens
dar und spiegelt die Stimmung der
Gruppe wider. Alle Teilnehmerinnen
und Teilnehmer äußern sich reihum
kurz zu einer klaren Fragestellung
[...], die von der Seminarleitung vor-
gegeben wird. Die Äußerungen sollen
nicht länger als ein bis maximal zwei
Sätze sein und sich möglichst nicht
aufeinander beziehen. Diese sehr
subjektiven Aussagen werden weder
kommentiert, diskutiert noch bewertet. Ein Blitzlicht braucht in der
Gruppe nicht weiter bearbeitet zu
werden.“[18]

Hartmut Nörenberg

nehmerinnen und Teilnehmer in Übungen unmittelbar anwenden und ausprobieren können. In aller Regel kommen diese Tipps und „Tricks“ dann auch in weiteren Rollenspielen zur Anwendung.

3.9 Sammeln von Gegenstrategien und Auswertung

Jedes Argumentationstraining sollte sich gegen Ende intensiv mit der Frage nach plausiblen und sinnvollen Verhaltenswei-sen und/oder Gegenstrategien beschäfti-gen. In einem Brainstorming-Verfahren werden mögliche Verhaltensweisen für konfrontative Situationen gesammelt und notiert. Anschließend findet in der Grup-pe eine Verständigung über diese Vor-schläge statt. Diese werden geordnet, gruppiert und in einer Reihe von Merk-sätzen neu formuliert (vgl. M 9):

Die Auswertung des Trainings erfolgt in einem sogenannten Blitzlicht (vgl. M 10) oder anhand einiger weniger Leitfragen.

4. Schlussbemerkung

Wir wissen um das Dilemma, dass Bil-dung im Grunde auf mittel- und langfris-tige Lern- und Veränderungsprozesse setzt und dass Lernende Raum und Gele-genheiten benötigen, um neue Ansichten und Erfahrungen auszuprobieren. Trai-nings, wie das hier vorgestellte, leben stets mit dem Wagnis, dass es Differenzen zwischen den Seminarinhalten, der An-eignung durch die Teilnehmenden und der späteren Umsetzung in die Alltags-praxis geben kann. Trainings, die Kom-petenzen für zivilcouragiertes Handeln vermitteln wollen, sehen sich häufig dem Vorwurf ausgesetzt, dass diese „Schon-raum-Pädagogik“ keine Übertragung des erlernten Verhaltens in den Alltag garan-tiere. Diese Skepsis im Hinblick auf lang-fristige Wirkungen ist verständlich und wird gerne als „Gretchenfrage“ an dieses Seminarmodell gestellt. Neu sind solche Vorbehalte nicht.

Trotz dieses Dilemmas – das im Übrigen je-der Erziehungs- und Bildungsbemühung in-newohnt – müssen der präventive Gehalt und die stärkende Wirkung auf die Selbst-sicherheit, die solchen Workshops inne-wohnen, positiv gewürdigt werden. Prä-ventive Arbeitsformen sollten keinesfalls wegen der nicht unmittelbar sichtbaren Erfolge und Wirkungen eine Geringschät-zung erfahren. Die Alternative wäre letzt-lich nichts zu tun!

AUSGEWÄHLTE LITERATUR

➜ Hufer, Klaus-Peter, Argumentationstraining gegen Stammtischparolen. Materialien und Anleitungen für Bildungsarbeit und Selbstlernen, 3. Aufl., Schwalbach/ Ts. 2001.

➜ Hufer, Klaus-Peter, Argumente am Stammtisch. Erfolgreich gegen Parolen, Palaver und Populismus, Schwalbach/ Ts. 2006.

➜ Lanig, Jonas/Schweizer, Marion, „Ausländer nehmen uns die Arbeitsplätze weg!“. Rechtsradikale Propaganda und wie man sie widerlegt, Mülheim an der Ruhr 2003.

➜ Tiedemann, Markus, „In Auschwitz wurde niemand vergast.“ 60 rechtsradikale Lügen und wie man sie widerlegt, Mülheim an der Ruhr 2001.

Eltern-Konflikt-Training

Bianka Ledermann

1. Didaktische Intentionen

Viele Eltern fühlen sich in der Erziehung ihrer Kinder überfordert, unsicher und oft allein gelassen. Eltern suchen und benötigen Hilfe und Unterstützung. Elterntrainings zur konstruktiven Bearbeitung von Konflikten und zur Entwicklung elterlicher Kompetenzen werden angesichts vielschichtiger Problemlagen innerhalb der Familien zunehmend notwendiger. Probleme mit Kindern zerstören immer häufiger Ehen und Familien. Manche Kinder entwickeln sich sogar zu kleinen Tyrannen, die das Selbstwertgefühl der Eltern beschädigen und vernichten können sowie die Frage nach dem Sinn und der Rückgewinnung elterlicher Autorität aufwerfen.

Elterntrainings thematisieren den Spagat zwischen einem respektvollen Umgang miteinander (in Konfliktsituationen) und der Elternrolle, die darin besteht, sowohl Vorbild sein zu müssen als auch den eigenen Kindern Widerstand entgegensetzen zu können. Viele Eltern handeln in kritischen Situationen häufig aus einem Gefühl der Ohnmacht und aus der Erinnerung an die Art und Weise, wie sie selbst erzogen worden sind. Eine Reflexion des eigenen Verhaltens und Handelns erfolgt oft nur teilweise oder gar nicht, weil das Ansprechen eigener Erziehungsprobleme häufig schon als Versagen gedeutet wird. Gewalttätige Kinder und Jugendliche sind auch deshalb gewalttätig, weil sie eigene Ohnmachts-, Demütigungs- und Gewalterfahrungen (zum Beispiel in der eigenen Familie) nicht verarbeiten konnten.

Aus diesem Grund haben wir begonnen, mit Eltern über Alternativen zu einem verletzenden, demütigenden, beleidigenden und abwertenden Verhalten nachzudenken und eine neue, handlungs- und verhaltensorientierte, Mut machende und durchaus auch spaßvolle Praxis zu erproben.

Mit dem Elterntraining wollen wir ein positives Gefühl gegenüber gewaltfreier Erziehung fördern, um danach mit kleinen Schritten, kooperativ und sich gegenseitig beratend, Wege zur offensiven elterlichen Präsenz und zur Überwindung häuslicher Gewalt begehbar zu machen. Das Training zeigt Möglichkeiten auf, um in Familien Konflikte wahrzunehmen, beim Namen zu nennen und zu bearbeiten. Verletzungen und Abwertungen werden sicht- und bearbeitbar gemacht, alternative (Kommunikations-)Strategien eingeübt. Es soll ein Nach- oder Umdenken stattfinden, um Ohnmachtsgefühle – auch von Kindern und Jugendlichen – in konstruktive Verhaltensweisen umzuwandeln.

2. Ziele des Eltern-Konflikt-Trainings

Das zweitägige Training setzt unmittelbar beim System Familie an und zielt auf den konstruktiven Umgang mit Konflikten, die Vermeidung und die Deeskalation von Gewalt und damit einhergehend auf die Entwicklung einer wertschätzenden und anerkennenden Haltung aller Beteiligten. Das Eltern-Konflikt-Training lässt sich ebenfalls auf einer Wochenfreizeit (z.B. Elternbildungsfreizeit) durchführen; die Seminarphasen werden dann auf alle Tage verteilt und gemeinsame Aktionen mit den Kindern können hinzukommen.

Im Einzelnen will das Training Folgendes erreichen:

> Bewusstwerden der Elternrolle, des eigenen Erziehungsverhaltens und Erziehungsstils;
> Perspektivenwechsel: mit den Augen eines Kindes sehen;
> wertschätzende Haltung erleben, entwickeln, verinnerlichen;
> Konflikte erkennen und beim Namen nennen;
> Methoden zur Stärkung von Kindern erfahren und anwenden können;
> Grenzen setzen können und Regeln entwickeln;
> gemeinsame Lösungen suchen und finden;
> Entwicklung von Wir-Gefühlen;
> Austauschpartner/innen und -möglichkeit für eigene Probleme finden;
> Unterstützung durch andere Eltern erfahren;
> Erziehungskompetenzen klären, stärken und erweitern;
> konstruktive Konfliktbearbeitungsmöglichkeiten erproben und erlernen;
> Empathie und Emotionalität erproben und anwenden.

Viele Eltern fühlen sich in der Erziehung ihrer Kinder überfordert.

3. Seminarverlauf

Seminarvorbereitung

Aufgabe der Seminarleitung ist es, eine Wohlfühl-Atmosphäre räumlich und mit Dekorationen herzustellen. Jede/r soll sich in diesem Seminar willkommen fühlen. In den Raum gehört ein Stuhlkreis mit einer gestalteten Mitte (Dekoration durch eine Pflanze, Blumen, Tuch oder Moderationsmaterialien). An der Tür steht ein Tisch mit (auszuteilenden) Namensschildern für alle Beteiligten sowie ein Türschild mit dem Namen des Seminars und einem „Willkommens-Gruß". Das Team sollte möglichst gemischtgeschlechtlich zusammengesetzt sein.

Startphase

Die Anfangssituation bzw. Startphase muss mehrere Funktionen erfüllen:

> Die Teilnehmerinnen und Teilnehmer sollen sich untereinander namentlich bekannt machen.
> Die Begrüßung und Vorstellung sollte erste (persönliche) Informationen über die Teilnehmenden sowie die Seminarleitung (z.B. familiärer, beruflicher Hintergrund, persönliche und thematische Interessen) liefern.
> Die Seminarleitung sollte den Seminarverlauf in gebotener Kürze darstellen.
> Die Teilnehmerinnen und Teilnehmer sollten eigene Einstellungen und Interessen zum Seminarthema formulieren.
> Die Teilnehmenden sollten einen ersten Zugang zum Thema erhalten.

U1 – U3: Einstieg und Kennenlernen

 U1

Familienwappen
Kurzbeschreibung

 Ziele: sich auf etwas einigen, das für jede/n in der Familie wichtig ist, Erkennen und Benennen der Gemeinsamkeiten;

 Malstifte und Kopien von Umrissen einiger Wappen; einige Beispiele von alten Wappen können als Idee gezeigt und als Anregung geboten werden;

🕐 ca. 20 Minuten.

Durch ein eigenes Wappen hat man die Möglichkeit, etwas Persönliches über sich und seine Familie zu erstellen. Jede Teilnehmerin bzw. jeder Teilnehmer, alternativ dazu jede Familie, bekommt ein Blatt mit einem leeren Wappenumriss und kann diesen nun bemalen und/oder beschriften. Dabei sind der Fantasie keine Grenzen gesetzt.

Es können Anregungen gegeben werden: Bilder von alten Wappen, Frage nach der Familie (Wer wohnt bei dir? Woher kommst du? Lieblingsfarben der Familie? Gibt es ein gemeinsames Haustier? Was machen alle gerne?). Wenn alle Wappen fertig sind, werden diese an die Wand gehängt. Alle Teilnehmenden stellen sich und ihre Familie anhand ihres Wappens vor.

Reflexion: Beim Vorstellen kann auf Unterschiede und Gemeinsamkeiten eingegangen werden. Fragen zu den einzelnen Wappen können gestellt werden.

SEITE **240**
ARBEITSBLATT →

 **U2**

Kennenlernen: Spots in Motion
Kurzbeschreibung

 Ziele: Unterschiede und Gemeinsamkeiten entdecken, sich bewegen, in Kontakt mit den anderen Teilnehmerinnen und Teilnehmern kommen, soziale Wärme aufbauen, ein Gruppenklima schaffen, etwas über sich selbst preisgeben und etwas über andere erfahren;

🕐 ca. 15 Minuten.

Alle werden gebeten, sich innerhalb des Raumes zu bewegen. Auf Zuruf der Leitung sollen sich alle zu kleinen Gruppen zusammenfinden, für die eine bestimmte Aussage zutrifft. Dafür sollte den Teilnehmenden eine kurze Zeitspanne für Nachfragen eingeräumt werden. Beispiele für solche „Zurufe" können sein:

Bitte trefft euch in Gruppen mit anderen, die:

❯ die gleiche Anzahl Kinder haben,
❯ gebürtig aus einer ähnlichen Region kommen,
❯ in einer ähnlichen Familienkonstellation leben (z.B. alleinerziehend, Patchworkfamilie),
❯ gleich viele Geschwister haben,
❯ auf die gleiche Art angereist sind,
❯ ein bestimmtes/kein Haustier haben.

Reflexion: Nach jeder Gruppenbildung unbedingt Zeit geben, damit sich die Gruppen über das Thema austauschen können. Nach ca. zwei Minuten werden die Kleingruppen gebeten, kurz vorzustellen, worin ihre Übereinstimmung bestand und was während der kurzen Gesprächsphase besprochen wurde (ohne Namen zu nennen).

U4 – U5: Annäherung an das Thema / Seminarregeln erarbeiten

 **U3**

Abfrage: Was erwartet ihr vom Seminar? Warum seid ihr hier?

Kurzbeschreibung

Ziele die Erwartungen der einzelnen Teilnehmerinnen und Teilnehmer erfahren, gemeinsame Erwartungen sichtbar machen, den eigenen Ablauf überprüfen, eine Möglichkeit zur Partizipation geben;

 Moderationskarten und dicke Stifte, eine Moderationswand mit Pin-Nadeln;

ca. 30 bis 45 Minuten.

Die Teilnehmenden nehmen sich eine oder mehrere Moderationskarten und notieren auf diesen mit jeweils maximal drei Worten, warum sie an diesem Seminar teilnehmen. Hierzu bietet sich die Frage an: Was muss passieren, dass ihr sagt, für mich hat sich dieses Seminar gelohnt? Was willst du persönlich am Ende für dich erfahren oder gelernt haben?

Reflexion: Die Teilnehmerinnen und Teilnehmer werden gebeten, ihre Erwartungen zu benennen und die Karten auf der Moderationswand zu befestigen. Gemeinsam werden diese dann zu Oberthemen zusammengefügt (Clustern). Die Leitung fragt nach, was genau sich hinter den Stichworten verbirgt, um mehr Klarheit zu erhalten.

 **U4**

Selbstreflexion: Mein Stolperstein

Kurzbeschreibung

Ziele: das eigene, individuelle Problem erkennen, benennen und auf den Punkt bringen;

 dicke Kieselsteine und Folienschreiber;

 ca. 45 Minuten.

Die Teilnehmenden werden gebeten, sich einen Stein auszusuchen. Die Leitung gibt ihnen die Anweisung, auf dem Stein ganz knapp, am Besten nur mit einem oder zwei Stichworten, ihr größtes Problem – bezogen auf Familienstreitigkeiten – zu beschreiben.

Reflexion: Sind alle Steine beschrieben, stellen alle ihren Stolperstein kurz und knapp der Reihe nach vor. Die Stichworte bzw. „Stolpersteine" werden aufgeschrieben und für alle gut sichtbar aufgehängt. Die Teilnehmenden werden gebeten, sich einen oder zwei Teilnehmer/Teilnehmerinnen auszusuchen und sich mit ihnen zehn Minuten lang über die Hintergründe ihrer Stolpersteine auszutauschen.

 **U5**

Grenzen setzen: Wie möchteste du behandelt werden?

Kurzbeschreibung

Ziele: Abschnitte A, B und C: eigene Grenzen, aber auch eigene Erwartungen an den Umgang miteinander formulieren und einen Regelkatalog miteinander erarbeiten, einen „Vertrag des Miteinanders" erstellen und diesen verbindlich eingehen, individuelle Grenzen einbeziehen;

Abschnitt A: Die Teilnehmenden werden gebeten, sich mit jemand Unbekanntem aus der Gruppe als Zweiergruppe zusammenzufinden und sich jeweils einen Stift und ein DIN-A4-Blatt auszusuchen. Sie sollen ihren Handumriss auf das Blatt Papier malen und sich gegenseitig dabei helfen. Dazu erhalten sie folgende Erklärung: Die einzelnen Finger stehen (wie in der Zeichensprache) für ein Oberthema:

❱ Daumen: das find ich okay, wenn das jemand in dieser Gruppe macht;

❱ Zeigefinger: das mach nicht mit mir in dieser Gruppe;

❱ Mittelfinger: das lehne ich ab/das darf auf keinen Fall hier geschehen;

❱ Ringfinger: damit verbinde ich mich/ das mag ich an anderen;

❱ kleiner Finger: das darf innerhalb der Gruppe nicht zu kurz kommen;

❱ Handinnenfläche: das halte ich für mich fest/das ist mir das Wichtigste hier im Miteinander.

Die beiden Teilnehmerinnen/Teilnehmer werden gebeten, sich gegenseitig zu interviewen und anhand der genannten Bedeutungen die aufgemalten Finger mit einem persönlichen Stichwort zu versehen. Hierbei füllt der/die eine Partner/in für die/den anderen das Blatt aus. Anschließend werden alle beschrifteten Hände in die Mitte gelegt und von allen zunächst gesichtet.

Archiv bube concept

Abschnitt D: individuelle Tabuzonen des eigenen Körpers definieren, geschlechtsbedingte und individuelle Unterschiede sichtbar machen, für Tabuzonen sensibilisieren;

Abschnitt E: Kompetenzen der Eltern einbeziehen, kreative und individuelle Ideen zur Umsetzung in den eigenen Familienalltag entwickeln, sich über mögliche Probleme und Chancen klar werden;

(farbige) DIN-A4-Blätter und dicke Stifte; Abschnitt D: große Papierbögen und pro Gruppe jeweils ein roter, schwarzer und grüner dicker Filzstift; Abschnitt E: große Papierbögen und Stifte in ausreichender Anzahl;

Abschnitte A bis C: ca. 30 bis 45 Minuten; Abschnitt D: 45 Minuten, Abschnitt E: 30 Minuten.

Bianka Ledermann

Abschnitt B: Die Teilnehmenden werden gebeten, Gemeinsamkeiten zu benennen und Regeln für ein Miteinander innerhalb der Gesamtgruppe anhand der niedergeschriebenen Erwartungen (vgl. U 3) zu formulieren. Diese Regeln werden allen zur Abstimmung genannt. Wenn alle Teilnehmerinnen und Teilnehmer einverstanden sind, werden die Gruppen-Regeln für alle sichtbar auf Moderationspapier aufgeschrieben.

Abschnitt C: Falls die Teilnehmenden noch keine „Stopp-Regel!" formuliert haben, führt die Leitung an dieser Stelle die „Stopp-Regel!" ein. Jede/r hat das Recht und die Möglichkeit, wenn die eigenen Grenzen in Gefahr geraten, „Stopp" zu sagen und eine Übung nicht mitzumachen oder abzubrechen. Dieses darf auch kommentarlos passieren. Ein solches „Stopp!"

hat im Seminargeschehen immer Vorrang und muss sofort bearbeitet, geklärt und geregelt werden. Hieraus können weitere oder ganz neue Regeln entstehen, die dann in den „Vertrag des Miteinanders" mit einbezogen werden sollten. Nach dieser Einigung werden alle gebeten, den gemeinsam verfassten und beschlossenen Regelkatalog zu unterschreiben und dadurch den „Vertrag des Miteinanders" einzugehen.

Abschnitt D: Die Teilnehmenden werden gebeten, sich nach Geschlecht geordnet räumlich zu trennen. Jede Gruppe wird gebeten, einen Körperumriss auf das große Blatt Papier zu zeichnen; die Gruppe der Frauen eine Frau und die Gruppe der Männer einen Mann. Die Teilnehmenden werden gebeten, sich für bis zu drei Stellen am eigenen Körper zu entscheiden, an denen sie nicht berührt oder angefasst werden wollen. Diese Stellen sollen im jeweiligen Körperumriss mit roten Kreuzen als Tabuzonen markiert werden. Mit dem grünen Stift sollen dann entsprechend die Zonen durch Kreuze markiert werden, die jede/r aus der Gesamtgruppe berühren/anfassen darf. In der Regel sind am Schluss die Umrisse mit Kreuzen übersät.

Anschließend werden die beiden Gruppen gebeten, ihre Zeichnungen mit den Tabuzonen sowie den Zonen des erlaubten Berührens der jeweils anderen Gruppe vorzustellen. Die Gesamtgruppe wird gefragt, ob sie aufgrund der Tabuzonen weitere

Gruppenregeln formulieren und diese dem zuvor erarbeitetem Rege katalog hinzufügen will.

Hinweis: Manchmal reklamieren einzelne Teilnehmer oder Teilnehmerinnen Sonderregeln wegen Besonderheiten (z.B. Angst vor körperlicher Nähe). Dieses darf offen ausgesprochen werden, muss aber nicht als allgemeingültige Regel aufgeschrieben werden. In seltenen Fällen werden ganze Körperumrisse mit einem roten Kreuz als Tabuzonen gekennzeichnet. Das kann ein Hinweis auf ein zu schnelles Vorgehen sein. Die Leitung sollte dieses unbedingt thematisieren und klären damit weitere Übungen mit Körperkontakten noch möglich sind.

Abschnitt E: Die Teilnehmenden teilen sich nun in drei Gruppen, z.B. entsprechend der Altersgruppe der eigenen Kinder (Kindergartenalter und jünger, Grundschulalter, Kinder ab zehn Jahren etc.). Sie werden gebeten, miteinander zu diskutieren, ob sie sich vorstellen können, diese Übung innerhalb ihrer eigenen Familie zu wiederholen und wie dies – gegebenenfalls mit Änderungen – geschehen könnte. Im Anschluss stellen die Gruppen ihre Ergebnisse und Alternativvorschläge im Plenum vor und reagieren auf Rückfragen.

Bianka Ledermann

U6 – U8: Was brauchen Familien? – Grundregeln für Familien

U6

Ali Baba und die 40 Räuber

Kurzbeschreibung

Ziele: spielerisch überprüfen, ob die Teilnehmenden die vereinbarten Regeln verinnerlicht haben und einhalten;

Blanka Ledermann

15 Minuten.

Die Leitung erzählt eine Zusammenfassung der Geschichte von Ali Baba und den 40 Räubern: „Ihr kennt doch sicher alle Ali Baba und die 40 Räuber? Bei Ali Baba war es so, dass er mit seinen Räubern einen Unterschlupf hatte, eine Zauberhöhle in einem Zauberberg, wo sie ihre erbeuteten Schätze unterbringen und diese und sich selber verstecken konnten und wo sie vor allen Gefahren beschützt waren. Diese Höhle konnte nämlich nur durch etwas ganz bestimmtes geöffnet werden – es gab nur einen einzigen, geheimen Schlüssel zu dieser Höhle und dieser war ein bestimmter Satz. Wisst ihr welchen? ... Sesam – öffne dich!"

Nach dieser kurzen Zusammenfassung bittet die Leitung die Teilnehmenden, drei Gruppen zu bilden. Eine Gruppe geht vor die Tür und wartet, bis sie wieder hereingebeten wird. Die Mitglieder der beiden anderen Gruppen stellen sich jeweils zu einem Kreis zusammen und bilden so zwei Zauberhöhlen oder zweimal den Berg Sesam, der sich nur durch einen bestimmten „Schlüssel", in diesem Fall eine vorher verabredete Berührung oder ein bestimmtes Verhalten, für die Räuber öffnet. Jede der beiden Gruppen verabredet ihren geheimen Schlüssel; dies kann z.B. ein leichtes Zupfen am Ohrläppchen sein oder ein Streicheln der Hand oder ein Kitzeln am Rücken.

Nun werden die Mitglieder der ersten Gruppen wieder in den Raum gebeten. Ihre Aufgabe ist es, herauszufinden, wie sich einer der beiden Berge öffnen lässt. Wem dies gelingt, stellt sich in die Mitte des Kreises.

Reflexion: Die Leitung fragt nach der Übung: Ist eine Regel des Miteinanders verletzt oder eine Tabuzone berührt worden? Hat jemand „Stopp!" gesagt oder es eigentlich sagen wollen? Gab es möglicherweise Schwierigkeiten innerhalb dieser Übung?

Hinweis: In manchen Gruppen, auch in multikulturellen, kann so viel Körperkontakt – trotz Regeln – problematisch sein. Tabuzonen können verletzt werden, ohne dass dieses benannt wird. Eine Regelverletzung sollte auf jeden Fall von der Leitung thematisiert werden.

U7

Stopp-Spiel

Kurzbeschreibung

Ziele: das „Stopp-Signal" spielerisch einüben und erleben, dass es akzeptiert wird, auf Signale achten, innerhalb der Gruppe aufmerksam sein;

5 Minuten.

Die Teilnehmerinnen und Teilnehmer gehen durch den Raum. Sie gehen so lange weiter, bis jemand aus der Gruppe laut und deutlich „Stopp" sagt. Alle bleiben auf dieses Signal hin stehen. Alle werden gebeten, sich kurz umzuschauen. Wenn eine Person weiter geht, geht die ganze Gruppe weiter bis zum nächsten Stopp-Signal.

Reflexion: Nur wenn jemand etwas sagen möchte.

Archiv space5

U8

Bleib stehen!
Das Stopp-Signal in einer Partnergruppe

Kurzbeschreibung

Ziele: ein Stopp verdeutlichen mit Stimme, Körperausdruck, Mimik und Gestik, ein Stopp wahrnehmen und darauf reagieren; Regeln überprüfen und neue entwickeln; evtl. Entwicklung eines Regelkatalogs, der für das gesamte Training bestehen bleiben kann;

 20 Minuten.

Die Teilnehmenden bilden Paare und einigen sich, wer Partner/in 1 bzw. Partner/in 2 wird. Die beiden Partner/innen stellen sich nun mit ca. acht Meter Abstand voneinander auf. Aus Platzgründen bietet es sich hier an, zwei Reihen zu bilden.

Partner/Partnerin 1 geht langsam auf Partner/Partnerin 2 zu. Wenn dieser/diese die Distanz bzw. Nähe für ausreichend hält, sagt er/sie laut und deutlich „Stopp!". Partner/Partnerin 1 bleibt stehen und versucht nun, Partner/Partnerin 2 mit langsamen Bewegungen zu berühren, z.B. an die Hand fassen. Wenn Partner/Partnerin 2 dieses zulässt, macht Partner/Partnerin 1 weiter (Arm, Schulter, Kopf ...), sobald ein „Stopp-Signal kommt, ist diese Übung beendet. Danach werden die Rollen getauscht! Jederzeit hat jede Teilnehmerin/jeder Teilnehmer die Möglichkeit, die Übung abzubrechen.

Reflexion: Mögliche Auswertungsfragen könnten sein: Wie nah ist zu nah? Was hat dir gezeigt, der/die andere meint das Stopp ernst? Gibt es Regeln, die ihr ergänzen möchtet?

Hinweis: Manche können oder möchten diese Übung nicht mitmachen. Auch deshalb muss unbedingt jeder/m die Möglichkeit gegeben werden, die Übung jederzeit zu beenden. Wenn Grenzen übertreten werden, muss die Leitung dies thematisieren.

U9

Wie erziehe ich – wie wurde ich erzogen?

Kurzbeschreibung

Ziele: Perspektivwechsel, die eigene Erziehung reflektieren;

ein weicher Ball, Moderationspapier und -karten sowie Stifte;

 20 Minuten.

Archiv space5

Phase 1: Die Leitung bittet die Teilnehmerinnen und Teilnehmer, sich auf eine Fantasiereise in die eigene Vergangenheit einzulassen. Sie sollen sich dazu auf einen Stuhl setzen und nach Möglichkeit die Augen schließen. Die Stühle sind zu einem Stuhlkreis mit genügend Platz zwischen den Stühlen arrangiert. Es herrscht eine ruhige Atmosphäre. Die Leitung führt nun die Teilnehmenden durch eine Fantasiereise in die eigene Kindheit zurück und erinnert an Augenblicke in der Kindheit. Die Fantasiereise sollte mit ruhiger Stimme langsam vorgelesen werden.

Fantasiereise – Im Alter meiner Kinder:

„Setzt euch bitte hin und wer mag, schließt die Augen. Geht mit eurer Aufmerksamkeit zu eurer Atmung. Beim Einatmen hebt sich die Bauchdecke und beim Ausatmen senkt diese sich wieder. Atmet ein und aus, spürt dabei, wie ihr fest und sicher auf eurem Stuhl sitzt. Ihr seid ruhig und entspannt. Erinnert euch bitte einmal an eure eigene Kindheit. Wie war das, als ihr selber klein wart? Wie sah euer Zimmer/eure Wohnung aus? Wen gab es in eurer Familie? Welche Freunde hattet ihr? Habt ihr Geschwister? Stellt euch einmal vor, ihr seid so alt, wie eines eurer Kinder. Vielleicht seid ihr so im Grundschul- oder im Kindergartenalter. Wie war damals so ein Tag? Stellt euch vor, an einem ganz normalen Tag werdet ihr als Kinder morgens wach. Wie seid ihr wach geworden? Was oder wen habt ihr gesehen, wenn ihr eure Augen geöffnet habt? Was ist dann geschehen? Wie habt ihr euch gewaschen und Toilettengänge gemacht? Gab es Frühstück? Gab es morgens Stress oder Konflikte? War alles schön und friedlich? Was habt ihr gemocht? Was hat euch als Kind gestört oder wehgetan? Könnt ihr euch an jemanden oder etwas erinnern, was euch damals traurig gemacht hat? Gab es schöne Dinge? Was habt ihr angezogen? Wie eure Schultage verbracht? Und wie eure freien Tage?

Die Bilder eurer Kindheit frieren ein und werden zu Standbildern. Ihr seht diese Bilder immer kleiner und kleiner werden, bis sie zuletzt am Horizont nur noch ein kleiner Punkt sind und dann verschwinden.

Kommt nun bitte langsam mit eurer Aufmerksamkeit wieder zu euch selbst zurück. Ihr seid wieder erwachsen und sitzt in einem Stuhlkreis im Seminar. Macht euch bitte bewusst, wer neben euch sitzt. Stellt euch bitte den Raum vor und wenn euch dann danach ist, öffnet die Augen und reckt und streckt euch, so wie ihr das morgens macht, wenn ihr aus dem Bett kommt. Ihr seid wieder hier im Elterntraining."

→→→

Bianka Ledermann

Konsensfindung: Was brauchen Kinder?

Kurzbeschreibung

Ziele: definieren, was Kinder unbedingt in ihrer Erziehung brauchen, sich auf eine etwas andere Art der Erziehung einigen, Merkmale einer guten Erziehung benennen;

 Karten und Stifte;

 20 Minuten.

Phase 2: Nach dieser Fantasiereise werden die Teilnehmenden gebeten, aufzustehen und sich einen Ball zuzuwerfen. Jede/r, die/der den Ball fängt, sagt laut etwas zu dem Thema: „Als Kind habe ich ... gemocht!" Die Leitung notiert die Stichworte für alle sichtbar unter der Überschrift „Als Kind habe ich gemocht" auf einen Papierbogen.

Nach ca. zwei Minuten wird ein Themenwechsel eingeläutet. Der Ball wird weiter herumgeworfen und die Teilnehmerinnen und Teilnehmer werden gebeten, sich zum Thema: „Als Kind habe ich ... nicht gemocht!" mit einem Stichwort zu äußern. Die Leitung

visualisiert diese Stichworte auf einem zweiten Moderationspapier mit der Überschrift „Als Kind habe ich nicht gemocht".

Phase 3: Die Teilnehmenden erhalten die Aufgabe, fünf positive Merkmale ihrer eigenen Erziehungsgeschichte auf die eine Seite einer Moderationskarte zu schreiben (in Stichworten) und fünf negative Merkmale auf die Rückseite. Anschließend sollen sie sich zwei andere Teilnehmer und Teilnehmerinnen suchen, mit denen sie sich über ihre Merkmale austauschen wollen. Die Kleingruppen sollen herausfinden, ob es Überstimmungen gibt, die sie der gesamten Gruppe vorstellen möchten.

An dieser Stelle macht es möglicherweise Sinn, den Paragraf 1631 BGB (vgl. M 1) vorzulegen und ein Gespräch dazu anzuregen, ob dieser realistisch ist, ob Abstriche gemacht werden können und was das „Wohl des Kindes" ausmacht.

Schritt 1: Jeweils zwei Teilnehmerinnen bzw. Teilnehmer schließen sich zusammen, um die Frage „Was brauchen Kinder am allernotwendigsten in ihrer Erziehung, damit ihr Leben gelingen kann?" zu beantworten. Die beiden einigen sich auf sieben Stichworte und notieren diese auf einer Karte. Für diese Aufgabe haben sie ca. drei Minuten Zeit.

Schritt 2: Anschließend verbinden sich zwei Zweiergruppen zu einer Vierergruppe. Die Stichworte werden ausgetauscht, diskutiert und die Gruppe einigt sich auf wieder sieben Stichworte. Dafür stehen ca. vier Minuten zur Verfügung.

Schritt 3: Hat sich eine Vierergruppe auf Stichworte geeinigt, sucht sie eine andere

M 1: § 1631 BGB – INHALT UND GRENZEN DER PERSONENSORGE

1. Die Personensorge umfasst insbesondere die Pflicht und das Recht, das Kind zu pflegen, zu erziehen, zu beaufsichtigen und seinen Aufenthalt zu bestimmen.

2. Kinder haben ein Recht auf gewaltfreie Erziehung. Körperliche Bestrafungen, seelische Verletzungen und andere entwürdigende Maßnahmen sind unzulässig.

3. Das Familiengericht hat die Eltern auf Antrag bei der Ausübung der Personensorge in geeigneten Fällen zu unterstützen.

Bianka Ledermann

U11–U12: Familienkonferenz – Kommunikation üben und lernen

U11

Ich- und du-Kommunikation

Kurzbeschreibung

Ziele: durch Reflexion das eigene Erziehungsverhalten positiv verändern; Stolpersteine im eigenen Kommunikationsverhalten sichtbar machen und neue Formen der Kommunikation als Möglichkeit erarbeiten: Ich-Botschaften sollen als positiv verstärkend erlebt, Killerphrasen entlarvt und unpräzise Formulierungen als Konfliktauslöser entdeckt werden;

Bianka Ledermann

Stifte, Arbeitsblatt M 3, Moderationswand;

60 Minuten.

Bianka Ledermann

Vierergruppe, die auch schon fertig ist. Die nun acht Mitglieder der Gruppe haben wiederum die Aufgabe, sich gemeinsam auf sieben Stichworte zu einigen. Sie haben dafür vier Minuten Zeit.

Schritt 4: Danach kommen alle Gruppen wieder zusammen und stellen ihre Ergebnisse vor. Mit dem Auftrag an die Gesamtgruppe, sich auf ca. zehn Merkmale zu einigen, die als Ergebnis notiert werden, endet diese Übung.

Reflexion: Jede Teilnehmerin bzw. jeder Teilnehmer überlegt sich, welche Merkmale zum eigenen Erziehungsverhalten gehören und welche gegebenenfalls noch in den eigenen Alltag übernommen werden sollten. Alle erhalten noch einmal eine „Karte für die Hosentasche" und können darauf das für sie Wichtige notieren.

Hinweis: Möglicherweise taucht bei dieser Übung die Frage nach einem „nicht gelungenen" Leben auf. Es macht eventuell an dieser Stelle Sinn, den Faden aufzunehmen und miteinander zu diskutieren, ob ein Leben „nicht gelungen" sein kann. Als weitere Diskussionspunkte schließen sich hier häufig Themen an wie Abtreibung und Behinderung. Hierfür sollte Raum gegeben werden.

Jede Teilnehmerin/jeder Teilnehmer erhält ein Arbeitsblatt mit Sätzen aus dem Erziehungsalltag (vgl. M 2). Alternativ können die Teilnehmenden Sätze aus ihrem Erziehungsalltag, die immer wieder zu Konflikten führen, zusammenstellen. Neben den Sätzen ist Platz für Notizen vorgesehen. Die Teilnehmenden werden gebeten, die Sätze in Ruhe und für sich alleine durchzulesen und das impulsive Gefühl, das ein Satz bei ihnen auslöst, aufzuschreiben. Im Anschluss werden die Sätze nacheinander vorgelesen und die Teilnehmenden benennen ihre damit verbundenen Gefühle. Die Leitung notiert diese auf der Moderationswand. Vermutlich werden einige Teilnehmerinnen und Teilnehmer über das Maß der gesammelten, eher negativen Gefühlsimpulse erschrocken sein.

In der zweiten Phase werden die Teilnehmenden gebeten, Gruppen mit mindestens drei und höchstens fünf Personen zu bilden und gemeinsam die Sätze so umzuformulieren, dass diese beim Empfänger mit einem positiven emotionalen Effekt ankommen. Anschließend werden die Ergebnisse vorgestellt und auf der Moderationswand visualisiert, um so die positiven Botschaften zu verstärken.

Als Hilfe kann zunächst gemeinsam ein Satz ausgesucht werden, der in eine Ich-Botschaft umformuliert wird und schon dadurch andere Emotionen weckt. Killer-

phrasen wie „immer", „das war schon immer so" oder „solange du die Füße unter meinen Tisch stellst" können als Hilfe vorweg benannt werden. Eine abschließende Reflexionsrunde ist in der Regel nicht notwendig.

SEITE **241** ARBEITSBLATT →

M 2: BEISPIELE FÜR BOTSCHAFTEN, DIE BEI KINDERN UND JUGENDLICHEN IN DER REGEL NEGATIVE GEFÜHLE AUSLÖSEN

❯ Du räumst jetzt noch dein Zimmer auf und machst deine Hausaufgaben. Vorher kommst du hier nicht raus zum Spielen.

❯ Immer machst du so eine Unordnung!

❯ Zieh die Schuhe aus!

❯ Lieg nicht da so rum – bring gleich mal den Müll raus!

❯ Wir gehen gleich!

❯ Steh da nicht so rum!

❯ Mach den Fernseher aus!

❯ Das kann so nicht bleiben!

❯ Mensch, wie sieht das denn schon wieder aus!

❯ Schmeckt es dir etwa nicht?

❯ Kannst du nichts Anständiges anziehen?

U12

„Was müsst ihr tun, damit es garantiert bei euch zu Hause knallt?"

Kurzbeschreibung

Ziele: Auslöser für Konflikte im „alltäglichen Wahnsinn" erkennen und benennen, ohne Schuld zuzuweisen, um diese bearbeitbar zu machen; erkennen, dass Erziehung Zeit, Gelassenheit und Geduld erfordert und der dafür notwendige Raum immer wieder neu erkämpft, geschaffen und gestaltet werden muss;

 Papierbogen, Stifte und ein Softball;

 ca. 30 Minuten.

© Tommy Windecker | photocase.com

Phase 1: Die Leitung fragt die Teilnehmenden: Was müsst ihr tun, damit es garantiert bei euch zu Hause kracht?

Diese stehen mit einem Softball im Kreis und werfen sich diesen zu. Jede/r, die/der den Ball fängt, sagt möglichst ein Stichwort, das von der Leitung unter der Überschrift „Auslöser von Konflikten und Gewalt" notiert wird.

Phase 2: Nun geht es darum, durch eine Zeitvorgabe die Teilnehmenden unter Stress zu setzen. Ziel ist es, Merkmale zu benennen, die zu Konflikten in der Familie führen können. Die Teilnehmenden werden in fünf Gruppen aufgeteilt und aufgefordert, innerhalb von fünf Minuten zehn unterschiedliche Missetaten nach dem Grad ihrer Bösartigkeit von 1 (= sehr, sehr bösartig) bis 10 (= bösartig) zu sortieren. Beispiele für Missetaten sind:

- Ein Kind lästert über die Gehbehinderung eines anderen Kindes.
- Ein Kind beißt ein anderes Kind ins Knie.
- Ein Kind schmeißt absichtlich Blumen von der Fensterbank auf den Gehweg.
- Ein Kind haut einem anderen Kind mit einer Schaufel auf den Kopf.
- Ein Kind steckt die Katze/den Hund/den Hamster in die Waschmaschine und startet diese.
- Ein Kind beschimpft die eigenen Eltern.

- Ein Kind haut mit einem Stein auf den Kopf des Haustieres.
- Ein Kind knickt Büsche und Blumen im Garten um.
- Ein Kind „pinkelt" einen Passanten im Schwimmbad an.
- Ein Kind lacht über den Sprachfehler eines anderen.
- Ein Kind verpetzt ein anderes Kind bei der Lehrerin.
- Ein Kind klaut einem anderen Kind ein Handy aus der Schultasche.
- Zwei Jungen verhauen im Kindergarten ein Mädchen.
- Zwei Kinder spielen sich gegenseitig an den Geschlechtsteilen.
- Ein Kind wirft Papas sehr teures und neues Handy auf den Boden, dabei geht dieses kaputt.
- Ein Kind setzt die Fensterbank komplett unter Wasser.
- Ein Kind tritt Erwachsene gegen das Schienbein.
- Ein Kind schiebt absichtlich den Kinderwagen/Buggy des kleineren Geschwisterkindes mit Schwung einen Berg hinunter und lässt diesen los.
- Ein Kind benutzt die ganze Zeit „schlimme" Ausdrücke (Fäkalsprache).
- Ein Kind verhöhnt ein anderes, weil dieses dick ist.

Reflexion: Das Problem bei dieser Übung besteht darin, dass die Teilnehmenden eine Lösung herbeiführen sollen, ohne die Chance zu haben, sich vorher über Kriterien, die zu einer Lösung führen könnten, zu verständigen. Nach fünf Minuten wird diese Übung (rigoros) abgebrochen. Die Teilnehmenden werden gebeten, ihre Ergebnisse vorzutragen und, wenn es in den Gruppen Unstimmigkeiten gegeben hat, aufgefordert, Gründe zu nennen, warum eine gemeinsame Lösung nicht gefunden werden konnte. Die Unstimmigkeiten werden auf einen Papierbogen gesammelt und im Plenum um mögliche Lösungen ergänzt. Zum Abschluss der Übung könnten die Teilnehmenden gebeten werden, die für sie wichtigen, gegensätzlichen Stichpunkte zu notieren, um diese mit nach Hause zu nehmen.

Als mögliche Auslöser für Konflikte in der Gruppe werden wahrscheinlich genannt:

- (Zeit-)Druck,
- keine gemeinsame Kriterien,
- unpräzise Situationen, die unterschiedlich interpretierbar sind,
- Überforderung,
- zu hohe Erwartungen,
- zu viele Menschen, die sich einigen müssen.

U13–U15: Konflikte durchschauen und lösen

U13

Riese und Zwerg

Kurzbeschreibung

Ziele: Thematisierung der verschiedenen Rollen und Beteiligten bei Gewalttaten (Täter/Opfer/Beschützer/Zuschauer); Zivilcourage fördern;

 ein weicher Ball;

 ca. 15 Minuten.

Die Gruppe bildet einen Kreis. Zwei Personen werden gebeten, in die Kreismitte zu treten. Sie können sich eine Rolle auswählen – entweder „Riese" oder „Zwerg". Die Teilnehmenden, die den Kreis bilden, sind die Werfer und Werferinnen. Sie benutzen einen weichen Ball (Schaumstoffball), um den Zwerg damit zu treffen. Der Zwerg darf natürlich ausweichen – jedoch hat der Riese die Aufgabe, den Ball abzufangen und den Zwerg vor Treffern mit dem Ball zu bewahren. Der Riese darf sich vor den Zwerg stellen. Die beiden dürfen aber nicht aus dem Kreis herauslaufen.

Sobald der Zwerg mit dem Ball in Berührung kommt, gilt er als getroffen (d.h. Zwerge dürfen den Ball auch nicht fangen). Trifft eine/r aus der Gruppe den Zwerg mit dem Ball, wird sie/er zum Riesen, der ehemalige Riese wird zum neuen Zwerg und der vormalige Zwerg zur Werferin bzw. zum Werfer. Ein ständiger Rollenwechsel bestimmt das Spielgeschehen.

Reflexion: Als Fragen zur Auswertung bieten sich an:

❯ Wie können die Rollen von Riese, Zwerg, den Werfern und Werferinnen noch genannt werden?

❯ Wie fühlt man sich als Riese, als Zwerg oder als Werfer und Werferin?

❯ Was für ein Gefühl ist es, Hilfe zu bekommen?

❯ Was für ein Gefühl ist es, andere zu schützen?

❯ Welche Strategien gab es im Kreis, um den Zwerg zu treffen?

❯ Wie war der Rollenwechsel?

❯ Welche Rollen kennt ihr von euch selbst?

❯ Wie ist das im richtigen Leben? Kennt ihr Situationen, in denen andere Hilfe gebraucht haben, in denen ihr Hilfe gebraucht habt, in denen ihr jemandem geholfen oder jemandem etwas getan habt?

❯ Welche Rolle ist ganz stark? Warum?

U14

Konfliktbeteiligte: schriftliches Brainstorming

Kurzbeschreibung

Ziele: erkennen, welche Rollen Beteiligte in Konflikten einnehmen können und sich verdeutlichen, dass allen Rollen/Beteiligten ähnliche Gefühle und Wertungen zugeschrieben werden (können);

 vier Papierbögen, Stifte;

 ca. 10 Minuten.

Vier Papierbögen mit den Oberbegriffen „Täter", „Opfer", „Retter" und „Zuschauer" werden in die Mitte gelegt. Die Teilnehmenden schreiben ihre Gedanken zu den einzelnen Rollen in Stichworten auf die Bögen.

Reflexion: Die Leitung liest die einzelnen Stichworte allen vor und moderiert die Auswertung:

❯ Gibt es Wertungen und Gefühle, die allen Beteiligten/allen Rollen zugeschrieben werden? Wenn ja – welche?

❯ Gibt es Zuschreibungen, die nur auf eine Rolle zutreffen? Wenn ja – welche?

❯ Ist eine Rolle starr oder können die Beteiligten auch ihre Rollen wechseln?

❯ Was ist wichtig für die Lösung eines Konflikts? Welche Rollen sollten gestärkt werden?

Archiv space5

ZUSCHAUER

RETTER

TÄTER

OPFER

U15

Rollenspiel: Familienkonflikt (als „Stopp&Go-Theater")

Kurzbeschreibung

Ziele: Alternativen als Handlungsmöglichkeiten für eskalierende Situationen sichtbar machen, verdeutlichen, welche Handlungsmuster zu eskalierenden Verhaltensweisen führen; die Teilnehmerinnen und Teilnehmer sollen ein anderes Handlungsmuster ausprobieren und wenn möglich verinnerlichen;

U.Reinhardt/Zeitenspiegel/VISUM

🕐 ca. 90 bis 120 Minuten.

Die Teilnehmenden sollen sich in ca. drei, maximal vier gleich große Gruppen aufteilen und sich innerhalb der Gruppen auf einen „typischen Alltagskonflikt" in Familien einigen, bei dem es zu einer Eskalation kommt. Zu diesem Konflikt sollen sie gemeinsam eine kleine Szene entwickeln, bis zu dem Moment, wo die Situation außer Kontrolle gerät. Hierzu haben die Gruppenmitglieder ca. 30 Minuten Zeit, um sich in Ruhe auf einen Konflikt zu einigen und diesen szenisch zu proben.

Im zweiten Schritt werden alle Gruppen wieder zurück in den Raum gebeten. Methodisch werden nun – unabhängig vom Konflikt – folgende Schritte durchlaufen:

❯ Bühne schaffen: Raum für eine Bühne abkleben oder mit wenigen Requisiten abgrenzen.
❯ Am Rand der Bühne steht ein Stuhl. Auf diesen setzen sich die Darstellenden nacheinander und stellen sich in ihrer Rolle vor: „Ich heiße ... und bin ... Jahre alt und befinde mich gerade in/auf/am ..." (siehe Punkt 4).
❯ Situation klären (falls noch nötig): Welche Rollen werden gespielt? Alter? Wo spielt das (drinnen oder draußen)? Sind Zuschauer dabei? Gibt es eine Raumbegrenzung?
❯ Namen zuteilen (grundsätzlich werden keine Namen von Anwesenden benutzt);
❯ „Szenenklappe" oder Anzählen als deutlicher Beginn.
❯ Situation einmal komplett durchspielen.
❯ Frage an die Zuschauer: Was ist gesehen worden? Gab es einen Konflikt? Welchen?
❯ Frage an die Zuschauer: Habt ihr eine Idee zu intervenieren, etwas anders zu machen? Spielst du das gleich mal vor?
❯ Regeln des Stopp&Go-Theaters klären: Eine Situation wird durchgespielt, bis jemand aus dem Publikum „Stopp" sagt, dieser wechselt sich dann für jemanden auf der Bühne ein.
❯ klarer Start – die Situation nochmals spielen bis jemand „Stopp" sagt, von da an wird die Szene durch neue Personen und Impulse verändert.
❯ Situation mehrmals durchspielen, bis der Konflikt gelöst ist oder sich jemand wahrnehmbar unwohl fühlt.

Nachdem eine Situation durchgespielt wurde und bevor man sich gegebenenfalls einer weiteren Situation zuwendet, müssen alle noch aus den Rollen entlassen werden. Das „Entrollen" sollte ernst genommen werden, damit sich keine Stigmatisierungen ergeben. „Entrollen" kann auf verschiedene Weisen geschehen. In einem ersten Schritt setzen sich alle Darstellenden (auch die, die eingewechselt haben) nacheinander auf den Stuhl und erklären, dass sie wieder sie selbst sind und sich nicht mehr in der Rolle befinden. Man kann noch zusätzlich im Kreis mit allen gemeinsam die Rollen abstreifen (mit den Händen über den Körper und vom Körper weg streifen) oder die Rollen abschütteln (Hände, Arme und Beine bewusst ausschütteln und damit auch die Rolle).

Reflexion: Für die Auswertung ist es hilfreich, zunächst den Spielerinnen und Spielern das Wort zu erteilen. Die Zuschauenden sollten erst in einem zweiten Schritt in die Reflexion einbezogen werden. Mögliche Fragen an die Spielenden sind:

❯ Wie hast du dich gefühlt?
❯ Warst du Opfer?
❯ Hast du dich stark oder schwach gefühlt?
❯ Wie geht es dir mit der Lösung?
❯ Welche Strategie hattest du, um den Konflikt zu lösen?
❯ Hat die Strategie funktioniert?
❯ Was hat nicht so, wie ursprünglich gedacht, funktioniert?

Die Befragung der Zuschauer und Zuschauerinnen kann sich ebenfalls an wenigen Leitfragen orientieren:

❯ Was habt ihr wahrgenommen?
❯ Was war anders?
❯ Was hat sich als hilfreich erwiesen?
❯ Was hat noch zusätzlichen Zündstoff gegeben?
❯ Habt ihr andere Lösungsvorschläge?

Hinweis: Diese Übung bewegt sich nah am eigenen Alltagshandeln und kann deswegen für einige Teilnehmerinnen und Teilnehmer kritisch werden. In spielerischen Momenten reagiert man häufig unreflektiert. Die eigene Idee kann oft nicht durchgeführt werden, man muss schnell reagieren und umschalten, wie im täglichen Leben. Aber genau dies ist die große Chance dieser Übung: sich einmal in einem sicheren Kontext auszuprobieren und vielleicht die eigenen Stolpersteine in Konflikten zu erkennen.

U16 – U18: Kooperation und Hilfe erfahren

U16

Eine Hand wäscht die andere

Kurzbeschreibung

Ziele: Wege für eine gelingende Kooperation erfahrbar machen;

 ca. 1,50 Meter lange Kordel für jeweils zwei Teilnehmende;

 ca. 10 Minuten.

Jeweils zwei Teilnehmende setzen sich nebeneinander und bekommen gemeinsam ein ca. 1,50 Meter langes Stück Kordel. Ihre Aufgabe ist es, diese Kordel um ihre beiden nebeneinander stehenden Beine zu wickeln und zu verknoten. Dies dürfen sie allerdings nur mit jeweils einer Hand tun: wer rechts sitzt mit der rechten Hand, wer links sitzt mit der linken. Schwieriger gestalten lässt sich diese Übung, wenn die Teilnehmenden mit verbundenen Augen oder nicht sprechend noch eine Schleife binden sollen.

Reflexion: Als Fragen bieten sich an:

❯ Welche Probleme gab es?

❯ War Kooperation möglich und wenn ja – wie?

❯ Hat jemand dominiert?

❯ Was hat eine Lösung erleichtert?

U17

Gemeinsam schaffen wir es: Bloß nicht runterfallen

Kurzbeschreibung

Ziele: Kooperationen in der Gruppe erleben und das dort Erfahrene in einem größeren Kreis anwenden, gemeinsam Erfolgserlebnisse haben;

 ca. 15 Minuten.

Ein Stuhlkreis wird eng gestellt (Stuhlflächen nach innen und nah nebeneinander). Die Teilnehmenden werden gebeten, sich auf einen Stuhl zu stellen. Nun bekommen sie die Aufgabe, sich hintereinander zu stellen und zwar nach der Höhe ihrer Hausnummer sortiert – allerdings ohne dass jemand die Stühle verlässt oder fällt. Sprechen ist erlaubt.

Reflexion: Ein kurzer Austausch wird mit folgenden Fragen angeregt:

❯ Was hat zu einer gelingenden Kooperation beigetragen?

❯ Was hat euch gut getan oder geholfen?

U18
→

Widerstand – wann und wie?

Kurzbeschreibung

Ziele: Hintergrundinformationen vermitteln, zum Nachdenken anregen, gemeinsam Wege für eine Deeskalation finden;

 Arbeitsblatt von Seite 242

 ca. 45 Minuten.

Die Leitung hält einen Kurzvortrag und visualisiert diesen z.B. durch eine PowerPoint-Präsentation. Der Vortrag wird im Anschluss als Hand-out an alle Teilnehmenden verteilt.

Vortrag: Widerstand – wann und wie?
Ziel unserer Arbeit mit Kindern und Jugendlichen ist es, keine Gewalt anzuwenden und die Gewalt anderer abzubauen. Konstruktiver Widerstand als Reaktionen auf verletzendes, destruktives Verhalten kann dabei ein Mittel der Erziehung sein.

Widerstand ist keine Strafe, sondern eine hartnäckige, gewaltfreie Reaktion auf verletzendes, schädigendes Verhalten. Strafe dagegen ist immer ein Mittel der Ohnmacht; nämlich der offensichtlichen Unfähigkeit, anders – gewaltfrei – zu handeln. Strafe begünstigt die Gewalt, weil sie (Eltern-)Macht missbraucht, um zu demütigen, zurückzusetzen, zu verletzen.

Ist ein Verhalten allerdings gefährlich oder gewalttätig, soll Widerstand klar machen, dass dieses Verhalten nicht akzeptiert wird, dass ich mich ihm entgegenstelle. Dabei dürfen wir, um glaubwürdig zu sein, auf keinen Fall das anwenden, was wir bei anderen zu vermeiden trachten. Also keine Gewalt anwenden, um Gewalt abzuwenden. (Damit rechtfertigen wir sogar im Nachhinein die Gewalttat.)

❯❯❯

www.digitalstock.de

vario images

Widerstand gegen verletzendes Verhalten und Handeln sollte

- ❯ zeitnah/unmittelbar erfolgen: Einen Tag später bringt ein Kind oft die Reaktion nicht mehr mit der gemeinten Aktion in Verbindung;

- ❯ mit der Aktion in Verbindung gebracht werden: „Wenn Du mich beschimpfst, verletzt mich das, weil …";

- ❯ die/den Beteiligte/n mit einbeziehen: „Wie siehst du das denn? Warum hast du das gemacht?" Hierbei kann das Kind sich erklären und vielleicht gute Absichten darlegen oder auch Ängste, Scham oder Ablehnungen in Worte fassen und formulieren;

- ❯ in Ruhe und alleine mit einem Kind besprochen werden. Auf keinen Fall sollte ein Kind vor einer Gruppe „bloßgestellt" und gedemütigt werden;

- ❯ auf keinen Fall verletzen, beleidigen, erniedrigen;

- ❯ hartnäckig bleiben: „Ich bleibe jetzt hier bei dir, bis wir eine Lösung gefunden haben.";

- ❯ zu einem Gespräch und einem Miteinander, zu mehr echtem Kontakt führen;

- ❯ genauere Regeln gemeinsam definieren und ausprobieren;

- ❯ der Gruppe zeigen, dass etwas in Ordnung oder nicht in Ordnung war, ohne jemanden abzuwerten: „Das, was da gerade passiert ist, fand ich nicht in Ordnung und entspricht auch nicht unseren Regeln. Dich als Mensch mag ich jedoch sehr! Bitte verhalte dich anders.";

- ❯ emotionale Identität herstellen; Gefühle spiegeln;

- ❯ gemeinsam Beispiele und Möglichkeiten suchen, wie gewaltfrei auf eine kritische Situation reagiert werden kann;

- ❯ durch Sicherstellung eines gefährlichen Gegenstandes zum Zwecke der Aufbewahrung und eines späteren Gesprächs geschehen (um Schlimmes abzuwenden);

- ❯ eine Aktion abbrechen und stoppen, wenn eine gefahrlose Weiterführung

---

M 3: WIDERSTAND – WANN UND WIE?

Beispiele für Situationen, für die wir Lösungen finden wollen:

- ❯ Die 12-jährige Tochter hat der Mutter 20 Euro geklaut. Sie will ihren Freundinnen ein Eis spendieren, um Anerkennung zu bekommen.

- ❯ Der 14-jährige Robert hat mit Erlaubnis seiner Eltern mit seinen Freunden im Garten eine Party gefeiert. Er hat eine Trümmerlandschaft hinterlassen und die Nachbarn in Angst und Schrecken versetzt.

- ❯ Pauline, 14 Jahre, hat ihre Freundin Silke auf der Schultoilette mit dem Handy gefilmt und dieses auf dem Schulhof den anderen gezeigt.

- ❯ Tim, 15 Jahre, hat seine Schwester Lisa, 13 Jahre, geschlagen und in das Badezimmer gesperrt, als die Eltern nicht zu Hause waren, weil Lisa ihm kein Taschengeld „leihen" wollte.

- ❯ Der 4-jährige Lutz überfällt, schlägt und würgt im Sandkasten immer wieder andere Kinder.

- ❯ Die 9-jährige Greta hat üble Sachen und Lügengeschichten über ihre Schwester Tina erzählt und damit andere Kinder vergrault, die vorher mit Tina gespielt haben.

- ❯ Svenja, 9 Jahre, hat ihre Mutter in der Küche getreten, beschimpft und versucht zu schlagen, weil diese sie nicht zu einem Kindergeburtstag lassen wollte.

- ❯ Die 2-jährige Xenia läuft immer wieder zum offenen Kamin und will brennendes Holz herausnehmen, weil das so toll leuchtet.

U19

Stolpersteine und erste Schritte

Kurzbeschreibung

Ziele: sich die am Anfang des Seminars benannten Stolpersteine noch einmal bewusst machen und reflektieren, ob sich durch das Seminar schon Lösungsansätze eröffnet haben;

 DIN-A3-Blätter

 ca. 30 Minuten.

nicht mehr möglich ist (z.B. ein Fußballspiel, bei dem die Gewalt eskaliert und bei dem die Beteiligten sich nur noch schlagen und beschimpfen).

Sinnvoll ist es „Wiedergutmachung" ins Spiel zu bringen (z.B. wenn ein Kind ein anderes mit Dreck beworfen hat und hilft, alles was dreckig geworden ist, wieder zu säubern). Sinn macht es auch, alle Beteiligten zu hören und dieses möglichst im Beisein der anderen, sodass ein Perspektivenwechsel stattfinden kann.

Aufgabe von konstruktiver Deeskalationsarbeit ist die Suche nach Alternativen zur Demütigung und Zurücksetzung; Aufgabe ist es, die Alternative zur Gewalt zu denken und zu realisieren.

Nach dem Vortrag erhalten die Teilnehmenden ein Arbeitblatt mit sieben Beispielen, für die eine Lösung gefunden werden soll (vgl. M 3). Sie teilen sich dafür in Kleingruppen auf und überlegen in diesen gewaltfreie und deeskalierende Verhaltens- und Handlungsmöglichkeiten, die eine Aussicht auf Korrektur ohne Verletzung, Demütigung, Erniedrigung, Abwertung beinhalten. Die einzelnen Gruppen stellen anschließend ihre Lösungen vor. Manchmal bietet es sich an, die Teilnehmenden zu fragen, ob sie von einer ihrer letzten „realen" Strafen erzählen möchten. Sinnvoll ist es oft, auch hier in kleinen Gruppen zu beginnen und nach möglichen Alternativen zu suchen, um diese dann im Plenum vorzustellen und zu beraten.

Die Teilnehmenden werden gebeten, noch einmal ihren Stolperstein in die Hand zu nehmen und sich zu vergegenwärtigen, ob sich durch die Beschäftigung mit dem Thema schon erste Lösungsansätze oder Ideen, wie mit dem eigenen „Stolperstein" umgegangen werden kann, ergeben haben. Fragen, welche die gedankliche Beschäftigung damit anregen, können sein:

❯ Wie fühlt sich euer Stolperstein für euch nun an?

❯ Ist der Stolperstein in euren Gedanken immer noch so groß und schwer wie zu Anfang?

❯ Hat dieser Stolperstein nicht auch noch andere Seiten, die ausgleichend wirken?

Die Teilnehmenden werden gebeten, sich einen ersten Schritt zu überlegen, mit welchem sie einer Lösung ihres eigenen Problems oder Stolpersteins näher kommen.

In der nächsten Phase sucht sich jede Teilnehmerin bzw. jeder Teilnehmer eine Partnerin oder einen Partner, um die eigenen Überlegungen auszutauschen. Danach erhalten die Teilnehmenden jeweils ein großes Blatt (Format DIN-A3), auf dem die Umrisse ihrer Füße nachgezeichnet werden sollen. Auf dem ersten Blatt wird der linke Fuß des einen Partners bzw. der einen Partnerin und der rechte

des/der anderen nachgezeichnet, sodass die beiden Fußumrisse, auch wenn sie nicht gleich groß sind, ein Paar Füße mit jeweils einem linken und einem rechten Fuß ergeben. Auf dem zweiten Blatt machen die beiden Partner/Partnerinnen das Gleiche, nur andersherum. Sie notieren anschließend in den Umriss des eigenen Fußes, was möglicherweise von einem selbst getan werden muss oder kann, um ein weiteres „Stolpern" zu verhindern.

In einer dritten Phase werden alle beschrifteten Fußumrisse gesammelt und zu einem „alternativen LösungsWEG" ausgelegt. Die Teilnehmenden werden gebeten, diesen Weg abzuschreiten und sich dabei die Ideen durchzulesen. Anschließend sollte eine offene Reflexion im Plenum stattfinden.

Auswertung des Seminars: Mein Abschlussmenü

Es wird ein Imbiss aufgebaut mit 15 verschiedenen Speisen auf jeweils eigenen Tellern, wobei die einzelnen Teller mit kleinen Fragekarten ausgezeichnet sind. Die Teilnehmenden werden gebeten, sich einen Imbiss mit den Zutaten des Seminars zusammenzustellen und diesen auf ihrem Teller zu präsentieren. Vor dem Verzehr sollen alle reihum ihre Auswahl der Zutaten erklären und mit Stichworten kommentieren.

SEITE **244/245**

ARBEITSBLATT →

www.digitalstock.de; Archiv space5

Mein Abschlussmenü:
Zutaten und Fragekarten

❱ Eine Schale mit Gurken:
  Was ist mir sauer aufgestoßen?

❱ Knäckebrot:
  Was war ein hartes Brot?

❱ Eingelegte Peperoni:
  Was fand ich scharf?

❱ Teller mit Käse:
  Was war Käse?

❱ Zwieback oder Oblaten:
  Was fand ich zu trocken?

❱ Schokolade oder Pralinen:
  Was war mein süßester Moment?

❱ Klares Wasser:
  Was ist mit klar geworden?

❱ Teller mit Wurst:
  Was ist mir völlig Wurst?

❱ Schale mit Bananen:
  Was war total Banane?

❱ Schale mit Sahne:
  Was war erste Sahne?

❱ Kaffee oder Kaffeebohnen:
  Was hat mich angeregt?

❱ Ein Stück Fisch:
  Was hat mir gestunken?

❱ Butter:
  Was war mir zu fett aufgetragen?

❱ Gummibärchen:
  Was hat sich gezogen?

❱ Grapefruit:
  Was war bitter?

❱ Nüsse:
  Was war eine harte Nuss?

❱ Pudding-Creme oder Eis:
  Was lässt mich dahinschmelzen?

❱ Baiser:
  Dafür möchte ich ein verbales
  Küsschen verteilen.

❱ Rosenblätter:
  Da sehe ich mittlerweile rosig
  in die Zukunft.

Zum Abschluss werden die Teilnehmenden einzeln nach vorne gebeten. Die Leitung überreicht mit Händedruck und einer Rose die Teilnahmebescheinigung.

AUSGEWÄHLTE LITERATUR

➜ Bergmann, Wolfgang, Gemeinsam gegen Gewalt. Der Ratgeber für Eltern, Lehrer, Erzieher, München 2001.

➜ Bostelmann, Antje (Hrsg.), Achtung Eltern! im Kindergarten. Typische Konflikte mit Eltern und wie man damit umgeht, Mühlheim 2008.

➜ Bostelmann, Antje (Hrsg.), Achtung Eltern! in der Grundschule. Die Kunst zu kooperieren und Grenzen zu setzen, Mülheim 2008.

➜ Duell, Barbara/Mandac, Inge Maria, Konflikttraining mit Eltern. Das Kooperationsprogramm für Schule und Elternhaus, Mülheim 2003.

Ansätze einer „Konfrontativen Pädagogik" in Schule und Jugendhilfe

Reiner Gall

1. Konfrontative Pädagogik

Seit mehr als zehn Jahren werden in Deutschland und der Schweiz in stationären, teilstationären und ambulanten Arbeitsfeldern der Jugendhilfe Anti-Aggressivitäts-Trainings durchgeführt. Das von Jens Weidner entwickelte Anti-Aggressivitäts-Training wurde zunächst im Jugendstrafvollzug erfolgreich umgesetzt. Wichtige Impulse bekam er aus der US-amerikanischen Glen-Mills-School, die mit einer konsequenten Norm- und Regelsetzung und nachhaltiger Konfrontation durch die Gruppe der Gleichen, die Standards des Zusammenlebens von ca. 1.000 jugendlichen Ex-Gewalttätern reguliert. Im Zuge der Anwendung des Anti-Aggressivitäts-Trainings und des Coolness-Trainings entstand im pädagogischen Alltag der Begriff der „Konfrontativen Pädagogik".

Betrachtet man den Terminus korrekt, so muss man zunächst von einer leichten Mogelpackung sprechen. Es gibt nicht wirklich einen eigenständigen wissenschaftlichen Zweig konfrontativer Pädagogik in der Erziehungswissenschaft. Der Begriff „Konfrontative Pädagogik" bezeichnet keine wissenschaftliche pädagogische Theorie, sondern einen pädagogischen Handlungsstil für besondere Zielgruppen. Der konfrontative Handlungsstil wurde nicht neu erfunden. Vielmehr wurden historische Ansätze mit modernen Inhalten zeitgemäß weiterentwickelt.

Der konfrontative Handlungsstil zielt auf die Förderung von Kindern und Jugendlichen, die vom Elternhaus, von der Schule und der Jugendhilfe nicht mehr erreicht werden. Konfrontation und Grenzziehung sind kein Selbstzweck, sondern dienen der Normverdeutlichung im Kontext eines Demokratieverständnisses, das fördern und fordern will. Die Selbstverantwortung des Klienten im Rahmen der jeweiligen persönlichen Möglichkeiten hat dabei eine zentrale Bedeutung. Insbesondere bei Gewalt- und Roheitsdelikten erweist sie sich als sinnvoll.

Die etablierten fachlichen Leitsätze, *„man muss die Jugendlichen da abholen, wo sie stehen"* und *„wir arbeiten an den Problemen, die Kinder und Jugendliche haben, und nicht an denen, die sie machen"* führten zu einer einseitigen Fixierung auf die Täter.[1]

Sozialpädagogische und schulpädagogische Erziehungskonzepte waren viele Jahre allein von Akzeptanz, Empathie, Emanzipation und Kompetenzförderung geprägt. Pädagogen und Pädagoginnen entwickelten auf dem Hintergrund zahlreicher Verständnis- und Erklärungsmuster für Gewaltdelikte eine verstehende und oft entschuldigende Pädagogik, die den jungen Leuten Regel- und Normenverletzungen nachsah, wenn die individuelle Sozialisation nur schwierig genug war.

© caramool | photocase.com; Karikatur Michael Hüter

DAS MUSST DU VERSTEHEN! ICH HATTE EINE SCHWERE JUGEND !!!!

OH, DAS TUT MIR LEID!!!

Eine konfrontative Pädagogik (und deren ritualisierte Grenzziehung) ist an den Universitäten und Fachhochschulen allerdings meist kein Thema. Sie wird entweder als repressiver Erziehungsstil verworfen oder zurückhaltend diskutiert, weil man auf Ansätze der Lebensweltorientierung und Emanzipation setzt, die der großen Mehrheit der Kinder und Jugendlichen auch gerecht werden.

Konzepte der Grenzziehung und Konfrontation sind jedoch insbesondere für gewaltbereite und Grenzen verletzende Jugendliche gedacht. Sie praktizieren Unterdrückung und Abhängigkeiten und produzieren Opfer. Freundlichkeit und Milde interpretieren diese jungen Menschen als Schwäche. Redl und Wineman sprachen von „Kindern, die hassen", von „Kindern, die keiner will".[2] Es geht um die Kinder und Jugendlichen, die außerhalb der Reichweite von Erziehung (Elternhaus, Schule, Erziehungsberatungsstellen) und außerhalb des Wirkungsbereiches psychotherapeutischer Verfahren sind. Mit Empathie alleine sind diese Kinder und Jugendlichen nicht zu bewegen, den eingeschlagenen Pfad zu verlassen.[3]

M 1: BEISPIELE FÜR MANGELNDE EINDEUTIGKEIT UND KLARHEIT

Sprachliche Weichmacher:
"ein bisschen – eigentlich – vielleicht – ein Stück weit – so zu sagen – nicht wahr?"

Fragen stellen:
„Könntest du damit aufhören?"

Konjunktive:
„...ich würde mir wünschen, dass du..."

Dyskalkulie:
„Ich habe dir schon hundertmal gesagt, dass..." „Ich zähle bis drei, dann..."

Algebra für Fortgeschrittene:
„Ich habe dir schon x-mal gesagt, dass..."

Quizsendung:
„Wie oft soll ich dir noch sagen, dass..."

Der wohlwollende konfrontative Handlungsstil steht für eine Kultur des Hinsehens und der Einmischung bei Regel- und Normverletzungen. Er richtet sich gegen den Bequemlichkeitsliberalismus vieler Eltern und pädagogischer Fachkräfte. Albert Wunsch hat in seinem Buch „Abschied von der Spaßpädagogik" auf entscheidende Fehler in der Erziehung hingewiesen. Falsches Helfen, fehlende bzw. effektive Begrenzung und ausbleibende Herausforderungen verhindern soziales Wachstum.[4]

In diesem Erziehungsklima zwischen Vernachlässigung und Verwöhnung entstehen Konflikte, die sich verselbstständigen und eine eigene Dynamik entwickeln. Der Hauptfehler von Eltern und Erziehenden in Schule und Jugendhilfe: Anstatt erwünschtes Verhalten zu fördern, treiben sie nicht erwünschtes Verhalten aus. Sie versuchen nicht, die Kinder und Jugendlichen durch Belohnung, Aufmerksamkeit und Respekt zu beeinflussen, sondern durch Bestrafung und Demütigung. Durch Drohungen, Schimpfen, Schreien und Schlagen entsteht Zwangsverhalten. Diese Kinder und Jugendlichen werden systematisch auf Durchsetzung und Aggression trainiert. Sie sind daher in besonderer Weise auf klare und eindeutige Orientierungen angewiesen.[5]

Ausgestattet mit einem überproportionalen Durchsetzungsvermögen und einer enormen Anspruchshaltung treffen diese Kinder und Jugendlichen oftmals auf pädagogische Fachkräfte, deren Handeln von Uneinigkeit über die Regeln/Normen und deren Umsetzung geprägt ist. Im beruflichen Alltag z.B. im Lehrerkollegium oder im Jugendhaus bedeutet dies Teamspaltung und Aufteilung der Pädagogen/Pädagoginnen in „guter und böser Pädagoge". Die oftmals gravierenden Unterschiede in Werthaltungen und Interventionsformen zwischen den Beschäftigten, die auch in ihrem Verhalten gegenüber ihren Klienten sichtbar werden, begünstigen Konflikte und aggressives Verhalten. So entsteht durch Inkonsequenz Beliebig-

keit und Willkür. Das ist der Nährboden für die Entwicklung und Aufrechterhaltung einer unerwünschten anti-sozialen Kultur. Zudem zeichnen sich pädagogische Fachkräfte in der Auseinandersetzung mit Jugendlichen oftmals durch einen Mangel an Eindeutigkeit und Klarheit aus. „Sprachliche Weichmacher", Fragen stellen und Konjunktive verwaschen die Botschaft und „Dyskalkulie", „Algebra" und „Quizsendung" führen in kommunikative Eskalationsfallen (vgl. M 1).

Diese Pädagogen und Pädagoginnen sind schlechte Schiedsrichter! Sie betreten jeden Tag die Schule, die Heimeinrichtung oder das Jugendhaus und haben den empathischen Werkzeugkasten prall mit Erklärungs- und Verharmlosungsmustern gefüllt. Der Grenzen ziehende und konfrontierende Werkzeugkasten ist weitestgehend leer. Dabei werden bestimmte Regel- und Normverletzungen schon mal

RED' DU MAL !!!

die Notwendigkeit erkannt, Täter (kleine wie große) mit den Folgen ihres Handelns für die Opfer (einschließlich der Wiedergutmachung) zu konfrontieren.

Der Leitsatz, „Verstehen, aber nicht einverstanden sein", macht die Richtung deutlich, in welche sich das pädagogische Verständnis entwickelt hat. Im ureigensten Sinne von „verstehen" (erklären können), werden die Hintergründe und Umstände für die Regel- und Normverletzung, bei gleichzeitiger klarer Ablehnung der Tat, beleuchtet. Wir trennen also strikt zwischen der Person des Täters und dessen Handlung. Die Tat wird missachtet, der Mensch akzeptiert.

Die Basis ist unter anderem ein autoritativer Erziehungsrahmen, der eine klare normative Orientierung beinhaltet: „*In unserer Einrichtung/Schule gehen wir friedfertig, unterstützend, fördernd und freundlich miteinander um. Wir leisten als Einrichtung/Team/Schule einen Beitrag zum friedlichen Zusammenleben und wollen Kinder und Jugendliche für die Zivilgesellschaft begeistern.*"

Ein effektiver institutioneller Ordnungsrahmen ist in Schulen und Jugendhilfeeinrichtungen unerlässlich. Er entwickelt sich aus einem positiven Menschenbild und einer wohlwollenden Konfronta-

tionsbereitschaft. Er verbessert das soziale Klima in der Einrichtung und trägt zur Minderung aggressiver Verhaltensweisen bei. Die Basis ist Respekt.

Die folgenden fünf Arbeitsschritte verdeutlichen den Weg:[6]

> Verständigung über die grundlegenden pädagogischen Orientierungen;
> Konkretisierung des erwünschten Verhaltens: Was sind taugliche Tugenden? Was sind untaugliche Tugenden?;
> Entwicklung von Ritualen, Maßnahmen zur Einübung des erwünschten Verhaltens;
> Entwicklung von Ritualen und Maßnahmen gegen unerwünschtes Verhalten;
> Maßnahmen der Kontrolle und Evaluation.

2. Coolness-Training

Im lateinischen Ursprung bedeutet „konfrontieren" (*confrontare*) jemandem die Stirn bieten. Ein zentraler Aspekt der konfrontativen Pädagogik besteht darin, explizit Grenzen zu ziehen. Die Grenzziehung ist kein Selbstzweck, sondern dient der Normverdeutlichung, und zwar in dem Moment, in dem das unerwünschte Verhalten geschieht. Grenzen sind zu ziehen, wo Gefahren drohen, wo Menschen

übersehen. Aus der Sicht der Jugendlichen heißt das: Eine Regelverletzung, die der Pädagoge/die Pädagogin ignoriert, ist Verhalten, das er/sie erlaubt.

Für den konfrontativen Schiedsrichter beginnt das Fußballspiel im Kopf, lange bevor er den Platz betritt. Er hat Ziele und somit die entscheidenden Regeln definiert. Was erlaube ich? Was geht auf keinen Fall? Was kann ich verhandeln? Was ist eine gelbe Karte, was ist eine rote Karte? Wann bekommt der Spieler/die Spielerin eine Sperre?

Jedoch: Die Sichtweisen und die gängige Praxis bei den Fachleuten ändern sich. Wir befinden uns im Prozess einer Paradigmenverschiebung. Jugendliche Straftaten zu verstehen, heißt nicht mehr, diese durch Erklärungsversuche zu bagatellisieren, zu entschuldigen und somit indirekt Einverständnis zu signalisieren. Es wird

Hartmut Nörenberg

Im lateinischen Ursprung bedeutet „konfrontieren" (*confrontare*) jemandem die Stirn bieten.

Hartmut Nörenberg; Karikaturen Michael Hüter

COOLNESS TRAINING

geschädigt werden und wo das gesellschaftliche Leben dies erfordert.[7]

Eine konfrontative Pädagogik unter Einbeziehung der „Gruppe der Gleichen", stellt für gewaltbereite Menschen eine bedeutsame Hilfe dar. Ein zweiter zentraler Aspekt besteht in der Auseinandersetzung mit den Folgen einer Tat. Gerade hier liegt der Schlüssel für den Zugang zu den Täterinnen und Tätern, denn die Opferperspektive ist im Umgang mit gewaltbereiten Jugendlichen von besonderer Bedeutung, weil sie für Gewalttäterinnen und -täter das *Tabu-Thema* darstellt. Konfrontative Pädagogik will gewaltakzeptierende Muster verstören, Verhaltensressourcen entdecken und Verhaltensressourcen trainieren.

Das Coolness-Training (CT) versucht Kindern und Jugendlichen mittels konfrontativer Pädagogik das Thema Gewalt näher zu bringen. Im Handlungsviereck von Täterinnen/Tätern, Opfer, Gruppe und sozialer Kontrollinstanz (Einrichtung), die alle auf ihre spezifische Weise und in vernetzter Form für die Bedingungen der Gewaltereignisse verantwortlich sind, werden im Coolness-Training Verhaltensalternativen erarbeitet. Ursachen, Auslöser und Gelegenheiten werden Gegenstand der Analyse des gewalttätigen Verhaltens von Kindern und Jugendlichen. Oberstes Ziel ist die Opfervermeidung.

Die Stärke des Coolness-Trainings liegt in der Haltung der Trainerinnen/Trainer und in der Einbeziehung der Peergroup. Es nimmt klassen- bzw. cliqueneigene Muster von Gewalt und Ausgrenzung auf und versucht, diese im Laufe des Prozesses zu verändern. Die Entwicklung von Teamgeist sowie die Etablierung einer Akzeptanz- und Lobkultur sind Ziel und gleichzeitig Arbeitsmittel.

Konfrontative Pädagogik ist „geführte Gruppeninteraktion", letztlich klassische soziale Kontrolle im Gewand der *peer-group-education*. In diesem Prozess ist die „Gruppe der Gleichen" im Idealfall der eigentliche Machtfaktor. Im Coolness-Training initiieren die Gruppenleiterin oder der Gruppenleiter einen Gruppenprozess, der lediglich Verhaltensänderungen herbeiführen soll. Es geht nicht um Persönlichkeitsveränderungen im Sinne eines therapeutischen Ansatzes.

Bisweilen wird die *peer-group-education* unter negativen Vorzeichen (schlechter Einfluss) wahrgenommen. Zahlreiche Kinder und Jugendliche sind jedoch in der Lage, ihre Mitschülerinnen und Mitschüler positiv zu beeinflussen und verantwortungsvoll untereinander Streit zu schlichten. Sie verstehen es mindestens genauso gut wie Erwachsene, wenn nicht besser, Opfern und Tätern/Täterinnen ihre Hilfe anzubieten, um die aktuellen Konflikte zu lösen.

Eine Intervention und Konfrontation ohne Beziehung hat nur für einen kurzen Moment und zwar in der konkreten gewaltaffinen Situation eine Berechtigung. Ziel ist es, die Gewalthandlungen zu unterbrechen. Im Fokus steht das Opfer, das geschützt werden muss. Daraus entsteht für den Aggressor noch keine Notwendigkeit, sein Verhalten zu ändern. Diese erwächst erst, wenn zum Jugendlichen eine belastbare Beziehung aufgebaut worden ist. In der sozialen Kontrolltheorie (Hirschi) wird von „Konformitätsbändern" gesprochen.[8] Beziehungen

zu glaubwürdigen und verlässlichen Mitmenschen ist ein bedeutendes Konformitätsband. Diese Beziehungen werden im Anti-Aggressivitäts-Training und im Coolness-Training gefördert.

Das Coolness-Training basiert auf sechs Leitsätzen, die von allen Teilnehmerinnen und Teilnehmern akzeptiert werden müssen:

> Niemand hat das Recht, den Anderen zu beleidigen, auszugrenzen oder zu verletzen. Geschieht dies dennoch, erfolgt Konfrontation.
> Wir akzeptieren Konfrontation.
> Wir unterstützen Konfrontation.
> Gewalt und Aggressionen werden als menschliches Verhalten zur Kenntnis genommen, jedoch nicht akzeptiert. Dieser „menschliche" Anteil ist durch Regeln und Normen zu kultivieren.
> Auch Kindern und Jugendlichen wird eine Verantwortung für ein friedfertiges Miteinander in Gruppe und Schulklasse zugemutet.
> Die *wohlwollende* Konfrontation der Teilnehmerinnen und Teilnehmer mit den unangenehmen Aspekten ihres Verhaltens ist ein wesentliches Mittel im Training.

2.1 Organisatorische Voraussetzungen für ein Coolness-Training

Um ein länger andauerndes, konfrontatives Coolness-Training (zwei bis fünf Monate, zwei bis drei Schulstunden pro Woche) in Schulklassen und Jugendgruppen durchführen zu können, müssen bestimmte Voraussetzungen gegeben sein:

> Das Coolness-Training ist keine „medikamentöse Eingabe", die zukünftig alle Konflikte verhindert. Es ist ein Angebot an Lehrerinnen und Lehrer, sich neue, erweiterte Zugänge zu ihrer Klasse zu erschließen. Die Teilnahme der Pädagogen/Pädagoginnen und der Wille, die neuen Prozesse dauerhaft zu begleiten, sind Voraussetzung für die Durchführung des Trainings.
> Zwischen Schülerinnen und Schülern sowie den Lehrkräften muss zumindest im Ansatz ein belastbares Verhältnis bestehen, das auf gegenseitigem, wohlwollendem Interesse begründet ist. Das Training scheiterte immer dann, wenn sich bei den Schülerinnen und Schülern der Eindruck aufdrängte, dass die Lehrerinnen und Lehrer einen neuen „pädagogischen Trick" versuchen.
> Die Schülerinnen und Schüler müssen eine Mindestmotivation für das Training haben. Erfahrungsgemäß stellt dies jedoch keine nennenswerte Hürde dar.
> Für die Schülerinnen und Schüler muss klar sein, worum es thematisch geht und dass möglicherweise neue Anforderungen und Zumutungen auf sie zukommen. Die jugendspezifische Interpretation von „Cool-Sein" meint Durchsetzung, Souveränität, Erfolg und Sicherheit. Aus dieser Grundannahme ergibt sich bei den Jugendlichen manchmal eine falsch interpretierte Faszination für das Coolness-Training.

Die Trainerinnen und Trainer haben im Coolness-Training nicht das Recht, die Widerstände der Teilnehmerinnen und Teilnehmer zu brechen. Die Teilnahme ist immer freiwillig. Im konfrontativen Umgang mit den Kindern und Jugendlichen benötigen die Coolness-Trainerinnen und -Trainer daher mehrere Interventionsberechtigungen:

> die grundsätzliche Bereitschaft der Einrichtung (Schule, Jugendhaus) zur Durchführung des Trainings mit seinen besonderen Prinzipien;
> die Bereitschaft der Gruppe oder Klasse, das Training mitzumachen;
> das Einverständnis der Eltern, die im Rahmen eines Info-Abends zum Thema Gewaltprävention informiert und auf die besonderen Inhalte des Coolness-Trainings hingewiesen werden;
> die Erlaubnis der Teilnehmerin oder des Teilnehmers, einzugreifen, wenn während des Trainings eine Konfrontation auftritt.

Letzteres nimmt neben dem Einverständnis der Eltern eine bedeutsame Stellung ein. Niemand ist verpflichtet, mit uns zusammenzuarbeiten. Das Angebot ist eine freiwillige Maßnahme. Richterliche Auflagen spielen im Coolness-Training keine Rolle.

Die Schülerinnen und Schüler wissen jedoch, dass wir uns in bestimmten Situationen konfrontativ verhalten und dass dies für sie belastend sein kann. Es besteht daher für jeden die Möglichkeit, auszusteigen, wenn es zu viel wird. Übungen, kleine Experimente und Konfrontationen werden sofort beendet, wenn es von den jungen Leuten klar und deutlich verlangt wird.

Bevor es in Schulklassen zu einem länger angelegten Coolness-Training kommt, hat im Vorfeld ein intensiver Informations- und Klärungsprozess stattgefunden:

> Im *ersten Schritt* wird den Pädagoginnen und Pädagogen der Schule das Coolness-Training vorgestellt. Die Ziele, Methoden und konfrontativen Besonderheiten werden theoretisch und praktisch erläutert. Die beteiligten Lehrkräfte beschreiben möglichst konkret den Handlungsbedarf für die Schulklasse. Entweder liegen gehäuft Konfliktlagen vor (Mobbing, Ausgrenzung, Gewalt) oder es geht um Prävention. Die Klassenlehrerinnen und Klassenlehrer analysieren gemeinsam mit den CT-Trainerinnen und -Trainern ihr Verhältnis zu den Schülerinnen und Schülern. Das Kollegium entscheidet sich bewusst für das Coolness-Training.
> Im *zweiten Schritt* werden die Schülerinnen und Schüler der beteiligten Schulklassen über das Training informiert. Die CT-Trainer schaffen eine Grundmotivation. Bereits in dieser Phase machen wir deutlich, dass wir mit Zumutungen aufwarten. Die Klasse entscheidet sich bewusst für das Coolness-Training.
> Im *dritten Schritt* werden die Eltern informiert. Dies ist insbesondere für

Das Coolness-Training ist keine „medikamentöse Eingabe", die zukünftig alle Konflikte verhindert.

Mette/laif

die problematischen Phasen bedeutsam. Wenn es zum Beispiel um sexistische Provokationen geht, die Gegenstand einer Konfrontation werden, ist es unvermeidlich, mit unerwünschten Worten zu arbeiten. Eltern sollten hierüber Bescheid wissen. Ebenso können negative Emotionen ausgelöst werden. Konfrontationen bei Normverstößen sind für alle Beteiligten belastend. Die Eltern stimmen dem Training bewusst zu.

2.2 Inhalte eines Coolness-Trainings

Wenn sich alle Beteiligte darüber im Klaren sind, was auf sie zukommt, beginnt das Training. Die erste Trainingseinheit ist besonders wichtig. „Was nicht gut beginnt, endet oft auch nicht gut." Folgende Aspekte müssen den Schülerinnen und Schülern deutlich werden:

> Was ist Coolness?
> Wie gehen wir miteinander um?
> Wie sollten wir miteinander umgehen?
> Was bedeutet Konfrontation?

Lernziele	Lerninhalte	Methoden/Medien
1. Wahrnehmung aggressiver Gefühle, mit körperlichen Empfindungen	Aggressionen als natürlichen Persönlichkeitsanteil kennenlernen	körperbetonte, sportliche Spiele, Kämpfen nach Regeln, Stunts, erlebnispädagogische Projekte
2. Erkennen der eigenen Befindlichkeit in Konflikten, Wahrnehmung eigener Täter-/Opferdispositionen	Selbstexploration als Täter und Opfer	Fragebogen, Rollenspiele, interaktionspädagogische Übungen, Partnerinterviews, Statuen-Theater, Stunt
3. Erkennen und Akzeptieren der eigenen Stärken, Schwächen und Möglichkeiten	Auseinandersetzung mit positiven und negativen Persönlichkeitsanteilen	Partnerinterviews, Rollenspiel, Konfrontation im „heißen Stuhl"
4. Konstruktive Kommunikation	Ich-Botschaften, Du-Botschaften, Beziehungs-, Inhalts-, und Gefühlsaspekt erkennen, Wahrnehmungseinschränkungen durch Launen, Projektionen, Kommunikation in Stresssituationen	Interaktionspädagogische Übungen, nonverbale Kommunikation, Rollenspiele
5. Interesse an gemeinsamen Zielen, gegenseitiges Interesse und gegenseitige Akzeptanz wecken	Modelle von Kooperationen in Schulklassen und Gruppen, Beispiele zur Stärkung der Gruppenkohäsion, peer-group-education	Arbeit in Kleingruppen, Kooperationsspiele, Vertrauensübungen, gemeinsame Aufgaben
6. Aushalten erster leichter Konfrontationen, zum Problem bekennen, Erkenntnisgewinn: nicht alleine zu sein	Visualisierung von Befindlichkeiten in Gruppen (Themen: Sexismus, Rassismus, Macht und Ohnmacht, Adultismus)	Rollenspiel, interaktionspädagogische Übungen, Methoden der Visualisierung
7. Erkennen von Rollenverhalten, Rollenzuweisungen und Rollenerwartungen	Visualisierung von männlichen und weiblichen Rollenbildern, die Rolle als Kind, Jugendlicher, Erwachsener, Funktionsträger	Analyse der Verhaltensweisen durch Rollentausch, Rollenspiel, Texte, Befragungen
8. Aushalten von Provokationen, Erhöhung der Frustrationstoleranz, kreative, lockere Reaktion auf Anmache	Hierarchisierung von Empfindlichkeiten (Beleidigungen, Schimpfworte, Rempeleien, Provokationen)	Übungen gegen Anmache, Gruppen-/Klassengespräche, Rollenspiele, Konfrontationsübungen, Boalsches Theater
9. Reduzierung der Feindlichkeitswahrnehmung	Strukturen menschlicher Begegnung kennenlernen (Rituale, Territorien, Nähe u. Distanz)	Interaktionsspiele, Rollenspiele, Stunts, Körpersprache, Konfrontationsübungen
10. Sinnvolles Verhalten in Bedrohungssituationen	Gewaltvermeidung durch aktive Kommunikation, aus der Rolle des Opfers ausbrechen	Rollenspiele und szenische Darstellung belastender, bedrohlicher Situationen, Deeskalationsstrategien
11. Verbesserung der Körperwahrnehmung	Entspannungsverfahren, Erfahrung von Ruhe und Stille	Atemübungen, Traum-/Phantasiereisen, Meditationsübungen
12. Erkennen widersprüchlicher Signale und Anforderungen der Erwachsenen, Akzeptanz der eigenen Verantwortung, Erkennen der eigenen Möglichkeiten	Informationen über die Bedingungen des Aufwachsens in unserer Gesellschaft (Veränderung der Jugendphase, Individualisierung, Pluralisierung)	Befragung, Karikaturen, Comics, Referat

Kinder und Jugendliche haben hinsichtlich der Frage was cool ist, eine völlig andere Perspektive als wir. Cool sind die neuesten modischen Errungenschaften, Musikvideos und Filme. Cooles Verhalten in schwierigen Situationen, z.B. bei Provokationen, wird nur von sehr wenigen assoziiert. Wir verdeutlichen unsere Definition mit dem Mittel der Provokation.

Die Trainerinnen und Trainer überschreiten für einen überschaubaren Zeitraum bewusst die Grenzen. Schultaschen werden ausgeschüttet. Mützen, die während des Trainings nicht getragen werden dürfen, fliegen durch den Raum. Dem einen Schüler wird die Brille abgenommen, dem anderen die Schuhriemen oder Klettverschlüsse geöffnet. Der Schüler ist zunächst konsterniert, reagiert dann aber ausweichend bis aggressiv. Der CT-Trainer hat die Lacher immer auf seiner Seite. Deshalb ist es besonders wichtig, den Provozierten mit Würde und Anstand zu-

rückzuholen. „Ich habe dich ausgewählt weil ich den Eindruck hatte, dass du für diesen Provokationstest stark und selbstbewusst genug bist."

In der Auswertung dieser Übung werden folgende Fragen behandelt:
> War das jetzt cool?
> Wäre deine Reaktion eine andere, wenn ich ein Mitschüler wäre?
> Was wäre, wenn ich das drei-, vier-, fünfmal gemacht hätte?

Das Konzept eines Coolness-Trainings ist in *Tabelle 1* übersichtlich dargestellt. Jeder Termin des Coolness-Trainings ist strukturiert in

> Aufwärmphase (Warming-up),
> Kampf- und Bewegungsspiele,
> inhaltlicher Schwerpunkt,
> Entspannung (Cool-down).

2.3 Standards und Orientierungen

Zu Beginn des Trainings definieren wir unseren Standard des Zusammenlebens. *„Niemand hat das Recht, den anderen auszugrenzen, zu beleidigen oder zu verletzen. Geschieht dies dennoch, erfolgt Konfrontation."* Dieser Leitsatz stellt die normative Basis dar und ist für jeden Teilnehmer und jede Teilnehmerin nachvollziehbar:

> Die Erfahrung aus den Trainings zeigt, dass sich der soziale Alltag aggressiver Kinder und Jugendlicher durch Unberechenbarkeit und Unvorhersehbarkeit auszeichnet. Sie brauchen daher in besonderer Weise klare und eindeutige Orientierungen.
> Opfer lernen durch das Training, für schwierige Situationen ihr eigenes Drehbuch zu schreiben.
> Scheinbar unbeteiligte Dritte, die Zuschauer, entwickeln eine Kultur des Hinschauens und trainieren das friedfertige Einmischen.

2.4 Konfrontation im Coolness-Training

Gewalt beginnt oft im Kleinen. Sie beginnt in Gewohnheiten, Vorurteilen sowie in Rollenerwartungen und Rollenzuweisungen. Sie entwickelt sich weiter über Verspotten, Missachten und Demütigen bis hin zu offenen Formen von Gewalt, wie Zwingen, Einschüchtern, Drohen und Misshandeln.

Die pädagogische Arbeit der Fachkräfte in Schule und Jugendhilfe leidet immer noch unter dem Aufklärungsdilemma. Regel- und Normverletzungen durch Gewalt, Rassismus, Sexismus und Fremdenfeindlichkeit können nicht nur im Sinne einer rationalen Argumentation durch Information und Aufklärung bearbeitet werden. Unbewusste, verborgene und emotionale Aspekte des Gewalt-, Ausgrenzungs- und Abwertungsverhaltens werden dadurch nicht angesprochen. Die Argumentation bewirkt bei den Schülerinnen und Schülern keine Verhaltensänderung. Um eine solche zu ermöglichen, muss die Befindlichkeit und das subjektive Unbehagen des/der Jugendlichen zum Ausgangspunkt der pädagogischen Interventionen gemacht werden.

Wir intervenieren bereits bei scheinbar kleinen Anlässen. Die Aufforderung z.B. eines Gymnasiasten der 7. Jahrgangsstufe, während einer Vertrauensübung den Außenseiter der Klasse fallen zu lassen, wird von uns als Anlass zur Konfrontation genommen. Der Schüler muss für seine sprachliche Unbedachtheit die Verantwortung übernehmen.

Bei Regel- und Normverstößen erfolgt sofortige Konfrontation. Fälschlicherweise wird Konfrontation als lärmendes, lautes Spektakel verstanden. Es kann zwar laut werden, aber die leise Konfrontation, die nachdenklich stimmt und betroffen macht, ist häufig erfolgreicher. Konfrontation will die Gegenüberstellung von Personen, Meinungen, Denkweisen und Sachverhalten. Das folgende Beispiel zeigt eine solche Konfrontation zwischen Grundschulkindern.

In einer 4. Klasse einer Grundschule bearbeiteten wir anhand eines Textes, der den Tagesablauf eines Mädchens schilderte, das Thema Gefühle. Was sind schöne und was sind unangenehme Gefühle? Im ersten Schritt sollten die Schülerinnen und Schüler lediglich diese Differenzierung vornehmen. Während die Trainerin den Text vorlas, hatten die Kinder die Gelegenheit, immer wieder zu unterbrechen und die Gefühle zu benennen. Es folgte der Transfer auf den häuslichen und schulischen Alltag. Die Kinder benannten Situationen, in denen sie Ähnliches erfahren hatten. M., ein freundlicher und lieber türkischer Schüler, beschrieb sein unangenehmes Gefühl, wenn er von S., einem deutschen Schüler, in Macker-Manier provoziert wird. Er habe dann Angst vor S. Dies könne er ihm aber nicht sagen. Lieber versuche er, ihm auszuweichen.

Zunächst brachte ich beide Jungen in direkten Kontakt. Ich bat S., die provokante, Angst verursachende Situation im Kreis darzustellen. Leicht verlegen, bewegte sich S. breitbeinig und mit gestelzter Brust auf M. zu. M. beschrieb sein Gefühl der Unsicherheit und Verlegenheit und sprach mich dabei an. Ich forderte M. auf, mit S. direkt zu sprechen und gab ihm folgende Worthilfen. „Wenn Du so vor mir stehst, dann habe ich Angst vor dir." Weitere Schüler berichteten von ähnlichen Situationen mit S. und vollzogen das gleiche Ritual. Nachdem der dritte Schüler S. die Rückmeldung gab, war dieser kreidebleich geworden und tief betroffen.

Diese Art von Konfrontation kannte S. nicht. Seine Mitschülerinnen und Mitschüler hatten bisher mit ausweichendem Verhalten oder mit Widerstand reagiert. Beides entsprach seinem Selbstbild, das nach Macht und Anerkennung suchte. Die Kinder stellten jedoch seine Selbstwahrnehmung infrage und offenbarten, dass sich seine Macht und Anerkennung auf Bedrohung stützte. Er war nicht sehr beliebt.

Bei allen Kindern herrschte tiefe Betroffenheit. Ich fragte, wie wir S. bei diesem Problem helfen könnten. Einige Kinder meinten, man könne sich ja bei ihm entschuldigen, denn man wollte ihn nicht verletzen. Andere waren froh, dass dies endlich einmal gesagt werden konnte. Die angemessene Reaktion zeigte D., ein weiterer „Held" in der Klasse. Er ging zu S., nahm ihn den Arm, tröstete ihn und war selbst den Tränen nahe.

Alle Anwesenden trafen eine Vereinbarung. S. bemüht sich, zukünftig weniger bedrohend zu sein. Sollte es trotzdem

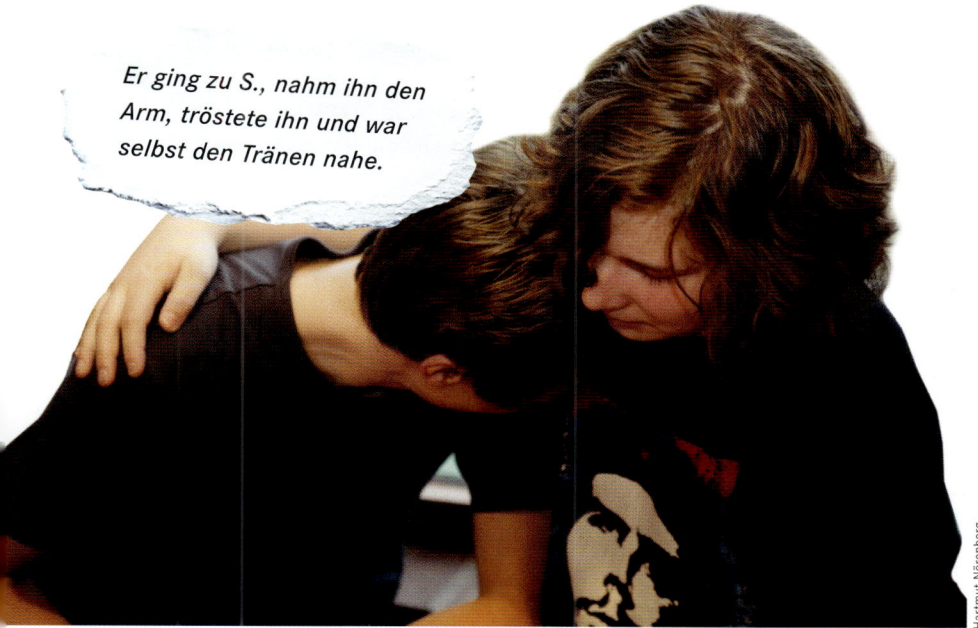

Er ging zu S., nahm ihn den Arm, tröstete ihn und war selbst den Tränen nahe.

Hartmut Nörenberg

wieder geschehen, versprachen die anderen Kinder, ihn an die Vereinbarung zu erinnern.

2.4.1 Verlauf einer Konfrontation

Kinder und Jugendliche, die während unseres Trainings öffentlich in der Gruppe gegen Regeln und Normen verstoßen, müssen sich öffentlich in der Gruppe dafür rechtfertigen und die Verantwortung übernehmen. Im Umgang mit Kindern und Jugendlichen sind wir klar, eindeutig und ehrlich. Das Opfer und die scheinbar unbeteiligte Gruppe sind die wichtigsten Adressaten für die Rechtfertigungen und Legitimationen der Täter. Sie erweisen sich nach einiger Zeit als die wichtigste Korrekturinstanz.

Das Prinzip der öffentlichen Verhandlung ist ausgesetzt, wenn es sich um eine eindeutige Straftat handelt. Normverletzungen, die kriminelles Handeln beinhalten, sind Angelegenheit der Polizei. Auch für den schulischen Bereich gilt daher „Ermittlungsarbeit ist Polizeiarbeit". Die Schulleitung hat im Einzelfall zu entscheiden, ob der Vorfall mit pädagogischen Mitteln noch zu bearbeiten ist.

Nimmt die Übeltäterin oder der Übeltäter die Konfrontation an, entsteht eine

Auseinandersetzung. Es kommt Bewegung ins Spiel. In der Auseinandersetzung mit Kindern und Jugendlichen ist dies die halbe Miete und die Gegenüberstellung endet fast immer mit einer akzeptablen Regelung zwischen allen Beteiligten. Die Täterin/der Täter schiebt zunächst oft Ausreden vor, um die eigene Verantwortung zu vermindern. Viele Täterinnen und Täter entwickeln eine systematische Strategie, um Schuldgefühle zu vermeiden und keine Verantwortung für die eigenen Taten übernehmen zu müssen.

Wird die Konfrontation verweigert, macht der Trainer/die Trainerin die Verweigerung zum Thema der Auseinandersetzung, ohne zu moralisieren. Dabei wird die gewohnte Entfernung von Nähe und Distanz überschritten. Trainerin/Trainer und „Täterin/Täter" sitzen sich dicht gegenüber, in jedem Fall näher als üblich.

Wird auch diese Konfrontation verweigert, hilft eine „Dolmetscherin" oder ein „Dolmetscher". Eine Freundin, ein Freund oder ein einflussreiches Klassenmitglied übernimmt die Aufgabe des „Dolmetschers". Sie bzw. er wiederholt Wort für Wort die Sätze der Trainerin bzw. des Trainers. Dies kann absurdes Theater werden. Eine weitere, mildere

Form der Konfrontation mit Hilfe eines „Dolmetschers" besteht darin, dass er mit der Täterin oder dem Täter die Gruppe verlässt, um sich den Sachverhalt ohne Publikum erklären zu lassen. Das Ergebnis wird später in der Gruppe entweder vom „Dolmetscher" oder, besser, von der Täterin oder vom Täter erläutert.

Wird auch diese Auseinandersetzung verweigert, wird - wenn möglich - das Opfer um ein Feedback gebeten. Es erhält im Idealfall Stärkung durch die Gruppe. Das Opfer sitzt unmittelbar vor der Täterin oder dem Täter und berichtet über seine Empfindungen, die während der Tat vorherrschten. Das Opfer beschreibt detailliert sein Leiden, seine Schädigungen, seinen Abscheu und seine Schmerzen. Hier ist eine strategische Überlegenheit der Trainerin bzw. des Trainers vonnöten. Das Opfer kann nur einbezogen werden, wenn sichergestellt ist, dass es von der Gruppe gestützt wird. Es wäre verhängnisvoll, wenn das Opfer zusätzlich verletzt oder gar traumatisiert würde.

2.4.2 Die indirekte Konfrontation

Neben der direkten und unmittelbaren Konfrontation besteht die Möglichkeit der indirekten Konfrontation. Das Beispiel aus einem Coolness-Training in einer Gesamtschule macht dies deutlich.

Ein 12 Jahre alter Schüler einer Gesamtschule (7. Jahrgangsstufe), der durch Übergewicht, Stottern und unkoordinierten Bewegungsablauf ein dankbares Opfer zu sein schien, erhielt von seinen Mitschülern zusätzlich zu den „körperlichen Strafen" regelmäßig zutiefst beleidigende Kurzmitteilungen. Im Coolness-Training berichtete er in der Gruppe davon und brachte einige Schriftstücke mit. Auch wenn er es äußerlich cool nahm, bedrückte es ihn doch außerordentlich. Ich gab ihm den Auftrag, alle Mitteilungen in ein Heft zu kleben und zu sammeln. Ich versprach ihm, dass wir gemeinsam in der Gruppe über eine „spektakuläre Aktion" nachdenken würden. Die Tatsache, dass er erstmals, mit Unterstützung, das Drehbuch selbst schreiben konnte, versetzte ihn zugleich in Angst und Euphorie. Geplant war, die Kurzmitteilungen auf DIN A 3 Format zu ziehen, unangemeldet in die Klasse zu gehen und die „Autoren" zu bitten, sich ihren Werken zuzuordnen. Die Information über die „Aktion" drang durch eine undichte Stelle nach außen zu den Briefeschreibern. Schlagartig versiegte die Quelle.

2.4.3 Der „heiße Stuhl"

Der „heiße Stuhl", wurde von Jens Weidner[9] für das Anti-Aggressivitäts-Training in der Jugendstrafanstalt Hameln entwickelt. Im Coolness-Training wurde er den

schulischen Verhältnissen angepasst. Für extrem gewaltbereite Jugendliche stellt er eine außerordentliche Belastung dar. Die Konfrontationen zum Tathergang, den Vermeidungsstrategien und den Folgen für das Opfer, aber auch die Provokationstests, sind hart und belastend.

Im schulischen Rahmen ist der klassische „heiße Stuhl" bis zum Alter von ca. 14 Jahren unangemessen. Die Konfrontationen und Provokationstests werden für jüngere Schülerinnen und Schüler sanfter, abgemilderter und ritualisierter gestaltet. Hingegen kann man älteren Schülerinnen und Schülern je nach Bedeutsamkeit der

Für extrem gewaltbereite Jugendliche stellt der „heiße Stuhl" eine außerordentliche Belastung dar.

Regel- und Normverletzung „heiße Stühle" durchaus zumuten, vorausgesetzt sie stimmen dieser Vorgehensweise zu. Die Bereitschaft zur Auseinandersetzung ist hier bedeutsam.

Der betroffene Schüler bzw. die betroffene Schülerin wird in die Mitte eines Stuhlkreises gesetzt. Dort muss er/sie sich der Gruppe stellen und Rechenschaft für sein/ihr negatives Verhalten ablegen. Ziel ist es, die Strategien, mit denen dissoziales Verhalten neutralisiert und gerechtfertigt wird, abzuschwächen und Schuldgefühle sowie Empathie zu wecken.

2.5 Humor und Spaß im Coolness-Training

Spaß ist beim Coolness-Training ein wesentlicher Erfolgsfaktor. Wir suchen den Zugang zu den Kindern und Jugendlichen über „Bauch und Kopf". Ein Coolness-Training, das für Schülerinnen und Schüler ausschließlich belastend ist, wird keine Erfolge erzielen. Das Curriculum bietet zwischenmenschliche Experimente, Spaß, Unterhaltung und Erkenntnisgewinn. Es geht um Versuchen und Erproben. Niemand wird gezwungen oder gedrängt. Angstbesetzte Themen werden in spielerischer Weise sichtbar gemacht.

Die Methoden stammen zu einem großen Teil aus der Spiel-, Interaktions- und Theaterpädagogik. Die Visualisierung der Ereignisse und der Befindlichkeit der Jugendlichen bringt die Trainer/Trainerinnen oft in die Nähe eines Regisseurs bzw. einer Regisseurin, der/die Schauspieler und Schauspielerinnen zu motivieren hat.

3. Evaluation

Das Coolness-Training in Schulen wird in Oberhausen (Rheinland) seit 1995 in unregelmäßigen Abständen immer wieder durch die Befragung von Schülern/Schülerinnen und Lehrkräften evaluiert. Ein Beispiel für solche Evaluationen ist eine im Rahmen einer Diplomarbeit durchgeführte Befragung.[10] Insgesamt wurden 160 Fragebögen an Schülerinnen und Schüler ausgeteilt und ausgewertet. Das Alter lag zwischen acht und 14 Jahren. Die Trainings wurden mit kompletten Schulklassen in Grund- und Hauptschulen durchgeführt. Bei 85 Prozent der Befragten fanden die Trainings an fünf aufeinanderfolgenden Tagen mit jeweils zwei Schulstunden statt. 15 Prozent der Befragten waren über einen Zeitraum von sechs Wochen an je einem Tag pro Woche im Coolness-Training. Unterschiede gab es ebenfalls bei der Zeitspanne, die zwischen der Absolvierung der Coolness-Trainings und der Befragung lag: Bei den Schülerinnen und Schülern der 4. Klasse betrug sie drei Wochen, bei den anderen Klassen zwei bzw. drei Monate.

Die Befragung der Schülerinnen und Schüler ergab, dass die angewandten Methoden und Spiele den Kindern Spaß gemacht haben, dass durch die Teilnahme am Coolness-Training pro-soziale Verhaltensweisen gestärkt wurden und die Reizbarkeit vermindert wurde. Darüber hinaus war bei 80 Prozent der Kinder das Coolness-Training Gesprächsthema im familiären Umfeld.

Außerdem ließ sich aus Befragungen von Lehrerinnen und Lehrern ableiten, dass die Teilnahme der Schüler und Schülerinnen am Coolness-Training zu beobachtbaren Veränderungen bezüglich pro-sozialer Verhaltensweisen führt: Die Lehrer und Lehrerinnen berichteten, dass Konflikte nun eher verbal ausgetragen würden, dass die Kinder in ihrer Gesprächsführungskompetenz selbstständiger geworden seien, dass sich ein verantwortungsvoller Umgang miteinander zeige und dass schüchterne Schüler bzw. Schülerinnen sich nun offener mitteilen können. Weiterhin wurde festgestellt, dass die im Coolness-Training angewendeten Elemente sich in den Schulalltag integrieren lassen.

Dennoch ist ein kritisches Fazit zu ziehen. Aufgrund unserer zwölfjährigen Erfahrung mit Coolness-Training in Schulklassen, betrachten wir Evaluationen über die Wirksamkeit der unterschiedlichen Methoden und Interventionen kritisch. Zum einen ist nicht sicher auszuschließen, dass Schülerinnen und Schüler den Fragebogen unter dem Eindruck einer emotionalen Beziehung zum Trainer bzw. zur Trainerin ausfüllen, d.h., dass ihre Antworten nicht eine „echte" Trainingswirkung widerspiegeln. Zweitens konnte die Annahme, dass die Wirkung des Cool-

ness-Training nachhaltig ist, bisher nur über weiche Faktoren ermittelt werden.

Bei Langzeittrainings (bis zu sechs Monaten, in zwei Extremfällen über einenviertel Jahr) werden nachsorgende Klassenbesuche gemacht. Die Inhalte des Coolness-Trainings, aber auch die Trainer und Trainerinnen haben bei den Schülerinnen und Schülern einen hohen Erinnerungswert. Lehrkräfte berichten, dass die Klassen einfacher zu unterrichten seien und dadurch mehr Zeit für Unterricht zur Verfügung stehe.

Der Erfolg eines Coolness-Trainings hängt von Faktoren ab, die vor allem im Persönlichkeitsbereich der Lehrkräfte und der Trainer/Trainerinnen liegen. Gelingt es Letzteren nicht, zur Klasse in kurzer Zeit eine Beziehung aufzubauen, werden sie mit ihren Methoden scheitern. Insofern hängt der Erfolg eines Coolness-Trainings vor allem von der glaubwürdigen und überzeugenden Haltung des Trainers/der Trainerin und der Intensität seiner/ihrer Beziehung zur Schulklasse ab. In der Konsequenz bedeutet dies, dass die besten Methoden, Übungen und Spiele, einschließlich berechtigter Konfrontationen, wirkungslos sind, wenn die Trainerinnen bzw. Trainer nicht authentisch sind.

Karikatur Michael Hüter

RUF DOCH MAL AN !

WEN DENN ?!

AUSGEWÄHLTE LITERATUR

→ Faller, Kurt/Kerntke, Wilfried/Wackmann, Maria, Konflikte selber lösen. Mediation für Schule und Jugendarbeit, Mülheim a.d. Ruhr 1996.

→ Kilb, Rainer/Weidner, Jens/Gall, Reiner, Konfrontative Pädagogik in der Schule, Weinheim 2006.

→ Langenscheidt, Karl, Die Behandlung aggressiver/oppositioneller Kinder. Empirische Befunde und schulische Interventionsmöglichkeiten, Regionale Schulberatungsstelle der Stadt Oberhausen, Soest 1998.

→ Schneider, Peter, Erziehung nach Mölln, in: Kursbuch „Deutsche Jugend" 1993, S. 131-141.

→ Weidner, Jens/Kilb, Rainer/Jehn, Otto (Hrsg.), Gewalt im Griff, Bd. 3, Weinheim 2003.

→ Weidner, Jens/Kilb, Rainer/Kreft, Dieter (Hrsg.) Gewalt im Griff, Bd. 1, 4. Aufl., Weinheim 2004.

→ Wunsch, Albert, Abschied von der Spaßpädagogik, München 2003.

Professionell handeln in Gewaltsituationen

Ein Training zur Qualifizierung von Mitarbeiterinnen/Mitarbeitern und Teams in betreuenden Berufen

Wolfgang Papenberg

www.rolf-schulten.de

1. Einführung

Es gehört zu den größten Herausforderungen für Menschen, die andere Menschen betreuen und dabei Verantwortung für sie haben (etwa in Jugendhilfe, Schule, Psychiatrie, Behindertenhilfe, auch im Strafvollzug und bei der Polizei), wenn es zu aggressiven oder gewalttätigen Situationen kommt. Hilflosigkeit und Angst, Verlust der Selbstkontrolle, Überreaktionen und unterdrückte Reaktionen können an die Grenze der physischen und psychischen Belastbarkeit führen. Die Fragen, die sich in vielen Institutionen immer dringender stellen, lauten:

> Wie können wir aggressive und gewalttätige Situationen professionell wahrnehmen, kompetent beurteilen und entsprechend handeln?
> Wie können wir gewalttätigen Situationen vorbeugen?
> Werden Krisensituationen von Vorgesetzten wahrgenommen und ernst genommen?
> Wer trägt welche Verantwortung in der Institution?
> Wie wird für Mitarbeiterinnen und Mitarbeiter gesorgt, die gewalttätigen Konflikten ausgeliefert waren?

Für Menschen, bei denen es direkt in der Betreuungssituation zu Gewalt kommt, stellen sich folgende Fragen:
> Was ist konkret in der aggressiven Situation zu tun, wenn ich angegriffen werde und einen Betreuungsauftrag auch für den Aggressor habe?

> Was tun, wenn ich in einer aggressiven Situation zwischen zwei Klienten/Klientinnen eingreifen muss, weil dies zu meinem Auftrag gehört?
> Wie stelle ich Sicherheit für alle Beteiligten (wieder) her, ohne mehr oder weniger aggressive, verletzende, zudringliche, rächende oder strafende Interventionstechniken einzusetzen?

Das heißt: *Wie kann ich in der Arbeit mit potenziell gewalttätigen oder gewaltbereiten Klienten und Klientinnen für Sicherheit unter Respektierung der Würde aller Beteiligten sorgen?*

Internationale Entwicklungen weisen darauf hin, dass das Thema Gewalt zunehmende Aufmerksamkeit erfährt und vermehrte Rechtsvorschriften nach systematischen, gut entwickelten Interventionen für aggressive und potenziell verletzende Situationen in immer mehr Institutionen verlangen: z.B. in Schulen, Krankenhäusern, pädagogischen und therapeutischen Einrichtungen, Sozial- und Jugendämtern. Auch in den deutschsprachigen Ländern ist das Bedürfnis nach qualifizierter Fortbildung zum Umgang mit aggressiven und gewalttätigen Klienten und Klientinnen sowie Patienten und Patientinnen deutlich gestiegen. Auswertungen von Unfallkassen bzw. Berufsgenossenschaften weisen darauf hin, dass Verletzungen durch gewalttätige Personen der Grund für einen erheblichen Anteil an Personalausfällen sind.[1] Auch die Studie der Inter-

nationalen Arbeitsorganisation (ILO) in Genf stellte 1998 die Bedeutung von Gewalt am Arbeitsplatz fest.[2]

Das im Folgenden beschriebene PART®-Konzept[3] ist eine Reaktion auf diese Fortbildungsbedürfnisse und berücksichtigt alle wesentlichen Forderungen, die an eine Qualifizierung von Mitarbeitern und Mitarbeiterinnen zu stellen sind.[4] Dabei werden die aggressiven oder auch gewalttätigen Klienten und Klientinnen konsequent als Menschen in einer Krise und damit verbundenem Kontrollverlust angesehen und nicht als Gegner. Dementsprechend wird der größte Wert darauf gelegt, es gar nicht erst zu körperlichen Auseinandersetzungen kommen zu lassen (präventive Maßnahmen und verbale Deeskalation haben Vorrang).

Für Situationen, in denen doch einmal körperliche Interventionstechniken notwendig werden sollten, werden innerhalb des PART®-Konzepts aus berufsethischen, rechtlichen (Stichwort: Garantenpflicht)

Es gehört zu den größten Herausforderungen für Menschen, die andere Menschen betreuen..., wenn es zu aggressiven oder gewalttätigen Situationen kommt.

und gegebenenfalls therapeutischen Gründen[5] nur solche gelehrt, die den Klienten/innen keinen Schmerz zufügen oder sie körperlich schädigen. Dabei werden auch die Sicherheitsbedürfnisse der Mitarbeitenden berücksichtigt.[6]

Das PART®-Konzept, ursprünglich in den USA von Paul A. Smith und Co-Autoren entwickelt, wird seit 1996 in Deutschland gelehrt und liegt nun in der stark überarbeiteten und erweiterten Fassung mit dem deutschen Titel „Professionell handeln in Gewaltsituationen" vor (neueste Fassung von 2007). Es ist das in Deutschland am weitesten verbreitete und am längsten angewandte Konzept für die Bewältigung gewalttätiger Situationen bezogen auf zu betreuende Klienten/Klientinnen bzw. Patienten/Patientinnen.

Es geht bei diesem Konzept darum,
> die eigene Rolle bezogen auf gewalttätige Klienten/Klientinnen zu reflektieren;
> einen möglichen eigenen Kontroll-

verlustes zu problematisieren;
> Möglichkeiten zur Aufrechterhaltung bzw. Wiedererlangung der Selbstkontrolle zu erfahren;
> Wissen über gewalttätige Situationen und Personen zu erhalten;
> vorausschauendes Handeln zu lernen;
> Grundsätze professioneller Krisenkommunikation zu erfahren und einzuüben;
> Techniken des sich Schützens, des Ausweichens, des sich Befreiens und des Festhaltens zu üben, die für den Angreifer oder die Angreiferin und das Personal ein möglichst geringes Verletzungsrisiko bedeuten und bei denen konsequent auf Schmerz auslösende Techniken verzichtet wird.

2. Ziele des Trainings

Das Training bietet einen grundsätzlichen Zugang zu gewalttätigem Verhalten und nicht nur eine Reihe von Techniken. Es liefert keine fertigen Antworten, sondern lehrt die Teilnehmenden, die richtigen

Fragen zu stellen, um selbst ihre Probleme zu lösen. Ein professionell erarbeiteter Erziehungs-, Therapie- bzw. Behandlungsplan für die Klienten/Klientinnen wird vorausgesetzt. Das PART®-Konzept ist ausschließlich ein Notfallkonzept. Es wurde als geschlechtsunabhängige Methode entwickelt: Man muss nicht stark oder ein Mann sein, um sicher arbeiten zu können. Es setzt auf Teamarbeit, nicht auf individuelle Stärken. Es betont die Sicherheit und Würde aller Beteiligten. Es gründet auf pädagogischen und therapeutischen Konzepten sowie bewährten physischen Interventionstechniken.

PART®-Interventionen werden eingesetzt, wenn die üblichen Interventionen, auf die der Klient oder die Klientin normalerweise reagiert, nicht zum Ziel führen und man sich einer direkten Gewaltandrohung gegenüber sieht. Die Schlüsselfrage, die man sich bei einem aggressiven Zwischenfall zunächst beantworten muss, lautet: Ist das Verhalten gefährlich?

Es gibt einen Unterschied zwischen gefährlichem Verhalten und solchem, das die Mitarbeiter und Mitarbeiterinnen nervt oder irritiert. Erst wenn das Verhalten die Person selbst oder andere gefährdet, müssen Techniken (verbale und physische) eingesetzt werden, die die Situation klären und beruhigen, die Sicherheit wiederherstellen.

Das Konzept kann kompetente Anleitung, regelmäßige Teamberatung und Supervision nicht ersetzen. Dies wird vielmehr für die Arbeit mit potenziell gewalttätigen Menschen vorausgesetzt. Die professionelle Beurteilung von aggressiven oder eskalierenden Situationen gehört zur Grundvoraussetzung, wenn jemand mit dieser Klientel arbeitet. Die Interventionen des Konzepts haben sich als sicher und effektiv erwiesen, die richtige und situationsangemessene Anwendung liegt jedoch in der Verantwortung des/der Einzelnen bzw. des Teams.

Im PART®-Training werden u.a. bestimmte Ausweich-, Selbstschutz- und Befreiungstechniken sowie Festhaltetechniken gelehrt, die bis zum Festhalten der aggressiven Person auf dem Boden gehen. Weiter gehende Interventionen (z.B. Fixieren mit Handschellen oder Riemen, Isolierung in abgeschlossenen Räumen oder Ruhigstellung durch Psychopharmaka) werden in ihren Grundprinzipien dargestellt. Man muss aber wissen, dass diese weit in die Persönlichkeitsrechte eingreifenden Techniken in die Hände spezieller, autorisierter Fachleute gehören (Polizei, Sanitäter, Ärzte, Ordnungsamt).

Gefahren- und Gewaltsituationen sind mit Hilfe dieses Konzepts nicht immer zu lösen oder zu bewältigen. In Konstellationen, wo z.B. mehrere potenziell gewalttätige Jugendliche in einer Gruppe leben, oder in aggressiv aufgeladenen Situationen, wo Mitarbeitende – besonders nachts – allein im Dienst sind, stößt auch dieses Konzept an seine Grenzen. Hier müssen gegebenenfalls die Belegungspolitik oder der Personalschlüssel geändert bzw. der Dienstplan umgestellt werden![7]

3. Das Seminarkonzept

In dem zwei- bis dreitägigen Seminar wird anhand eines Handbuchs[8], das die Teilnehmenden erhalten, gearbeitet. Es werden insgesamt acht Kapitel behandelt, die systematisch aufeinander aufbauen und unterschiedlich strukturiert sind: Es gibt Informationsphasen, Selbstreflexionsphasen, Kleingruppen- und Plenumsgespräche, Rollenspiele und Körperübungen. Im Folgenden werden die einzelnen Kapitel mit ihren Grundhypothesen dargestellt.

3.1 Das Ziel der Arbeit mit potenziell aggressiven bzw. gewalttätigen Menschen (Kapitel 1)

Grundhypothese: Wenn ein Team die im Hilfe-, Erziehungs-, Therapie- oder Beschäftigungsplan formulierten Ziele für eine Klientin/einen Klienten kennt und versteht, ist es besser in der Lage, Maß-

nahmen zu ergreifen, um diese Ziele zu erreichen. Andernfalls riskiert es, eher auf aggressives Verhalten zu reagieren als dem Erziehungsplan zu folgen. Falls es keinen solchen Plan gibt oder er nicht allen bekannt ist, besteht die Gefahr, dass der Krisenplan zur Hauptrichtlinie des Handelns wird. Statt an den festgelegten Zielen zu arbeiten und nach den Krisen zu ihnen zurückzukehren, wird der aggressive Vorfall zum Maßstab für das Handeln und der eigentliche Auftrag gerät aus dem Blickfeld. Statt konzeptionell geplant arbeitet man „von Krise zu Krise".

Die *Schlüsselfragen*, die hier zu stellen sind, lauten:
> Welche Arten physisch verletzenden Verhaltens zeigen die Klienten und Klientinnen?
> Welche Bedürfnisse befriedigen sie mit diesem Verhalten oder welche versuchen sie zu befriedigen?
> Wie würden die Klienten/Klientinnen ihre Bedürfnisse befriedigen, wenn sie bereits in der Lage wären, dies gewaltlos und sozial angemessen zu tun?

3.2 Professionalität (Kapitel 2)

Grundhypothese: Teammitglieder, die verstehen, aus welchen Motiven heraus sie mit potenziell aggressiven und gewalttätigen Menschen arbeiten, neigen weniger dazu, diesen zynisch und pessimistisch gegenüberzutreten. Zynismus, Pessimismus und andere destruktive Einstellungen von Mitarbeitenden provozieren und verstärken oft gewalttätige Vorfälle (und sind häufig Zeichen eines Burn-out-Syndroms).

Die *Schlüsselfragen*, um die es hier geht, sind:
> Wie kam ich zu dieser Arbeit und was hält mich hier?
> Welche Einstellungen habe ich gegenüber meiner Arbeit und gegenüber den Klienten und Klientinnen?
> Bin ich den Herausforderungen dieser Arbeit (noch) gewachsen?

Hierbei geht es nicht darum, die eigenen Motive öffentlich zum machen und einer Plenumsdiskussion auszusetzen, sondern darum, sich selbst über diese Punkte be-

Kapitel 1

Das ZIEL meiner Arbeit!

Schlüsselfrage:
Was tun wir in unserer Einrichtung um sichere Alternativen zu gewalttätigen Verhaltensweisen zu fördern?

KAPITEL 2

Professionalität

Schlüsselfragen:

1. Wie kam ich zu dieser Arbeit?

2. Wie sind meine Einstellungen gegenüber den Klienten/innen?

3. Wie beeinflussen meine Stimmungen mein Verhalten?

Kapitel 3

Vorbereitung

Schlüsselfrage:

Bin ich physisch und psychisch darauf vorbereitet, mit Menschen zu arbeiten, die manchmal gefährlich werden können?

---

wusst zu werden, sich im Team (im Seminar oder später in der Einrichtung) auszutauschen und gegebenenfalls über Konsequenzen nachzudenken. Wer möchte schon mit jemandem zusammenarbeiten, der/die aufgrund fehlender Motivation ein Problem für die Arbeit darstellt oder ein solches erst provoziert und damit zum Sicherheitsrisiko für sich und die anderen wird.

Bei den inzwischen vielen tausend Mitarbeitern und Mitarbeiterinnen, die in Deutschland nach dem PART®-Konzept ausgebildet wurden, war kaum jemand dabei, dessen/deren Motivation – soweit erkennbar – ein Problem darstellte. Vielmehr gab es ein breites Spektrum an Motivationen und eine klare Entscheidung für dieses Arbeitsfeld, das als eine besondere Herausforderung gesehen wird und als eine Tätigkeit, bei der ständiges Dazulernen als positiv erlebt wird. Aber es wurde auch über Fälle berichtet, in denen demotivierte Teamkolleginnen und -kollegen zu krisenhaften Entwicklungen beigetragen hatten.

Der abschließende Merksatz dieses Kapitels: *„Professionalität bedeutet, die Verantwortung für den disziplinierten Ausdruck von Stimmungen, Einstellungen und Motivationen zugunsten des/der Klienten/Klientin zu übernehmen"*, fasst das Ziel dieses Abschnitts zusammen.

3.3 Vorbereitung (Kapitel 3)

Grundhypothese: Teammitglieder, die vorbereitet sind, auf gewalttätiges Verhalten zu reagieren, bevor sie die Arbeit mit den Klienten und Klientinnen beginnen, sind weniger gefährdet, andere zu verletzen oder selbst zu verletzt zu werden.

Die *Schlüsselfrage* ist hier: Bin ich physisch und psychisch darauf vorbereitet, mit potenziell gewalttätigen Menschen zu arbeiten?

Dabei geht es um sichere Kleidung und persönliche Ausstattung, angemessene Beweglichkeit, geübte Beobachtungsstrategie, vorausschauendes Handeln und geplante Selbstkontrolle.

> Sichere Kleidung und Ausstattung: Die Seminarteilnehmenden beurteilen anhand bestimmter Kriterien, ob sie mit ihrer Kleidung, den Schuhen, dem Schmuck usw. möglicherweise ein Verletzungsrisiko für sich oder andere darstellen oder eine aggressive Situation provozieren könnten.

> Angemessene Beweglichkeit: Hier geht es nicht um Sportlichkeit und Fitness, sondern darum, dass jede Mitarbeiterin und jeder Mitarbeiter von sich und ihren bzw. seinen Teammitgliedern weiß, wie beweglich man derzeit ist und ob man bestimmte Bewegungseinschränkungen hat, etwa durch Verletzungen. Nur wenn man dies weiß, kann man im Ernstfall abgestimmt und angemessen reagieren. Was nützt es einem Team, wenn es eine Festhaltetechnik durchführen will, eine Person aber aus körperlichen Gründen dazu nicht in der Lage ist?

> Vorausschauende Vorsichtsmaßnahmen: Habe ich genug Informationen über die Klienten/innen, ihre Problematiken und ihre derzeitige Verfassung? Bin ich mir der Folgen meiner Interventionen in einer Krise bewusst?

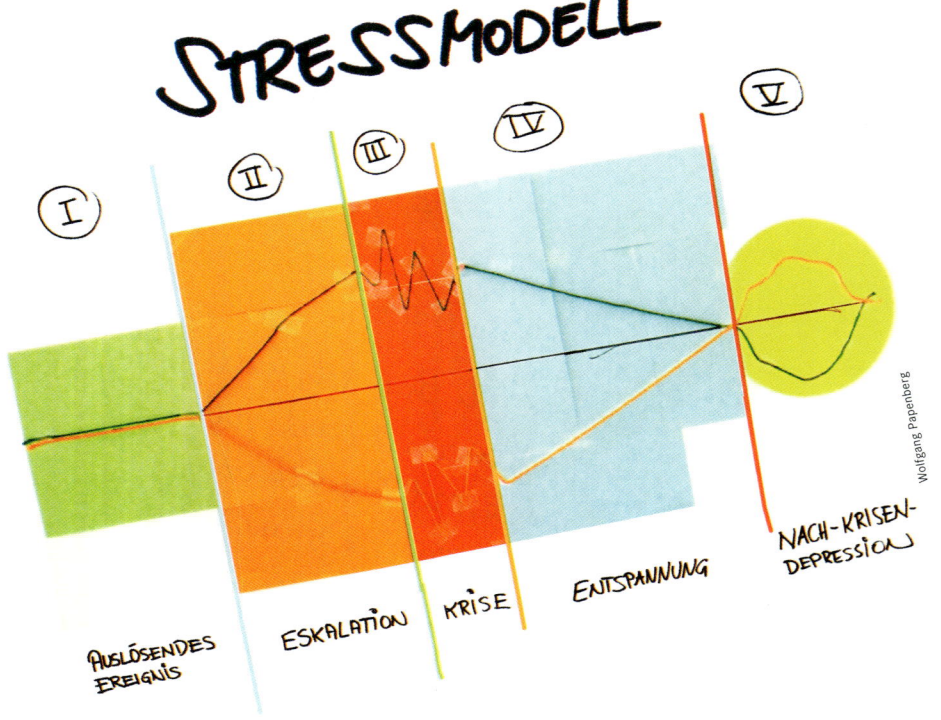

STRESSMODELL

Ⅰ Ⅱ Ⅲ Ⅳ Ⅴ

AUSLÖSENDES EREIGNIS   ESKALATION   KRISE   ENTSPANNUNG   NACH-KRISEN-DEPRESSION

Wolfgang Papenberg

> Signale eines möglichen Gewalt-
  ausbruchs zu erkennen,
> die Erfahrung, Orientierung und
  Standpunkte der Teammitglieder
  zu nutzen,
> das Wissen aus Ausbildung, Fortbil-
  dung, Lebens- und Berufserfahrung
  im Team gegenseitig zu ergänzen.

Gewalt und gewalttätige Situationen
werden aus verschiedenen Sichtweisen
betrachtet:
> Stressmodell. Wie ist der typische
  Ablauf eines aggressiven Vorfalls?
> Entwicklungspsychologisches Modell:
  Welches gewalttätige Verhalten
  kommt in welcher Altersphase
  typischerweise vor?
> Kommunikationspsychologisches
  Modell A: Wie kann nicht kongruente
  Kommunikation gewalttätiges Ver-
  halten hervorrufen oder fördern
  (Opfer- und Täter-Kommunikations-
  weisen)?
> Kommunikationspsychologisches
  Modell B: Das Modell nach Fried-
  mann Schulz von Thun (Vier-
  Ohren-Modell).[9]
> Lebensumfeld-Modell: Wie tragen
  Faktoren aus dem Lebensumfeld der
  Klienten und Klientinnen zur Aus-
  lösung von Aggressionen bei?
> Modell der Grundbedürfnisse:
  Wie kann das Nichterfüllen von
  Grundbedürfnissen zu gewalttätigem
  Verhalten führen (Modell nach
  Maslow)?

Der Informationsblock in diesem Kapitel
wird ergänzt durch Übungen, die das Ge-
lernte an die spezifische Praxissituation
der Teilnehmenden anbinden; dies unter
der Fragestellung: Was hilft mir dieses
Wissen in gewalttätigen Situationen?

> Geübte Beobachtungsstrategie: Woran
  erkenne ich Anzeichen bevorstehender
  Gefahr? Wie beobachte ich (gegebenenfalls zusammen mit anderen) eine
  eskalierende Situation?
> Geplante Selbstkontrolle: Dies ist ein
  zentraler Abschnitt des PART®-Kon-
  zepts, der die Voraussetzung für die
  folgenden Kriseninterventionen bildet.
  Das Konzept legt den Schwerpunkt
  auf Selbstkontrolle, die Fähigkeit, Risiken abzuwägen, sowie auf verbale
  Krisenintervention. Die Seminarteilnehmenden lernen ihre körperlichen
  und mentalen Stresssignale als Warn-
  zeichen dafür kennen, dass sie ihre
  Selbstkontrolle verlieren könnten.
  Daran anschießend geht es um Möglichkeiten der Gegensteuerung, d.h.
  um die Erhaltung der Selbstkontrolle
  – auch wenn die Situation schwieriger
  wird – sowie um die eigenen Grenzen.
  Schließlich geht es um die individuell
  verschiedenen Methoden, mit denen
  der erlebte Stress bewältigt und die
  körperliche und mentale Ausgeglichen-
  heit wiedererlangt werden kann.

3.4 Auslöser von Aggression und Ge-
walt und deren Alternativen (Kapitel 4)
Grundhypothese: Von Zeit zu Zeit versagen auch die bestdurchdachten Arbeits-
konzepte, Therapien und Erziehungsplä-
ne: Klienten/Klientinnen können aggressiv und gewalttätig werden. Die Mitarbeiter und Mitarbeiterinnen sollten in der
Lage sein, die Gründe dafür aus einer
Vielzahl von Perspektiven zu untersu-
chen. Es ist ihnen dann besser möglich,
gewalttätige Vorfälle zu verstehen und ihnen vorzubeugen.

Als *Schlüsselfrage* ist hier zu formulieren:
Warum ereignen sich Gewalttätigkeiten,
wodurch werden sie ausgelöst und wie
laufen sie ab? Zur Beantwortung dieser
Frage wird ein interdisziplinärer Ansatz
dargestellt, der aus verschiedenen Modellen besteht, die gewalttätiges Verhalten und die damit verbundenen Prozesse
erklären. Diese Modelle erlauben es
> präventive Maßnahmen zu ergreifen,
> gewalttätige Situationen aus unter-
  schiedlichen Sichtweisen heraus zu
  verstehen und zu erklären,

3.5 Reaktionsweisen:
Krisenkommunikation (Kapitel 5)
Grundhypothese: Mitarbeitende, die ausreichend in der Lage sind, ihr Verhalten
auf das Maß der Gefahr abzustimmen,
der sie sich gegenüber sehen, neigen seltener zu Über- oder Unterreaktionen.

Hier ist die *Schlüsselfrage:* Wenn wir auf eine gewalttätige Person reagieren, können wir unsere Reaktion auf das Maß der Bedrohung einstellen?

Es geht in diesem sehr ausführlichen Seminarabschnitt um das

> Modell der Gefährlichkeitsgrade: Was verstehen wir unter gefährlichem Verhalten und wie gefährlich ist das jeweilige spezifische Verhalten? Im Falle eines gewalttätigen Vorfalls wird erwartet, dass sich die Mitarbeitenden selbst vor Schaden schützen, aber dabei nur ein angemessenes Maß an physischer Gegenreaktion ausüben, d.h. gerade so viel, um nicht ernsthaft verletzt zu werden. Das Prinzip heißt: Der Gebrauch jeglicher Technik, die für den Klienten/die Klientin ein größeres Verletzungsrisiko darstellt als die von ihm ausgehende Bedrohung, ist übermäßig und nicht angemessen.

> Verbale Krisenintervention: Können wir die aggressive Person durch Zureden dazu bringen, dass sie nicht gewalttätig wird? Zunächst erfolgt eine ausführliche Darstellung der Interventionstechniken, abgestimmt auf die jeweilige Phase der aggressiven Krise (Phase des auslösenden Ereignisses, Eskalationsphase, Krisenphase, Entspannungsphase, Nach-Krisen-Depression). Danach geht es um spezielle Auslöser für aggressives Verhalten und die darauf abgestimmten Reaktionsweisen.

> Alltagswissen-Modell: Welche anderen Auslöser von Gewalt lehrt uns unser Alltagswissen? Wie sieht Aggressivität und Gewaltausübung aus Angst oder aus Frustration aus? Wie sehen Aggressivität und Gewaltausübung aus, die eingesetzt werden, um zu manipulieren oder einzuschüchtern? Was tun, wenn jemand aus Angst oder aus Frustration aggressiv wird? Was tun, wenn jemand Manipulation verbunden mit Gewalt einsetzt, um ein Ziel zu erreichen oder mich einzuschüchtern? Wie sollte meine

Körperhaltung sein, meine Gestik, meine Mimik, meine Stimmlage? Wie sollte meine Position gegenüber der aggressiven Person sein? Wie sollte ich mit Blickkontakt umgehen? Wann ist Körperkontakt angebracht?

Die Prinzipien, die der Krisenintervention zugrunde liegen, sind:
> Selbstkontrolle behalten,
> Auslöser für den aggressiven Vorfall herausfinden,
> mit der aggressiven Person kurz, knapp und direkt reden,
> die Interventionen auf die jeweilige Phase im Ablauf der Krise abstimmen,
> Geduld bewahren,
> spontan reagieren, wenn sich die Situation verändert.

An dieser Stelle des Trainings werden Rollenspiele aus dem Alltag der Seminarteilnehmenden gespielt, bei denen versucht wird, sich an den dargestellten Prinzipien zu orientieren. Dabei geht es nicht um perfekte Kriseninterventionen, sondern um gemeinsames Lernen.

3.6 Reaktionsweisen: Ausweich-, Befreiungs- und Selbstschutztechniken (Kapitel 6)
In dieser Phase des Seminars geht es um eine Auseinandersetzung mit den Prinzipien für Ausweich-, Befreiungs- und Selbst-

schutztechniken, gefolgt von den dazugehörigen Körperübungen (in der Regel in einer Turn- oder Gymnastikhalle). Es werden dabei praktische Übungen zu folgenden Angriffssituationen durchgeführt: Schläge in Richtung Kopf und Oberkörper, Schläge auf die Mitte des Körpers, Tritte gegen die Beine, Befreiung aus Angriffen wie Kneifen, Kratzen, Beißen, an den Haaren ziehen, die Arme ergreifen, Klammergriffe, verschiedene Würgegriffe, Schutz bei Schlägen mit Gegenständen, kämpfende Klienten/Klientinnen sicher trennen.

3.7 Reaktionsweisen: Zwangsmaßnahmen (Kapitel 7)
Schließlich folgen die Prinzipien für Zwangsmaßnahmen. Diese Techniken sind angezeigt, wenn von der angreifenden Person erhebliche Gefahr für Leib und Leben ausgeht und andere Techniken nicht zum Erfolg geführt haben. Es wird unterschieden zwischen Festhaltetechniken, dem Einsatz von Isolierungstechniken, Fixierungstechniken und dem Gebrauch von Psychopharmaka. Die *Schlüsselfragen* dazu lauten:
> Könnte jemand ernsthaft verletzt werden, wenn es uns nicht gelingt, bei der gewalttätigen Person Zwangsmaßnahmen durchzuführen?
> Haben wir genug Personal, um Zwangsmaßnahmen in sicherer Weise durchzuführen?

> Ist das diensthabende Personal gut genug ausgebildet?
> Was ist die beste Zwangsmaßnahme und/oder medizinische Intervention in dieser Situation?

Bei Zwangsmaßnahmen/Interventionen ist Folgendes zu bedenken:
> Festhalten: Wird kurzes Festhalten ausreichen? Falls nicht, brauchen wir zusätzliche Hilfe?
> Isolierung: Falls kurzes Festhalten nicht ausreicht: wird Isolierung allein das Verletzungsrisiko reduzieren?
> Fixieren: Müssen wir auf mechanische Fixierungstechniken zurückgreifen?
> Einsatz von Psychopharmaka: Falls die Beurteilung der Situation den Notfalleinsatz von Medikamenten nahelegt: Bin ich (bzw. unsere Einrichtung) autorisiert, Psychopharmaka anzuwenden? Habe ich das erforderliche Wissen und die erforderliche Ausbildung, die verschrieben Mittel sicher zu verabreichen und zu überwachen?

Da alle Techniken, welche die Bewegungsfreiheit einschränken, als sehr zudringlich empfunden werden und massiv in die Persönlichkeitsrechte eingreifen, müssen bei ihrem Einsatz strenge Maßstäbe angelegt werden. Orientierung bietet die Frage: „*Was würde schlimmstenfalls passieren, wenn bei dieser Person jetzt keine Zwangsmaßnahme durchgeführt wird?*"

3.8 Dokumentation, Nachbesprechung, Konsequenzen (Kapitel 8)
Grundhypothese: Mitarbeitende, die in der Lage sind, einen vollständigen und genauen Bericht über einen aggressiven Vorfall zu verfassen, werden wahrscheinlich seltener Fehler wiederholen, die eine Verletzung hervorrufen. Als *Schlüsselfrage* ist hier zu formulieren: Gibt der Bericht den aggressiven Vorfall und die Interventionen der Teammitglieder genau wieder?

Der vorrangige Zweck eines schriftlichen Berichts ist, den Informationsaustausch im Team und zwischen Teams zu fördern. Gute und vollständige Berichte über gewalttätige Vorfälle geben der Einrichtung und den Teams die nötigen Informationen, um die Arbeit mit potenziell gewalttätigen Klienten/Klientinnen zu verändern. Sie dienen ferner dazu, vorbeugende Maßnahmen zu entwickeln. Richtig geschriebene Berichte können die Einrichtungen und ihre Mitarbeiterinnen und Mitarbeiter vor falschen Anschuldigungen schützen.

In der Nachbesprechung wird der Vorfall im Detail besprochen sowie ausgewertet und die versuchten oder durchgeführten Interventionen werden bewertet. Es werden Schlussfolgerungen für die beteiligten Mitarbeiter und Mitarbeiterinnen, das ganze Team und die Institution festgelegt, z.B.: Besteht Fortbildungsbedarf? Ist

Supervision nötig? Müssen institutionelle Abläufe verändert werden? Kann die Sicherheit im Vorfeld oder durch Alarmsysteme erhöht werden? Schließlich ist über Konsequenzen aus dem Vorfall nachzudenken: Was sollten die Folgen für den Klienten oder die Klientin sein?

4. Erfahrungen mit dem PART®-Konzept
Dies ist nur eine kurze Skizzierung des insgesamt zwei- bis dreitägigen PART®-Basisseminars. Das Seminar ist sehr umfassend, was die Selbstreflexion, die Informationen, die Krisenkommunikation und die Körperübungen angeht. Die Einübung der Krisenkommunikation kann nur als Anfang eines Lernprozesses (möglichst im Team in der eigenen Einrichtung) angesehen werden. Bei den Körperübungen geht es nicht darum, dass am Ende jede Ausweich-, Selbstschutz-, Befreiungs- und Festhaltetechnik „sitzt", vielmehr sollen alle Techniken demonstriert und selbst ausprobiert werden, damit die Prinzipien, der Ablauf, die Wirkungen, die Einsatzmöglichkeiten und die Grenzen deutlich werden. Eine regelrechte Einübung muss sich über einen längeren Zeitrahmen erstrecken. Um im Ernstfall zum richtigen Zeitpunkt das Richtige zu tun, empfiehlt es sich, nach dem Seminar die Übungen im Team von Zeit zu Zeit zu wiederholen.

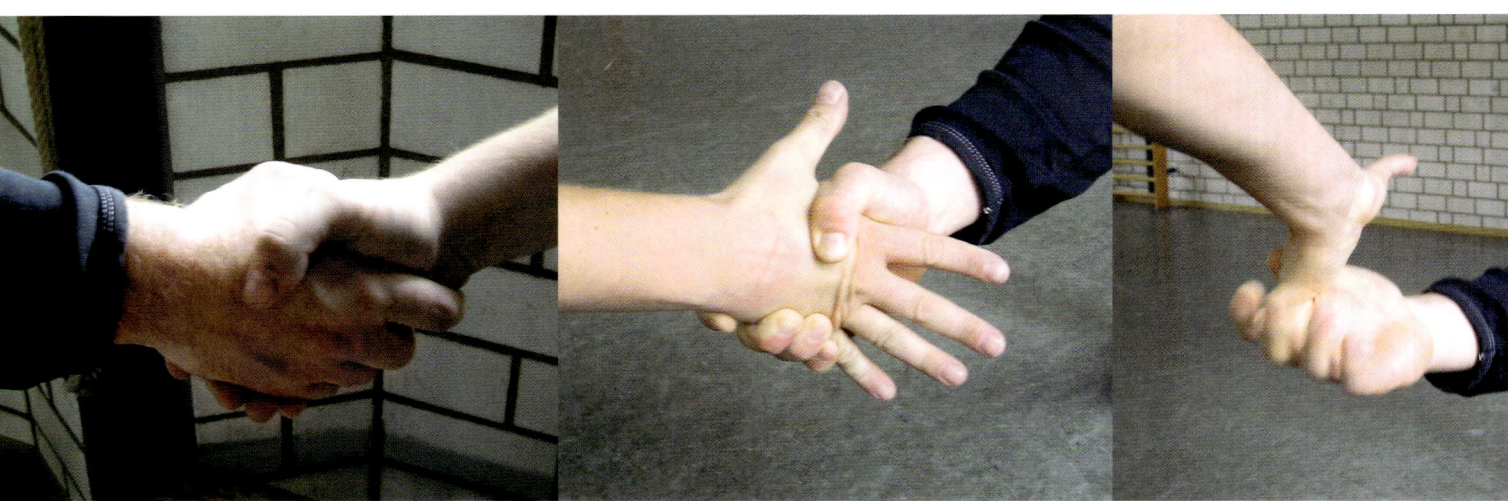

Wolfgang Papenberg

PART®-Inhousetrainer und -Trainerinnen, die für die Multiplikatorentätigkeit in ihrer Einrichtung ausgebildet werden, berichten, dass verletzende Verhaltensweisen von Klienten und Klientinnen deutlich zurückgegangen sind. Dies gilt besonders für diejenigen Institutionen, in denen das PART®-Konzept zum Standard gemacht wurde und alle Mitarbeitenden durch Basisseminare und Auffrischungstermine geschult wurden. Oft konnte der Einsatz von sehr zudringlichen Zwangsmaßnahmen (z.B. Festhalten an der Wand oder auf dem Boden, Isolierung, mechanische Fixierung) reduziert werden, da sich insbesondere vorausschauende Vorsichtsmaßnahmen und Krisenkommunikation als effektiv herausgestellt hatten. Auch zeigte sich, dass professionell im Team handelnde Mitarbeiter und Mitarbeiterinnen mit Festhaltetechniken im Stehen oder Sitzen auch schwierige Situationen gut bewältigen konnten, in denen sie früher zu Fixierung, Isolierung oder Psychopharmakaeinsatz gegriffen haben. Dabei wurde deutlich, dass Schmerz zufügende Techniken, die früher häufiger eingesetzt worden waren, nicht mehr nötig waren, um die Verletzungsgefahr zu reduzieren.

Gewalterfahrungen gehören – in unterschiedlicher Ausprägung und Häufigkeit – zum beruflichen Alltag in vielen Arbeitsfeldern, in denen es um die Erziehung, Betreuung, Beratung oder Therapie von Klienten/Klientinnen geht. Die Unsicherheit bei den Mitarbeitenden ist groß bei gleichzeitig hoher beruflicher Motivation. Die Befürchtungen reichen von der realistischen Annahme (oder auch Erfahrung), angegriffen und verletzt zu werden, bis hin zu der Frage, ob man in den jeweiligen Situationen angemessen gehandelt oder überreagiert hat. Rechtliche und institutionelle Fragen spielen im Seminar häufig eine Rolle („Steht mein Team, die Leitung, die Einrichtung im Zweifelsfall hinter mir?" „Wie weit geht meine persönliche Verantwortung in einer potenziell gewalttätigen Situation?" „Kann ich die Verantwortungsübernah-

me in bestimmten Situationen verweigern bzw. delegieren?"). Hier muss regelmäßig auf die notwendigen oder vorhandenen Regelungen der jeweiligen Einrichtung verwiesen werden. In vielen Fällen gibt es einen einrichtungsinternen Aufklärungs- und Handlungsbedarf.

Das PART®-Basisseminar ist in erster Linie für die einrichtungsinterne Fortbildung kompletter Teams gedacht. Hier ist es am effektivsten. Teams, die vollständig vertreten sind und für die Dauer des Seminars von dienstlichen Verpflichtungen entbunden sind, profitieren am meisten von den Inhalten und dem Prozess. An vielen Stellen des Seminars wird deutlich, wie zentral ein gut eingespieltes und harmonisches Team für die Prophylaxe und die Lösung von gewalttätigen Situationen ist. Teammitglieder können mehr über ihre gegenseitigen Stärken und Schwächen, ihre Be-

fürchtungen und Motivationen erfahren, was wiederum den Teamberatungsprozess in der Institution positiv beeinflussen kann. Die Entwicklung eines Hilfe- und Unterstützungssystems in der Einrichtung kann leichter von Teams als von Einzelpersonen vorangebracht werden.

In den Seminaren wird immer wieder deutlich, dass Mitarbeitende in Gewaltsituationen bestrafen, Schmerz zufügen oder verletzen. Dies ist menschlich manchmal nachvollziehbar, professionell, berufsethisch und juristisch jedoch inakzeptabel. Meist wird dieses Verhalten aber auch als ernstes eigenes Problem gesehen, was oft zu einer Seminarteilnahme motivierte. Die Teilnehmenden verlassen die Seminare in der Regel mit dem Gefühl, in Gewaltsituationen nun sicherer, adäquater und kompetenter handeln zu können.

AUSGEWÄHLTE LITERATUR

Weitere Informationen zum PART®-Konzept und den Seminarterminen und -bedingungen finden sich im Internet unter: **www.part2000.de**

➔ Di Martino, Vittorio, Violence at the workplace: the global challenge, Genf 2000: International Labour Organization.

➔ Di Martino, Vittorio/Chappell, Duncan, Violence at work, Genf 1998: International Labour Organization.

➔ Fegert, Jörg M./Späth, Karl/Salgo, Ludwig: Freiheitsentziehende Maßnahmen in der Jugendhilfe und Kinder- und Jugendpsychiatrie, Münster 2001.

➔ Kienzle, Theo, Schutzrechte für Pflegekräfte, Stuttgart 1998.

➔ Krämer, Gernot, Patientenangriffe in psychiatrischen Kliniken, Hess. Gemeindeunfallversicherungsverband, Franfurt am Main 1996.

➔ LaMar, Wanda J./Gerberich, Susan Goodwi/Lohman, Wilhelm H./Zaidman, Brian, Work-related physical assault, in: Journal of Ocupational and Environmental Medicine 40 (1998) 4, S. 317-324.

➔ Papenberg, Wolfgang, Die Rolle der Professionellen im Umgang mit potenziell gewalttätigen Kindern und Jugendlichen, in: Forum für Kinder- und Jugendpsychiatrie und Psychotherapie, 16 (2006) 3, S. 13-37.

➔ Richards, Jon, Management of workplace violence victims, Genf 2003: International Labour Organization.

➔ Richter, Dirk, Patientenübergriffe auf Mitarbeiter psychiatrischer Kliniken, Freiburg im Breisgau 1999.

➔ Schulz von Thun, Friedeman, Miteinander reden, 41. Aufl., Reinbek 2005.

→ Arbeitsblätter zu Teil III

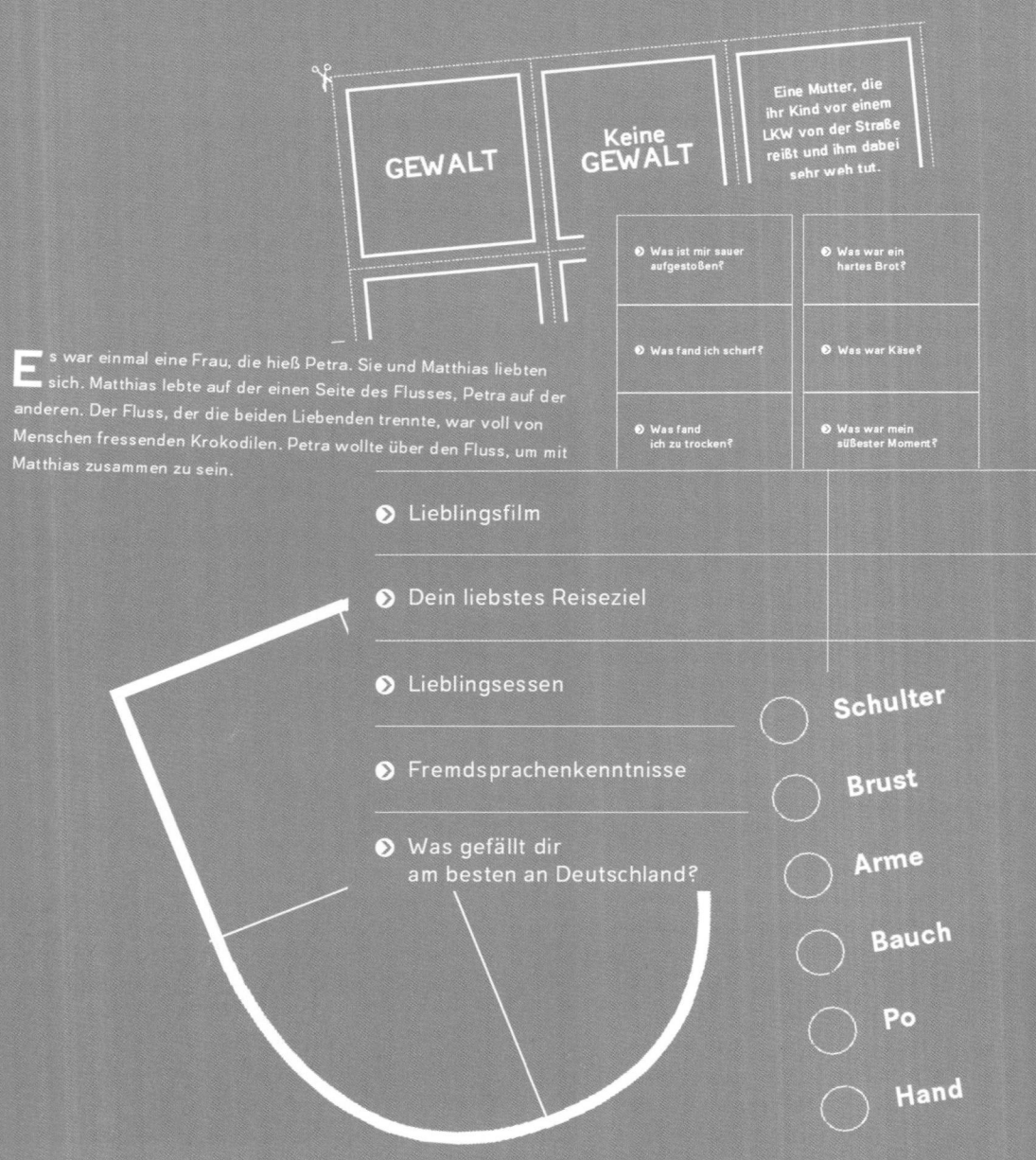

GEWALT

Keine GEWALT

Eine Mutter, die ihr Kind vor einem LKW von der Straße reißt und ihm dabei sehr weh tut.

❯ Was ist mir sauer aufgestoßen?	❯ Was war ein hartes Brot?
❯ Was fand ich scharf?	❯ Was war Käse?
❯ Was fand ich zu trocken?	❯ Was war mein süßester Moment?

Es war einmal eine Frau, die hieß Petra. Sie und Matthias liebten sich. Matthias lebte auf der einen Seite des Flusses, Petra auf der anderen. Der Fluss, der die beiden Liebenden trennte, war voll von Menschen fressenden Krokodilen. Petra wollte über den Fluss, um mit Matthias zusammen zu sein.

❯ Lieblingsfilm

❯ Dein liebstes Reiseziel

❯ Lieblingsessen

❯ Fremdsprachenkenntnisse

❯ Was gefällt dir am besten an Deutschland?

○ Schulter

○ Brust

○ Arme

○ Bauch

○ Po

○ Hand

Fülle den Fragebogen aus und begib dich auf die Suche nach Personen, die die gleiche Antwort gegeben haben. Lass dir das mit einer Unterschrift bestätigen.

	Du ✎	Wer noch? ✎
❯ Geburtsmonat		
❯ Zahl der Familienmitglieder		
❯ Was liebst du am meisten an dem Ort, an dem du lebst?		
❯ Geburtsort		
❯ Hobbys/Interessen		
❯ Lieblingsmusik/Band		
❯ Lieblingsfilm		
❯ Dein liebstes Reiseziel		
❯ Lieblingsessen		
❯ Fremdsprachenkenntnisse		
❯ Was gefällt dir am besten an Deutschland?		
❯ Haustiere		
❯ Was bringt dich zum Lachen?		
❯ Dein Lieblingsunterrichtsfach		
❯ Deine Schuhgröße		
❯ Wenn du heute irgendwo anders sein könntest, wo möchtest du dann sein?		

✏️ **Bitte benote alle Körperzonen**
mit Noten von 1 (erlaubt) bis 6 (verboten).
Wo würdest du dich in ganz normalen
Alltagssituationen (z.B. in der Schule,
am Arbeitsplatz, im Jugendzentrum)
anfassen lassen?

- ◯ **Kopf**
- ◯ **Gesicht**
- ◯ **Hals**
- ◯ **Schulter**
- ◯ **Brust**
- ◯ **Arme**
- ◯ **Bauch**
- ◯ **Po**
- ◯ **Hand**
- ◯ **Geschlechtsteile**
- ◯ **Oberschenkel**
- ◯ **Knie**
- ◯ **Unterschenkel**
- ◯ **Fuß**

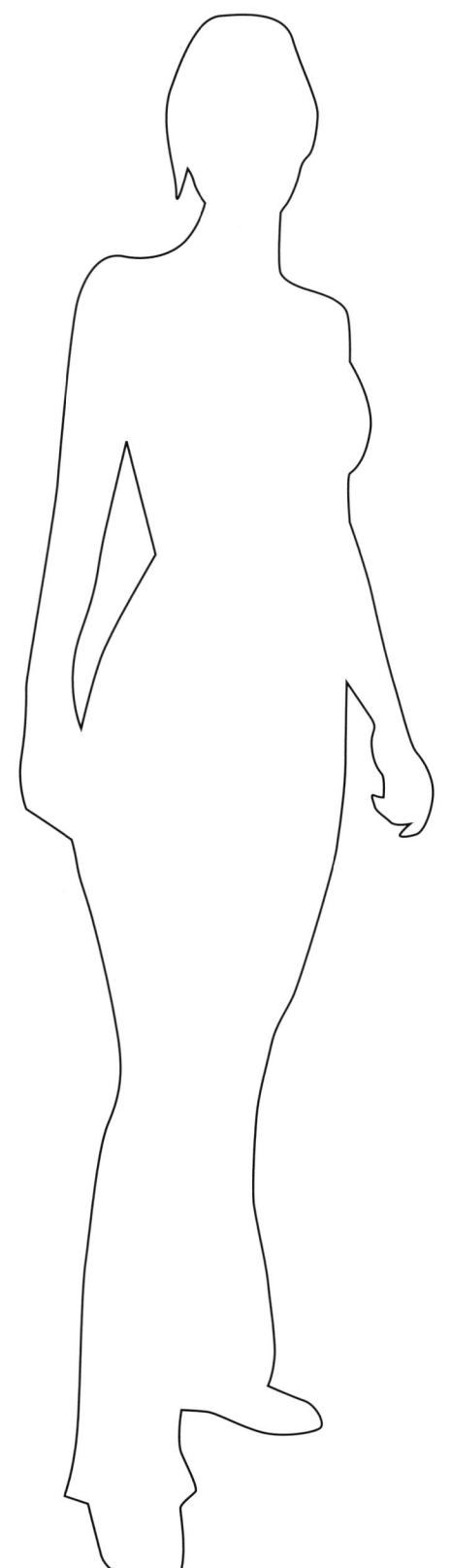

✏️ **Bitte benote alle Körperzonen**
mit Noten von 1 (erlaubt) bis 6 (verboten).
Wo würdest du dich in ganz normalen
Alltagssituationen (z.B. in der Schule,
am Arbeitsplatz, im Jugendzentrum)
anfassen lassen?

◯ **Kopf**

◯ **Gesicht**

◯ **Hals**

◯ **Schulter**

◯ **Brust**

◯ **Arme**

◯ **Bauch**

◯ **Po**

◯ **Hand**

◯ **Geschlechtsteile**

◯ **Oberschenkel**

◯ **Knie**

◯ **Unterschenkel**

◯ **Fuß**

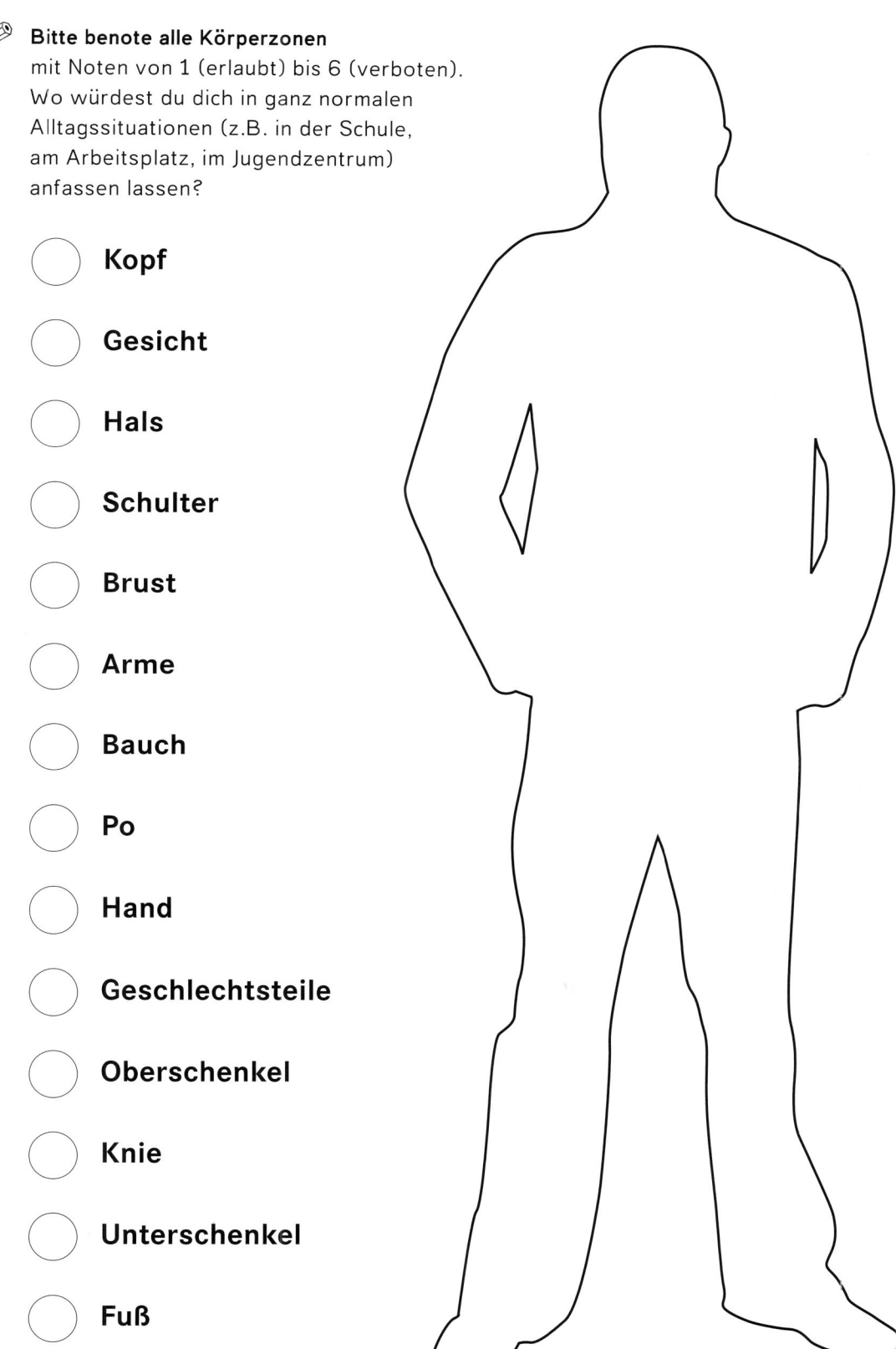

Es war einmal eine Frau, die hieß Petra. Sie und Matthias liebten sich. Matthias lebte auf der einen Seite des Flusses, Petra auf der anderen. Der Fluss, der die beiden Liebenden trennte, war voll von Menschen fressenden Krokodilen. Petra wollte über den Fluss, um mit Matthias zusammen zu sein.

Unglücklicherweise war die einzige Brücke weggeschwemmt worden. Sie ging zu Christian, einen Bootskapitän, um zu fragen, ob er sie hinüberbringen könnte. Christian meinte, er würde sich freuen, ihr helfen zu können, aber nur, wenn sie eine Nacht mit ihm verbringen würde. Petra weigerte sich, ohne zu zögern, und ging zu Norbert, einem Freund, um ihm ihre Notlage zu erklären. Norbert jedoch wollte mit der ganzen Sache überhaupt nichts zu tun haben. Norbert antwortete: „Ich verstehe dein Problem, aber es ist dein Problem, nicht meins." Nun fühlte Petra, dass sie nur die Alternative hat, auf Christians Bedingungen einzugehen. Christian erfüllte sein Versprechen und brachte sie in die Arme von Matthias.

Als sie nun Matthias von ihrem „Seitensprung" erzählte, wies dieser sie mit Verachtung ab. Die tief betrübte und deprimierte Petra wandte sich an Boris, um ihm von ihrer traurigen Geschichte zu erzählen. Boris, der mit Petra Mitleid hatte, nahm sich darauf Matthias zur Brust, um ihn brutal zu schlagen. Petra freute sich sehr, als sie sah, wie Matthias Gerechtigkeit widerfuhr. Als die Sonne sich am Horizont näherte, konnte man Petra hören, wie sie Matthias auslachte.

SPIESSER

VERLIERER

CHEF

EXPERTE

CLOWN

SÜNDENBOCK

INTRIGANT

BESSERWISSER

ARBEITSTIER

GEWALT

Keine GEWALT

Eine Mutter, die ihr Kind vor einem LKW von der Straße reißt und ihm dabei sehr weh tut.

Ein Rettungs-schwimmer, der einen Ertrinkenden an den Haaren aus dem Wasser zieht.

Ein türkische Frau mit einem Kopftuch.

Stauffenberg, weil er Adolf Hitler töten wollte.

Ein Vater, der nie zu Hause ist.

Der Direktor einer Firma, die ihren Giftmüll in Entwick-lungsländer schickt.

Ein Skater mit 30 km/h in der Fußgängerzone.

Ein Profiboxer.

Ein Metzger, der ein Kälbchen zu Wurst und Kälber-braten verarbeitet.

Ein 58-jähriger Lehrer, der Jugendliche nicht mehr ertragen kann.

Ein Porschefahrer mit 215 km/h auf der Autobahn.

Ein Lehrer, der seine Schüler als dämlich bezeichnet.

Ein Politiker, der Flüchtlinge Asylschmarotzer nennt.

Eine Prostituierte.

Ein Autofahrer mit Blitzstart an einer Ampel.

Ein Mann, der seine Freundin überreden möchte, mit ihm zu schlafen, obgleich sie schon NEIN gesagt hat.

Ein Vater, der seinem Kind wegen schlechten Benehmens einen Klaps gibt.

Ein „Freier" im Bordell.

Ein Mädchen,
das ihrem Freund
einen Knutschfleck
macht.

Ein Junge,
der sich die
Fingernägel abbeißt.

Ein Arbeitsloser, der
„schwarz" arbeitet.

Ein Obdachloser, der
eine Bank ausräumt.

Ein Vater,
der seine Pornofilme
vor seinem Sohn
versteckt.

Ein Arzt (Chirurg),
der wegen Blinddarm-
entzündung den Bauch
aufschneidet.

Ein Mann nimmt
(klaut) sich, weil
er Hunger hat,
im Supermarkt ein
Brot.

Ein Tierfreund, der
die Fensterscheibe
eines Pelzgeschäfts
einschlägt.

Ein Polizist
nimmt dir wegen
Falschparkens
15 Euro ab.

Schumi, weil er seine
Steuern nicht in
Deutschland zahlt.

Ein Polizist mit
einem Gummiknüppel.

Rambofilme.

Ein Nachbar
versteckt Flüchtlinge
vor der Polizei.

Ein 14-Jähriger,
der raucht.

Ein Berufssoldat.

Familienwappen

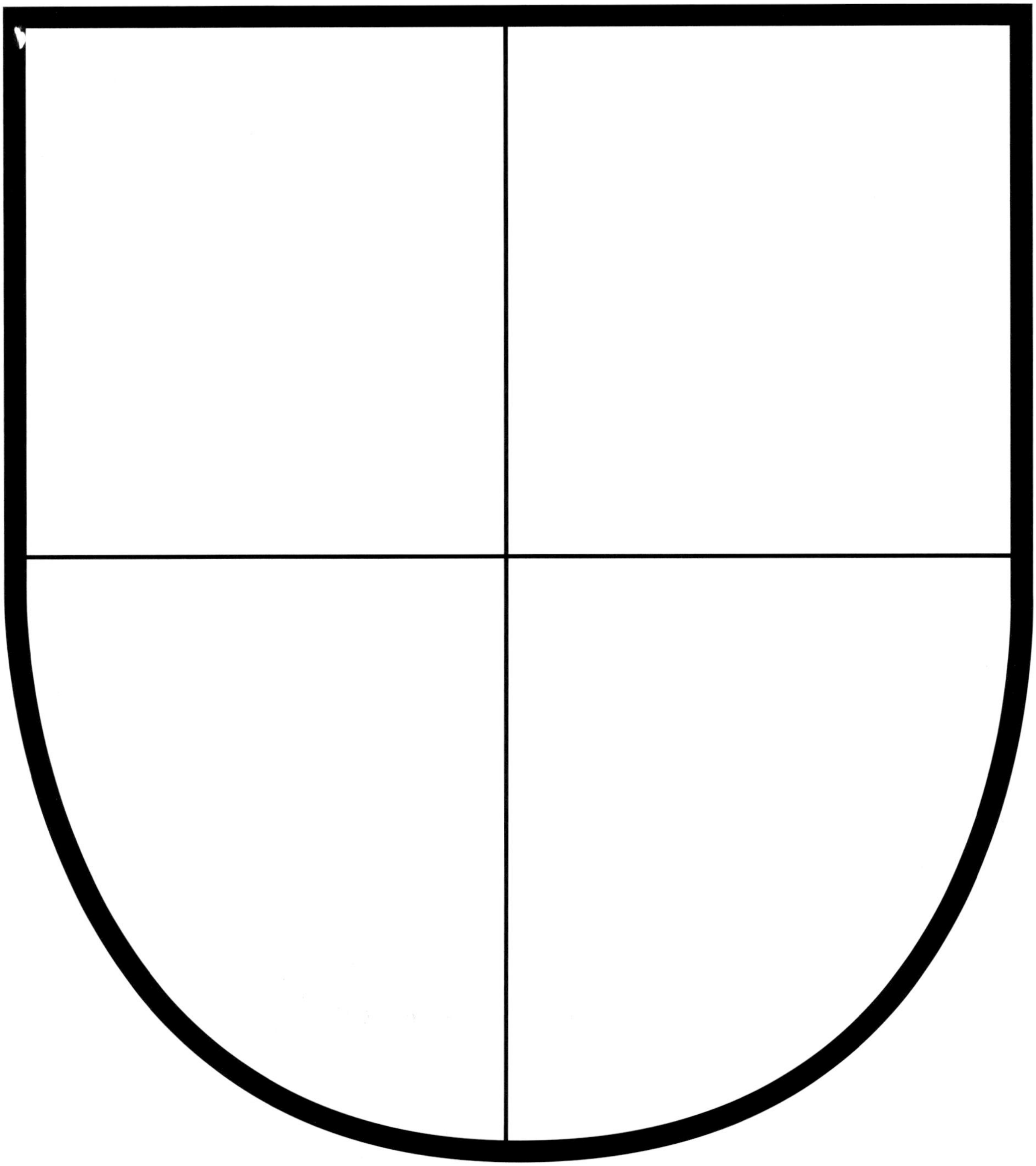

Beispiele:

Zur Anregung:

Wer wohnt bei dir?

Woher kommst du?

Lieblingsfarben der Familie?

Gibt es ein gemeinsames Haustier?

Was machen alle gerne?

Ich- und du-Kommunikation

Beispiele für Botschaften, die bei Kindern und Jugendlichen in der Regel negative Gefühle auslösen	Meine damit verbundenen Gefühle
❷ Du räumst jetzt noch dein Zimmer auf und machst deine Hausaufgaben. Vorher kommst du hier nicht raus zum Spielen.	❷
❷ Immer machst du so eine Unordnung!	❷
❷ Zieh die Schuhe aus!	❷
❷ Lieg nicht da so rum – bring gleich mal den Müll raus!	❷
❷ Wir gehen gleich!	❷
❷ Steh da nicht so rum!	❷
❷ Mach den Fernseher aus!	❷
❷ Das kann so nicht bleiben!	❷
❷ Mensch, wie sieht das denn schon wieder aus!	❷
❷ Schmeckt es dir etwa nicht?	❷
❷ Kannst du nichts Anständiges anziehen?	❷
❷	❷
❷	❷
❷	❷
❷	❷
❷	❷
❷	❷
❷	❷
❷	❷
❷	❷
❷	❷
❷	❷

Beispiele für Situationen, für die wir Lösungen finden wollen:

ARBEITSBLÄTTER

TEIL III

1 Die 12-jährige Tochter hat der Mutter 20 Euro geklaut. Sie will ihren Freundinnen ein Eis spendieren, um Anerkennung zu bekommen.

2 Der 14-jährige Robert hat mit Erlaubnis seiner Eltern mit seinen Freunden im Garten eine Party gefeiert. Er hat eine Trümmerlandschaft hinterlassen und die Nachbarn in Angst und Schrecken versetzt.

3 Pauline, 14 Jahre, hat ihre Freundin Silke auf der Schultoilette mit dem Handy gefilmt und dieses auf dem Schulhof den anderen gezeigt.

4 Tim, 15 Jahre, hat seine Schwester Lisa, 13 Jahre, geschlagen und in das Badezimmer gesperrt, als die Eltern nicht zu Hause waren, weil Lisa ihm kein Taschengeld „leihen" wollte.

5 Der 4-jährige Lutz überfällt, schlägt und würgt im Sandkasten immer wieder andere Kinder.

✎

6 Die 9-jährige Greta hat üble Sachen und Lügengeschichten über ihre Schwester Tina erzählt und damit andere Kinder vergrault, die vorher mit Tina gespielt haben.

✎

7 Svenja, 9 Jahre, hat ihre Mutter in der Küche getreten, beschimpft und versucht zu schlagen, weil diese sie nicht zu einem Kindergeburtstag lassen wollte.

✎

8 Die 2-jährige Xenia läuft immer wieder zum offenen Kamin und will brennendes Holz herausnehmen, weil das so toll leuchtet.

✎

> Was ist mir sauer aufgestoßen?

> Was fand ich scharf?

> Was fand ich zu trocken?

> Was ist mit klar geworden?

> Was war total Banane?

> Was war ein hartes Brot?

> Was war Käse?

> Was war mein süßester Moment?

> Was ist mir völlig Wurst?

> Was war erste Sahne?

❯ Was hat
mich angeregt?

❯ Was war mir zu fett
aufgetragen?

❯ Was war bitter?

❯ Was lässt mich
dahinschmelzen?

❯ Da sehe ich mittlerweile
rosig in die Zukunft?

❯ Was hat mir gestunken?

❯ Was hat sich gezogen?

❯ Was war eine
harte Nuss?

❯ Dafür möchte ich ein
verbales Küsschen
verteilen.

❯

Brinkmann, Heinz Ulrich, Dr., geb. 1946; Studium der Wirtschafts- und Sozialwissenschaften an der Universität zu Köln sowie an ausländischen Universitäten; Diplom-Volkswirt (soz.wiss.R.) 1978, Dr. rer. pol. 1982. An mehreren deutschen Universitäten war er als wissenschaftlicher Mitarbeiter und Lehrbeauftragter tätig. Seit 1988 ist er Redakteur bzw. Referent bei der Bundeszentrale für politische Bildung/bpb in Bonn, derzeit im Fachbereich „Politikferne Zielgruppen". Seine Publikationen behandeln Themen der US-amerikanischen Innenpolitik sowie des Wählerverhaltens in Deutschland.

Brockkamp, Kerstin, geb. 1971; Studium der Erwachsenenbildung/außerschulischen Jugendbildung an der Universität Hannover, 2000 Abschluss als Diplom-Pädagogin; 2005 Ausbildung zur Deeskalationstrainerin Gewalt und Rassismus (GAV), derzeit in der berufsbegleitenden Ausbildung zur systemischen Beraterin NIS; 2000–2003 Referentin der Landesstelle Jugendschutz Niedersachsen, 2003–2006 wissenschaftliche Mitarbeiterin an der Universität Hannover; seit 2006 selbstständig tätig als Deeskalationstrainerin. Mitarbeit für die Landesstelle Jugendschutz Niedersachsen an diversen Broschüren und Flyern.

Farin, Klaus, geb. 1958, ist nach mehr als 20-jähriger Tätigkeit als Journalist seit 1998 Leiter des Berliner Archiv der Jugendkulturen e.V. (www.jugendkulturen.de). Arbeitsschwerpunkte: Jugendkulturen, Rechtsextremismus. Veröffentlichungen u.a.: Skinheads (1993, erweiterte Neuauflage 2002);. Jugendkulturen in Deutschland (Band 1: 1950–1989; Band 2: 1990–2005, Bundeszentrale für politische Bildung 2006).

Frech, Siegfried, Diplom-Pädagoge, geb. 1955; Studium an der Pädagogischen Hochschule Ludwigsburg; 1979–1991 Lehrer an einer Hauptschule; seit 1991 Fachreferent der Landeszentrale für politische Bildung Baden-Württemberg und dort für die Zeitschrift „Der Bürger im Staat" sowie die Didaktische Reihe zuständig; Lehrauftrag an der Universität Tübingen (Didaktik politischer Bildung). Zahlreiche Veröffentlichungen zur Didaktik und Methodik des Politikunterrichts sowie u.a. zu den Themenfeldern Rechtsextremismus, Zivilcourage und Gewaltprävention.

Gall, Reiner, Dipl.-Sozialpädagoge, geb. 1953; Speditionskaufmann, Studium der Sozialpädagogik; Jugendzentrumsarbeit in Bottrop, seit 1980 Jugendpfleger der Stadt Oberhausen; Zusatzqualifikationen: Ausbildung zum Supervisor bei Prof. Dr. W. Hinte,

Universität Essen, Ausbildung zum Anti-Aggressivitäts-Trainer, Zusatzausbildung Theaterpädagogik, Durchführung von Anti-Aggressivitäts-Training für Bewährungshilfe und Jugendgerichtshilfe, Coolness-Trainings und Training von Pro-sozialen-Gangs (Streitschlichter und Schulbusbegleiter) in Schulen, Lehrauftrag an der Universität GH Essen, Vorsitzender des Deutschen Kinderschutzbunds Oberhausen e.V., Ausbilder für Anti-Aggressivitäts-Trainer beim Institut für Sozialarbeit und Sozialpädagogik e.V. in Frankfurt a.M., Mitbegründer des Deutschen Instituts für konfrontative Pädagogik – IKD, Hamburg.

Gerlach, Nicole Marjo, geb. 1969, NRW-Landeskoordinatorin Schule ohne Rassismus – Schule mit Courage; Master of Science in Supervision, Dipl.-Pädagogin, Dipl.-Sozialpädagogin, Mediatorin, Lehrtrainerin an der Gewalt Akademie Villigst. Nach mehrjähriger Tätigkeit in Heimerziehung und offener Jugendarbeit Ausbildung zur Villigster Deeskalationstrainerin und Mediatorin (Fachhochschule Hamburg/Hochschule für Angewandte Wissenschaften Hamburg). 2000 Wechsel in den Schuldienst. Schul- und Projektentwicklung, Präventions- und Interventionsarbeit zu Mobbing und Gewalt an zwei Schulen im Essener Norden. 2003 Bildungsreferentin für interkulturelle Jugend- und Erwachsenenbildung und Masterstudium Supervision. Seit 2004 selbstständige Trainerin und Supervisorin u.a. mit Schwerpunkt Schulentwicklung, Anti-Mobbing-Arbeit, interkulturelle Kompetenz, Personal- und Führungskräfteentwicklung. Veröffentlichungen zu Mobbingintervention, Schulentwicklung und Führungskräftecoaching.

Gugel, Günther, Diplom-Pädagoge, geb. 1949; Studium des Sozialwesens und der Erziehungswissenschaften; Geschäftsführer des Instituts für Friedenspädagogik Tübingen. Veröffentlichungen u.a.: Handbuch Gewaltprävention in der Grundschule. Grundlagen – Lernfelder – Handlungsmöglichkeiten. Bausteine für die praktische Arbeit, Tübingen 2007; (zus. mit Uli Jäger) Frieden gemeinsam üben. Didaktische Materialien für Friedenserziehung und Globales Lernen in der Schule, Tübingen 2007; Politische Bildungsarbeit praktisch. Fremdenfeindlichkeit, Zukunftsfähigkeit, Neue Medien, Konfliktbearbeitung. Seminarmodelle und Materialien, Tübingen 2002.

Ihlau, Uwe, Dipl. Sozialpädagoge, geb. 1964; Referent für Jungenarbeit und Gender Mainstreaming bei der FUMA Fachstelle Gender NRW in Essen, Gründungsmitglied und Lehrtrainer der Gewalt Akademie Villigst, Spiel- und Theaterpädagoge (ags), Medienberater (Akademie Remscheid), Entwicklung von landesweiten Modellprojekten zur geschlechtsspezifischen und -reflektierten Jugendarbeit in NRW, Mitgestaltung der Landesinitiative Jungenarbeit NRW, Vortrags- und Lehrtätigkeiten zu jungenspezifischen Aspekten der Sozialisation, der Gewalt- und Alkoholprävention sowie dem pädagogischen Arbeitsfeld der Jungenarbeit. Veröffentlichung diverser Fachartikel.

Kahraman-Brust, Sevgi, Erzieherin, geb. 1957 in Eskisehir/Türkei. 1980 Examen an der Fachschule Sozialpädagogik in Schwerte; 1981 bis 1988 beim „Kinderladen Asseln" einer Elterninitiative in Dortmund. 1988 Gründung der Kindertheatergruppe „Theater Wundertüte" und von sevgi&merhaba, einem deutsch türkisches Musikprojekt nicht nur für Kinder (www.sevgiundmerhaba.de). Seit 1991 Mitarbeiterin der RAA Kreis Unna mit den Schwerpunktbereichen Förderung Interkultureller Ansätze in der Jugendhilfe und Interkulturelle Mädchenarbeit, Antirassismus- und Deeskalationsarbeit. Ansprechpartnerin des Arbeitskreises „Schule ohne Rassismus" Dortmund/Kreis Unna für das Projekt „Schule ohne Rassismus – Schule mit Courage".

Ledermann, Bianka, Diplom-Sozialarbeiterin, geb. 1968; Familienbildungsreferentin beim Progressiven Eltern- und Erzieherverband NW e.V., Lehrtrainerin der Gewalt Akademie Villigst, Konzeptionierung von Schulungsreihen für Tagesmütterqualifizierung (TMQ plus) des VHS Landesverbands NRW, Konzeptionierung der Fortbildung „Elternkonflikttraining" für Fachkräfte in der Arbeit mit Kindern und Familien, FuN-Trainerin (praepäd Institut) und Trainerin für Starke Eltern – Starke Kinder (DKSB e.V.), Leitung von zahlreichen Seminaren und Bildungsurlauben in der Arbeit mit Erwachsenen, Kindern, Familien und Jugendlichen, expect-Zertifikat für interkulturelle Kompetenz (VHS).

Metzger, Renate, Diplomsozialpädagogin, geb. 1959; Studium der Sozialpädagogik an der Hochschule Esslingen, Fachbereich Soziale Arbeit, Gesundheit und Pflege; arbeitet als jugendpolitische Bildungsreferentin beim Stadtjugendring Esslingen e.V. Veröffentlichungen zu den Themenfeldern Rechtsextremismus, gewaltpräventive Trainings, politische Partizipation von Jugendlichen.

Mikos, Lothar, Prof. Dr., geb. 1954; Diplom-Soziologe, Dr. phil. habil.; Professor für Fernsehwissenschaft an der Hochschule für Film und Fernsehen „Konrad Wolf" in Potsdam-Babelsberg. Inhaber der Mikos Media Cooperation für Medienberatung, Medienentwicklung, Medienforschung und Medienpädagogik. Veröffentlichungen u.a.: (Hrsg. zus. mit Dagmar Hoffmann und Rainer Winter) Mediennutzung, Identität und Identifikation. Die Sozialisationsrelevanz der Medien im Selbstfindungsprozess von Jugendlichen, München 2007; (Hrsg. zus. mit Dagmar Hoffmann) Mediensozialisationstheorien. Neue Modelle und Ansätze in der Diskussion, Wiesbaden 2007; Im Namen des Fernsehvolkes. Neue Formate für Orientierung und Unterhaltung, Konstanz 2007.

Möller, Martina, Diplom-Pädagogin, geb. 1973; Lehramtsstudium für die Grund- und Hauptschule an der Pädagogischen Hoch-

ANHANG

247

schule Heidelberg, Diplom in Erziehungswissenschaften, seit 2004 Doktorandin und
seit 2006 wissenschaftliche Mitarbeiterin an
der PH Heidelberg. Veröffentlichungen u.a.:
(zus. mit Gerd-Bodo von Carlsburg) Unterrichten heute – eine Herausforderung, in
Gerd-Bodo von Carlsburg (Hrsg.), Entwicklung erziehungswissenschaftlicher Paradig-
men: Theorie und Praxis, Frankfurt a. M.
2007; Innerfamiliäre Gewalt, in Helmut
Wehr/Gerd-Bodo von Carlsburg (Hrsg.),
Gewalt beginnt im Kopf, Donauwörth 2005.

Papenburg, Wolfgang, Diplom-Pädagoge,
geb. 1948; 25 Jahre lang (davon 20 Jahre
als Leiter) tätig in einer Jugendhilfeeinrich-
tung im Sauerland; Vertreter des PART-
Konzepts (Professionell handeln in Gewaltsituationen) für die deutschsprachigen Länder; Durchführung von PART-Seminaren in
Deutschland, Österreich und der Schweiz;
Ausbilder von PART-Inhousetrainern/innen
in Einrichtungen der Jugendhilfe, Behinder-
tenarbeit, Kinder-, Jugendlichen- und Er-
wachsenenpsychiatrie, Schulen usw.; Lehrbeauftragter an der Fachhochschule Dortmund und der Fachhochschule Nordwest-
schweiz in Basel. Veröffentlichungen zum
Umgang mit aggressiven und gewalttätigen
Klienten und Patienten; www.part2000.de.

Pilz, Gunter A., Prof. Dr., Diplom-Soziologe,
geb. 1944; Professor am Institut für Sport-
wissenschaft der Universität Hannover und
Lehrbeauftragter an der Fachhochschule
Hannover. Forschungsschwerpunkte: Ge-
walt, Rassismus und Diskriminierung in der
Gesellschaft und im Sport; Soziale Arbeit;
Fan-Verhalten. Gutachter u.a. für das
Bundesministerium des Innern und den DFB.

Zahlreiche Publikationen zum Bereich Jugend, Gewalt und Rechtsextremismus, zu
Gewalt und Fairness im Sport sowie zur
sport-, körper- und bewegungsorientierten
Sozialen Arbeit.

Posselt, Ralf-Erik, Pädagoge und Diakon,
geb. 1948; Lehrer, Jugendzentrumsarbeit,
Referent im Amt für Jugendarbeit der Evan-
gelischen Kirche von Westfalen für Offene
Arbeit, Gewalt und Rassismus; Gründungsmitglied und Mitinitiator von ARIC-NRW,
AK-Ruhr, IDA, Aktion Courage, Schule ohne
Rassismus und Koordinator von SOS-Rassismus-NRW und der Gewalt Akademie Villigst. Herausgeber der Edition Zebra und
Autor zahlreicher Publikationen zur Thematisierung von Gewalt und Rassismus.

Rauchs, Willy, geb. 1960; Studium der Soziologie und Pädagogik an der Universität
Trier, Abschluss 1991 M.A., 1992–2000
Tätigkeit in der stationären und teilstationären Jugendhilfe in NRW und in Hessen;
seit 2000 Tätigkeit in der Berufsschulsozial-
arbeit bei der Fördergesellschaft der HWK
Freiburg i. Br.; zeitweise Lehrbeauftragter
an der Katholischen Fachhochschule Freiburg; seit 1985 nebenberufliche Tätigkeit
als Artist. Veröffentlichungen zur Gewaltprävention.

TEIL I
**Heinz Ulrich Brinkmann /Siegfried Frech /
Ralf-Erik Posselt**
Gewalt zum Thema machen

[1] Vgl. Götz Eisenberg, Amok – Kinder der
Kälte. Über die Wurzeln von Wut und Hass,
Reinbek 2000, S. 38-48.
[2] Vgl. John R. Gillis, Geschichte der Jugend.
Tradition und Wandel im Verhältnis der
Altersgruppen und Generationen, Wein-
heim/Basel 1980.
[3] Vgl. ebd. S. 141-186.
[4] Vgl. John Clarke u.a., Jugendkultur als
Widerstand. Milieus, Rituale, Provokationen, Frankfurt am Main 1979; Klaus Farin,
generation-kick.de. Jugendsubkulturen
heute, München 2001; ders., Jugendkulturen in Deutschland. Band 1: 1950-1989,
Band 2: 1990-2205, Bonn 2006.
[5] Angela Merkle/Achim Schröder, Vorwort,
in: dies. (Hrsg.), Leitfaden Konfliktbewältigung und Gewaltprävention. Pädagogische Konzepte für Schule und Jugendhilfe,
Schwalbach/Ts. 2007, S. 9.
[6] Vgl. die Darstellung von Heinz Ulrich
Brinkmann in diesen Band über Ausmaß,
soziale und ökonomische Hintergründe
der Jugendgewalt.
[7] Vgl. Peter Imbusch/Ralf Zoll (Hrsg.), Frie-
dens- und Konfliktforschung. Eine Einführung mit Quellen, 3. Aufl., Opladen 2005,
S. 76 ff.
[8] Wilhelm Heitmeyer/Monika Schröttle,
Zur Einführung, in: dies. (Hrsg.), Gewalt.
Beschreibungen, Analysen, Prävention,
Bonn 2006, S. 15.
[9] Vgl. Günther Gugel, Zum Verständnis von
Gewalt, in: Werner Haußmann/Hansjörg
Biener/Klaus Hock/Reinhold Mokrosch
(Hrsg.), Handbuch Friedenserziehung:
interreligiös – interkulturell – interkon-
fessionell, München 2006, S. 247-254.
[10] Vgl. Gertrud Nunner-Winkler, Überlegungen zum Gewaltbegriff, in: Wilhelm Heit-
meyer/Hans-Georg Soeffner (Hrsg.): Gewalt, Frankfurt am Main 2004, S. 21-61.
[11] Gugel (Anm. 9), S. 247.
[12] Vgl. Erhard Eppler, Vom Gewaltmonopol
zum Gewaltmarkt? Die Privatisierung und
Kommerzialisierung der Gewalt, Frankfurt am Main 2002, S. 10.
[13] Ebd., S. 11.
[14] Vgl. Dieter Senghaas, Frieden als Zivili-
sierungsprojekt, in: ders. (Hrsg.), Den
Frieden denken, Frankfurt am Main 1995,
S. 199 ff.
[15] Vgl. Stefan Breuer, Der Staat. Entstehung, Typen, Organisationsstadien,
Reinbek 1998.
[16] Vgl. Hagen Schulze, Staat und Nation in
der europäischen Geschichte, München
1994, S. 64-107.
[17] Vgl. Peter Steinbach, Diktaturen im 20.
Jahrhundert – Kategorien, Vergleiche,
Probleme, in: Angela Borgstedt/Siegfried
Frech/Michael Stolle (Hrsg.), Lange

[17] Schatten. Bewältigung von Diktaturen, Schwalbach/Ts., S. 17-48.

[18] Imbusch/Zoll (Anm. 7), S. 77.

[19] Senghaas (Anm. 14), S. 199.

[20] Vgl. Eppler (Anm. 12), S. 15 ff.; Jan Philipp Reemtsma, Gewalt: Monopol, Delegation, Partizipation, in: Heitmeyer/ Soeffner (Anm. 10), S. 346-361.

[21] Vgl. Norbert Elias, Über den Prozess der Zivilisation. Soziogenetische und psychogenetische Untersuchungen, 1. Band Wandlungen des Verhaltens in den weltlichen Oberschichten des Abendlandes, 9. Aufl., Frankfurt am Main 1983, 2. Band: Wandlungen der Gesellschaft, Entwurf zu einer Theorie der Zivilisation, 7. Aufl., Frankfurt am Main 1980.

[22] Senghaas (Anm. 14), S. 200.

[23] Hans-Peter Nolting, Lernfall Aggression. Wie sie entsteht – Wie sie zu vermindern ist. Ein Überblick mit Praxisschwerpunkt Alltag und Erziehung, Reinbek 1993, S. 24.

[24] Nolting (Anm. 23), S. 25.

[25] Ebd., S. 23.

[26] Gewalt als verletzende und schädigende Tat birgt immer die Frage nach ihrer Rechtfertigung in sich. Jeder Versuch, Gewalt zu legitimieren, wertet andere Menschen ab und leugnet die Gleichwertigkeit und Würde des Menschen. Auch Rassismus versucht, Gewalt zu rechtfertigen und konstruiert dabei abwertende Merkmale und Eigenschaften, um Menschen – scheinbar legitimiert – schädigen und verletzen zu können.

[27] Vgl. Johan Galtung, Strukturelle Gewalt. Beiträge zur Friedens- und Konfliktforschung, Reinbek 1975.

[28] Vgl. Hans-Volkmar Findeisen/Joachim Kersten, Der Kick und die Ehre. Vom Sinn jugendlicher Gewalt, München 1999.

[29] Vgl. Ralf-Erik Posselt, Gewalt löst keine Probleme. Villigster Trainingshandbuch zur Deeskalation von Gewalt und Rassismus, Villigst 2000; Günter Gugel, Wir werden nicht weichen, Tübingen 1996.

[30] Vgl. Teil III des Buches, in dem präventive und intervenierende Seminarmodelle und Trainings vorgestellt werden.

[31] Vgl. Friedrich Glasl, Konfliktmanagement. Ein Handbuch für Führungskräfte, Beraterinnen und Berater, 6. Aufl., Bern 1999, S. 11-20, S. 47-82.

[32] Vgl. Günter Gugel, Konstruktive Konfliktbearbeitung, in: Rolf Frankenberger/ Siegfried Frech/Daniela Grimm (Hrsg.), Politische Psychologie und politische Bildung, Schwalbach/Ts., S. 328-349.

[33] Kurt Faller, Mediation in der pädagogischen Arbeit. Ein Handbuch für Kindergarten, Schule und Jugendarbeit, Mülheim an der Ruhr 1998, S. 15.

[34] Vgl. Hannah Arendt, Macht und Gewalt, 7. Aufl., München 1990.

[35] Vgl. Hans-Werner Bierhoff, Der Einfluss von Macht auf das Handeln von Einzelpersonen und Gruppen, in: Frankenberger/Frech/Grimm (Anm. 32), S. 75-94.

[36] Vgl. Galtung (Anm. 27).

[37] Ebd., S. 9.

[38] Vgl. Günther Gugel, Gewalt und Gewaltprävention. Grundfragen, Grundlagen, Ansätze und Handlungsfelder von Gewaltprävention und ihre Bedeutung für die Entwicklungszusammenarbeit, Tübingen 2006, S. 51 ff.

[39] Vgl. Johan Galtung, Kulturelle Gewalt. Zur direkten und strukturellen Gewalt tritt die kulturelle Gewalt, in: Der Bürger im Staat, 43 (1993) 2, S. 106-112.

[40] Vgl. Gugel (Anm. 38), S. 30-36, S. 277-280; Judy Korn/Thomas Mücke, Gewalt im Griff, Band 2: Deeskalations- und Mediationstraining, Weinheim/Basel 2000, S. 157 ff.

[41] Vgl. Glasl (Anm. 31), S. 289 ff.

[42] Vgl. Marcus Meyer, Anders über Freiheit denken. Streitgespräch im Jugendknast, in: Blickpunkt Bundestag, Heft 2, März 2005, S. 41.

[43] Vgl. Polizeiliche Kriminalstatistik 2006. Bundesrepublik Deutschland, hrsg. vom Bundeskriminalamt, Wiesbaden 2007, S. 69.

[44] Vgl. Erster Periodischer Sicherheitsbericht, hrsg. vom Bundesministerium des Innern/Bundesministerium der Justiz, Berlin 11.07.2001, S. 516 f.

[45] Vgl. Meyer (Anm. 42), S. 42.

[46] Vgl. United States Government Accountability Office (GAO), Residential Treatment Programs: Concerns Regarding Abuse and Death in Certain Programs for Troubled Youth, Washington, D.C.: Testimony Before the Committee on Education and Labor, House of Representatives, October 10, 2007; das GAO ist eine Prüfbehörde ähnlich dem Bundesrechnungshof.

[47] So Christian Pfeiffer, Leiter des Kriminologischen Forschungsinstituts Niedersachsen e.V. (KFN), in mehreren Interviews.

[48] Vgl. den Beitrag von Reiner Gall.

[49] Vgl. Kap. 3 des Beitrags von Reiner Gall.

[50] Vgl. bereits Erster Periodischer Sicherheitsbericht (Anm. 44), S. 597: „verlässliche, regional einheitliche und prompte Reaktionspraxis jenseits ausufernder Verfolgung von Bagatelldelikten […] nach einer ernsthaften, integrativ und präventiv wirksamen Reaktion verlangen"; siehe auch Friedrich Lösel/Thomas Bliesener, Aggression und Delinquenz unter Jugendlichen. Untersuchungen von kognitiven und sozialen Bedingungen, München/Neuwied 2003, S. 170.

[51] Vgl. Jugend und Gewalt. Kinder und Jugendliche als Opfer und Täter. Situation, Ursachen, Maßnahmen, Bericht der Bayerischen Staatsregierung, München September 1994, Teil II, Maßnahmebereich, Kap. 6; www.stmuk.bayern.de/km/berichte/ jugend_und_gewalt/index_jugend.html.

[52] Vgl. Kap. 5 des Beitrags von Heinz Ulrich Brinkmann.

[53] Vgl. Jugend und Gewalt (Anm. 51), Teil II, Maßnahmebereich, Kap. 7.

[54] Vgl. Kap. 5 und 6 des Beitrags von Heinz Ulrich Brinkmann.

[55] Vgl. Uwe H. Bittlingmayer/Klaus Hurrelmann, Medial vermittelte politische Bildung für Jugendliche aus bildungsfernen Milieus aus soziologischer Sicht, Expertise für die Bundeszentrale für politische Bildung, Workshop 10./11.11.2005, S.1 f.

[56] Vgl. Wilfried Schubarth, Über die Gewalt ist nun genug geforscht worden. Interview in der Frankfurter Rundschau vom 13.01.2000; www.hasi.s.bw.Schule.de/ lehr130.html.

[57] Vgl. bereits Hans-Dieter Schwind/Jürgen Baumann/Ursula Schneider/Manfred Winter u.a.: Gewalt in der Bundesrepublik Deutschland. Endgutachten der Unabhängigen Regierungskommission zur Verhinderung und Bekämpfung von Gewalt (Gewaltkommission), in: Hans-Dieter Schwind/Jürgen Baumann u.a. (Hrsg.): Ursachen, Prävention und Kontrolle von Gewalt. Analysen und Vorschläge der Unabhängigen Regierungskommission zur Verhinderung und Bekämpfung von Gewalt (Gewaltkommission), Bd. 1: Endgutachten und Zwischengutachten der Arbeitsgruppen, Berlin 1990, S. 118.

[58] Vgl. Birgit Herz: Mädchengewalt. Annäherung an ein aktuelles Phänomen jugendlicher Delinquenz, in: Pädagogik, 56 (2004) 5, S. 40.

[59] Vgl. in Teil I die Darstellung von Heinz Ulrich Brinkmann über das Ausmaß sowie über soziale und ökonomische Hintergründe der Jugendgewalt. Die dort vorgestellten Untersuchungen beschränken sich nicht auf die offene, d.h. polizeilich erfasste Gewaltkriminalität, sondern erfassen auch die verdeckte Gewaltkriminalität, wie sie sich aus sozialwissenschaftlichen Untersuchungen auf der Basis von Umfragen bzw. Befragungen ergibt.

[60] Vgl. Erster Periodischer Sicherheitsbericht (Anm. 44), S. 539.

[61] Vgl. Kerstin Reich, Kriminalität von Jugendlichen mit Migrationshintergrund, in: Der Bürger im Staat, 53 (2003) 1, S. 45-52.

[62] Vgl. Siegfried Frech/Karl-Heinz Meier-Braun (Hrsg.), Die offene Gesellschaft. Zuwanderung und Integration, Schwalbach/Ts. 2007.

[63] Vgl. Maria Böhmer, Integrationspolitik aus bundespolitischer Sicht: Herausforderungen und Leitlinien, in: Frech/Meier-Braun (Anm. 62), S. 41-58.

Günther Gugel
Ursachen von Aggression und Gewalt

[1] Sigmund Freud, Das Unbehagen an der Kultur, in: Gesammelte Werke, Band XIV. Werke aus den Jahren 1925-1931, Lingam Press (Raubdruck) 1974, S. 470 f.

[2] Vgl. Konrad Lorenz, Das sogenannte Böse, 16. Aufl., Wien 1965.

[3] Vgl. Felix von Cube, Besiege deinen Nächsten wie dich selbst. Aggression im Alltag, 3., aktualisierte Aufl., München/Zürich 1993.

[4] Vgl. John Dollard/Leonard W. Dobb/Neal E. Miller/O. H. Mowrer/Robert R. Sears, Frustration und Aggression, Weinheim 1970.

[5] Vgl. Günther Gugel, Erziehung und Gewalt. Wie durch Familie, Schule, Fernsehen, Spielzeug und Jugendliteratur Aggression und Gewalt enstehen, Waldkirch 1983, S. 29 f.

[6] Vgl. James T. Tedeschi, Die Sozialpsychologie von Aggression und Gewalt, in: Wilhelm Heitmeyer/John Hagan (Hrsg.), Internationales Handbuch der Gewaltforschung, Wiesbaden 2002, S. 575.

[7] Albert Bandura/Richard H. Walters, Der Erwerb aggressiver Verhaltensweisen durch soziales Lernen, in: Amelie Schmidt-Mummendey/Hans Dieter Schmidt (Hrsg.), Aggressives Verhalten. Neue Ergebnisse der psychologischen Forschung, München 1972, S. 107.

[8] Dieter E. Zimmer, Hearing über die Wurzeln der Aggression, in: Die Zeit, Nr. 13 vom 20. März 1987, S. 48.

[9] Pressemitteilung des Bundesministeriums für Familie, Senioren, Frauen und Jugend vom 22.03.2004, Erziehungsalltag wird gewaltfrei. Die Bundesministerien für Familie, Senioren, Frauen und Jugend und der Justiz veröffentlichen Begleitforschung zum „Gesetz zur Ächtung der Gewalt in der Erziehung". Vgl.: www.bmfsfj.de /Kategorien/Presse/pressemitteilungen, did=17392.html; (21.10.2007).

[10] Christian Pfeiffer/Peter Wetzels/Dirk Enzmann, Innerfamiliäre Gewalt gegen Kinder und Jugendliche und ihre Auswirkungen. Kriminologisches Forschungsinstitut Niedersachsen e.V., Forschungsberichte Nr. 80, Hannover 1999, S. 28.

[11] Geschlecht wird in diesem Zusammenhang nicht als biologische Kategorie im Sinne des englischen „sex" verwendet, sondern als soziale Zuschreibung im Sinne des englischen „gender".

[12] Vgl. Christine Holzkamp/Birgit Rommelspacher, Frauen und Rechtsextremismus, in: päd. extra & demokratische erziehung, 19 (1991) 1, S. 36 f.

[13] Vgl. Günter Bierbraucher, Sozialer Einfluss und Gruppenprozess, in: ders., Sozialpsychologie, Stuttgart/Berlin 1996; Ulrike Wolff-Jontofsohn, Erklärungsmodelle für Intergruppenkonflikte, Vorurteile und Einstellungsveränderungen, in: dies., Friedenspädagogik in Israel, Schwalbach/Ts 1999, S. 203 ff.; Susanne Lin, Vorurteile überwinden – eine friedenspädagogische Aufgabe, Weinheim/Basel 1999.

[14] Eugen Drewermann, Die Spirale der Angst. Der Krieg und das Christentum, Freiburg u.a. 1991, S. 60 f.

[15] Vgl. Pfeiffer u.a. (Anm. 10), S. 39.

[16] Hans-Peter Nolting, Aggression ist nicht gleich Aggression, in: Der Bürger im Staat, 43 (1993) 2, S. 91-95.

[17] Vgl. Stanley Milgram, Das Milgram Experiment. Zur Gehorsamsbereitschaft gegenüber Autoritäten, Reinbek 1988; Wim Meeus/Quinten Raaijmakers, Autoritätsgehorsam in Experimenten des Milgram-Typs. Eine Forschungsübersicht, in: Zeitschrift für Sozialpsychologie, 19 (1989) 2, S. 70-85.

[18] Vgl. Nils Brinkmann, Suizid im Film – eine Herausforderung für den Jugendschutz, in: tv-diskurs, 9 (2005) 4, S. 64 ff.

[19] Hans-Dieter Schwind u.a. (Hrsg.), Ursachen, Prävention und Kontrolle von Gewalt. Analysen und Vorschläge der Unabhängigen Regierungskommission zur Verhinderung und Bekämpfung von Gewalt (Gewaltkommission), Berlin 1990, S. 96.

[20] Michael Kunczik/Astrid Zipfel, Medien und Gewalt. Zum Forschungsstand, in: BPjS-Aktuell, 10 (2002) 4, S. 8.

[21] Ebd., S. 9.

[22] Vgl. Michael Kunczik/Astrid Zipfel, Gewalttätig durch Medien? in: Aus Politik und Zeitgeschichte, 52 (2002) 44, S. 35.

[23] Vgl. Hans-Bernd Brosius/Frank Esser, Eskalation durch Berichterstattung? Massenmedien und fremdenfeindliche Gewalt, Opladen 1995.

[24] Vgl. Tedeschi (Anm. 6), S. 573.

[25] Vgl. www.soziale-desintegration.de

[26] Peter Imbusch, Der Gewaltbegriff, in: Wilhelm Heitmeyer/John Hagan (Hrsg.), Internationales Handbuch der Gewaltforschung, Wiesbaden 2002, S. 37.

[27] Irenäus Eibl-Eibesfeldt, Die Biologie des menschlichen Verhaltens. Grundriß der Humanethologie, München 1984, S. 549.

[28] Vgl. ebd., S. 557.

[29] Vgl.ebd., S. 556.

[30] World Health Organization (WHO), World Report on Violence and Health, Genf 2002, S. 12.

[31] Vgl. WHO-Regionalbüro für Europa (Hrsg.),Weltbericht Gewalt und Gesundheit. Zusammenfassung, Kopenhagen 2003, S. 13 f.

[32] Friedrich Lösel, Multimodale Gewaltprävention bei Kindern und Jugendlichen. Familie, Kindergarten, Schule, in: Wolfgang Melzer/Hans-Dieter Schwind (Hrsg.), Gewaltprävention in der Schule. Grundlagen – Praxismodelle – Perspektiven, Baden-Baden 2004, S. 328

[33] Ebd., S. 330.

Heinz Ulrich Brinkmann
Soziale und ökonomische Hintergründe

[1] Vgl. Hans-Dieter Schwind u.a., Gewalt in der Bundesrepublik Deutschland, in: ders./Jürgen Baumann u.a. (Hrsg.): Ursachen, Prävention und Kontrolle von Gewalt. Analysen und Vorschläge der Unabhängigen Regierungskommission zur Verhinderung und Bekämpfung von Gewalt (Gewaltkommission), Band 1: Endgutachten und Zwischengutachten der Arbeitsgruppen, Berlin 1990, S. 40 f.

[2] Anteil der Täter bzw. Tatverdächtigen an der Gesamtheit ihrer jeweiligen Gruppe.

[3] Vgl. Schwind (Anm. 1).

[4] Delinquenz: Straffälligkeit; Verstoß gegen gesetzliche Normen.

[5] Vgl. Erster Periodischer Sicherheitsbericht, hrsg. vom Bundesministerium des Innern/Bundesministerium der Justiz, Berlin 2001.

[6] Vgl. Zweiter Periodischer Sicherheitsbericht, hrsg. vom Bundesministerium des Innern/Bundesministerium der Justiz, Berlin 2006, S. 73, 75, 85-88, 386.

[7] Vgl. Polizeiliche Kriminalstatistik 2006. Bundesrepublik Deutschland, hrsg. vom Bundeskriminalamt Wiesbaden 2007, S. 77 f., 149, 228.

[8] Vgl. ebd., S. 108, 149 f., 228 f.; Zweiter Periodischer Sicherheitsbericht (Anm. 6), S. 68 f.

[9] Polizeiliche Kriminalstatistik lt. Erster Periodischer Sicherheitsbericht (Anm. 5), Tabelle 5-9 und Schaubild 5-18. Für eine ähnliche Entwicklung 1987-2004 vgl. Zweiter Periodischer Sicherheitsbericht (Anm. 6), S. 382 f.

[10] Wissenschaftliche Befunde zum präventiven Nutzen von informellen Verfahrenserledigungen vs. Verurteilungen haben bei diesem Einstellungswandel von Staatsanwälten und Richtern die entscheidende Rolle gespielt. Nicht zu unterschätzen ist aber die zunehmende Arbeitsüberlastung von Gerichten und Staatsanwaltschaften, da den ansteigenden Zahlen von Delikten und Tatverdächtigen keine entsprechende Ausstattung des Justizapparats gegenübersteht (vgl. Erster Periodischer Sicherheitsbericht [Anm. 5], S. 525 f.; s.a. Zweiter Periodischer Sicherheitsbericht [Anm. 6], S. 91-94). Ferner dürfte diese Entwicklung – auch bei den Gewaltdelikten – von der zunehmenden Verjüngung der Tatverdächtigen und der Abnahme der durchschnittlichen Tatschwere sowie der veränderten Beurteilung von Drogendelikten beeinflusst sein.

[11] Vgl. Erster Periodischer Sicherheitsbericht (Anm. 5), Kap. 5.4.4.2.; Dirk Baier/Christian Pfeiffer, Gewalttätigkeit bei deutschen und nichtdeutschen Jugendlichen. Befunde der Schülerbefragung 2005 und Folgerungen für die Prävention, Kriminologisches Forschungsinstitut Niedersachsen, Forschungsbericht Nr. 100, Hannover 2007, S. 18 f.; einige Teilaspekte von Baier/Pfeiffer wurden publiziert als dies./Michael Windzio: Jugendliche mit Migrationshintergrund als

Opfer und Täter. Fachwissenschaftliche Analyse, in: Wilhelm Heitmeyer/Monika Schröttle (Hrsg.), Gewalt. Beschreibungen, Analysen, Prävention, Bonn 2006, S. 240-290; s.a. nachfolgendes Kap. 4.1.

[12] Vgl. Nicola Wilmers u.a.: Jugendliche in Deutschland zur Jahrtausendwende: Gefährlich oder gefährdet? Ergebnisse wiederholter, repräsentativer Dunkelfelduntersuchungen zu Gewalt und Kriminalität im Leben junger Menschen 1998-2000, Baden-Baden 2002, S. 173 f., 179-182; Baier/Pfeiffer (Anm. 11), S. 18-25.

[13] Vgl. Erster Periodischer Sicherheitsbericht (Anm. 5), S. 533; s.a. ebd., S. 538.

[14] Vgl. ebd., S. 536, Tabelle 5-11; Wiebke Steffen/Reinhold Hepp: Strategien polizeilicher Gewaltprävention im Kindes- und Jugendalter, in: Arbeitsstelle Kinder- und Jugendkriminalitätsprävention (Hrsg.), Strategien der Gewaltprävention im Kindes- und Jugendalter. Eine Zwischenbilanz in sechs Handlungsfeldern, München 2007, S. 176. Nach 1999 hat sich der Anstieg weiblicher Gewaltdelinquenz etwas abgeflacht; vgl. Zweiter Periodischer Sicherheitsbericht (Anm. 6), S. 384 f.

[15] Vgl. Erster Periodischer Sicherheitsbericht (Anm. 5), S. 561; Baier/Pfeiffer (Anm. 11), S. 40 f.

[16] Vgl. Richard Hauser, Zur Entwicklung von Armut und Reichtum in Deutschland. Kommentare zu den Armuts- und Reichtumsberichten der Bundesregierung, paper, Jahrestagung der Sektion Soziale Indikatoren in der Deutschen Gesellschaft für Soziologie, in Zusammenarbeit mit dem Wissenschaftszentrum Berlin für Sozialforschung, Berlin, 2./3.06.2005, S. 15, 17; Baier/Pfeiffer (Anm. 11), S. 27, 32.

[17] Vgl. Rainer Geißler, Sozialer Wandel in Deutschland, in: Informationen zur politischer Bildung, Nr. 269, 2004, S. 44.

[18] Vgl. Erster Periodischer Sicherheitsbericht (Anm. 5), S. 561: Hauptschüler 23,8 %, Gymnasiasten 8,9 %.

[19] Vgl. Erster Periodischer Sicherheitsbericht (Anm. 5), S. 563; Baier/Pfeiffer (Anm. 11), S. 41; Schwind (Anm 1), S. 90, 138 f.

[20] Vgl. Klaus Farin, Warten auf Zivilcourage, in: Erziehung und Wissenschaft, Heft 10, Oktober 1998, S. 6, 9; Helga Haas-Rietsche, Rebellion und Männlichkeitskult, in: ebd., S. 14; Heiner Schäfer, Jugendgewalt, Jugendkriminalität und Prävention: Was können wir tun? (www.bpb.de/veranstaltungen/0D87E1, 0,0,Jugendgewalt_Jugendkriminalität_und_...), Erfahrungen nach der Übersiedlung; Erster Periodischer Sicherheitsbericht (Anm. 5), S. 573.

[21] Die Termini „Deutsche", „Ausländer", „Nicht-Deutsche" beziehen sich auf die Staatsangehörigkeit. „Ethnische Deutsche" sind alle Personen deutscher

Abstammung, also incl. Spätaussiedler. Eingebürgerte („Gastarbeiter", deren Nachkommen, Asylbewerber) werden nicht dazu gezählt.
„Einheimische/angestammte Deutsche" sind Personen deutscher Abstammung, die (bzw. deren Vorfahren) seit mindestens den 1980er Jahren in Deutschland leben. Dieser Terminus schließt also die Spätaussiedler nicht mit ein.
„Spätaussiedler" sind Personen deutscher Abstammung, die seit den 1990er Jahren aus Osteuropa zugezogen sind. Sie bekommen automatisch die deutsche Staatsbürgerschaft.
„Migranten" ist ein umfassender Ausdruck für alle Personen mit Herkunft aus dem Ausland. In Deutschland werden darunter vor allem „Gastarbeiter", ihre Nachkommen und Asylbewerber, aber auch Spätaussiedler verstanden.

[22] Vgl. Baier/Pfeiffer (Anm. 11), S. 7, 9 f., 19, 25 f., 35, 38 f. (die Beschränkung auf Westdeutschland erfolgt aufgrund des sehr geringen Migrantenanteils in den neuen Bundesländern); s.a. Erster Periodischer Sicherheitsbericht (Anm. 5), S. 516 f., 539 ff., 562, 567 ff.; N. Wilmers et al. (Anm. 12), S. 171-174, 180-190; Friedrich Lösel/Thomas Bliesener, Aggression und Delinquenz unter Jugendlichen. Untersuchungen von kognitiven und sozialen Bedingungen, München/Neuwied 2003, S. 59 f. Bei anderen Deliktarten zeigen sich ethnische Unterschiede in deutlich geringerem Ausmaß.

[23] Vgl. Baier/Pfeiffer (Anm. 11), S. 24 f.; zur Steigerungsrate s.o., Kap. 3.1.

[24] Vgl. Erster Periodischer Sicherheitsbericht, S. 539; Baier/Pfeiffer (Anm. 11), S. 25 f., 35, 38 f.

[25] Vgl. Andreas Kuhlmann, Faustrecht. Gewalt in Schule und Freizeit, 2. Auflage, Köln 1999, S. 53 f., 56; Baier/Pfeiffer (Anm. 11), S. 4, 36; Erster Periodischer Sicherheitsbericht (Anm. 5), S. 567.

[26] Vgl. Baier/Pfeiffer (Anm. 11), S. 12, 35, 42; Erster Periodischer Sicherheitsbericht (Anm. 5), S. 547, 555, 562, 567-571; Wilmers (Anm. 12), S. 173-191; Wiebke Steffen: Jugendkriminalität und ihre Verhinderung zwischen Wahrnehmung und empirischen Befunden. Gutachten zum 12. Deutschen Präventionstag am 18. und 19. Juni 2007 in Wiesbaden, in: Kongresskatalog: 12. Deutscher Präventionstag. „Starke Jugend – Starke Zukunft", 18. und 19. Juni 2007, Wiesbaden, S. 217.

[27] Vgl. Lösel/Bliesener (Anm. 22), S. 60; Baier/Pfeiffer (Anm. 11), S. 32.

[28] Vgl. Baier/Pfeiffer (Anm. 11), S. 6, 8 f., 19 f., 36 f.; Erster Periodischer Sicherheitsbericht (Anm. 5), S. 543-547.

[29] Vgl. ebd., S. 539 f., 546; s.a. Lösel/Bliesener (Anm. 22), S. 2.

[30] Vgl. Erster Periodischer Sicherheitsbericht (Anm. 5), S. 500.

[31] Vgl. Erster Periodischer Sicherheitsbericht (Anm. 5), S. 548-551; Zweiter Periodischer Sicherheitsbericht (Anm. 6), S. 71 ff. In der Polizeilichen Kriminalstatistik sind Eingebürgerte darin enthalten.

[32] Vgl. Klaus Schroeder, Rechtsextremismus und Jugendgewalt in Deutschland. Ein Ost-West-Vergleich, München 2003, S. 331 f., 455; Verfassungsschutzbericht 2006, hrsg. vom Bundesministerium des Innern, Berlin 2007, S. 37, 57; Farin (Anm. 20), S. 6, 8, 10.

[33] Vgl. Erster Periodischer Sicherheitsbericht (Anm. 5), S. 548 ff..

[34] Vgl. Kuhlmann (Anm. 25), S. 29 f.

[35] Vgl. nachfolgendes Kap. 5.

[36] Vgl. Kuhlmann (Anm. 25), S. 30, 48 f.; Farin (Anm. 20), S. 8.

[37] Vgl. Kuhlmann (Anm. 25), S. 93; Lösel/Bliesener (Anm. 22), S. 10 ff., 64; Peter-Ulrich Wendt, Haßt Du was, dann bist Du was. Zum gewaltförmigen Verhalten junger Menschen, in: Hubertus Heil/Muzzafer Perik/Peter-Ulrich Wendt (Hrsg.), Jugend und Gewalt. Über den Umgang mit gewaltbereiten Jugendlichen, Marburg 1993, S. 19 ff.; Peter Winterhoff-Spurk: Kalte Herzen. Wie das Fernsehen unseren Charakter formt, Stuttgart 2005, S. 246.

[38] Vgl. Erster Periodischer Sicherheitsbericht (Anm. 5), S. 478; Peter Struck, Erziehung gegen Gewalt. Ein Buch gegen die Spirale von Aggression und Haß, München/Neuwied 1994, S. 60 ff..

[39] Vgl. Wendt (Anm. 37), S. 19 ff., 23; Winterhoff-Spurk (Anm. 37), S. 228, 232 f.

[40] Vgl. nachfolgendes Kap. 7.

[41] Vgl. Erster Periodischer Sicherheitsbericht (Anm. 5), S. 572.

[42] Vgl. Kuhlmann (Anm. 25), S. 98 f.; Struck (Anm. 38), S. 62.

[43] Vgl. Schwind u.a. (Anm. 1), S. 88 f.; Kuhlmann (Anm. 25), S. 42 f.; Baier/Pfeiffer (Anm. 11), S. 37, 40.

[44] Vgl. Wilmers (Anm. 12), S. 228-235; Farin (Anm. 20), S. 6, 8.

[45] Vgl. Dirk Baier u.a.: Schülerbefragung 2005: Gewalterfahrungen, Schulschwänzen und Medienkonsum von Kindern und Jugendlichen, Kriminologisches Forschungsinstitut Niedersachsen, Materialien für die Praxis, Nr. 3, Hannover 2006, S. 33; Erster Periodischer Sicherheitsbericht (Anm. 5), S. 566 f.; Wilmers (Anm. 12), S. 325-328; Lösel/Bliesener (Anm. 22), S. 81 f..

[46] Vgl. Wilmers (Anm. 12), S. 247-251.

[47] Geißler (Anm. 17), S. 29; s.a. Hauser (Anm. 16), S. 2, 10, 14, 18, 23; Inga Uhlenbrock, Armut im Wohlstand. Zentrale Ergebnisse des 2. Armuts- und Reichtumsberichts der Bundesregierung, in: Gesellschaft. Wirtschaft. Politik (GWP), 54 (2005) 2, 201 f.

48 Vgl. Hauser (Anm. 16), S. 2, 10, 21, 23; Uhlenbrock (Anm. 47), S. 196 f.; Heinz-Herbert Noll/Stefan Weick, Relative Armut und Konzentration der Einkommen deutlich gestiegen. Indikatoren und Analysen zur Entwicklung der Ungleichheit von Einkommen und Ausgaben, in: Informationsdienst Soziale Indikatoren, Ausgabe 33, Januar 2005, S. 1-6.

49 Vgl. Stefan Hradil, Die Sozialstruktur Deutschlands im internationalen Vergleich, Wiesbaden 2004, S. 229; s.a. Hauser (Anm. 16), S. 14; Uhlenbrock (Anm. 47), S. 196 f.

50 Vgl. Hauser (Anm. 16), S. 16; Uhlenbrock (Anm. 47), S. 199-202.

51 Vgl. Angelika Scheuer: Demokratiezufriedenheit in Deutschland sinkt unter EU-Niveau. Eine europäisch-vergleichende Analyse, in: Informationsdienst Soziale Indikatoren, Ausgabe 33, Januar 2005, S. 8, 10 f.

52 Vgl. Jürgen Mansel/Wilhem Heitmeyer, Spaltung der Gesellschaft. Die negativen Auswirkungen auf das Zusammenleben, in: Wilhelm Heitmeyer (Hrsg.), Deutsche Zustände, Folge 3, Frankfurt am Main 2005, S. 61-68.

53 Vgl. Petra Grimm u.a., Gewalt zwischen Fakten und Fiktionen. Eine Untersuchung von Gewaltdarstellungen im Fernsehen unter besonderer Berücksichtigung ihres Realitäts- bzw. Fiktionsgehaltes, Berlin 2005, S. 31-39, 75 f., 189 f., 192, 212, 225, 231, 247 ff.; s.a. Michael Kunczik/Astrid Zipfel, Medien und Gewalt. Befunde der Forschung seit 1998, Projektbericht für das Bundesministerium für Familie, Senioren, Frauen und Jugend, Mainz/Bonn 2004, S. 37-43, 157 ff.

54 Vgl. Hans-Dieter Kübler, Leben mit der Hydra. Die Medienwelten von Kindern und Jugendlichen, in: Jürgen Fritz/Wolfgang Fehr (Hrsg.), Computerspiele. Virtuelle Spiel- und Lernwelten, Bonn: Bundeszentrale für politische Bildung, 2003, S. 27.

55 Vgl. Grimm (Anm. 53), S. 26; JIM-Studie 2006: Jugend, Information, (Multi-)Media. Basisstudie zum Medienumgang 12- bis 19-Jähriger, Forschungsbericht, Medienpädagogischer Forschungsverbund Südwest (www.mpfs.de), Stuttgart 2006, S. 12, 21.

56 Vgl. Baier/Pfeiffer (Anm. 11), S. 45 f.; Christian Pfeiffer (2003), Medienverwahrlosung als Ursache von Schulversagen und Jugenddelinquenz, unv. Ms., Hannover 2003.

57 Vgl. Grimm (Anm. 53), S. 29, 109, 140, 144 f., 215, 217 f., 221, 224, 227.

58 Vgl. ebd., S. 24, 27, 249; Reinhold Bergler/Ulrike Six, Psychologie des Fernsehens. Wirkungsmodelle und Wirkungseffekte unter besonderer Berücksichtigung der Wirkung auf Kinder und Jugendliche,

Bern etc. 1979, S. 208 f.; Winterhoff-Spurk (Anm. 37), S. 160 f.; s.a. Lösel/Bliesener (Anm. 22), S. 16.

59 Vgl. Lösel/Bliesener (Anm. 22), S. 75; JIM-Studie 2006 (Anm. 55), S. 10 f.: Fernseher 64 %, Computer 60 %. Gemäß Christian Pfeiffer 2003 (Anm. 56), S. 1, ist der Anteil eigener Fernsehgeräte bei 6- bis 13-Jährigen in den neuen Bundesländern etwa doppelt so hoch wie in den alten.

60 Vgl. den Beitrag von Lothar Mikos in diesem Band.

61 Vgl. Kunczik/Zipfel (Anm. 53), S. 198 f., 202, 205 f., 340; s.a. Grimm (Anm. 53), S. 30.

62 Vgl. Kunczik/Zipfel (Anm. 53), S. 71, 75 f.; Baier/Pfeiffer (Anm. 11), S. 45 f.; Baier (Anm. 45), S. 12, 35 f.

63 Vgl. Lösel/Bliesener (Anm. 22), S. 75; Kunczik/Zipfel (Anm. 53), S. 194 f., 156; Winterhoff-Spurk (Anm. 37), S. 160 f.; L. Mikos, in diesem Band.

64 Vgl. Kunczik/Zipfel (Anm. 53), S. 225 f., 228-233, 240; JIM-Studie 2006 (Anm. 55), S. 8, 10-13, 31, 34, 36 f.

65 Vgl. Kunczik/Zipfel (Anm. 53), S. 229-233.

66 Vgl. Kübler (Anm. 54), S. 27.

67 Vgl. Kunczik/Zipfel (Anm. 53), S. 231; Kuhlmann (Anm. 25), S. 59, 63 ff.; JIM-Studie 2006 (Anm. 55), S. 32, 35 ff..

68 Vgl. Kunczik/Zipfel (Anm. 53), S. 250-258, 273, 275-281, 293 f., sowie die dort ausgewertete Literatur.

69 Vgl. JIM-Studie 2006 (Anm. 55), S. 10, 12 f., 38.

70 Vgl. Kunczik/Zipfel (Anm. 53), S. 295-301; JIM-Studie 2004: Jugend, Information, (Multi-)Media. Basisstudie zum Medienumgang 12- bis 19-Jähriger, Forschungsbericht, Medienpädagogischer Forschungsverbund Südwest (www.mpfs.de), Stuttgart 2004, S. 39 f., 46.

71 Vgl. JIM-Studie 2006 (Anm. 55), S. 3, 48, 53 ff.

72 Vgl. Kunczik/Zipfel (Anm. 53), S. 299 ff.

73 Beispielsweise Baier/Pfeiffer (Anm. 11), S. 24 ff.

74 Vgl. Baier (Anm. 45), S. 40-43; unter den Älteren haben sich die Anteile derjenigen, die Gewalt ausüben, in der Kriminalstatistik hingegen kaum oder gar nicht verändert. Zur Entwicklung der registrierten Gesamt- und Gewaltkriminalität vgl. Zweiter Periodischer Sicherheitsbericht (Anm. 6), S. 85-88, 375-390.

75 Vgl. Baier/Pfeiffer (Anm. 11), S. 24 f., 35, 38 f.; Baier (Anm. 45), S. 43; s.a. Zweiter Periodischer Sicherheitsbericht (Anm. 6), S. 416 f.

76 Vgl. Anm. 6, S. 398-406; zum Anstieg „qualifizierter Körperverletzung" vgl. ebd., S. 386 f.

77 Koordinierung und Evaluation der inzwischen zahlreichen Präventions-

programme – und damit deren behauptete Wirksamkeit – werden hingegen kritisch hinterfragt von Manuel Eisner; vgl. seinen Vortrag „Markt, Macht und Wissenschaft. Kritische Überlegungen zur Deutschen Präventionsforschung" auf dem 12. Deutschen Präventionstag in Wiesbaden am 19.06.2007; s.a. Martina Heitkötter u.a., Bilanz, Herausforderungen und Anregungen, in: Arbeitsstelle Kinder- und Jugendkriminalitätsprävention (Anm. 14), S. 285 f., 296-299; Steffen (Anm. 26), S. 219.

78 Stefan Hradil: Brennende Vorstädte – auch in Deutschland?, in: Gesellschaft. Wirtschaft. Politik (GWP), 55 (2006) 1, S. 11 f.

TEIL II

Martina Möller
Gewalt in der Familie – Gewalt gegen Kinder

1 Hierzu liegen bereits erste Studien vor, aber von genauen repräsentativen Zahlen kann auch hier schwerlich gesprochen werden.

2 Vgl. www.vafk.de/gleichstellung/Position.pdf. (17.12.2007), S. 1. Dabei ist anzumerken, dass 40 Prozent der 200.000 Opfer schwerer Gewalthandlungen in Beziehungen männlichen Geschlechts sind. Andere Untersuchungen gehen von einer sehr geringen Rate männlicher Gewaltopfer aus. Diese Zahlen divergieren in hohem Maße.

3 Vgl. Siegfried Lamnek/Jens Luedtke/Ralf Ottermann, Tatort Familie. Häusliche Gewalt im gesellschaftlichen Kontext, Wiesbaden 2006, S. 58 ff.

4 www.dhmd.de/forum-wissenschaft/gewalt/refgraess.html (2.11.2007)

5 Vgl. Lamnek u.a. (Anm. 3), S. 114.

6 Vgl. Bundesministerium für Familie, Senioren, Frauen und Jugend/Bundesministerium der Justiz, Gewaltfreie Erziehung. Eine Bilanz nach der Einführung des Rechts auf gewaltfreie Erziehung, Berlin 2003, S. 9.

7 Vgl. ebd., S. 21.

8 Vgl. ebd., S. 28 f.

9 Anette Engfer, Kindesmisshandlung und Vernachlässigung, in: Ralf Oerter/Leo Montada (Hrsg.), Entwicklungspsychologie, Weinheim 1995, S. 960.

10 Vgl. Lamnek u.a. (Anm. 3), S 15.

11 Vgl. Ursula Schneider, Gewalt in der Familie. Grundformen, Verbreitung, Auswirkungen, Ursachen, Vorbeugung, in: Der Bürger im Staat, 43 (1993) 2, S. 117; vgl. auch Beate Weymann-Reichardt, Das Online-Familienhandbuch: Gewalt gegen Kinder, unter: ww.familienhandbuch.de/cmain/f_Aktuellesa_Haeufige_Probleme/s_682.html (2.11.2007).

12 Engfer (Anm. 9), S. 963.

[13] Ebd.

[14] Vgl. ebd., S. 961.

[15] Elisabeth Trube-Becker, Gewalt gegen das Kind, Heidelberg 1987, S. 84.

[16] Anette Engfer, Sexueller Missbrauch, in: Oerter/Montada (Anm. 9), S. 1006.

[17] Paul H. Suer, Sexuelle Gewalt gegen Kinder, Hamburg 1998, S. 28.

[18] Vgl. Gabriele Ellsäßer, Verletzungen durch Gewalt bei kleinen Kindern. Landesgesundheitsamt Brandenburg, 2007, S. 1, unter: www.lasv.brandenburg.de/sixcms/media.php/4055/Verletzungen%20c.%20Gewalt%209_2007.pdf (17.12.2007), S. 1.

[19] Durch die enge familiale Bindung ist von einem erhöhten Traumatisierungspotenzial auszugehen. Vgl. Ulrike Brockhaus/Maren Kolshorn, Sexuelle Gewalt gegen Mädchen und Jungen – Mythen, Fakten, Theorien, Frankfurt am Main/New York 1993, S. 76.

[20] Vgl. ebd., S.113 und Martina Möller, Gewalt im familialen Binnenraum, in: Helmut Wehr/Gerd-Bodo Reinert von Carlsburg (Hrsg.), Gewalt beginnt im Kopf, Donauwörth 2005, S. 125 f.

[21] Vgl. Suer (Anm. 17), S. 24 f.

[22] Vgl. Brockhaus/Kolshorn (Anm. 19), S. 123 ff.

[23] Vgl. Suer (Anm. 17), S. 49 und Compact Großes Handbuch Psychologie. Grundwissen von A-Z, München 2004, S. 315 f.

[24] Vgl. Suer (Anm. 17), S. 87 f.

[25] Vgl. Schneider (Anm. 11), S. 118 und Möller (Anm. 20), S. 100.

[26] Vgl. Ellsäßer (Anm. 18), S. 3.

[27] Vgl. Möller (Anm. 20), S.100 ff.

[28] Christian Pfeiffer/Peter Wetzels/Dirk Enzmann, Innerfamiliäre Gewalt gegen Kinder und Jugendliche und ihre Auswirkungen, Forschungsbericht Nr. 80 des Kriminologischen Forschungsinstituts Niedersachsen e.V., Hannover 1999, S. 6.

[29] Vgl. Siegfried Bäuerle, Ursachen von Gewalt in der Schule, in: Siegfried Bäuerle/Helgard Moll-Strobel/Gerd-Bodo Reinert/Helmut Wehr, Gewalt in der Schule, Donauwörth 2001, S. S.20 ff.

[30] Gerd Bodo Reinert/Helmut Wehr, Gewalt und Gewaltprävention in der Schule, in: Bäuerle/ Moll-Strobel/Reinert/ Wehr (Anm. 29), S. 86.

[31] Vgl. Pfeiffer u.a. (Anm. 28), S. 11 ff.

[32] Vgl. Günther Deegener, Erscheinungsformen und Ausmaße von Kindesmisshandlung, in: Wilhelm Heitmeyer/Monika Schröttle (Hrsg.), Gewalt. Beschreibungen, Analysen, Prävention, Bonn 2006, S. 26-44.

[33] Ulrich Beck/Elisabeth Beck-Gernsheim, Das ganz normale Chaos der Liebe, Frankfurt am Main 1990, S. 170.

[34] Vgl. Pfeiffer u.a. (Anm. 29), S. 32.

[35] Vgl. Bundesministerium für Familie, Senioren, Frauen und Jugend/Bundesministerium der Justiz (Anm. 6), S. 10 ff.

Siegfried Frech
Gewalt und Gewaltprävention in der Schule

[1] Vgl. Franz Wellendorf, Schulische Sozialisation und Identität. Zur Sozialpsychologie der Schule als Institution, Weinheim/Basel 1973; Helmut Fend/Wolfgang Knörzer/Willibald Nagl, /Werner Specht/Roswith Väth-Szuszdziara (Hrsg.), Sozialisationseffekte der Schule. Soziologie der Schule II, Weinheim/Basel 1976; Helmut Fend, Gesellschaftliche Bedingungen schulischer Sozialisation. Soziologie der Schule I, Weinheim/Basel 1974.

[2] Vgl. Siegfried Frech, Disziplinprobleme im Schulalltag. Ursachen und Handlungsmöglichkeiten, in: Die Unterrichtspraxis, Beilage zur Lehrerzeitung Baden-Württemberg, 23 (1989) 1, S. 1-8.

[3] Vgl. Thomas Feltes, Gewalt in der Schule, in: Hans-Dieter Schwind/Jürgen Baumann u.a. (Hrsg.), Ursachen, Prävention und Kontrolle von Gewalt. Analysen und Vorschläge der Unabhängigen Regierungskommission zur Verhinderung und Bekämpfung von Gewalt (Gewaltkommission), Band 3: Sondergutachten (Auslandsgutachten und Inlandsgutachten), Berlin 1990, S. 318-341.

[4] Vgl. Siegfried Frech/Thomas Schinkel, „Team Z" – Prävention in der schulischen und außerschulischen Jugendarbeit, in: Siegfried Frech/Marion Perlich/Thomas Schinkel (Hrsg.), „Team Z" (Z = Zivilcourage) – ein Modellprojekt der Landeszentrale für politische Bildung Baden-Württemberg. Konzeption – Praxismodelle – Arbeitshilfen, Stuttgart 2006, S. 6-10.

[5] Tollhaus Schule, in: Der Spiegel, Nr. 15 vom 11. April 1988, S. 28.

[6] Vgl. Wilhelm Heitmeyer, Freigesetzte Gewalt. Gewalt als Bearbeitungsform einer neuen Unübersichtlichkeit, in: Pädagogik, 46 (1994) 6, S. 35.

[7] Vgl. Hans-Volkmar Findeisen/Joachim Kersten, Der Kick und die Ehre. Vom Sinn jugendlicher Gewalt, München 1999.

[8] Jochen Korte, Faustrecht auf dem Schulhof. Über den Umgang mit aggressivem Verhalten in der Schule, 2. Aufl., Weinheim/Basel 1993, S. 13.

[9] Ebd., S. 16.

[10] Gabriele Klewin/Klaus-Jürgen Tillmann, Gewaltformen in der Schule – ein vielschichtiges Problem, in: Wilhelm Heitmeyer/Monika Schröttle (Hrsg.), Gewalt. Beschreibungen, Analysen, Prävention, Bonn 2006, S. 192.

[11] Ebd., S. 193.

[12] Vgl. Kurt Singer, Zivilcourage in der Schule – Eine demokratische Tugend lernen, in: Gerd Meyer/Ulrich Dovermann/Siegfried Frech/Günther Gugel (Hrsg.), Zivilcourage lernen. Analysen – Modelle – Arbeitshilfen, Bonn/Stuttgart, S. 136-145; Volker Krumm/Susanne Weiß: Ungerechte Lehrer. Zu einem Defizit in der Forschung über Gewalt an Schulen, in: psychosozial, 23 (2000) 1, S. 57-73.

[13] Vgl. Thomas Feltes, Gewalt in der Schule, in: Hans-Dieter Schwind/Jürgen Baumann u.a. (Anm. 3), S. 318-341.

[14] Hans-Dieter Schwind/Jürgen Baumann u.a. (Hrsg.), Ursachen, Prävention und Kontrolle von Gewalt: Analysen und Vorschläge der Unabhängigen Regierungskommission zur Verhinderung und Bekämpfung von Gewalt (Gewaltkommission), Band 1: Endgutachten und Zwischengutachten der Arbeitsgruppen, Berlin 1990, S. 70.

[15] Günther Gugel, Gewalt und Gewaltprävention. Grundfragen, Grundlagen, Ansätze und Handlungsfelder von Gewaltprävention und ihre Bedeutung für die Entwicklungszusammenarbeit, Tübingen 2006, S. 184.

[16] Ebd., S. 185.

[17] Hans Peter Henecka, Schule als Institution und Lebenswelt, in: Gerd Hepp/Herbert Schneider (Hrsg.), Schule in der Bürgergesellschaft. Demokratisches Lernen im Lebens- und Erfahrungsraum der Schule, Schwalbach/Ts. 1999, S. 77.

[18] Rainer Winkel, „Ey, ich aids dich an!". Die fünf Sinnperspektiven aggressiven Verhaltens in der Schule, in: Pädagogik, 45 (1993) 3, S. 6-9.

[19] Wolfgang Melzer/Wilfried Schubarth/Frank Ehinger, Positives Sozialverhalten von Schülerinnen und Schülern ist ein Bildungswert, in: Heitmeyer/Schröttle (Anm. 10), S.234; vgl. Achim Schröder/Angela Merkle, Leitfaden Konfliktbewältigung und Gewaltprävention. Pädagogische Konzepte für Schule und Jugendhilfe, Schwalbach/Ts. 2007; Siegfried Frech, Gewalt und Gewaltprävention in der Schule, in: Rolf Frankenberger/Siegfried Frech/Daniela Grimm (Hrsg.), Politische Psychologie und politische Bildung, Schwalbach/Ts. 2007, S. 368-392.

Willy Rauchs
Gewalt und Gewaltprävention in Ausbildung und Beruf

[1] Vgl. Shell Deutschland Holding (Hrsg.), Jugend 2006. Eine pragmatische Generation unter Druck, Frankfurt am Main 2006, S. 71 ff.

[2] Vgl. Ute Büchele/Claudia Munz/Roswitha Malarski/Angelika Schmidtmann-Ehnert, Handlungsfähig statt handgreiflich. Konflikte lösen – Gewalt vermeiden, Referentenleitfaden, Gütersloh 1999, S. 53.

[3] Vgl. Ute Büchele/Claudia Munz/Roswitha Malarski/Angelika Schmidtmann-Ehnert, Handlungsfähig statt handgreiflich. Konflikte lösen – Gewalt vermeiden, Handbuch, Gütersloh 1998 S.30.

[4] Vgl. Ottmar Hanke, Gewalt an einer beruflichen Schule, in: Die berufsbildende Schule, 54 (2002) 9, S. 267.

[5] Vgl. Klaus Riesinger, Gewalt am Wochenende, in: Der Sonntag, Ausgabe Freiburg vom 7. Januar 2007, S.1.

[6] Vgl. Günther Gugel, Zivilcourage lernen. Arbeitsmaterialien unter dem Aspekt eines begrenzten Zeitbudgets, in: Gerd Meyer/Ulrich Dovermann/Siegfried Frech/Günther Gugel (Hrsg.), Zivilcourage lernen. Analysen – Modelle – Arbeitshilfen, Bonn/Stuttgart 2004, S. 330.

[7] Ministerium für Kultus, Jugend und Sport (Hrsg.), Kontaktbüro Gewaltprävention Baden-Württemberg, Informationsblatt Nr.2/2005, Stuttgart.

[8] Roland Büchner, Konfliktbearbeitung als Gewaltprävention an der Schnittstelle Schule – Ausbildung – Beruf, in: ibbw-Lehrbrief (Institut für Bildung und Weiterbildung e.V.), Göttingen 2003, S.169; Download unter unter: www.sozialestraining.de/down/konflikt.pdf.

[9] Vgl. www.notruf.wtal.de/html/arbeitsplatz.htm (5.11.2007)

[10] Träger von „Continuo – gegen Ausbildungsabbruch" sind der BBQ Berufliche Bildung GmbH und die Fördergesellschaft der Handwerkskammer Freiburg; vgl. www.continuo-ausbildung.de

[11] Vgl. Gugel (Anm. 6), S. 333.

[12] Vgl. Johan Galtung, Strukturelle Gewalt. Beiträge zur Friedens- und Konfliktforschung, Reinbek 1975 sowie ders., Kulturelle Gewalt, in: Der Bürger im Staat, 43 (1993) 3, S. 106-112.

[13] Vgl. Büchele u.a. (Anm. 3), S. 30.

[14] Albert Scherr, Pädagogische Interventionen gegen Fremdenfeindlichkeit und Rechtsextremismus, unter: http://home.ph-freiburg.de/scherrfr/paed_interv_scherr (pdf-Datei) (5.11.2007), S. 17.

[15] Matthias Krebs, Pädagogik gegen Rechts, Marburg 2004, S. 68 ff. Matthias Krebs zitiert (S. 145) u.a. Helmut Willems: „Der Großteil der Straftäter im Bereich fremdenfeindlicher Gewalt ist männlichen Geschlechts, unter zwanzig Jahre alt und als Schüler oder Auszubildender in einem scheinbar geregelten sozialen Verhältnis mit Zielperspektive angesiedelt."

[16] Klaus Farin, Jugendkulturen in Deutschland 1990-2005, Bonn 2006, S. 18; vgl. auch den Beitrag von Klaus Farin in diesem Band.

[17] Peter Vollmer, Umgang mit Suizidalität. Veranstaltungsscript; Download unter: www.schule-bw.de/lehrkraefte/beratung/beratungslehrer/auffaelligkeiten/suizid/skriptsuizid.pdf.

[18] Bundesprüfstelle für jugendgefährdende Medien – Aktuell 3/2006, S.1.

[19] Vgl. www.foraus.de/lernzentrum/lernmodule/12_streiten.

[20] Vgl. Matthias Schwabe, Professionelle Aggressionskultur in Institutionen – 10 Thesen, in: Elisabeth Gropper/Anne Jenter (Hrsg.), Statt Ausgrenzung und Gewalt. Halt! Für Kinder und Jugendliche, Stuttgart 2001, S. 71 f.

[21] Vgl. www.hwk-koeln.de/Ausbildung/Ratgeber/abmahnung (5.11.2007)

[22] Vgl. Büchele u.a. (Anm. 3), S. 114 ff.

[23] Vgl. Büchner (Anm. 8); siehe hierzu auch die Veröffentlichungen zum Begriff der Konfrontativen Pädagogik, z.B. Judy Korn/Thomas Mücke, Gewalt im Griff, Band 2, Weinheim/Basel 2000.

[24] Ute Büchele u.a (Anm. 3).

[25] Ebd., S. 133.

[26] Vgl. Fachstelle Gewaltprävention Freiburg, Konfliktfähigkeit in Ausbildung und Beruf. Bausteine für Seminare mit SchülerInnen und Auszubildenden: Konflikte verstehen, Kommunikation verbessern, Mediation üben, mit Gewalt umgehen, Freiburg 2005, S. 5.

[27] Dan Olweus, Gewalt in der Schule. Was Lehrer und Eltern wissen sollten – und tun können, Bern 1995.

[28] Vgl. Hanke (Anm. 4), S. 270 ff.

Gunter A. Pilz
Tatort Stadion

[1] Vgl. Gunter A. Pilz, Gewaltgruppierungen in deutschen Fußballstadien – eine soziologische Betrachtung, in: die neue polizei, 54 (2004) 1, S. 14-24.

[2] Vgl. Dieter Bott, Integration statt Ausgrenzung. Für die Wiedervereinigung der Fans ins Vereinsgeschehen. Maschinengeschriebenes, vervielfältigtes Manuskript, Düsseldorf 1988.

[3] Friedrich Lösel u.a.: Ursachen, Prävention und Kontrolle von Gewalt aus psychologischer Sicht, in: Hans-Dieter Schwind/Jürgen Baumann u.a. (Hrsg.), Ursachen, Prävention und Kontrolle von Gewalt. Analysen und Vorschläge der Unabhängigen Regierungskommission zur Verhinderung und Bekämpfung von Gewalt (Gewaltkommission), Band 2, Berlin 1990, S. 75.

[4] Vgl. Schwind/Baumann (Anm. 3).

[5] Vgl. Oskar Negt, Jugendliche in kulturellen Suchbewegungen. Ein persönliches Resümee, in: Friedrich-Wilhelm Deiters/Gunter A. Pilz (Hrsg.), Aufsuchende, akzeptierende, abenteuer- und bewegungsorientierte, subjektbezogene Sozialarbeit mit rechten, gewaltbereiten jungen Menschen – Aufbruch aus einer Kontroverse, Münster 1998, S. 113-124.

[6] Carsten Wippermann, Die kulturellen Quellen und Motive rechtsradikaler Gewalt – Aktuelle Ergebnisse des sozialwissenschaftlichen Instituts Sinus Sociovision, in: jugend & gesellschaft, 24 (2001) 1, S. 7.

[7] Gunter A. Pilz, „Tatort Stadion" – Wandlungen der Zuschauergewalt, in: Der Bürger im Staat, 56 (2006) 1, S. 46.

[8] Ebd.

[9] Ebd.

[10] Ebd.

[11] Ebd.

[12] Vgl. Baldo Blinkert, Kriminalität als Modernisierungsrisiko, in: Soziale Welt, 39 (1988) 4, S. 397-412.

[13] Pilz (Anm. 7), S. 46 ff.

[14] Bill Buford, Geil auf Gewalt. Unter Hooligans, München 1992.

[15] Ebd., S. 234.

[16] Vgl. Mihaly Csikszentmihaly, Flow – Das Geheimnis des Glücks, Stuttgart 1992.

[17] Vgl. www.bpb.de/themen/WPFOXF,1,0,ultras_und_supporter.html (Zugriff: 6.12.2007)

[18] Vgl. Negt (Anm. 5).

[19] Wie Anm. 17.

[20] Gernot Steinhilper, Kriminalpolitische Aspekte einer wirksameren Bekämpfung der Gewaltkriminalität, in: Beiträge zur Inneren Sicherheit. Schriften der Hermann-Ehlers-Akademie Nr. 21, Kiel/Bremen 1987, S. 73.

[21] Hans-Jürgen Kerner, Ursachen, Prävention und Kontrolle von Gewalt aus kriminologischer Sicht, in: Schwind/Baumann u.a. (Anm. 3), S. 550.

[22] Vgl. Jürgen Zinnecker, Jugendkultur 1940-1985, Opladen 1987.

[23] Gunter A. Pilz, Von der Repression zur Prävention – Entstehungsgeschichte, Entwicklung und Perspektiven der Sozialen Arbeit mit Fußballfans und der Fan-Projekt, Quelle: www.bpb.de/themen/0DI1TA,0,0,FanProjekte.html (Zugriff: 6.12.2007)

[24] Vgl. Gunter A. Pilz, Fußball ist unser Leben! Leerformel oder gesellschaftspolitische Herausforderung, in: Württembergischer Fußballverband e. V. (Hrsg.), Der Fußball – ein Beitrag zu einer Gesellschaftskultur der Zukunft, Stuttgart 2002, S. 59-77.

Klaus Farin
Rechtsextreme Lebenswelten

[1] Vgl. Klaus Farin, Jugendkulturen in Deutschland, Band 1: 1950–1989, Band 2: 1990–2005, Bonn 2006; ders., generation-kick.de. Jugendsubkulturen heute, München 2001.

[2] Jörg Bergmann/Claus Leggewie, Die Täter sind unter uns. Beobachtungen aus der Mitte Deutschlands, in: Kursbuch 113, Deutsche Jugend, Berlin 1993, S. 33.

[3] Joachim Kersten, in: Farin (Anm. 1), S. 177.

[4] Klaus Farin, generation-kick.de (Anm. 1), S. 200.

[5] Vgl. Jugendwerk der Deutschen Shell (Hrsg.), Jugend '97. Zukunftsperspektiven, Gesellschaftliches Engagement, Politische Orientierungen. Gesamtkonzeption und Koordination: Arthur Fischer, Richard Münchmeier, Opladen 1997, S. 343 ff.

[6] Vgl. www.culture-on-the-road.de.

Lothar Mikos
Medien und Kommunikation

[1] Vgl. als Überblick Michael Kunczik/Astrid Zipfel, Gewalt und Medien. Ein Studienhandbuch, Köln/Weimar 2006, S. 79 ff..

[2] Vgl. Trutz von Trotha (Hrsg.), Soziologie der Gewalt, Opladen 1997; Michael Eisner, Das Ende der zivilisierten Stadt? Die Auswirkungen von Modernisierung und urbaner Krise auf Gewaltdelinquenz, Frankfurt am Main/New York 1997.

[3] Vgl. Roland Eckert/Christa Reis/Thomas A. Wetzstein, „Ich will halt anders sein wie die anderen". Abgrenzung, Gewalt und Kreativität bei Gruppen Jugendlicher, Opladen 2000; Jürgen Mansel, Angst vor Gewalt. Eine Untersuchung zu jugendlichen Tätern und Opfern, Weinheim 2001; Ferdinand Sutterlüty, Gewaltkarrieren. Jugendliche im Kreislauf von Gewalt und Missachtung, Frankfurt am Main/New York 2002; Thomas Wetzstein/Patricia Isabella Erbeldinger/Judith Hilgers/Roland Eckert, Jugendliche Cliquen. Zur Bedeutung der Cliquen und ihrer Herkunfts- und Freizeitwelten, Wiesbaden 2005.

[4] Vgl. Lothar Mikos, Mediensozialisation als Irrweg – zur Integration von medialer und sozialer Kommunikation aus der Sozialisationsperspektive, in: Dagmar Hoffmann/Lothar Mikos (Hrsg.), Mediensozialisationstheorien – neue Ansätze und Modelle in der Diskussion, Wiesbaden 2007, S. 29-48; vgl. generell zur Mediensozialisation Daniel Süss, Mediensozialisation von Heranwachsenden. Dimensionen – Konstanten – Wandel, Wiesbaden 2004; Karsten Fritz/Stephan Sting/Ralf Vollbrecht (Hrsg.), Mediensozialisation. Pädagogische Perspektiven des Aufwachsens in Medienwelten, Opladen 2003.

[5] Waldemar Vogelgesang, Medien und abweichendes Verhalten, in: Michael Jäckel (Hrsg.), Mediensoziologie. Grundfragen und Forschungsfelder, Wiesbaden 2005, S. 140.

[6] Vgl. Lothar Mikos, Aufmerksamkeitsrituale – Struktur und Funktion der Skandalisierung medialer Gewaltdarstellungen, in: Claudia Gerhards/Stephan Borg/Bettina Lambert (Hrsg.), TV-Skandale, Konstanz 2005, S. 263-277.

[7] Peter Imbusch, Der Gewaltbegriff, in: Wilhelm Heitmeyer/John Hagan (Hrsg.), Internationales Handbuch der Gewaltforschung, Wiesbaden 2002, S. 26.

[8] Ebd., S. 38.

[9] Vgl. ebd., S. 34 ff.

[10] Vgl. Lothar Mikos, Bilder- und Bewegungsrausch. Zur Differenzierung von Action und Gewalt, in: Medien Praktisch, 24 (2000) 2, S. 4-8.

[11] Vgl. Angela Keppler, Über einige Formen der medialen Wahrnehmung von Gewalt, in: Trutz von Trotha (Hrsg.), Soziologie der Gewalt, Opladen 1997, S. 380-400.

[12] Vgl. Lothar Mikos, Ästhetik der Gewaltdarstellung in Film und Fernsehen. Genrespezifik und Faszination für Zuschauer, in: TV Diskurs, 5 (2001) 16, S. 16-21.

[13] Vgl. Kunczik/Zipfel (Anm. 1), S. 21 ff..

[14] Vgl. Hans-Dieter Schwind/Jürgen Baumann u.a. (Hrsg.), Ursachen, Prävention und Kontrolle von Gewalt. Analysen und Vorschläge der Unabhängigen Regierungskommission zur Verhinderung und Bekämpfung von Gewalt (Gewaltkommission), Band 1: Endgutachten und Zwischengutachten der Arbeitsgruppen, 2. Aufl., Berlin 1990.

[15] Vgl. Gertrud Nunner-Winkler, Überlegungen zum Gewaltbegriff, in: Wilhelm Heitmeyer/Hans-Georg Soeffner (Hrsg.), Gewalt. Entwicklungen, Strukturen, Analyseprobleme, Frankfurt am Main 2004, S. 21-61.

[16] Ebd., S. 39.

[17] Vgl. Imbusch (Anm. 7), S. 39 ff..

[18] Ebd., S. 41.

[19] Vgl. Katharina Inhetveen, Gesellige Gewalt. Ritual, Spiel und Vergemeinschaftung bei Hardcorekonzerten, in: von Trotha (Anm. 11), S. 235-260.

[20] Vgl. Mikos (Anm. 12).

[21] Wilhelm Heitmeyer, Thematisierungsfallen in der Gewaltdiskussion, in: ders. u.a.: Gewalt. Schattenseiten der Individualisierung bei Jugendlichen aus unterschiedlichen Milieus, Weinheim/München 1995, S. 425-428.

[22] Vgl. Imbusch (Anm. 7), S. 53.

[23] Wilhelm Heitmeyer/John Hagan, Gewalt. Zu den Schwierigkeiten einer systematischen internationalen Bestandsaufnahme, in: dies. (Anm. 7), S. 21.

[24] Jessica Eisermann, Mediengewalt. Die gesellschaftliche Kontrolle von Gewaltdarstellungen im Fernsehen, Wiesbaden 2001, S. 19.

[25] Ebd., S. 231.

[26] Vgl. Martina Althoff, Die Wirklichkeit der Medien und die Berichterstattung über Kriminalität. Eine Bestandsaufnahme, in: Leviathan, 27 (1999) 4, S. 485.

[27] Hans J. Wulff, Gewaltdebatten als naive Pädagogik. Eine Polemik zur Gewaltdiskussion, in: Mike Friedrichsen/

Gerhard Vowe (Hrsg.), Gewaltdarstellungen in den Medien. Theorien, Fakten und Analysen, Opladen 1995, S. 390.

[28] Vgl. Hans J. Wulff, Die Erzählung der Gewalt. Untersuchungen zu den Konventionen der Darstellung gewalttätiger Interaktion, Münster 1985, S. 13.

[29] Vgl. Lothar Mikos, Film- und Fernsehanalyse, Konstanz 2003, S. 22 ff.

[30] Waldemar Vogelgesang, Jugendliche Video-Cliquen. Action- und Horrorvideos als Kristallisationspunkte einer neuen Fankultur, Opladen 1991, S. 220.

[31] Rainer Winter, Der produktive Zuschauer. Medienaneignung als kultureller und ästhetischer Prozess, München 1995, S. 212.

[32] Vgl. Christel Hopf, Gewalt, Biographie, Medien. Qualitative Analysen zur subjektiven Bedeutung filmischer Gewaltdarstellungen, in: Zeitschrift für Soziologie der Erziehung und Sozialisation, 21 (2001) 2, S. 150-169.; Gerlind Schulte Berge/Silja Schoett/Christine Garbe, Medienkompetenz und gesellschaftliche Handlungsfähigkeit von Jugendlichen im Lichte biographischer Forschung. Zwei medienbiographische Fallstudien zum Zusammenhang von familialer Gewalterfahrung und der Rezeption von Gewalt im Fernsehen, in: Norbert Groeben/Bettina Hurrelmann (Hrsg.), Medienkompetenz. Voraussetzungen, Dimensionen, Funktionen, Weinheim/München 2002, S. 255-268.

[33] C. Hopf (Anm. 32), S. 165.

[34] Ebd., S. 164.

[35] Vgl. Schulte Berge/Schoett/Garbe (Anm. 32), S. 256 ff..

[36] Ebd., S. 267.

[37] Keppler (Anm. 11), S. 398.

[38] Angela Keppler, Mediale Gegenwart. Eine Theorie des Fernsehens am Beispiel der Darstellung von Gewalt, Frankfurt am Main 2006, S. 150.

[39] Darauf hat der Sozialpsychologe George Herbert Mead bereits in den 1920er-Jahren ausdrücklich hingewiesen, als er erklärte, dass sich unser Vergnügen an Literatur, Film und Kunst vor allem daraus ableitet, dass wir in der Phantasie unsere Möglichkeiten erweitern könnten; vgl. George Herbert Mead, Geist, Identität und Gesellschaft, 7. Aufl., Frankfurt am Main 1988 (Originalausgabe 1934), S. 248.

[40] Vgl. Sutterlüty (Anm. 3).

TEIL III

Siegfried Frech/Ralf-Erik Posselt
Gewaltprävention in der Praxis

[1] Gewalt als verletzende und schädigende Tat birgt immer die Frage nach ihrer Rechtfertigung in sich. Jeder Versuch, Gewalt zu legitimieren, wertet andere Menschen ab und leugnet die Gleichwertigkeit sowie Würde des Menschen. Auch Rassismus versucht, Gewalt zu rechtfertigen und konstruiert dabei abwertende Merkmale und Eigenschaften, um Menschen – scheinbar legitimiert – schädigen und verletzen zu können.

[2] Vgl. Günther Gugel, Gewalt und Gewaltprävention. Grundfragen, Grundlagen, Ansätze und Handlungsfelder von Gewaltprävention und ihre Bedeutung für die Entwicklungszusammenarbeit, Tübingen 2006, S. 30-36, S. 277-280; Judy Korn/Thomas Mücke, Gewalt im Griff, Band 2: Deeskalations- und Mediationstraining, Weinheim/Basel 2000, S. 157 ff.

[3] Vgl. Gugel (Anm. 2), S. 33.

[4] Vgl. Friedrich Glasl, Konfliktmanagement. Ein Handbuch für Führungskräfte, Beraterinnen und Berater, 6. Aufl., Bern 1999, S. 289 ff.

[5] Achim Schröder/Angela Merkle, Leitfaden Konfliktbewältigung und Gewaltprävention. Pädagogische Konzepte für Schule und Jugendhilfe, Schwalbach/Ts. 2007, S. 17.

[6] Korn/Mücke (Anm. 2), S. 158.

[7] Ebd., S. 164 ff; Gugel (Anm. 2), S. 285 ff.

[8] Korn/Mücke (Anm.2), S. 34.

[9] Vgl. Siegfried Frech/Günther Gugel, Einleitung Teil III: Zivilcourage lernen. Modelle und Arbeitshilfen für die Praxis, in: Gerd Meyer/Ulrich Dovermann/Siegfried Frech/Günther Gugel (Hrsg.), Zivilcourage lernen. Analysen – Modelle – Arbeitshilfen, Bonn/Stuttgart/Tübingen 2004, S. 198-203.

[10] Eine didaktische Reduktion hat die Aufgabe, Wissensbestände und komplexe Sachverhalte zu reduzieren und im Lernprozess so zu präsentieren, dass sie von Kindern, Jugendlichen und erwachsenen Seminarteilnehmern besser verstanden und angeeignet werden können.

[11] Wilhelm Heitmeyer/Monika Schröttle, Zur Einführung, in: dies. (Hrsg.), Gewalt. Beschreibungen, Analysen, Prävention, Bonn 2006, S. 19.

[12] Vgl. Korn/Mücke (Anm. 2), S. 164 ff.

[13] Vgl. Günther Gugel, Methoden-Manual I: „Neues Lernen". Tausend neue Praxisvorschläge für Schule und Lehrerbildung, Weinheim/Basel 1997; Günther Gugel, Methoden-Manual II: „Neues Lernen". Tausend neue Praxisvorschläge für Schule und Lehrerbildung, Weinheim/ Basel 1998.

[14] Vgl. Kurt Faller/Wilfried Kerntke/Maria Wackmann, Konflikte selber lösen. Ein Trainingshandbuch für Mediation und Konfliktmanagement in Schule und Jugendarbeit, Mülheim an der Ruhr 1996, S. 19-24.

[15] Vgl. Christina Zitzmann, Alltagshelden. Aktiv gegen Gewalt und Mobbing – für mehr Zivilcourage. Praxishandbuch für Schule und Jugendarbeit, Schwalbach/Ts. 2004, S. 31-48.

[16] Vgl. Siegfried Frech, Die Moderationsmethode/Metaplantechnik, in: Gotthard Breit/Detlef Eichner/Siegfried Frech/Kurt Lach/Peter Massing, Methodentraining für den Politikunterricht II, Schwalbach/Ts. 2007, S. 108 ff.

[17] Vgl. Edwin Stiller, Moderative Methoden, in: Wolfgang W. Mickel (Hrsg.), Handbuch zur politischen Bildung, Bonn 1999, S. 411-415.

[18] Korn/Mücke (Anm. 2), S. 35.

[19] Vgl. Günther Gugel, Politische Bildungsarbeit praktisch. Seminarmodelle und Materialien zu den Themen: Fremdenfeindlichkeit, Zukunftsfähigkeit, Neue Medien, Konfliktbearbeitung, Tübingen 2002, S. 19-30.

[20] Vgl. Korn/Mücke (Anm. 2), S. 164.

[21] Vgl. Andreas Hirseland/Katrin Hirseland, Praxisorientierung? Praxisorientierung! Zur Evaluation von Zivilcourage-Trainings, in: Rolf Frankenberger/Siegfried Frech/Daniela Grimm (Hrsg.), Politische Psychologie und politische Bildung, Schwalbach/Ts. 2007, S. 393-412

[22] Ebd., S. 397.

Sevgi Kahraman-Brust
Kraftprotze und Zickenalarm

[1] Heidrun Bründel/Klaus Hurrelmann, Akulturation und Minoritäten. Die psychosoziale Situation ausländischer Jugendlicher unter dem Gesichtspunkt des Belastungs-Paradigmas, in: Gisela Trommsdorf (Hrsg.), Kindheit und Jugend in verschiedenen Kulturen. Entwicklung und Sozialisation in kulturvergleichender Sicht, Weinheim/München 1995, S. 294

[2] Ebd.

[3] Vgl. Helga Losche, Interkulturelle Kommunikation. Sammlung praktischer Spiele und Übungen. ZIEL-Zentrum für interdisziplinäres erfahrungsorientiertes Lernen, 4. Aufl., Augsburg 2005; Rüdiger H. Jung/Helmut M. Schäfer, Vielfalt gestalten, Managing Diversity, 3., vollständig neubearb. Aufl., Frankfurt am Main 2003; Gewalt Akademie Villigst (Hrsg.), Spiele, Impulse und Übungen zur Thematisierung von Gewalt und Rassismus, Band 1 und 2, Villigst 1996/2003; dies. (Hrsg.), Übungen & Impulse zur Thematisierung von und Sensibilisierung für Gewalt in der Jugendarbeit, Schule und Bildungsarbeit. Neue Übungen aus der Praxis von Trainer/innen der Gewaltakademie Villigst, Villigst 2007

[4] Losche (Anm. 3), S. 130.

Nicole Gerlach
Mit Mobbing umgehen

[1] Vgl. Mechthild Schäfer/Stefan Korn, Mobbing in der Schule, in: Deutsches Kinderhilfswerk e.V. (Hrsg.), Kinderreport Deutschland 2004, München 2004, S. 275-286; Reiner Hanewinkel/Reimer Knaack, Mobbing: Gewaltprävention in Schulen in Schleswig-Holstein, hrsg. v. Landesinstitut Schleswig-Holstein für Praxis und Theorie in der Schule (IPTS) und Gemeindeunfallversicherungsverband Schleswig Holstein, Kronshagen 1997.

[2] Vgl. Stefan Korn, Mobbing in Schulklassen – eine systematische Schikane, in: proJugend 2/2006, S. 4 ff.; Mechthild Schäfer/Stefan Korn u.a., Mobbing in Schulklassen, in: Profil, November 2004, S. 16 ff.

[3] Vgl. Österreichisches Bundesministerium für Gesundheit und Frauen/Österreichisches Bundesministerium für Bildung, Wissenschaft und Kultur/Ludwig Boltzmann Institut für Medizin und Gesundheitssoziologie (Hrsg.), HBSC Factsheet Nr. 5 – Bullying und Gewalt von Schülerinnen und Schülern, Wien 2004.

[4] Vgl. Marija Kulis, Bullying als Gruppenphänomen: Der Beitrag der Mitschüler für die Stabilisierung von Bullying, München 2005; Mechthild Schäfer, Mobbing – Gruppenaggression im Klassenzimmer und seine Wirkung auf Kinder und Jugendliche, in: Bernhard Stier/Nikolaus Weissenrieder (Hrsg.), Handbuch Jugendmedizin, New York 2005; Carmen Trenz, Mobbing unter Kindern und Jugendlichen, in: Hans-Jürgen Kerner/Erich Marks (Hrsg.), Internetdokumentation Deutscher Präventionstag – Hannover 2006, siehe auch www.praeventionstag.de/Dokumentation.cms/146 (16.12.2007).

Kerstin Brockamp
Lauter Zicken und Schlägerweiber?!

[1] Vgl. Kirsten Bruhns/Svendy Wittmann, „Ich meine, mit Gewalt kannst du dir Respekt verschaffen." Mädchen und junge Frauen in gewaltbereiten Jugendgruppen, Opladen 2002; dies.: Umstände und Hintergründe der Einstellungen von Mädchen zur Gewalt, in: Wilhelm Heitmeyer/Karin Schröttle (Hrsg.), Gewalt. Beschreibungen, Analysen, Prävention, Bonn 2006, S. 294-317; Mirja Silkenbeumer, Im Spiegel ihrer Lebensgeschichten. Gewalttätiges Verhalten Jugendlicher und Geschlechtszugehörigkeit, Stuttgart 2000 sowie Christiane Micus, Friedfertige Frauen und wütende Männer? Theorien und Ergebnisse zum Umgang der Geschlechter mit Aggression, Weinheim/München 2002.

[2] Svendy Wittmann/Kirsten Bruhns, Geschlechterreflektierende offene Jugendarbeit, in: Heitmeyer/Schröttle (Anm.1) S. 332.

[3] Ulrike Popp, Gewaltprävention im schulischen Kontext, in: Heitmeyer/Schröttle (Anm. 1), S. 328.

[4] Vgl. Hartmut und Siegried Hoppe, Klotzen Mädchen! Spiele und Übungen für Selbstbewusstsein und Selbstbehaup-

tung, Mülheim an der Ruhe 1998; Gewalt
Akademie Villigst (Hrsg.), Spiele, Impulse
und Übungen zur Thematisierung von Ge-
walt und Rassismus in der Jugendarbeit,
Schule und Bildungsarbeit, Band 1,
Schwerte 1996; Gewalt Akademie Villigst
(Hrsg.), Impulse und Übungen zur Thema-
tisierung von Gewalt und Rassismus in
der Jugendarbeit, Schule und Bildungs-
arbeit, Band 2, Schwerte 2002; Thomas
Grüner/Franz Hilt, Bei Stopp ist Schluss!
Werte und Regeln vermitteln, 6. Aufl.,
Lichtenau 2005.

[5] Vgl. Gewalt Akademie Villigst, Band 2
(Anm. 4), S. 32.

[6] Vgl. ebd., S. 125.

[7] Gabriele Heinemann, Selbstbehauptung
und Gewaltbereitschaft – ein kieznahes
Praxisprojekt, in: Heitmeyer/Schröttle
(Anm. 1), S. 339.

Ralf-Erik Posselt
Deeskalationstraining Gewalt

[1] Vgl. Stanley Milgram, Das Milgram Experiment. Zur Gehorsamsbereitschaft gegenüber Autoritäten, Reinbek 1988.

[2] Christoph Besemer, Mediation. Vermittlung in Konflikten, 8. Auflage, Königsfeld
2001, S. 33.

[3] Quelle: Besemer (Anm. 2), S. 24 f; Besemer bezieht sich hier auf Veröffentlichungen von John Paul Lederach. Vgl. auch
Johan Galtung, Der Weg ist das Ziel,
Wuppertal, 1987, S. 95 ff.

[4] Aus einem unveröffentlichten Text von
Shirin Pargas, Mitarbeiterin von SOS-
Rassismus-NRW

Siegfried Frech /Renate Metzger
Nein zu Stammtischparolen! –
Ein Argumentationstraining

[1] Vgl. Siegfried Frech/Günther Gugel, Einleitung zu Teil III: Zivilcourage lernen. Modelle und Arbeitshilfen für die Praxis, in:
Gerd Meyer/Ulrich Dovermann/Siegfried
Frech/Günther Gugel (Hrsg.), Zivilcourage
lernen. Analysen – Modelle – Arbeitshilfen, Bonn/Stuttgart 2004, S. 198-203.

[2] Vgl. Klaus-Peter Hufer, Argumentationstraining gegen Stammtischparolen, in:
ders. (Hrsg.), Politische Bildung in Bewegung. Neue Lernformen der politischen
Jugend- und Erwachsenenbildung,
Schwalbach/Ts. 1995, S. 119-135; ders.,
Argumentationstraining gegen Stammtischparolen. Materialien und Anleitungen
für Bildungsarbeit und Selbstlernen,
3. Aufl., Schwalbach/Ts. 2001; ders.,
Argumente am Stammtisch. Erfolgreich
gegen Parolen, Palaver und Populismus,
Schwalbach/Ts. 2006.

[3] Vgl. Rainer Spangenberg, „Argumentieren
gegen Rechts"-Seminare, in: Meyer/
Dovermann/Frech/Gugel (Anm. 1),
S. 260-275.

[4] Vgl. Hufer, Argumentationstraining, 2001
(Anm. 2).

[5] Vgl. ebd., S. 10 ff.

[6] Günther Gugel, Partnerinterview, in:
Hans-Werner Kuhn/Peter Massing,
(Hrsg.), Methoden und Arbeitstechniken.
Lexikon der politischen Bildung, Band 3,
Schwalbach/Ts. 2000, S. 124.

[7] Vgl. Hufer, Argumentationstraining, 2001
(Anm. 2), S. 23.

[8] Günther Gugel, Brainstorming, in: Kuhn/
Massing (Anm. 6), S. 14-15.

[9] Vgl. Hufer, Argumentationstraining, 2001
(Anm. 2), S. 28.

[10] Die wiedergegebenen Kennzeichen stellen lediglich eine Auswahl dar; vgl. ebd.,
S. 26.

[11] Vgl. Hufer, Argumentationstraining, 2001
(Anm. 2), S. 43 ff.

[12] Bewährt haben sich die nachfolgenden
Bücher und Handreichungen: Klaus Ahl-
heim/Bardo Heger, Vorurteile und Fremdenfeindlichkeit. Handreichungen für die
politische Bildung, 3. Aufl., Schwal-
bach/Ts. 2001; Wolfgang Benz, Legen-
den, Lügen, Vorurteile. Ein Wörterbuch
zur Zeitgeschichte, 11. Aufl., München
2000; Günther Gugel, Politische Bildungsarbeit praktisch. Seminarmodelle
und Materialien zu den Themen: Fremdenfeindlichkeit, Zukunftsfähigkeit, Neue
Medien, Konfliktbearbeitung, Tübingen
2002; Klaus-Peter Hufer, Argumente
(Anm. 2); Jonas Lanig/Marion Schweizer,
„Ausländer nehmen uns die Arbeitsplätze
weg!". Rechtsradikale Propaganda und
wie man sie widerlegt, Mülheim an der
Ruhr 2003; Markus Tiedemann, „In
Auschwitz wurde niemand vergast.".
60 rechtsradikale Lügen und wie man sie
widerlegt, Mülheim an der Ruhr 2001.

[13] Beispiele finden sich in: Hufer, Argumentationstraining, 2001 (Anm. 2), S. 53-65.

[14] Als Grundlagenliteratur sei empfohlen:
Hans-Peter Nolting, Lernfall Aggression.
Wie sie entsteht – Wie sie zu vermindern
ist. Ein Überblick mit Praxisschwerpunkt
Alltag und Erziehung, Reinbek 1993.

[15] Vgl. Stanley Milgram, Das Milgram-
Experiment. Zur Gehorsamsbereitschaft
gegenüber Autoritäten, Reinbek 1988;
Theodor W. Adorno, Studien zum autoritären Charakter, Frankfurt am Main 1999.

[16] Bundeszentrale für politische Bildung:
Abraham – Ein Versuch, Bonn 1993.

[17] Auswahl nach: Hufer, Argumentationstraining, 2001 (Anm. 2), S. 90 ff.

[18] Günther Gugel, Blitzlicht, in: Kuhn/
Massing (Anm. 6), S. 14.

Reiner Gall
Ansätze einer „Konfrontativen Pädagogik"
in Schule und Jugendhilfe

[1] Vgl. Rainer Kilb, Weshalb und wozu
„Konfrontative Pädagogik", AAT und CT?,
in: ders. /Jens Weidner/Reiner Gall,
Konfrontative Pädagogik in der Schule,
Weinheim 2006, S. 45-74.

[2] Vgl. Fritz Redl/David Wineman, Kinder
die hassen, München 1979.

[3] Vgl. Jens Weidner, Alte und neue Herausforderungen der Jugendhilfe, Rede gehalten im Rahmen einer Fachtagung des Instituts für Sozialarbeit und Sozialpädagogik (ISS e. V.) Frankfurt, unv. Ms., 1999.

[4] Vgl. Albert Wunsch, Abschied von der
Spaßpädagogik, München 2003, S. 66.

[5] Vgl. Erziehung: keine Angst vor Kindern!
in: Geo-Magazin 04/2002: Was ist die
ideale Erziehung?, www.geo.de/GEO /
mensch/medizin/517.html (2.1.2007).

[6] Vgl. Karl Langenscheidt, Die Behandlung
aggressiver/oppositioneller Kinder -Em-
pirische Befunde und schulische Interventionsmöglichkeiten, Regionale Schulberatungsstelle der Stadt Oberhausen, Soest
1998.

[7] Vgl. Jens Weidner/Rainer Kilb/Otto Jehn
(Hrsg.), Gewalt im Griff, Band 3, Weinheim 2003, S. 31.

[8] Vgl. Michael R. Gottfredson/Travis
Hirschi, A General Theory of Crime,
Stanford 1990.

[9] Vgl. Jens Weidner, Anti-Aggressivitäts-
Training für Gewalttäter, 2. Aufl., Bonn
1993.

[10] Christina Scholven, Verstehen, aber
nicht einverstanden sein, Diplomarbeit
im Studiengang Erziehungswissenschaft,
Universität Duisburg-Essen, unv. Ms.,
2004.

Wolfgang Papenberg
Professionell handeln in Gewaltsituationen

[1] Aus einer Statistik der Unfallkasse Baden-Württemberg: 12 Prozent aller Verletzungen, die auf Krankenhausstationen
geschehen, sind auf Tätlichkeiten von
Patienten zurückzuführen; dabei sind nur
diejenigen Fälle der Unfallkasse melde-
pflichtig, bei denen ein Mitarbeiter/eine
Mitarbeiterin länger als drei Tage krank
geschrieben ist (persönliche Mitteilung
von Frau Alexandra Theiler von der Unfallkasse Baden-Württemberg). Vgl. auch
Gernot Krämer, Patientenangriffe in psychiatrischen Kliniken, Hess. Gemeindeunfallversicherungsverband, Frankurt am
Main 1996; Dirk Richter, Patientenübergriffe auf Mitarbeiter psychiatrischer
Kliniken, Freiburg im Breisgau 1999;
Anett Zeh, Gewalt in der Pflege, BGW-
Mitteilungen 2/2003, S. 16 f.

[2] Vgl. Vittorio Di Martino/Duncan Chappell,
Violence at work, Genf 1998; International

Labour Organization. vgl. auch: Vittorio Di Martino, Violence at the workplace: the global challenge, Genf 2000: International Labour Organization; Wanda J.LaMar/Susan Goodwi Gerberich/Wilhelm H.Lohman/Brian Zaidman, Work-related physical assault, in: Journal of Ocupational and Environmental Medicine 40 (1998) 4, S. 317-324.

[3] PART = Professional Assault Response Training (sinngemäß übersetzt: Professionell handeln in Gewaltsituationen)

[4] Vgl. z.B. Jon Richards, Management of workplace violence victims, Genf 2003: International Labour Organization, S. 23: „Gute Trainingsprogramme decken typischerweise ab: Theorie: Aggression und Gewalt am Arbeitsplatz verstehen; Prävention: Gefahrenbeurteilung und das Ergreifen von vorausschauenden Vorsichtsmaßnahmen; Interaktion: mit aggressiven Menschen; Handlungen nach dem Vorfall: Dokumentation, Nachbesprechung und anderes."

[5] Vgl. z.B. Jörg M. Fegert/Karl Späth/Ludwig Salgo: Freiheitsentziehende Maßnahmen in der Jugendhilfe und Kinder- und Jugendpsychiatrie, Münster 2001, S. 281: „Die Achtung der Würde und Selbstbestimmung der kranken Kinder und Jugendlichen und ihrer Sorgeberechtigten ist Voraussetzung jeder Behandlung. Das gilt auch und besonders für den Umgang mit Krisensituationen […]."

[6] Vgl. Theo Kienzle, Schutzrechte für Pflegekräfte, Stuttgart 1998, S. 97 f.

[7] Vgl. Wolfgang Papenberg , Die Rolle der Professionellen im Umgang mit potenziell gewalttätigen Kindern und Jugendlichen, in: Forum für Kinder- und Jugendpsychiatrie und Psychotherapie, 16 (2006) 3, S. 13-37.

[8] Die im Text angeführten Zitate beziehen sich auf das Handbuch: W. Papenberg (auf der Grundlage der Arbeit von Dr. Paul A. Smith): PART® - Professionell handeln in Gewaltsituationen. Das Handbuch ist nicht im Buchhandel erhältlich, sondern dient ausschließlich als Arbeitsgrundlage für die Seminare und strukturiert diese.

[9] Vgl. Friedeman Schulz von Thun, Miteinander reden, 41. Aufl., Reinbek 2005.

PUBLIKATIONEN DER BPB ZUM THEMA

Aus Politik und Zeitgeschichte:
B 37/2007 Fremdenfeindlichkeit und Gewalt
B 32-33/2007 Politische Bildung
B 28/2007 Hauptschule
B 44/2002 Gewalt in der Gesellschaft

fluter, Nr. 8, 2003: Jenseits der Unschuld – Gewalt

Klaus J. Bade /Jochen Oltmer: Normalfall Migration (Zeitbilder), Bonn 2004

Ingrid Burdewick: Jugend – Politik – Anerkennung (Schriftenreihe, Band 430), Bonn 2003

Klaus Farin: Jugendkulturen in Deutschland. 1950-1989 (Zeitbilder), Bonn 2006 ders., Jugendkulturen in Deutschland. 1990-2005 (Zeitbilder), Bonn 2006

Kerstin E. Finkelstein: Eingewandert. Deutschlands „Parallelgesellschaften" (Schriftenreihe, Band 589), Bonn 2006

Jürgen Fritz (Hrsg.): Computerspiele(r) verstehen. Zugänge zu virtuellen Spielwelten für Eltern und Pädagogen (Schriftenreihe, Band 671), Bonn 2008.

Rainer Geißler: Sozialer Wandel in Deutschland, in: Informationen zur politischen Bildung, Nr. 269, 2004

Julia Gerlach: Zwischen Pop und Dschihad. Muslimische Jugendliche in Deutschland (Schriftenreihe, Band 593), Bonn 2006

Stefan Glaser /Thomas Pfeiffer (Hrsg.): Erlebniswelt Rechtsextremismus. Menschenverachtung mit Unterhaltungswert. Hintergründe – Methoden – Praxis der Prävention (Schriftenreihe, Band 629), Bonn 2007

Wilhelm Heitmeyer /Monika Schröttle (Hrsg.): Gewalt. Beschreibungen, Analysen, Prävention (Schriftenreihe, Band 563), Bonn 2006

Ulrike Hormel /Albert Scherr: Bildung für die Einwanderungsgesellschaft (Schriftenreihe, Band 498), Bonn 2005

Hans-Gerd Jaschke: Politischer Extremismus (Schriftenreihe, Band 621), Bonn 2007

Andreas Klärner /Michael Kohlstruck, (Hrsg.): Moderner Rechtsextremismus in Deutschland (Schriftenreihe, Band 555), Bonn 2006

Jytte Klausen: Europas muslimische Eliten. Wer sie sind und was sie wollen (Schriftenreihe, Band 596), Bonn 2006

Gerd Meyer /Ulrich Dovermann /Siegfried Frech /Günther Gugel (Hrsg.): Zivilcourage lernen. Analysen – Modelle – Arbeitshilfen (Themen und Materialien), Bonn 2004

Hans Nicklas /Burkhard Müller /Hagen Kordes (Hrsg.): Interkulturell denken und handeln. Theoretische Grundlage und gesellschaftliche Praxis (Schriftenreihe, Band 595), Bonn 2007

Christian Pfeiffer /Peter Wetzels: Zur Struktur und Entwicklung der Jugendgewalt in Deutschland. Ein Thesenpapier auf Basis aktueller Forschungsbefunde, in: Aus Politik und Zeitgeschichte, B 26/99, S. 3-22

Wolfgang Redwanz: Schritte gegen Gewaltanwendung. Pädagogische Konzepte der Gewaltprävention, in: Informationen zur politischen Bildung aktuell, Bonn 2000

Ludger Reiberg (Hrsg.): Berufliche Integration in der multikulturellen Gesellschaft. Beiträge aus Theorie, Schule und Jugendhilfe zu einer interkulturell sensiblen Berufsorientierung (Themen und Materialien), Bonn 2006

Enja Riegel: Schule kann gelingen (Schriftenreihe, Band 446), Bonn 2004

Cornelia Spohn: Zweiheimisch. Bikulturell leben in Deutschland (Schriftenreihe, Band 579), Bonn 2006

Andres Veiel: Der Kick. Ein Lehrstück über Gewalt (Schriftenreihe, Band 626), Bonn 2007